イタリアン・セオリーの現在

FILOSOFIA ITALIANA CONTEMPORANEA
Un'introduzione critica

ROBERTO TERROSI

ロベルト・テッロージ
柱本元彦 訳

平凡社

イタリアン・セオリーの現在＊目次

第一部　イタリアン・セオリー　27

イタリアン・セオリーの現在

はじめに

本書は三部に分かれている。第一部はいわゆるイタリアン・セオリーを扱う。つまり政治的または政治神学的な背景をもったあれらの哲学、アメリカをはじめ英語圏の国々で思いがけない流行現象を巻き起こした思想がテーマである。第二部はイタリアン・セオリーに先行するポストモダンの哲学、そして第三部はアカデミズムの哲学の特徴と主な潮流について述べる。さらにテクノロジーの思想に関する記述を追加した。これはとりわけ一九九〇年代のイタリアに展開したものだが、ポストモダンやイタリアン・セオリーのような世界的影響力はもたなかった。

三部構成の順序について言えば、読者にとって今日的な意義がより大きいと思われるテーマから順に並べた。事実、今最も重要な現象はイタリアン・セオリーだろうし、次にはポストモダンが来るはずだ。そして最後に、思想的な流行はさておきイタリア哲学の全体的状況をつかむため、イタリアの大学で語られる思想、ともかく現代の哲学の文化的背景となるものを概観する。

三つの部分はまったく異なるテーマなので、それぞれアプローチの仕方もまた異なるものとなった。イタリアン・セオリーに関して、おそらくトニ・ネグリやジョルジョ・アガンベンは知られているだろう。ロベルト・エスポジトの名を耳にした者もいるかもしれない。以上の三人がこの現象の主人公なわけだが、他にもパオロ・ヴィルノやフランコ・ベラルディ(Bifo)、さらにマッシモ・カッチャーリを加えることもできる。多くの人々が、「生政治」、「共同体」、「マルチチュード」、「政治神学」、「至上権/主権」といった言葉を目にしたはずだ。「カテコーン」や「剝き出しの生」、「イムニタス(免疫)」といった言葉に触れた者もいるだろう。このようなテーマについてインターネットには無数のコメントが流れているが、しばしば理解に苦しむことがある。これらの議論の理論的背景がよく把握されていないからだ。でなければ教科書風に、思想家たちの生涯や主要著作の概略が記されるにすぎない。それでは結局のところウィキペディアに書かれてある程度にしか頭に残らないだろう。そういうわけで、すべての議論を三つの主要テーマに分けることにした。すなわち、「生政治」、「共同体」、「政治神学」である。それがどこから生まれ、どのように展開し、いかなる鍵概念をもつかを、できるかぎり明快に説明し、基本テクストの土台と理論的枠組みの曖昧さを拭い去ろうと努めた。本書を読めば他のテクストの読解にも役立つはずだ。そしてまさに議論の渦中にあるテーマを扱うのだから、いわゆる客観的な書き方はしなかった。批判的意識に照らし、光と影の模様をしかと見てようやく、すべての問題がよく理解できるのだから。実際のところ哲学の歴史は、さまざまな立場が闘い合う理論的問題の歴史であり、いったい何が争点となっているのかが分かってはじめて、はっきりと理解できるのである。そうでなければどんな議論も曖昧なままになってしまう。

ここでひとつ喩え話をしてみよう。ある部屋のなかで誰かが自分の行為を弁解しているとする。次の部屋でもまたその次の部屋でも。それらの部屋の扉を順に開けて話を聞くと、誰の言葉もよく理解できるのに、何が何だか分からない。三人がどうしてそんな話をはじめたのか分からないからだ。だがもし、この三人は窃盗の嫌疑を受けており、それぞれが他の二人に対して暗に罪をなすりつけながら自己弁護しているのだ、ということを知ればどうだろう。彼らの話の内容は一挙に明らかになるはずだ。つまりある教義をどれほど正確に要約することができても、その教義を誕生させた議論から離れては、まるで自分勝手な弁解のように一個の空中楼閣にしか見えないのである。したがってこれらの言説を議論のなか、すなわち批判的緊張状態のなかに差し戻す必要がある。解釈者もまたこの緊張状態の外に出ることはできないのであって、でなければ自分の立場を客観的なものと偽ることになるだろう。客観性を装わない解釈こそが誠実な解釈なのだ。もちろん、百科事典の記述やアカデミズムの要請のもとで客観的な調子が必要な場合もあるにはあるが、それは例外としたい。

第二部のポストモダンに関してはまた違った状況がある。哲学的な潮流としてのポストモダンは、観念論や経験論やカント主義のように判然としたものではない。反証主義、倫理国家の政治理論、コミュニケーション倫理といった哲学的理論でもない。さらにポストモダンには、脱構築のジャック・デリダや、シミュレーショニズムのジャン・ボードリヤール、知の考古学のミシェル・フーコーのように、それを責任もって定義できる哲学者・考案者もいない（最初の頃はジャン＝フランソワ・リオタールが代表的哲学者と見なされてはいたが）。またポストモダンの根は多岐にわたる。そういうわけで今日、ポストモダンはますます一種の文化的傾向、一九七〇年代末からとりわけ八〇年代を彩る歴史的潮流として解釈されつつある。だがそれがいつ終息したかについては、それどころか終息したか否かについても意見が分かれている。要するにポストモダンは、アクチュアルな限定的現象のイタリアン・セオリーのようには扱えないのである。ある時代を席捲した文化的傾向として、一時期の一般的な文化現象として、ポストモダンは描写されなくてはならない。そのためには時代の歴史的・文化的状況を描く必要があるだろう。したがって理論的根拠よりも影響関係に重心をおいた。だが文化的影響力を重視すれば、ひとつの立場や作品を理論的に追究することが難しくなり、一部の思想家は、その重要性にもかかわらず、不十分な紹介しかできなかった。

最後に第三部、アカデミズムの哲学の状況もまた先の二者とは異なっている。事実、それは共通のテーマに関する議論には結びついていないし、共通の文化的土壌にも結びついていない。したがってどうしても教科書的な書き方に近づいてしまう。批判的な眼差しでもって論述を活性化させようとはしたが、このような領域ではたかが知れている。ともかくここでも目的はおよそ歴史的な基礎知識を提供することだった。たとえばイタリアの現象学について言えば、フッサールに由来するかぎり日本でも同じその哲学的原理を説明することは控え、イタリアの現象学研究の進展を歴史的に跡づけるだけにした。分析哲学やマルクス主義哲学のような国際的思想についても同じである。

ざっくりと方法論を述べたこの文章の最後にひとこと。わたしは三つの異なる言説のそれぞれの基礎を述べようとした。これら三者はそれぞれ、本書に描いた基本的性格のもと、二十世紀の半ばからイタリア哲学の全体を構成してきたのである。だが哲学に詳しい読者には、イタリアの哲学についての、またイタリアの哲学が提起し苦闘している問題についての、批判的考察の書として読んでいただきたい。

序説

イタリア哲学は全世界、とりわけアメリカ合衆国で思いがけない成功を収めたが、これに驚いたのは誰よりもイタリアのアカデミズム知識人だった。なぜなら名を馳せた思想家たちは、祖国ではまったく評価されていなかったか、あるいは過激派やテロリスト呼ばわりされて国内の論壇から排除されていたからである。

イタリア思想のまさに最も政治的で、それゆえ憎まれ者となった部分が、世界中の英語圏の知識人たちから注目されたのだ。偏見のない目で読まれた理論は、政治的・文化的な現状、数十年ほど前に一世を風靡したフランスの大知識人たちに追随してその言葉を呪文のように唱えるばかりの状況に、鋭い分析のメスを入れていた。こうして、一九八〇年代のアメリカでフレンチ・セオリーが語られたように、昨今ではイタリアン・セオリーが語られるようになった。イタリアン・セオリーという言い方は妥当なものではないが、まるで待ち受けていたかのようにイタリアのマスメディアが喜んで取り上げ、実際の姿よりも大きく膨らませてしまったのだ。とはいえ、名称自体には何の意味もなく、イタリアン・セオリーであれ何であれ、事実かつて一度もなかったほど、数多くのイタリアの哲学的著作が翻訳出版されている。イタリアの思想への広範な関心は現実に存在するわけだ。

イタリア思想のとりわけ政治的なものに向けられたこの大きな関心に応えて、本書もそうだが、このような評判の理由は何なのかを解説する書物が求められるようになった。現代イタリア哲学について知りたいという一般的な要求からしても、イタリア哲学のさまざまな声のなかで、今、国際的議論を沸騰させている部分からはじめるのが妥当だろう。イタリアの大学で議論されている哲学からは、イタリアン・セオリーの本質的側面はたしかに抜け落ちてしまう。

それから、言辞を弄せずはっきりと答えておきたいもうひとつの問題がある。つまり、時にこれらの理論はあまりにも過激に見える。もし読者が穏健な自由主義者なら、このような思想にどうして関わることができるだろうか。だがまさにこの点において、英語圏、とりわけアメリカ合衆国で、決定的に新しい現象が見られたのだ。かつての冷戦時代、マルクス主義やポストマルクス主義、ヨーロッパのラディカルな左翼思想に対しては何であれ、つねに否定的な態度をとった人々が、それを求めたのである。

すでに自由主義思想の支配する世界、けれども、悲惨な経済危機、宗教対立、環境汚染の脅威、さらにはヒューマニズムの危機にさらされ、ますます制御不能になる世界にあって、強大な権力をもつ者にも、穏健な意見をもつ者にも、現実に合わない体制側の政治理論はもう役に立たなくなった。たとえば最近刊行された『国際秩序』(Kissinger 2014)、著者は自由主義保守派の長老ヘンリー・キッシンジャーだが、そこにも書かれているように、市場経済の原理でもって世界に平和と繁栄をもたらすはずの自由主義が勝利したにもかかわらず、世界は相変わらず不安定なままなのだ。支配的な思想に寄り添い、政治的順応主義のイデオロギーに膝を屈した思想家、現実から遊離した高踏的な思想家は、政治的に穏健な者にも無用となった。それならば、ネグリのような御しがたい革命家の書物を読み、現状を検討するための概念的道具を探るほうがいいわけだ。

こうして思いがけなく、以前は極左として忌避されていた著作家たちが多くの読者を獲得することになった。ラディカルな立場の者はもちろん、リベラルな者、さらには右派の者たちまでが読みはじめたのである。『帝国』(Negri & Hardt 2000) の成功は、大学やその他社会の周辺にいる活動家たちだけを相手にしていては説明できない。ネグリとは政治的立場が異なる者、正反対の者までが読者となったことが、まさに新しい事件だったのだ。

とはいえ、対立する立場に眼差しを向けることは以前にもあった。たとえば第二次世界大戦後、左翼の知識人はナチス党員マルティン・ハイデガーの哲学に注目したのであるし、ナチス政治学の理論家だったカール・シュミットを再発見したのは、イタリアのラディカルな左翼思想家たちだった。アルノルト・ゲーレンやコンラート・ローレンツについても然り。ルイ＝フェルディナン・セリーヌのような作家もいたし、日本には三島由紀夫がいた。時代を解読する思想を求める者は、わざわざ党員証をのぞき込んだりはしない。有効な概念的道具が手に入るならどこへでも目を向けるだろう。政治的信条にとらわれないこのような精神を、われわれは歓迎したいと思う。

だが何よりもイタリアン・セオリーは、ただ単にラディカルな左翼の思想ではない。すでに見たように、保守的な右派に属する思想家の考察もあれば、政治的に穏健な立場のユダヤ思想も、カトリックやプロテスタントのキリスト教思想も入っている。したがってイタリアン・セオリーの文化は、一面的な政治プロパガンダではなく、ありとあらゆる政治的立場に由来する議論の場、きわめて多様な哲学文化なのである。政治的・哲学的な見解の相違を超えたこの開かれた豊かさが、イタリアン・セオリー人気のもうひとつの理由だろう。

こういった意味で、首尾一貫した研究を続けるうちに多彩な出会いをもつことになった哲学者たちのほうが、一九七〇年代の左翼思想を捨てて自由主義的なアメリカの分析哲学へと走った哲学者たちよりも、好意的に迎えられた。アメリカの思想に転向した者が、その国の教授たちにアガンベンやネグリについて尋ねられ、驚きを隠せないという出来事もあったわけだ。

物書きならこのような状況を実際に目にしたことだろう。テロ行為幇助の疑惑を受けていたネグリが、禁錮刑の服役を部分的に承諾して、フランスからイタリアに帰還したとき、ラディカルな左翼のあいだでさえ誰もが歓迎したのではなかった。たとえば当時まだ若かったわれわれの世代は、ネグリなどもはや博物館収蔵の過去の人間と見なしていたものだ。ある出版社が出したネグリの新刊への反響はまったくと言っていいほどなかった。同じくアガンベンは、『マニフェスト』紙周辺のマイナー左翼グループに属していて、その著作は赤字すれすれの販売部数しかなく、経済的に厳しい生活を強いられていた。

いつだったかイタリア国外で国際会議に出席したとき、アメリカの教授たちからアガンベンについて尋ねられ、聞き違えたのかと思ったことがあった。それと似たような逆の経験だが、ドイツで学生たちにハイデガーをどう思うか尋ねたことがある。すると彼らは素気ない態度をとったものだ。アガンベンとハイデガーを比較するのは妥当なことではないが、興味深いことにこの二人の思想家には接点がある。アガンベンはハイデガー最晩年のセミナーに通っていたのだ。当時学生だったアガンベンは一九六八年の運動にも参加していたが、アーレントやバタイユを読み、この不穏な老哲学者に大きな関心を抱いていた。さらに面白いことに、まさにこのハイデガーとの関係が、当時ハイデガーを師と仰いでいたアメリカのポストモダニズムのなかで、フランスでもそうだったが、アガンベンを有名にしたようなのである。

だがそれだけではない。アメリカのポストモダニズム、とりわけカルチュラル・スタディーズは、ジャック・ラカン、ミシェル・フーコー、ジル・ドゥルーズ、ジャック・デリダたちのいわゆるフレンチ・セオリー、あるいはフランスのポスト構造主義から深く影響を受けていた。ところでネグリもアガンベンも、フランスの知識人たち、なかでもドゥルーズと親しかった。したがって二人は、フランス思想のアンチテーゼとして再発見されたのではなく、フランス思想との接触を通じて知られるようになったのである。この視点に立てば、イタリアン・セオリーはフレンチ・セオリーの拡張でしかなく、並べ称されるような現象ではない。事実イタリアン・セオリーの著作家は、つねにフーコーやドゥルーズから出発し、およそフランスの議論を発展させ膨らませているだけのようにも見える。さらに言えば、ネグリやアガンベンその他の著作家たちは、きわめてフーコー的な概念、「生政治」をめぐる議論のなかから浮上したのである。

イタリアン・セオリーは人間関係だけでなく思想内容においてもフレンチ・セオリーの分派と言えそうだ。それでは結局のところ、毛色の違うところはあれ実質的にはフレンチ・セオリーではないのだろうか。だが、あいにくそれほど単純ではない。なぜならネグリもアガンベンもエスポジトも、典型的にイタリア的な文化と哲学の伝統に結びついているからだ。つまり彼らはみな第一に政治哲学者なのである。ネグリは倫理哲学の研究から出発した直後に政治哲学へと進んでいる。ローマでマキャヴェッリ研究者のフェデリーコ・シャボーと出会い、パリではフーコーと同じく、高等師範学校でジャン・イポリットのもとに学び、卒業論文は「若きヘーゲルにおける国家と法」についての政治哲学だった。アガンベンの卒業論文はシモーヌ・ヴェイユの政治思想を扱い、エスポジトは卒業後すぐにニコロ・マキャヴェッリについて書きはじめている。

ここで日本の読者のために言っておかねばならないが、目的においても方法においても他の学問、とりわけ倫理学とは異なる、自立した学問としての政治学の概念は、典型的にイタリア的なものなのである。政治的言説の自立性を最初に見出したのはマキャヴェッリであり、政治学の科学的研究が必要なことを最初に唱えたのはパドヴァのマルシリウスだった。そして「政治科学」という言葉の生みの親はトンマーゾ・カンパネッラである。「国家Stato」という概念もまたルネサンス時代のイタリアに生まれている。ジョヴァンニ・ボテロの処女作のタイトルとなった「国家理由」も、十六世紀末のイタリアで誕生した。どうしてイタリア人が政治思想にかくも魅了されてきたのかを説明するのは難しい。ともかく、この分野でイタリアは歴史的に先進国なのである。十六世紀イタリアの政治学はなぜ進んでいたのかと自問したフーコーは、皮肉混じりに愛想よくこう答えている。いつでもどこでもイタリア人は先進的である、と。実際のところ、歴史的な理由はある。何よりも、経済的に豊かな反面、政治的には数多くの国々に分断されて軍隊が脆弱だったからだが、これが続く世紀に数々の災厄をイタリアに招く原因になった。それゆえ他国に比べてイタリアには、人々の自由の前に切迫した政治問題が存在し、統治者たちに何とか対策を講じさせようと、知識人たちは頭を痛めていたのである（右翼政治家のジャンフランコ・フィーニは、ヨーロッパの全体を「経済的巨人、政治的小人、軍事的蛆虫」と表現したが、まさに同じ構図が当てはめられていて興味深い）。

思い切り単純化すれば、イタリアにとっての政治科学はイギリスにとっての経済科学に相当すると言えるだろう。どちらもそれぞれの国の文化的背景と密接な関係があり、両文化のあいだの根本的な軋轢をその内に隠している。一方は政治的優位を、他方は経済的優位を志向し、今日もなお西洋文化の闘いの二つの極を構成している。政治的な理由を優先すべきなのか、経済的な理由を優先すべきなのか。人民の意志なのか、金融経済の意志なのか、どちらに軍配が上がるのだろうか。まさにこのジレンマのもとでイタリアの思想が表舞台に帰還したのだ。たしかに今、西洋社会を形成してきた二つの魂、国家と市場が、最後の決戦を繰り広げているように見える。勝利した資本主義が危機に陥った現在、英米の読者がイタリアの政治思想に目を向けたことは偶然ではない。いささか突飛な比較をすれば、今日の民主主義と金融、政治と経済は、ヨーロッパ中世の教会と帝国の関係を思わせる。

いずれにせよこのような単純化を進めることはできない。現代イタリアの思想家たちは、市場に対して国家を持ち上げようとは考えていない。国家は反資本主義の始祖、つまりマルクス自身から批判されてもいる。いくら異端的でもマルクス主義の洗礼を受けた思想家が、市場の上に国家をおいて満足することはありえない。なぜなら、マルクスの読みにしたがえば近代国家は、労働者に商品を生産させて繁栄するブルジョアの手段、あるいは市場のプレイヤーの手段にほかならないからである。事実、マルクスが生きていた十九世紀の国家は、市場の可能性を一切制限せず、原料と労働力を企業に安く供給するため植民地支配の強力な装置をもち、互いに競合する帝国主義へと発展した。これがまさに「民族国家」であり、かつてレーニンが批判した帝国主義国家でもあった。

フランスに話を戻せば、ポスト構造主義の「思想の巨匠たち」は、ルイ・アルチュセールを例外として政治的環境のなかにはいなかった。ドゥルーズは理論哲学出身、デリダは現象学、ラカンは精神分析学だった。政治的活動家を発見しようと思えば、六八年の学生運動にさかのぼらねばならない。そこにはたとえばシチュアシオニストのリーダーだったギー・ドゥボール、芸術と政治を混ぜ合わせるイレギュラーな者たち、そして社会学者のジャン・ボードリヤールもいる。晩年には政治に深い関心を抱いて鋭い考察をおこなったフーコーは、科学の歴史、とりわけ医学の歴史から出発した。ここに生政治という意表を突くような概念が生まれた土壌がある。それはまさに、近代医学が推し進めた生物学的研究と、近代化の過程で発展した統治機関の戦略とを結びつけるものだった。統治の戦略は国家から出発して市場に、すなわち国家理由の政治科学から出発して自由市場の政治経済に帰着していた。

それゆえイタリアン・セオリーはフレンチ・セオリー、わけてもフーコー、そしてドゥルーズの思想をただ継承したのではない。それは政治学と法学の上に展開する別の理論的メカニズムを志向するものなのだ。それから、アガンベンはフーコーより一世代若いが、ネグリはフーコーとほぼ同世代であって、ひじょうに息の長い活動を続けていることも忘れてはならない。

イタリアの思想の特徴についてもうひとつ言っておかねばならない。二十世紀はじめの四半期、ヨーロッパでは現象学が大きな流行となっていた。それはまるで哲学的台風のように二十世紀全体を通して荒れ狂い、いまだ過ぎ去っていない。現象学は観念論の危機とカント主義の弱体化の後、最後の偉大な超越論として登場した。けれども現象学は、カール・レーヴィットやハンス・ゲオルク・ガダマーといったハイデガーの弟子たちが滞在していたにもかかわらず、イタリアではあまり顧みられることがなかった。彼らの滞在はたしかに長いものではなかったが、イタリアとドイツの知識人の交流が続いていたことを示している。ナチスのユダヤ人排斥が身に迫るのを感じたレーヴィットは、ファシストのジョヴァンニ・ジェンティーレを頼ることができた。ジェンティーレとレーヴィットが知り合いだったなら、ジェンティーレとハイデガーにも交流はあったと考えられる。周知のようにベネデット・クローチェもジェンティーレも、フッサールやハイデガーの研究に通じていた。たとえ当時の他のイタリアの思想家と同じく、あまり影響は受けなかったとしても。彼らはどちらかと言えば、フランスのアンリ・ベルクソンや、アメリカのウィリアム・ジェイムズに目を向けていたのである。事実、イタリアにはプラグマティズムの小さな一派が形成されていた（現象学派はもっと後の戦後にしか誕生しなかった）。彼らは超越論に対しても同様に冷淡であった。超越論は、文明全体と歴史に関心を寄せたヘーゲルを通して、一種の歴史主義としてイタリアに導入された。実際のところ、超越論ではなく歴史主義によって、観念論がイタリアに根づいたのである。

もっと以前にさかのぼってみてもやはり、超越論に対する同じような拒否反応が見られる。ライプニッツの形而上学からヴォルフを経て、カントの正真正銘の超越論的哲学がドイツに生まれようとしていたとき、イタリアではヴィーコが、全ドイツ哲学の基盤、つまりデカルトの合理主義に反対の声をあげ、法学をはじめとする知の歴史的・文化的アプローチの重要性を説いていた。

言い換えると、イタリアの哲学文化は、たとえあからさまに敵対的でなくても、ドイツ、そして一般に北ヨーロッパ文化の思弁哲学からは距離をおいていた。主観を中心とする認識論的アプローチに対して、統制管理のために法的手段を用いる政治組織、文化と文明の組織である共同体についての理論的問題に目を向ける傾向があった。言うまでもないだろうが、このように政治、法、文明、文化の問題を優先させることは、「ユス ius」、すなわち権利、法、正義を中心的観念としていた古代ローマからイタリアが継承したものだ。

次に、世代的にも若く、英米圏での評判もごく最近になってから高まったイタリアン・セオリー第三の主人公、ロベルト・エスポジトに目を移そう。彼はイタリア哲学の歴史に特異な現象が進行していることに気づき、ある意味で意識的にこの領域に参入した。エスポジトはどうしてイタリアン・セオリーが世界的な関心を集めているのかを考えたわけだが、それは、正確に言えばいくらか異なるとしても、実質的にはわれわれの考察と同じである。

エスポジトによると、この時代のイタリア哲学への特別な関心は、ありとあらゆる超越論（カントやヘーゲルやフッサールに由来する）の歴史的な危機、したがって主観という基本概念の危機がその大きな原因になっている。この危機のなかで超越論を出発点とするフランスのポスト構造主義は袋小路に陥っていた。実際のところ今日もなお、とりわけ英米圏では、フッサールからモーリス・メルロ＝ポンティ、ジャン＝ポール・サルトル、ポスト構造主義、その後継者ジャン＝リュック・ナンシーにいたるまでの連続性を認めている。要するに「大陸哲学」と呼ばれるものが、現象学起源の旗印のもとに一括されているのである。

したがってポスト構造主義の思想家は、現象学に内在する主観主義的かつ超越論的な枠組みを乗り越えようと、いくら努力しても成功しなかった。なぜならそれに代わりうる実在論と唯物論は、素朴な理論にしか見えない軽蔑の対象だったのであり、真剣な考察に値するとは考えられなかったからだ。

イタリアには、マウリツィオ・フェッラーリスのように「実在論を受け入れてカントにグッドバイを言い、ありとあらゆる超越論的見方を投げ捨てよう」（Ferraris 2004）という声もある。だがイタリアン・セオリーはそうではない。要するにすべてが政治問題へと移されたのであり、思弁的部分は暖かい日差しのもとで雪が溶けるように消えてしまったのだ。

したがって、具体性を重視して抽象的な超越論を拒否するイタリアの伝統的思考が、超越論的前提のために身体に近づけない現象学に応えたわけだ。この障害は、オッカムが事物の個別性を前提にして「個体化原理 principium individuationis」を乗り越えたように、異なる前提条件に立つことで一挙に乗り越えられた。つまり、身体、生命、生への愛は、生命のない純粋に抽象的な前提から出発して艱難辛苦の果てに証明すべきものではなく、それこそが出発点、そこから可能な生の形式を求めて政治と法の理論を引き出すべき基盤となったのである。

いずれにせよイタリアの思想は、フランスの後を受けて、身体と生と政治を結びつける「生政治」の概念から出発した。この概念の内に共感するものを見出し、現象学には不可能だった展開ができると考え、それを実行したわけだ。おそらくこれこそ、イタリア哲学が世界の表舞台に登場した一時的だが重要な現象の秘密なのだ。そういうわけで、下位個体的あるいは前個体的な根源的与件としての身体、生から出発し、ここから社会経済理論、政治理論を構成しなくてはならない。これはフーコーの意図でもあったが、フーコーは問題の周辺を巡るばかりで可能性を突き破ることはできなかった。後で詳しく見るが、前個体的なこの社会的実体が、ネグリとヴィルノの言う「マルチチュード」にほかならない。

現代イタリアの哲学思想入門として、これからイタリアン・セオリーに取りかかるわけだが、われわれはそれを、生政治、共同体、政治神学という三つの根本的問題に分けた。そしてさらにこれら三つの議論の大前提とも言うべき、身体と政治の関係についても述べようと思う。

ネグリ、アガンベン、エスポジトといった主要な思想家に関しては比較的多くを割いて述べる。ヴィルノやマラッツィやベラルディなどネグリの思想に近い者たち、さらにカッチャーリの思想に触れる必要もあるだろう。そしてイタリアン・セオリーから過去にさかのぼり、わけても一九九〇年代を特徴づけた議論、人間性とテクノロジーの問題を中心とする議論を見ていこう。まだ完全に決着がついたわけではなく、再び浮上する可能性もあるこの第二の議論は、アカデミズムの世界ばかりかサブカルチャーを横断し、サイバーパンクからドイツの哲学的人間学の再発見に関わり、ポストヒューマンの問題を中心テーマとした。この哲学の流れにはイタリアン・セオリーと共通するものがある。イタリアン・セオリーの理論家たちは一九七〇年代には活動をはじめていて、ポストモダンの局面もポストヒューマンの局面も通り抜けたのであり、影響を受けざるをえなかった。

紆余曲折を経てわれわれはイタリアのポストモダニズムにたどり着くのだが、そこでは以下の二つの側面が目立つ。第一はマスメディアの役割と結びついた美学の再発見であり、第二はニーチェやハイデガーにつながる解釈学の再発見である。この世代には、エーコ、ヴァッティモ、カッチャーリ、ペルニオーラ、ロヴァッティたち、イタリア文化世界に名をなした者たちが属している。

興味深いことに、この一九八〇年代世代の前、つまり七〇年代にわれわれは再びネグリやマルクス主義者のトロンティたちを見出し、メディア・アクティヴィストのベラルディを発見する。

このように振り返ってみれば分かるように、マルクス主義の並外れた発展の後に経済自由主義イデオロギーの政治的反動が続いたが、現代のイタリア思想は、かつてのマルクス主義の影響下にあるのだ。経済自由主義論者によってイタリアに強力な新自由主義が生まれたわけではない。しかし対抗勢力の思想は甚大な影響を受け、多くの者がマルクス主義を捨て、「弱い思考」、そしてサブカルチャーへ向かっていった。そういうわけで、思想の舞台を転覆させた新自由主義が鳴りを潜めると、一九七〇年代に中断していた批判的論説が息を吹き返したのである。つまりイタリアの哲学を理解しようとすれば、イタリアだけでなく西洋世界全体に関わる歴史的・社会的問題を知る必要もあるのだ。実際のところあらゆる先進国で、いわゆる金融のベル・エポックだったバブル社会が崩壊し、経済自由主義のヘゲモニーが危機に突入すると、批判的思考が回帰している。だがどうして過去の時代の批判的思考に戻ろうとするのだろうか。二〇〇一年、ニューヨークのツイン・タワーへのテロ、そして中東での新しい戦争とともに経済的拡張の局面は終わり、新自由主義が支えた快楽主義的文化のモデルも終焉した。そして金融権力がその最も暗く恐ろしげな顔を見せはじめると、貧困のようなすでに乗り越えられたはずの問題が浮上した。自由主義経済のまさにこうした恐るべき顔が、美学的で快楽主義的なポストモダンの権威を失墜させてしまい、現代もなお重要なテクノロジーの問題を二義的なものに追いやり、最後に、資本主義社会への新しい批判的アプローチが求められ、ポストモダン騒動のあいだ日陰暮らしを強いられた知識人たちに光が当たったのである。今日われわれが世界的なレベルでイタリアの思想について語ることができるのは、九・一一後に暴力的な顔を向けた経済自由主義的世界が、人々に対してますますネガティヴな面を見せつつあるからだ。サブプライム危機以来、危機はまだ実際には終息していないし（ギリシアの危機、国家債務危機など）、世界は政治的・社会的に不安定なままだからである。時代は大きな過渡期、つまりグローバリゼーションの渦中にあり、これが以上の議論すべての背景になっている。西洋世界の人々の特権が消滅し、ニューエコノミーが台頭し、新しい富があちらこちらで開花する。だが相変わらず非正規雇用の状態にある者たちは、広がる経済的豊かさから取り残されている。

最後に、アカデミズムの環境で発展した思想の状況について述べるが、ある程度の退屈は覚悟していただきたい。イタリアン・セオリーは世界のアヴァンギャルドだった。けれども「ノーマルな」理論は、西洋思想の歴史のなかで定着した潮流を継承し、とくに革新的なところもなく、ヨーロッパのどこでも似たような状況にある。この領域については、最も独創的なケースのみを扱うようにした。

マンリオ・ズガランブロのような、イタリアン・セオリーにもアカデミズムにも入らない思想家たちもいるのだから。

第一部　イタリアン・セオリー

前史　一九六〇・七〇年代のイタリア極左運動

――イタリアのポストモダンとイタリアン・セオリーの文化的土壌

二十世紀のイタリア思想はドイツとフランスの思想から大きな影響を受けている。イタリアではカントも現象学もなかなか浸透しなかったが、ドイツ観念論は、とりわけヘーゲル由来の歴史主義的観念論として大きな成功を収め、イタリアの土地にしっかりと根づいた。そして両腕を広げて迎えたこのヘーゲル主義から、マルクスの思想が真剣な関心をもって受容され普及したのである。かくして二十世紀のはじめ、イタリアではヘーゲルから分かれた二つの流れが思想界を支配していた。ひとつはベネデット・クローチェを代表とする歴史主義で、もうひとつはアントニオ・グラムシを代表とするマルクス主義だ。この二極は実に強大な影響力をもち、両者を統合しようとする試みが絶えることはなかった。クローチェ＝グラムシ的性格のマルクス主義的歴史主義といった潮流が生まれ、芸術から人文科学まで幅広い文化的影響力をもった。この二極の他には、ジョヴァンニ・パピーニやジョヴァンニ・ヴァイラーティやマリオ・カルデローニのプラグマティズム、ニーチェやベルクソンやフランスのスピリチュアリズムに由来する反理性主義的傾向など、さまざまなものがあるが、なかでも行動主義のジョヴァンニ・ジェンティーレ、彼はファシズムの理論家として時のイタリア哲学の重鎮だったが、その哲学とクローチェの歴史主義との混合物が重要だろう。つまり、すでに当時から哲学と政治は結びついていたのであり、それが二つのブロックに分かれることになる。一方は民主主義ブロックで、「クローチェ＝自由主義」的で「グラムシ＝マルクス主義」的な面をもつ。他方は「貴族主義＝ファシスト」のブロックで、反理性主義的でジェンティーレの流れを汲む。この二つのブロックが二十世紀前半の全体を彩り、ファシズム政権下の文化的な通奏低音となった。したがって、第二次世界大戦末期にイタリアが二つに分裂したのも偶然ではない。一方にはレジスタンスに参加したパルチザンたち（大部分は共産党に所属したがカトリックや民主主義＝自由主義勢力もあった）、他方にはファシズム政権と危機に陥ったその文化装置があった。このような状況下でジェンティーレがパルチザンに処刑される。哲学からイデオロギーへ、イデオロギーから政治へと変化した闘いが、いかに厳しいものとなったかを象徴するかのように。

ジェンティーレの処刑は深刻な危機のしるしであり悲しい出来事だった。政治的衝突がどれほど激しくても、哲学者の抹殺は正当化されない。とはいえ、ジェンティーレ殺害からも分かるように、イタリアでは哲学と政治がひとつの概念の内に結びついているのだ。その概念を示す言葉は、兵士を意味するラテン語の「ミレス miles」に由来する「ミリタンツァ militanza」である。おそらくこれはイタリア思想史の鍵概念のひとつで、ギリシアのストア哲学がローマ的に解釈された、まさにローマ起源の概念なのである。たとえばマルクス・アウレリウスは力強い言葉でこう語っている。ストアの学徒はいつ何時であれ見返りを期待せず即座におのれの義務を果たす一兵卒のようでなくてはならない、と。

このミリタンツァの概念は、キリスト教が大きく取り上げ、さらに時代が下って近代になると、啓蒙主義、そして社会主義の理想を掲げた政治的解放運動のなかに現われる。

ミリタンテ〔ミリタンツァの形容詞〕な知識人の理念は、第二次世界大戦後まで変わることなく存在し、たとえばネオレアリズモ映画の詩学がそうだったが、その後も消滅せずに市民運動的なものに変容した。一九五〇年代、実存主義がイタリアで流行する。当時それは単なる哲学的傾向ではなかった（哲学としては理解困難かつエリート主義的だった）。アルベール・カミュやサルトルの小説のおかげで一種の文学的傾向、広い意味での文化運動になり、若者たちのファッションや行動にも影響を与えた。そして、イタリアのミリタンツァの概念はフランスのアンガージュマンの概念に融合する。同じ頃、アメリカやドイツから、フランクフルト学派の異端的マルクス主義の言説が届きはじめる。こうして次第にイタリアでは、グラムシを軸に社会主義＝共産主義思想の文化的ヘゲモニーが確立する。表向きはそれぞれ正統的マルクス＝レーニン主義、サルトル風実存主義、フランクフルト学派の批判理論、というふうに分かれていたとしても。アメリカ合衆国と連合したパルチザンの戦いから新しいイタリア民主主義共和国が生まれ、はじめのうちは民衆も大きな希望を抱いていた。しかし冷戦とともに合衆国が反共産主義路線に移り、イタリア政府から社会主義者や共産主義者が放逐されると、社会状況は再び緊張し、労働運動のさまざまな組織が形成されはじめ、警察との衝突が路上で繰り返されるようになる。このような状態が六〇年代全体にわたって続き、最後には労働者に学生が合流して、イタリアのあらゆる抗議行動は市民運動となる。市民運動はさらに、一九六九年のいわゆる「熱い秋」の労働運動のようなラディカルな傾向を促した。状況は沸騰しつつあり、革命的な爆発へと捌け口を求めているように見えた。

当時、政府の穏健派を数の力でも凌ぐ共産党は、西洋ではただイタリアにのみ存在し、イタリアの異常性について語られたものだ。しかし、本当の民主主義国なら自然なはずの過半数勢力による政府が、イタリアでは不可能なこともまた異常だった。その可能性の芽をつぶすため、ありとあらゆる妨害工作がおこなわれ、対立は激化してほとんど今にも革命が勃発するかのようだった。

革命への動きを牽制するために二つの戦略が実行された。ひとつはアメリカの力を後ろ盾にした軍事独裁を仄めかし、共産党を威嚇して圧力を弱めるよう説得すること。もうひとつはいわゆる「緊張戦略」で、民衆に恐怖を植えつけることだった。ボローニャなど左翼市政が成功を収めている都市に、一連の爆弾テロ事件を引き起こし、市民を不安に突き落としたのである。このような戦略の結果、共産党は政権奪取を放棄して政権に参加する。党の態度に幻滅した一部の左翼は、代議制を拒否してマルクス主義的な思想と実践を求め、戦後の西洋世界で最もラディカルなものになった。

まさにここにイタリアン・セオリーの歴史がはじまるのだ。もっとも、一九六〇年代から八〇年代にかけて展開した抵抗運動の理論と実践はきわめて複雑で、今は単純化しつつ短く触れることしかできない。当時の状況を詳しく知りたければ、まさにその季節をテーマにした出版物に当たってもらいたい。われわれにとって重要なのは、六〇年代から七〇年代にかけて、共産党とソヴィエト連邦の地政学的戦略に従属しない新しいマルクス主義が台頭したことである。彼らは党や組合を批判し、労働者の条件と労働者の闘いのみを評価基準にした。これがいわゆるイタリアの「オペライズモ」である。提唱者は雑誌『モンド・オペライオ』の編集を務め、『クァデルニ・ロッシ』を創刊したラニエーロ・パンツィエーリ、だが代表的理論家は『クァデルニ・ロッシ』編集者のマリオ・トロンティだった。さらにラディカルな方向を求めてトロンティは『クァデルニ・ロッシ』を去り、『クラッセ・オペライア』を創刊する。労働闘争のなかに踏みとどまり理論を練りつづけた彼の『クラッセ・オペライア』には、次世代の文化的ヘゲモニーを握る知識人たちも多く参加していた。トニ・ネグリ、アルベルト・アソル・ローザ、マッシモ・カッチャーリ、アドリアーノ・ソフリなど。この経験から誕生したのが論争的な雑誌『ポテーレ・オペライオ』で、ネグリ、セルジョ・ボローニャ、カッチャーリ、まだ二十歳そこそこのフランコ・ベラルディといった錚々たるメンバーが集まった。『ポテーレ・オペライオ』は洗練された知識人階級を工場労働者の生活に直結させようとした。ボローニャは『ポテーレ・オペライオ』時代を振り返ってこう語る。労働者の条件を中心課題にすることは、ブルジョア階級に生まれた者や知識人が、労働者を偽装することではない。自分やネグリやトロンティが大学で教鞭を執っていることも隠さない。何らかの知的領域の専門家であることを秘密にしてはいけない。それどころか労働者に最高の技術的・知的サポートを提供するため、可能なかぎり高度な専門レベルに達する必要があるのだ、と（Bologna 1974）。彼らは他のマルクス主義者たちから「教授連」と呼ばれ、貴族階級さながらの批判を受けたが、断固として筋を通し、現場ではつねに明晰であり、状況を直視して修辞的な曖昧さや欺瞞に陥ることがなかった。もうひとつ、ボローニャによれば、オペライズモのすべては労働のフォーディズム的組織を前提としていた。時間と役割を厳密に分配するフォーディズムは、まるで巨大な歯車装置にすべてが連結しているかのように社会全体に反映していたはずだった。だが情報技術の導入とともに労働組織の条件も変化する。これにいち早く気づいたのも頭脳明晰な経験論者の彼らだったのである。

『ポテーレ・オペライオ』は速やかに論争の海のなかへ消えていった。ネグリは後にいわゆる「労働者のアウトノミア〔自律〕」へ進んでいく。この表現の第一の意味は、労働者がどのような団体に属していようと彼ら自身が社会的闘争の判断基準にならねばならない、つまり党や組合の指導部から自律して動かねばならないということだ。だが、ネグリはすぐに狭い意味で用いられた労働者階級という言い方の限界に気づく。なぜなら、彼らだけが資本主義社会の内部で搾取に苦しんでいるのではない。鋭い政治的感性をもったネグリは、生産形態したがって社会形態に大きな変化が訪れていることを感知していた。

これに関してボローニャは次のような状況をポストフォーディズムと定義している（Bologna 2011）。オートメーションや作業の分散化が進むと、膨大な数の労働者が巨大な工場で働く集中的生産は消えていくだろう。自律的労働をモデルとする生産の新しい次元が姿を見せはじめ、そこでは搾取者と被搾取者が一致し、労働契約は無効になる。つまり、雇用者として仕事を獲得するために悪条件も受け入れ、他方で被雇用者として仕事を果たすために勤務時間も健康状態も顧みず働くことになるのである。

ネグリは労働者の条件という伝統的な中心課題を否定はしない。ただ伝統的な活動家とは異なり、労働者を広い意味で捉え、それを「社会的労働者」という表現によって示そうとする。

ある意味ですべての被搾取者は、資本主義的生産システムのなかで労働者と同じポジションにある。広範な社会的次元に向けて開かれたこの定義のなかに、「マルチチュード」というネグリのテーマもすでに見える。さらには「到来する共同体」、つまりアガンベンの言う誰でもない人々の共同体を先取りしてもいるが、これに関しては共同体の章で詳しく述べる。アウトノミアのもうひとつの決定的なポイントは、この「社会的労働者」、今搾取されている人々は、ひとつの党の戦略的理論でもって教化されてはならないということだ。民主集中制をとる党には指導者たちがいる。指導者はいかに動くべきかを知っており、人々は指導者にしたがうとされている。だがそうではなく、一人ひとりがただおのれの必要に突き動かされて、自発的に資本主義システムに反抗しなくてはならないのだ。このような枠組みのなかでは、前衛の武装闘争路線など成立しないことも付け加えておこう。

ネグリとアウトノミアは、搾取者に対する人民蜂起のうねりを期待した。搾取者たちは、労働者たち、一般的に貧しい人々の犠牲の上に富を蓄えたのだから。この観点からすると、アウトノミアは革命的マルクス主義の理論にかなり近いが、市民運動的で流動的な一種のアナキズムにも近く、とりわけ国家に対する批判が共通する。以上の概略からだけでも、なぜ一九七七年のボローニャ市に、政治的にも社会的にもメディアにも性にも哲学にも開かれた、ひじょうに型破りな学生運動が生まれたのかを容易に理解することができる。この運動は、アルチュセールの唱える科学的マルクス主義の厳格な解釈と、アヴァンギャルド芸術やカウンターカルチャーの最高に奇抜な実験を融合させていた。

ボローニャ市は、漫画家のアンドレア・パツィエンツァが見事に描いたように、正真正銘の坩堝となった。このクリエイティヴな運動の中心には、Bifoと自称する若い活動家フランコ・ベラルディの姿がつねに見られた。そしてこのときアウトノミアの運動は、ドゥルーズ、ガタリ、フーコーらフランスのポスト構造主義知識人たちと接触する。運動の弾圧に抗議する呼びかけには、実存主義者サルトルもまた署名していた。その有名な集会が開かれたのは同じ一九七七年の九月二十三日である。

一九七七年の事件の後、七〇年代末にもうひとつの展開があった。これまでラディカルな運動は、労働者側に立ちながらも現状維持の社会民主主義者や福祉国家を求める穏健派を批判してきた。一方でこの当時、政府を支えていたケインズ主義政策は、スタグフレーションと石油危機の重みにあえぎ、経済自由主義的右派から批判を浴び、労働運動からの支持も得られずにすっかり萎れてしまう。つまり誰もがケインズ主義政策に反対していたのであり、こうして政権は右派の手に渡ることになった。

右派はその間に同じくラディカルな（もちろん資本の側からの）新自由主義をおのれの理論としていた。新自由主義は戦後のマッカーシズムのように強烈な反共主義に突き動かされ、権力を握った右派は、これまでの敵、つまり組合や左翼政党、権利を求める労働者たちを一掃しようとした。デヴィッド・ハーヴェイにしたがえば、それはまさに、ブルジョア階級を持ち上げ、労働者階級を押しつぶし踏みつけにする断固たる意志そのものであった（Harvey 2005）。続く年月、すなわち八〇年代初頭、ありとあらゆるかたちの抗議運動はテロリズムの烙印を捺されて抹殺され、左翼の文化は「退屈」、「古臭い」、「重い」とする大キャンペーンが実施され、他方で私的領域への帰還、アンティミスム、成功神話、経営管理の効率神話が語られ、キャリア主義者やヤッピーが巷にあふれたのである。

この時期、こうした逆風のなか、警察に追われてネグリのようにフランスに逃れた知識人もいたし、逮捕される危険がなくても表舞台から身を引き、少数の仲間内で出版と議論を続ける者もいたが、他方では、ポストモダンの時流に乗ろうとして新しいテーマやロジックに身を投じる知識人もいた。危機的状況の左翼を捨て、イタリア政治の伝統にならい勝ち馬に乗るため、日和見主義的に転身した者もいただろう。深い幻滅を味わったがために左翼を否定した者もいた。あるいはまた、権力を求めた最大限綱領派の失敗に鑑みて、知識人が担うべき新たな任務を考え直す者もいれば、流布しはじめた言説に理論的展開の新しい可能性を見て、ただ惹きつけられた者もいた。いずれにせよ確かなのは、革命の希望が決定的に潰えてしまったことだった。ひとつの典型はカッチャーリだろう。個人的な関心の赴くままに研究を進めた彼は、出発点からますます離れ、最後はキリスト教神秘主義と対話する一種の世俗的神秘主義にたどり着く。

いずれにせよすでに二十世紀の前半から知識人の転向はあった。先に名を挙げたパピーニは、無神論的立場から、超進歩主義、プラグマティズム、未来主義、そしてファシズムに到着し、最後には驚くべきことに回心して、フランチェスコ会修道士となった。イタリア文化の一九一〇年代から二〇年代への移行は、アヴァンギャルドから秩序への回帰だったが、ある意味で七〇年代から八〇年代にかけても同じワルツが踊られたのである。

アンテルナシオナル・シチュアシオニストとして非妥協的な著作家だったペルニオーラは、友人のボードリヤールに続いてポストモダンと差異の思想の岸辺に流れ着いた。これほど劇的な変わり身ではないが、ヴァッティモをはじめとして多くの文化人たちが同じ道をたどる。革命から体制へ、アヴァンギャルドから「秩序への呼びかけ」へ、ネオアヴァンギャルドからポストモダンへといったこの歴史的転回については、関心の変化を示す多くのテーマがある。しかしながら継続する要素も多くあり、それゆえこの文化的現象は、政治的現象と日和見主義にとどまらず、進歩と革命の季節に表面化する一連のテーマを通して、次の時代を準備したのである。かつての政治的言説は忘れられたようだった。批判的思考は多元主義的で相対主義的でクリエイティヴな思考へと溶解し、完全に葬り去られたように見えた。

ところが一九九〇年代の大学は、いわば私学化を目指した大学改革に抵抗し、湾岸戦争に反対し、さらにはグローバリゼーションに対する異議申し立てを復活させ、状況は変わりはじめた。フランスの知識人たちとの関係も強化され、批判的思考は再び浮上する。そして情報革命をめぐる議論の土俵で、フォーディズムの危機に関する考察と、マスメディアの経済的・社会的影響に関する多方面からの考察が結びついたのである。ポストフォーディズムの問題が、サイバーパンクやニューメディアの批判的分析の問題とともに、イタリアに根づいたのはこの頃だった。あるいはまた、アガンベンのように新しい傾向とは関係なくフランスの議論、たとえばジャン＝リュック・ナンシーが挑発的に提起した共同体の問題に向かった者たちもいた。

オペライズモの出身者たちは、デジタル革命の成り行きを注視していた。彼らはそこに、マルクスの『経済学批判要綱』から引き出した自分たちの読みの正しさを見て、「一般知性」の重要性を確認したのである。こうしてフォーディズムに続くモデルとしてのトヨティズムが語られる。トヨティズムの特徴は、ジャスト・イン・タイムの生産と、非物質的な商品の生産開発であり、それは知的労働という新たな次元を開いていた。以上が中心的なテーマだったが、逆説的にもイタリアン・セオリーの世界的成功を支えたのはこのようなタイプの分析ではない。何であったのかと言えば、一方ではアガンベンの論考、フーコーの生政治からカール・シュミットの至上権、そしてフランスとドイツの思想の再解釈であり、他方ではネグリとハートが『帝国』で描いた壮大な構図だった。どちらも同じ思想的土壌に生まれたとは思えないほど果実は異なっていた。

アガンベンは教養豊かな洗練された知識人で、政治に対する紛れもない情熱を育みながらも貴族的だったが、最後には然るべきところへ落ち着いた。すなわち、フレンチ・セオリーが危機に陥ったとき、フランスの偉大な思想家直系の弟子たち以上に、その継承者となったのである。

ネグリの場合はまったく違う。ネグリは以前からオペライズモの教授であり、スピノザと政治思想史をマルクスとともに研究していた。いつものように小著を書いては減る一方の読者に差し出していたはずだった。運命の分かれ道は、彼を尊敬するアメリカ人青年マイケル・ハートとの出会いである。ハートはネグリに大著、アメリカ判型で少なくとも三、四百ページの書物を書くように提案し、販売のためにもアメリカ式、つまりマスメディアの注意を引く大きなタイトルをつけた。実際のところ、このようなメディア操作にハートがどれほど意識的だったかは分からないが、成功の理由はよく理解できる。

政治的事件に巻き込まれ、左翼テロリズムの理論家と目され、知らない者のない不穏な人物、論敵からも「繊細きわまる頭脳」と評されるネグリの二十年にわたる考察をまとめて、「帝国」という危険な臭いのするタイトルで綴じれば、知識人、ジャーナリスト、活動家の多くは、抵抗できないほど好奇心を掻き立てられるだろう。しかもその書物は単に時流に浮かぶ泡ではなく実質があり、われわれが見てきた議論のすべてがそこに流入し、フランス哲学に照らされた新しい形式のなかで見事に整理されているのだ。『帝国』はこの数十年で最も成功した政治的出版物の一冊だった。

そういうわけで、成功への二つの道はまったく異なっていた。アガンベンはアメリカのカルチュラル・スタディーズのアカデミズム知識人を魅了し、ネグリはベストセラーの著者となりマーケティングの主人公となった。一方はエリート知識人を相手にし、他方は知識階級には違いないが大衆を相手にしている。さらにここに、エスポジトが加わるのである。エスポジトはまた別のところから来ている。ナポリ出身の彼もたしかにマルクス主義左翼だったが、思想家・活動家というよりは一般的な大学教授であった。しかし学内の権力争いに汲々としている教授たちとは異なり、雑誌『アルファベータ』に寄稿しながら広く世界に眼差しを注ぎ、アガンベンのような著作家に対峙して論陣を張ろうとしていた。主人公は以上の三人だが、英語圏ではパオロ・ヴィルノやフランコ・ベラルディらも高く評価され読まれている。

イタリアン・セオリー——鍵概念

ここではイタリアン・セオリーの鍵となる論をいくつか分析する。われわれはそれを三つに分け、さらに全体の背景となる問題をひとつ加えよう。すでに見たように、その三つとは「生政治」、「共同体 comunità とコモン comune」、「政治神学」である。イタリアの思想家たちの最初の問題がどれだったのか定かではないが、生政治からはじめたい。おそらくは共同体に関する議論が最初の論点だったとは思う。少なくともアガンベンの思想はそうだった。だがフーコーの生政治概念にいち早く目をつけたのもアガンベンだった。そして、フーコーが案出した生政治の概念はイタリアン・セオリーを象徴するものとなった。だからこれを最初に取り上げよう。

次に共同体とコモンの問題に移る。まずこの議論がどのように生まれたかを再構成し、ネグリとヴィルノが練り上げたマルチチュードの概念について述べ、そしてネグリの三部作最終巻のテーマとなる「コモンウェルス」の理念を追う。

最後にかなり専門的な問題を検討しよう。その思想的重要さやナチズムとの関係において政治科学のハイデガーと言えるカール・シュミットを取り上げる。『政治神学』(Schmitt 1922) に描かれた「至上権」の概念をはじめとして、彼の思想は政治とは何かを再考させる広範な議論の扉を開いたのである。

以上の言説の背景として、フランス思想の底流には現象学に由来する知識と身体性の関係があるように、イタリア思想には政治と身体性の関係があることを注意しておきたい。

生政治

この十年で最も大きな影響力をもったテーマが「生政治」だった。この概念はさまざまな場で用いられ濫用されたが、これほど普及したにもかかわらず曖昧なまま残されている。

生政治について見れば、イタリアン・セオリーがフランスに生まれたことは明らかだろう。「生政治」はイタリアの造語ではない。エスポジトの研究によると（Esposito 2004）、この言葉が最初に現われたのは一九三〇年代のスウェーデンの文書で、まずドイツ語に翻訳されたらしい。いずれにせよこの言葉を用いるイタリアの哲学者は、戦前の実証主義理論にではなく、フーコーの周知の理論に依拠している。フーコーが件の文書を知っていたかどうか今では確かめようがない。彼の生前に尋ねた者はいなかった。いずれにせよフーコーはドイツ語を読み、東ドイツやノルウェーにも滞在している。彼のような図書館の虫がそれに接したことは大いにありうる。とはいえ、たとえそうだったとしても、フーコーが用いた生政治の概念的意味は、その文書とは関係のない独自のものだ。だがまさに、彼が生みの親だったことが生政治の概念の根本的問題となったのである。なぜなら、フーコーは自分の創作した概念を場合に応じて好きなようにつくり直しつくり替えたので、生政治という言葉の本当の意味を定めることは、今では不可能になってしまったからだ。何よりもフーコー自身がこの概念を何年か使った後で捨て去り、二度と取り上げなかった。言い換えると、フーコーにとって生政治の概念はひとつの道具にすぎず、何かの役に立つかもしれないと期待してしばらく抱えていたが、結局のところ、思ったほどではないと分かったのか、手放して顧みることがなかったのである。

この解釈は間違っていないと思う。実際、フーコーが生政治の概念を使ったのは、およそコレージュ・ド・フランスでの講義に限られ、刊行された著作のなかでは『知への意志』(Foucault 1976) の最後の数ページにしか見られない。なぜなのか、その概念の意味と登場の状況を詳しく分析してみよう。

フーコーがはじめて生政治を語ったのは一九七四年十月、リオ・デ・ジャネイロで開かれた会議の席上だった。会議は二日にわたり二部に分かれていた。第一部のテーマは「近代医学の誕生と病院の編入」であり、第二部は「社会医学の誕生」であった。要するに生政治の概念は、意外でも何でもなく、医学の歴史を語る言説のなかで生まれたのだ。意外だとすれば、この概念が、医学的認識論と政治哲学を橋渡しすることになり(フーコーによれば実際そうだったが)、フーコーの政治思想の中心と見なされたことである。

フーコーの思想に詳しくない者のために言っておけば、彼は科学思想史の出身で、科学史家ジョルジュ・カンギレムの弟子だった。カンギレムは医学と生物学を専門とし、重要な著作『正常性と病理性』(Canguilhem 1943) と『生命の認識』(Canguilhem 1952) を残している。フーコーの研究は完全に師の研究を継承したもので、精神病院収容の実践に関わる精神病理学の概念、すなわち疾病としての狂気の概念がいかに展開したのかがテーマだった。その路線で歴史的・科学的研究を続け、『臨床医学の誕生』(Foucault 1963) では前科学的な医学から科学的な医学への移行を研究し、臨床医学の観察にもとづいて収容施設としての病院を考察する。そして、『言葉と物』(Foucault 1966) は認識論の名のもとに生物学の基盤である「生」の概念を扱った。したがってフーコーがリオで医学の歴史を語るのは自然なことだった。それが彼の専門だったのである。彼が政治に触れるほうが奇妙な、少なくとも師のカンギレムには考えられないことだった。事実、しばらく前からフーコーは単なる医学史から離れ、二冊の書物を出している。一冊は先に触れた『言葉と物』で、認識論を広い視野で捉え、言語学、政治経済学、人文科学の三つの基本的ディシプリンの発展の「考古学」を語っていた。それは実に野心的な計画であり、人文科学の考古学を通して近代思想の中心軸を再構成しようとしていた。こうして彼は科学史から思想史へと移る。もう一冊、医学的テーマから完全に離れた『知の考古学』(Foucault 1969) は方法論を述べたものだが、その全体が「言表」、「言説」、「アルシーヴ」などといった言語学的な枠組みをとっている。すなわち、フーコーは構造主義的な問題の中心に迫ろうとしたのである (構造主義者に分類されることを本人は拒否していたが)。こうして認識論的関心を政治経済学や言語学に広げていくが、まだ政治そのものには手をつけていない。それは一九七〇年代半ばになって、つまりまさにリオでの講演の頃にはじまるのだ。フーコーは当時、政治的テーマに目を向けた著書『監獄の誕生』(Foucault 1975) の仕上げにかかっていた。だがどうしてフーコーは政治に関心を寄せはじめたのだろうか。答えはアカデミズムの世界の外にある。『狂気の歴史』(Foucault 1964) によって、精神病院閉鎖運動、反精神医学の雄と目された彼は、すでに一連の政治的論争の中心人物になっていた。さらにその頃の大学の状況も忘れてはならない。六八年の学生運動があり、大学は政治的な空気に包まれ、サルトルとともにフーコーは社会に参加する知識人として有名になる。他方で、収容に対する執拗なまでの批判は彼を抑圧に対する闘士とした。『監獄の誕生』のテーマが再び「収容」だったことも偶然ではない。ある意味でこの書は『狂気の歴史』のリメイクだった。どちらも、収容メカニズムの分析と、そのメカニズムを理論化し正当化する知の生産を、理論的枠組みのなかで結びつけている。フーコーは三分割された歴史の網を用いたが、それはあまり独創的なものではなく（フランスの教科書にもある時代区分）、すでに『言葉と物』で巧みに用いたものでもあった。問題は、この歴史の網が、前回とは異なり監獄システムにはうまく適合しないことだった。また後で詳しく見るが、これが生政治概念がもつ曖昧さの根本的問題のひとつとなる。だがリオの講演に立ち返ろう。第一の講演では中世から近代（近代になると、患者は単に個々の疾病体ではなく、人民全体に関わる集団的な疾病体と見なされる）にいたる病院施設の考古学が語られる。要するに近代とともに科学の経験的・実験的方法だけでなく、病気の社会的・人口的な新しい次元が導入された。伝染病や予防接種など病気の社会的次元との関わりから、フーコーは生政治を語りはじめたのである。それゆえ生政治が最初に意味していたのは、伝染病を抑えて国家を強化するため、統治機関がどのような手段を用いて人民の健康に関与したかということだった。

フーコーはすでに社会的医学と生政治のこの局面を、『言葉と物』で析出した最後の歴史的段階、すなわち生物学、政治経済学、言語学が誕生する局面に接続させようとしていた。そういうわけで、この生政治の概念を幅広く用い、『監獄の誕生』の明確に政治的なテーマにつないだのである。

しかし、フーコーは生政治に関する書物をすぐに書こうとは思わなかった。まず講義のなかでその使用可能性と理論的実質性を探り、この概念の有効性を確認しようとした。こうして何年か作業を進めたが、否定的な結果に終わり、生政治は捨てられたのである。

放棄の理由はおそらく、この概念の用い方が矛盾に満ちていたからで、そのことにフーコー自身が気づかざるをえなかったからだろう。問題は、認識論から政治へと橋渡しする生政治の概念が、フーコーの思想の二つの時代、つまり新旧の関心の隔たりを埋める強力な概念だったことだ。だがそれを思想の新しい局面の中心におこうとすると、発見的方法論としては脆弱で底の浅い抽象的概念に見え、これらすべての政治的・経済的言説の重みを支えられそうもない。けれどもひじょうに魅力的な言葉ではあり、鋭いアイデアのようにも思われた。こうしてともかくフーコーは、新たに政治思想を分析する中心軸として生政治を使おうと決心したのだった。

何らかの手応えを期待して年間講義を三度この概念に捧げたフーコーは、予防接種の実施に表現された人口論的なこの思想のなかに、近・現代性を特徴づける政治の新しい時代の鍵を求めていた。これらの講義は、生政治を中心に理論的仮説を構築しようというフーコーの研究の三つの局面を表わしている。それは講義が進められていく仕方からも明らかだが、第一は『社会は防衛しなければならない』(Foucault 1997)、第二は『安全・領土・人口』(Foucault 2004a)、第三は『生政治の誕生』(Foucault 2004b) である。

第一はフーコーがはじめておこなったひじょうに政治的な講義で、ある意味では最も政治的で非妥協的なものだった。ニーチェの再発見、権力の問題の浮上、当時ヨーロッパに進行中だった激しい社会的衝突が影響し、フーコーがこれほどラディカルな口調で語ったことは以前にも以後にもない。最初この講義は生政治ではなく、政治の問題を扱うことになっていた。事実、はじめの部分は生政治に触れておらず、それは最後になって現われる。

講義のなかでフーコーは、すでにリオで用いたこの概念を、「生の国営化」の形式として、医学ではなく政治のコンテクストに応用できるのではないかと考える。かつて用いた時間的枠組みにしたがい、強制または「社会的整形外科」を施して個人を支配する規律的権力に続き、生物学による生の「科学的」な発見を権力のテクノロジーの象徴と見る。実際、古典的な医学は社会的文脈とは無関係に個々の患者を診察し、身体の管理と矯正に集中していた。そのような規律的権力とは異なり、新しい生政治的権力は、個々の身体の矯正ではなく、国民全体、マス、人々の集団的次元を対象にしている。集団は単に鞭だけで命令することはできず、反抗しないように操作しなくてはならないのだ。

しかし、ここではまだフーコーは歴史的な問題に気づいていない。上梓したばかりの本のなかで彼は次のように主張していた。個々の身体をいわば整形外科の手術にかける規律的収容の局面は、近代的管理の技術によってもたらされ、監獄的な隔離の一般化とともに、残虐で見世物的な処刑、昔からのあの恐ろしい技術を放逐してそれに取り替わったのである、と。

隔離的な収監の常態化は、『監獄の誕生』にしたがえば、近代から現代（監獄は今も存在する）への移行を跡づけていた。したがって、規律的権力と生政治的権力の時間的継続を言う余地がないのだ。まさにこの障害に突き当たってフーコーの言葉は揺れはじめる。規律的権力は生政治的権力よりもわずかに先行すると言うかと思えば、同時的な現象だとも言い、さらには規律的権力の開始を絶対主義の時代にまで前倒しすることもあった。

第二講義でフーコーは、この概念における整合性の欠如に苦しんでいた。探究のなかで安全保障の問題に関わるようになるが、それは典型的にブルジョア的な危惧であり、自由主義理論が声高に唱える問題でもあった。安全保障の問題は厳格な規律管理の後に続くはずだが、全体主義的な同意形成の操作に関係づけられた。だが先の講義では、生政治は生の国営化であり、ファシズムやナチズムやソ連の全体主義国家に典型的なものだと言っていた。こうしてつまるところ第二講義の半ばでフーコーは、生政治の問題を少し棚上げし、人々を操作する技術の系譜学、彼の言うところの「統治性 governamentalità」について語りはじめる。この系譜学の再構成のためにフーコーはまた大きな飛躍をしなくてはならない。最初はこの「政体 governo」という言葉のギリシア的概念を振り払う必要があった。ヨーロッパの言語で用いられる政体という観念はギリシア文化に由来するにもかかわらず。ギリシアは海の民族の国であり、その言葉は船の舵取りを意味する動詞「kuernao」から来ている。つまり、ポリスは熟練者の操作によって歴史の荒波を乗り切ろうとする一艘の船なのである。しかしフーコーはこの伝統的意味を完全に無視し、中東に発展した牧人的隠喩に向かう。すなわち、王とその国民は羊飼いと羊の群れとの関係に等しい。そして、この考え方はキリスト教にもつながる。正しい道に戻すために迷える子羊を探しに出かける善き羊飼いというキリストの隠喩を、フーコーが使いたかったのは明らかだろう。

こうしてフーコーは牧人的権力について語り、それが彼のヴィジョンのなかで統治の近代的技術の土台となるはずだった。

だが、ここで国家理由の問題にぶつかる。人々が当局の期待通りに自ら動くように統治するというこの理念は、規律の鉄拳の代わりにビロードの手袋をはめ、国家の保全のみを目的とする非情な統治技術を語るところから生まれる。ここから警察国家、つまり完全に政治的な（つまり軍事的ではない）技術によって運営される国家の理論に行き着くだろう。だが意外にもフーコーは、まさに人口的意味でこの過程の完了を告げる統計学へ目を向けようとはしない。なぜならその間にフーコーは、もはやビロードの手袋をはめた国家の手ではなく、近代の政治的経済の基盤としてアダム・スミスが示した市場の「見えない手」を通して、人々を操作するという新たな原理を見出したからである。一瞬、すべてがまるく収まったかのように見えた。近代の際立った特徴は、認識論における「生」の概念、そして富の管理における政治的経済にあるとフーコーは言った。アングロ＝サクソンの政治的経済を踏まえて自由主義的言説を追いながら、フーコーは今、国家は過大評価されてきたと述べ、国家に関する言説をすべて破棄しなくてはならないと思い、そして理論的には自動制御する市場と同じように、民衆自体に内在する民衆の規制原理を探究しようとした。こうして生政治はコンテクストを変え、もはや全体主義国家の表現ではなく、その反対、すなわち国家の桎梏から市場を解放せよと主張する経済自由主義の表現になった。

そこで第三講義では自由主義と生政治の関係が問われることになる。この講義は計画時から「生政治の誕生」と題され、まるで困難のはじまる前に戻り、ようやくにして生政治権力の近代にいたる歴史がきっぱりと語られる時が来たかのようだった。だが、楽観的な計画は講義のさなかフーコー自身の手でつぶされてしまう。その頃大学や政治の世界では、新自由主義として知られる最もラディカルな形式の古典的自由主義が復活し、人気を博していた。問題の核心を捉えたと考えたフーコーは、この講義の最初から、「国家理由」や「警察国家」といったテーマを捨て、政府の行動を抑える完全に別の筋書きを語ろうとする。要するに、第二講義で触れた統治性と生政治の近接性に関する言説はすべて翻される。生政治の問題は統治の過剰を心配することなのだ。つまり、自由主義者が唱える「レッセ・フェール」と「既成秩序を乱すべからず」の原則にしたがい、統治すべきを減らす要求になるのである。

したがって生政治は、専制政体や全体主義国家の規律訓練から外され、国家理由の統治性からも外されて、市場の自動制御に土台をおく権力の理念に結びつけられた。出発点からずいぶんと離れてしまったわけだ。だが現実を見れば、予防接種のキャンペーンが社会に内在的なメカニズムによって自動制御されるはずがなく、それは見えない手どころか、国家と公衆衛生政策のあらわな手に導かれている。

フーコーはこの講義でよく新自由主義の理論について語り、ある意味でそれに寄り添うこともある。第一講義のときのラディカルで論争的な口調はすっかり影を潜めた。ともかくこの展開にしたがい最後まで論を進めようとしたが、ついに生政治の問題へと目を向けるときになって、どこかで道を踏み間違えたことに気づく。聴衆に弁解しながら、元の道に復帰できることを期待して時間を稼ごうとする。だが、本当のところ生政治はもう見つからない。それを置き去りにしたままずっと先へと進んでしまったのだ。フーコーは学生たちに謝罪し、こうして生政治に関する言説に終止符が打たれたのである。

生政治について以上のように理解していたのは、フーコーの学生たちと、『知への意志』のなかの唯一の断片に心を打たれた者たちだけだった。

フーコーが長い闘病期間を経て一九八四年にエイズで亡くなったとき、何か月ものあいだ世間の注目を集めることになった。彼の死にまつわる状況がすぐに公表されなかったこともあり、陰口の種や噂の的になり、これまでつねにスポットライトを浴びてきた哲学者の最期に、マスメディアは砂煙を巻き上げて駆け寄った。彼の書物は売れに売れ、あらゆる知識人がフーコーの言葉を引用した。「歴史」の類義語でしかない「系譜学」などという言葉は、何年ものあいだ使えなかったほど濫用されたのである。

そして、知的エリートたちはフーコーの新たな顔を見つけるため、彼の実験室、つまり世間にあまり知られていない講義を掘り返しはじめた。事実、その頃イタリアでは講義の内容はほとんど知られていなかった。第二講義だけは「統治性」というタイトルで雑誌『アウト・アウト』に掲載され、何ほどかは伝わっていた。このとき生政治の概念は、まだ手垢もつかず魅力的なばかりか、フーコーの思想が大きく政治に傾くときに典型的な概念として登場していたのだ。

おそらくイタリアでこれを最初に消化吸収したのがアガンベンだった。彼がどのようにして生政治の概念にたどり着いたのか、哲学的な経緯の詳細は分からない。ともかくすでにドゥルーズはこの考察を再発見して普及版を流布させていたし、パリにはドゥルーズやガタリのところに出入りするイタリア人たちがいた。

実際のところ、フーコーの思想とアガンベンの関係はよく分からない。だがネグリに関しては、ネグリ自身がこのテーマについて書いた短い文章によって知ることができる（Negri 2010）。

いずれにせよ死後の接触ではあった。生前のフーコーはイタリア人哲学者たちとあまり交流がなく、たまに何かの機会があるにすぎなかった。フーコーにはアレッサンドロ・フォンターナというイタリア人助手の弟子がいた。このフォンターナを通して、パリ在住のイタリア人たちに生政治の概念が伝わった可能性もある。しかも彼はまさに件の講義がおこなわれていた頃の助手だった。だが残念ながら二〇一三年に故人となり、もはや確認することはできない。

それから、フーコーが政治的なイタリア人グループから距離をとっていたことも知られている。とりわけ大学関係の左翼に対してはそうで、彼らが本当に解放勢力なのかを疑問視し、表面的には抑圧されていても、国家の権力システムと共犯関係にあるのではないかと疑っていた。さらにフーコーはソヴィエト連邦寄りの共産主義を好まず、なのでひじょうに短期間しかフランス共産党に所属しなかったが、イタリア共産党の伝統にはグラムシにさえも近づかなかった。一部のラディカルな運動にだけは好意を寄せたが、それでも運動の指導者たちと接触することはなかったのである。

同じくイタリアの左翼もフーコーに対しては不信を抱いていた。歴史家たちは彼を攻撃して評判を落とそうとし、でなければ考慮に値しないと見なしていた。

ネグリはフーコーと同じくパリに住み、同じくドゥルーズの友人だったわけだが、七歳しか離れていないフーコーとの交流はなかった。政治哲学とマルクス主義の世界でネグリはすでに有名だったが不穏な人物でもあった。ともかくネグリの短い文章から分かるように、ネグリもまた当時、フーコーの思想に関心をもっていたわけではない。没後にようやく、管理社会に関するドゥルーズの言葉に導かれ、オペライズモ出身者のためらいを捨ててフーコーの思想に近づいたのである。

以上のように見ていけば、生政治の概念を見出して復活させた最初の哲学者はドゥルーズだったということになる。

後にネグリやネグリ周辺の者たちが自分のものにしたドゥルーズのヴィジョンは、哲学的にはフーコーが生政治について述べた言説に忠実ではない。けれども、もし可能だったらフーコーが述べたかもしれない事柄に、実質的には合致しているようにも思われる。

思い切り単純化すれば、ドゥルーズの解釈を次のように言うことができるだろう。近代的権力のテクノロジーが構成する歴史には三つの時代がある。第一は強制的に法を押しつける君主の権力で、違法者を残虐に処罰するが、それは国家に敵対行為を働いたからではなく、越権行為によって主権者の報復を招いたのである。したがって、これは政府のモデルではなく君主と臣下のモデルである。ホッブズや国家理性の誕生などを顧みて、さまざまに異論を唱えることもできるだろうが、今それはおいておこう。主権者に集中するこの権力モデルの次に、規律的権力のモデルが来る。このモデルは、修道院と軍隊という異なってはいるが似てもいる二つの土壌で発展した。修道院は、隔離の技術、自動的に他の行為をすべて締め出す活動を詳細に規定する技術を発展させ、軍事訓練は、課題と鍛錬と規律を通して一庶民を一兵卒に、効果的な戦争兵器にする社会的整形外科の技術を発展させた。規律訓練の方法を通して、第一に身体を、第二に精神を掌握すること。個人に対して集中的に適用される二つの構築的アプローチである。この規律訓練の技術には、個々人を国家の望むがままに整形するため、まさにそのために設立された施設を必要とする。それゆえ規律的社会は、それぞれ異なる目的にしたがい(教育、矯正、治療、生産、防衛など)、数多くの施設をもつのであるが、学校が工場に、工場が監獄に、監獄が病院に似ているように、どれもこれも似ている。ここでもまた、それはすでに生の国営化ではないのかと問うことはできる。あるいは、これらの訓練施設は、育成すべき人々の数、マス、つまり量的な基盤に立つ社会にあり、すでに生政治的生産の統計学的文化に属しているようにも見える。異論の余地は多いけれども、先に進もう。

この規律的局面の次に、生権力とも呼ばれる生政治的権力の局面が来る。このモデルはドゥルーズが管理社会と定義するもので、市民社会の内なる権力に仕え、ネグリがマルチチュードと呼ぶマスを管理制御するため、生物統計学、遠隔通信、テクノロジーを駆使した装置を増殖させる。マルチチュードは市場の非人称的なメカニズムに支えられ、したがって新自由主義だけが生政治の条件を実現させうる。なぜなら生政治的権力は不定形な網状の権力であり、王のような象徴的姿には結晶化せず、国家機関の官僚組織のように化石化もしないからだ。だがそうすると生政治も自由主義も同じことになってしまう。この議論の弱点はまた後で見ることにしよう。いずれにせよアガンベンが生政治の概念を用いた考え方は、明らかにこのようなものではなかった。

アガンベンは別の視点、つまりヴァルター・ベンヤミンの思想から出発している。彼にとってまさにアイデアの鉱脈となったベンヤミンは、イタリアでは一九七〇年代に再発見され大きな人気を博していた。ベンヤミンは枠にはまらず、大学にも党にもどこにも所属しなかった。テオドール・アドルノの親しい友人としてフランクフルト学派の近くにはいたが、学派内に名を連ねず、アドルノとさえ同じ考え方ではなかった。このように、ベンヤミンはいわば院外議員、無政府主義的マルクス主義者、アンガージュマンの知識人であり、きわめて繊細で洗練され、時代のモダンな要素を理解する第六感にも恵まれ、まるで未来を見通す予言者のように、マスコミュニケーションの重要さ、伝統的芸術の危機などを把握していた。そして最後にベンヤミンは自由思想の殉教者だった。共産主義者でユダヤ人の彼はナチスの迫害を避けるため、ドイツを抜け出してピレネーのあたりまで到達したが、追跡者の手に落ちたと思って自殺したのである。多くの私的出来事が彼に暗い影を落としているが、ベンヤミンは決して修辞にも紋切型にも陥らないユダヤ人だった。彼の解釈はつねに鋭く、意表を突くようなやり方で事態の核心に迫る。イタリア文化が党や大学の外に自由の空間を求め、洗練された批判的文化を探していたとき、そこにベンヤミンがいたのである。七〇年代はたしかにオペライズモの激しい闘争があり、プロレタリアが持ち上げられたが、他方には極端な知性主義があり、知識人は評価され、シックであるとさえ見なされた。

オペライズモ出身のカッチャーリも早くからベンヤミンを見出し、そこからドイツ、中欧、ユダヤ文化、そしてベンヤミンが対話した神学的文化へと向かったが、その経緯は後でカッチャーリを扱うときに見よう。カッチャーリのすぐ後でアガンベンは、哲学の世界で彼を有名にした著書『幼児期と歴史』(Agamben 1979)で、ベンヤミンから着想を得たことを述べ、ベンヤミンに賛辞を捧げている。ベンヤミンが展開した数多くの概念のなかに「剝き出しの生」があった。あるところでベンヤミンは生の聖性について、「聖なる生」について語る。その言葉から連想されるのは人文主義的な博愛であり生きる権利の防衛だが、反対にまさにその紋切型こそが、公序良俗の修辞に対する明晰な批判によって撃破されるのである。ベンヤミンのこの言説からアガンベンは、人間の殺害可能性について、現代社会の剝き出しの生について考察した『ホモ・サケル』(Agamben 1995)の論述を展開する。つまりフーコーやドゥルーズとはまったく異なる新しい意味で、生政治の概念を用いたのだ。事実、それは社会的医学や自動制御する市場とは何の関係もない。要するにアガンベンは、生政治という言葉を自分の考察を進めるために利用したのである。

エスポジトの『ビオス』(Esposito 2004)は、生政治の概念を歴史的・批判的に考察したものだが、いわゆる「生政治の思想」が開いた空間に参入しようとしたエスポジトに厳しい批判はもちろん期待できない。フーコーの理論のいくつかの限界に気づいても、彼は巧妙にも、それを生政治と「死政治」とを接続しうる(ナチスの場合のように、生政治と死政治はしばしば同じメダルの表裏である)全体的なヴィジョンが欠落しているからだと言う。要するにこの限界の原因は、エスポジト自身の最大の哲学的貢献である「免疫」のパラダイムに到達しなかったからなのだ。つまり、彼の生政治解釈は根本的に免疫学に向かっている。フーコーのような哲学者が、どうして免疫機構などという疑似科学的隠喩の領域に足を踏み入れなかったかは後で見てみよう。ともかく今はドゥルーズに戻り、フーコー死後の「生政治の思想」の形成過程を詳しく分析する。

ネグリの生政治

一九八〇年代、とくにその前半の特徴はポストモダンの流行だった。すべてが政治であり私的領域も政治だと言われた七〇年代の後、このような考え方に反対するアンティミスト的快楽主義の反動が来る。わずか数年のうちに時代の雰囲気はすっかり変わってしまい、政治の死が語られさえした。ブルジョア社会の不正を糾弾していた左翼は、今度は糾弾されることになり、守勢に立ち、弱体化するばかりだった。たしかにその十年ほど前から多くの行き過ぎがあり、革命のモラルが社会的正義を生むことはなく、新しい偽善と妥協、でなければ狂信と不寛容にしか行き着かなかった。何よりも革命は起こらなかったのであり、その時はすでに去ったのであり、有害無益な煩悶のなかで歯ぎしりするばかりで、左翼は何もアピールできなかった。世界を変革する夢は無のなかに消え失せた。その上、新しい世界の夜明けに見えた革命的事件は、政治的失敗というよりも人類の悲劇、まさにカタストロフとなった。明らかに、理論か実践か、あるいは理論と実践のいずれにも間違いがあったわけだ。たとえば、六八年の学生たちを熱狂させた中国の文化大革命や、貨幣を廃止し都市民を農村へ駆り出したクメール・ルージュなどが思い出される。

いつも決まって悪夢に終わるこれらの夢にひきかえ、保守派のプロパガンダは勢いを取り戻した。社会の富裕層はここに、自分たちの特権を堅固なものにし、労働者が立ち上がるのを完全に押さえ込む歴史的な機会を見たのである。経済界のエリートたちにとって、これは逆向きの階級闘争、すなわち労働者に対するエリートの反撃のはじまりを意味していた。

一九八〇年代はこの反撃が、政治、イデオロギー、軍事レベルで世界を覆い、ついにはソヴィエト連邦の崩壊にいたる。現実の社会主義の古い権威主義的体制を惜しむ者はいなかったが、不測の事態も生じた。つまり、先進国の日常生活をときおり麻痺させるあの厄介なストライキのように、かつての社会主義国は富を求めるエリート層の飽くなき欲望を抑制する役を果たしていたのだ。事実、「共産主義の悪」を恐れたがために、ヨーロッパでは社会政策上の重要な妥協がおこなわれ、福祉が普及して誰もがそれなりに豊かな社会が形成され、ケインズ主義的経済政策が推し進められたのである。

こうして社会闘争がなくなると、先進諸国のあちらこちらで、労働条件を犠牲にして利潤を増やす新自由主義の実験がはじまり、金融ブームが起きる。ベルリンの壁が崩壊した頃にようやく、保守主義は少しやり過ぎではないか、民営化の果てに社会的権利が失われ、これまで享受してきたそれなりの豊かさが危険にさらされているのではないか、と考えられはじめた。これに最初に気づいたのは過去に政治闘争をおこなった者たちだった。もちろん、オペライズモのスローガンに戻ることはできない。政治的な状況は完全に変わってしまっていた。新しい社会批判が求められたが、在郷軍人さながらの集会を細々と続けていた昔からのマルクス＝レーニン主義的なグループが、これに応えることはできなかった。

フーコーは、マルクス主義とは完全に無縁なところから、社会批判の新しい理論を構築しようとした哲学者だった。それゆえに生前は激しい攻撃を受けたが、またそれゆえにポストモダンの大きな転回を無傷で切り抜け、「思想界の巨匠」として列聖されていた。同じく巨匠として崇められたドゥルーズは、相棒のガタリとともに、学生運動のクリエイティヴな側面をいつも好意的に見ていた。

その頃ネグリは亡命者としてパリに暮らし、政治哲学の講義を続けていた。ネグリの友人だったドゥルーズが、フーコーの生政治の問題を再び取り上げたのは、もしかするとポストフォーディズムに関するネグリの政治的言説に刺激を受けたからかもしれない。

一九九〇年、ドゥルーズは「管理社会」(Deleuze 1990)と題されたテクストを公にした。その冒頭にはこう書かれている。

フーコーは規律社会を十八世紀と十九世紀のあいだに設定したが、それはほとんど二十世紀初頭まで続く。巨大な収容施設の組織化がはじまり、個人はそれぞれ自律的な閉鎖環境を次々に移っていく。最初は家族、そして学校(「ここは家庭ではない」)、それから兵舎(「もはや学校ではない」)、工場、ときおりは病院、もしかすると収容施設の究極である監獄へと。

明らかに、われわれがすでに見てきた事柄に等しい。そして、こう続ける。

しかしフーコーはまた、君主社会に続くこのモデルの短さも知っていた[……]。

絶対主義体制の次に来るのは本当だが、フーコーはこのモデルが短いとは言っていない。正確に言えば、短期間であるとも短期間ではないとも言う。収容制度の起源を扱った『監獄の誕生』では、当然ながら短期間にはならなかった。つまり短期間だと主張するのは、フーコーではなくドゥルーズなのだ。

だが規律訓練の制度もまた危機を迎え、次第に新しい力に、第二次世界大戦後は急速に代わっていく。規律社会はもはや存在せず、過去のものとなった。今われわれは、監獄、病院、工場、学校、家族といったすべての収容環境の一般的な危機のなかにいる。

これはたしかにフーコーの言葉ではない。第二次世界大戦後に局面が完全に変わってしまった、などとフーコーが考えたことはない。歴史の分割を現代にまで推し進めることは彼のやり方ではないし、何よりもフーコーにとって規律モデルに続く局面は、それがあるとすれば、生政治モデルなのだ。しかし、ドゥルーズはここで突然フーコーから離れて自分の言葉を使う。

到来しつつある新しい力が定着するまで人々の時間と苦悶を維持させること。規律社会に取り替わるこの新しい力とは管理社会である。「管理」は、この新しい怪物を示すためにバロウズがつけた名であり、われわれの次の未来としてフーコーが想定した名である。

だが、フーコーは管理社会ではなく生政治社会について語ったのだ。この変更はなぜだろう。単なる勘違いだろうか。それともフーコーの思想をドゥルーズが自分のものとして表現しているのだろうか。そして、この歴史的分類のためにフーコーがウィリアム・バロウズを参照しなかったことも確かである。どうしてドゥルーズは生政治について語らないのだろうか。その言葉に惹かれなかったのは明らかだ。生政治の特徴は複合的システムの揺らぎを管理することだとフーコーが言って以来、おそらくドゥルーズの耳には管理という言葉が残り、生政治は忘れられたのだろう。とはいえ、このように別の言葉に置き換えられはしたが、生政治を自分のものにしたのはドゥルーズが最初だった。だが先へ進もう、この件にはまだ続きがあるのだから。ドゥルーズのこの解釈はネグリに大きな影響を与えることになった。ネグリは、一九七〇年代の終わり頃からフーコーの哲学に関心をもちはじめたと話している。七八年に書いた文章のなかでネグリは『監獄の誕生』のテーマを論じていた。彼がフーコーに関心を抱いたのは、フーコーがマルクス主義者ではない権力の理論家だったからである。当時のイタリア共産党は政権に加わり主権を獲得するため保守派との同盟を模索し、その方向で支持層の有権者を説得していた。ネグリはひじょうに効果的な表現を用いてこう書いている。「イタリア共産党から見れば、主権信仰と「国家理由」の行使が――すぐ後で検証しよう――同じベッドで寝ていたのである」。要するに、共産党マルクス主義思想の伝統から離れた権力批判が必要だった。フーコーは最初こうして求められたのだ。だがネグリはまた、怪しげに見えた構造主義的な知の歴史家フーコーが、歴史的現実のダイナミックな関係に足を踏み入れたことにも気づく。考古学の局面から系譜学の局面に移ると、知に関わる権力を直接問題にする戦闘的な観察が、資料の山を前にした文書管理人さながらの知の地図製作に取り替わる。生身の肉体で歴史的現実に参入するこの哲学者は、生政治の哲学者でもあったが、これを当時のネグリはまだ知らなかったらしく、次のように書いている（Negri 2010）。

長期間イタリアの監獄に収容された後、一九八三年にフランスへ戻った。ちょうどフーコーが亡くなった頃で、わたしはすぐにドゥルーズと接触した。彼の友人たち、協力者たちはフーコーについて寡黙だったが、わたしたち二人は長いあいだフーコーのことを話し合った。こうしてわたしはあの傑作、ドゥルーズの『フーコー』執筆当時〔一九八六年〕の現場の熱気を味わったのである。その書は、フーコーの歩みの「対象なき主観性」と「主観なき構造」のあいだの袋小路を、完全に解決していた〔……〕。事実、エピステーメーとその革新性の歴史が語られる前に、ドゥルーズはフーコーにその装置を提供していたのであり、それゆえ十分な関連性をもって語ることができたのだ。フランス哲学の伝統のこの恐るべき飛躍の全体像をつかむために〔……〕コレージュ・ド・フランスでのフーコーの講義が刊行されるのを待つばかりである。ともかく、二十世紀がドゥルーズのものだったとして、二十一世紀はフーコーのものだということが理解されるだろう。

つまり、ネグリは先にわれわれが見たフーコーの三つの講義をまだ知らなかった。ありえないとは思うが、たとえ『知への意志』の短い文章に偶然目をとめていたとしても、少なくとも生政治の概念に精通してはいなかったわけだ。生政治に向けられた最初の眼差し、つまり管理社会に関するドゥルーズの言説を通して(ちなみに、フーコーの第一講義『社会は防衛しなければならない』がイタリアで出版されたのは一九九〇年だった)、ネグリは生政治について考察したのだ。だが、まだ知らねばならないことがある。ネグリが一九八〇年代末に集中的に考えていたのは、フォーディズムの終焉からトヨティズムへの移行の問題だったが、それに生政治の問題が共鳴しているように思われたのである。

事実、この時期ネグリとそのグループは、オペライズモの戦略が失効して労働条件とは無縁の抵抗へと移行するなかで、重要な論争の渦中にあった。すなわち、ネグリの言う「マルチチュード」が登場する。それは「社会的労働者」を媒介として「労働者階級」に置き換わる概念であった。別の言い方をすればネグリは、「古典的な」マルクス主義の労働者概念から、ポストフォーディズムの概念へと移る。第一の枠組みでは、賃金労働者は、資本主義システムの産業経済から搾取されるが、彼らなくして経済も成り立たず、それゆえ資本主義に闘いを挑み、革命によって全社会を解放しうる唯一の主体であった。第二の枠組みでは、マルクス『経済学批判要綱』の「批判的」あるいは「修正主義的」読みをもとに、「一般知性」の動きを捉えることが重要課題となる。一般知性は、とりわけテクノロジーの発展を通して、もはや個々の労働者ではなく資本主義的生産の発展を進める知に関心を向け、資本主義の発展に決定的な役割を果たす。こうして労働者の革命的役割を中心とした概念から、その「敵対者」、いわば逆の立場の労働者、さまざまな搾取が組み込まれたさまざまな社会的役割を担う者たちへと目が向けられる。そして、知的労働の問題がある。彼らはいわゆる賃金労働者ではないが、ある意味で「誰でもない」者たちであり、世界的反乱の潜勢力をもつマルチチュードの一部なのだ。

現代の工場はいくらか監獄にも似た規律訓練の場であり、フォーディズムであれトヨティズムであれ、工場での労働は規律にしたがわざるをえない。したがって、ドゥルーズは次のように書かねばならなかった。

［……］だが管理社会では企業が工場に代わる。企業は魂、ガスである。たしかに工場はすでに報奨制度を用いていたが、企業は、挑戦、競争、わけの分からない対話を通して、給与体系を永遠に動的な均衡状態のなかにおこうとする。テレビ番組のゲームがこれほど人気なのは、企業の状況を的確に表現しているからだ。工場は身体とともに個人を構築した。群衆のなかの個々人

を監視する雇用者からも、群衆を抵抗へと向かわせる組合からも。しかし企業は、最上のモティヴェーションとして、健康的な競争心、さらに激しい敵対関係を持ち込む。人々を分断し、個人に対して個人を差し向けることを止めないのだ。(Deleuze 1990)

「管理社会」は、言葉は異なるがともかく「生政治」に変わりはなく、両者は実によく似ている。事実、規律モデルに典型的な特徴が、労働者を分断して異なる作業と作業を連鎖させるフォーディズムの工場の仕方であるなら、管理社会(あるいは生政治)の場合はポストフォーディズムの生産と知的労働である。したがって、ポストフォーディズムの知的労働は、生産の領域における生政治にほかならない。生政治とポストフォーディズムが等しいことを頭に入れておけば、生政治を語る『帝国』の言葉は明瞭になる。

管理社会と生政治のつながりに関して、ドゥルーズは口をつぐんでいたが、ネグリは『帝国』の一章を「生政治的生産」に当て、はっきりと語っている。ネグリとハートは次のように書いた(Negri & Hardt 2000)。

多くの面から見て、帝国的コマンドの具体的な機能を分析する基礎を築いたのはミシェル・フーコーの作品だった。第一にそれは社会的形態の根本的な歴史的移行、正確に言えば、「規律社会」から「管理社会」への移行を判別させてくれる。規律社会は風俗習慣や生産方法などを規定する「装置」や施設の稠密な網によって統治される社会タイプである。この社会を機能させること、その包摂/排除のメカニズムと命令への服従の生産は、社会を構造化し規律の理由を納得させる一連の訓練施設（刑務所、工場、精神病院、病院、学校、大学など）の課題である。［……］管理社会（モダンの終局に発展し、ポストモダンの開始を告げる）は、個々人の精神や肉体を通して、命令のメカニズムがますます民主的に、ますます社会に内在的になる社会タイプである。個々の主体は、社会的な統合と排除を生み出す態度をますます内面化させる。［……］したがって、管理社会は日常生活の規律を標準化する装置の強化や一般化として規定される。だが規律とは異なりこの管理は社会的施設の現場を大きくはみ出し、フレキシブルで多様な網状組織を通して広がる。

ここまでは、ドゥルーズの論をそのまま踏襲しているように見える。だがこのすぐ後に生政治が登場する。

フーコーの作品はさらに、権力の新しいパラダイムの「生政治」的性質を教えてくれる。生権力は、社会的なものを追求し解釈し吸収し再構成しつつ、その内側から調整する権力の形式である。権力は、個々人がおのれの内から自発的に起動させる中核的な統合の機能となるときにのみ、実効力のある命令を人々の生の全体に課すことができる。フーコーは、「今日、生は［……］権力の対象となった」と書いている。このタイプの権力の最も決定的な機能は、生のすべての局面を包囲することであり、その主要課題は生を運営することである。生権力はしたがって、生自体の生産と再生産に関わるところで作動する。

フーコーの作品のこの二本の線がひとつになるのは、管理社会が「排除」を基準として生政治のコンテクストにあるときである。

規律の時代と生政治の時代の人為的な区別から生じる問題を、ネグリもまた避けて通ることはできない。二つの時代は重なるように見え、あるいは同じ歴史時代の二つの異なる側面であるようにも見える。フーコーが突き当たった同じ問題である。正常化と内面化の認識論的相貌をもつ規律モデルは、古典主義時代、つまり十七・十八世紀に属するモデルに見えるが、これは政治の世界では支持することができない。なぜなら西洋の十七・十八世紀は、絶対主義、そして啓蒙主義的専制体制による君主権力と国家理由の絶頂期だったのだ。

認識論的枠組みの発展あるいは知の発展と、政治的・法的枠組みにおける発展のあいだには、もちろん歴史的なずれがある。科学の歩みに比べて政治が遅れるのと同じである。このようなずれが生じる理由はいかにも単純だ。要するに科学は理論であり、政治は理論にもとづく実践だからである。実践が理論に遅れるのは当然だろう。だがこの遅れがまさに一時代を超えるほど大きいとき、これを説明するのは難しい。古典主義時代の政治は、かつてマキャヴェッリが見通した君主への権力集中と、ルネサンス後期の新プラトン主義的一元論、この二つの要求に応えていた。学校や工場や兵舎や病院や監獄など、さまざまな社会的容器に細分化された組織は、「幾何学的精神」、絶対主義の時代に形成された分類と分割の理性が、近代のブルジョア国家のなかで始動したことを反映していた。政治的で法的な実践の定着に適合する近代の科学的基準は、生政治や経済科学の発展を促した。それは、もはや細分化しない体系的で有機的なアプローチにもとづき、十九世紀的というよりは二十世紀的、すなわち歴史的に次の局面のものだった。

さらにまた注意すべき二つの過ちがある。ひとつの文明の社会的・文化的歴史は、きわめて複雑なシステムの発展として見ることができる。その内部の相応関係、類似関係によって諸局面が定められ、そして、局面から局面への移行や局面内部のさまざまな下位局面のサイクルが見出される。以上は科学研究の視点からは妥当な方法だろう。科学研究的な単純化はたしかに有益ではある。だが、歴史に作用する規則をまるで物理法則であるかのように勘違いしてはいけない。サイクルが見られるからといって、絶対確実に次のサイクルがあるとは限らない。たとえばローマ帝国の内部にもいくつかの局面があったが、帝国発展の新たな局面へつながる代わりに、異民族の侵入により滅亡したのである。歴史はいつも意表を突くようなやり方で、われわれの予測や歴史法則を裏切るようだ。枝はますます細かく分かれ、その細い枝の一本を予測したとしても、そこにはまた予想もしなかった実がなる。単純化は有用な理性の道具だが、判断を誤らせる罠でもある。フーコーの生政治の問題も然り。ある地点まではすべてが、シンメトリックに照応するひとつの網状システムに収まるように見えた。だがそれから矛盾が出はじめる。先に見た理論と実践の時間差がひとつの説明になるだろうが、それだけでは不十分であり、いずれにせよ西洋のなかでしか通じない。西洋の枠を超えてグローバルな多様性へと移るとき、いったい何が起こるのだろう。西洋資本主義社会の権力モデルが、細分化した組織を抜け出し、経済的なインセンティヴ／ディスインセンティヴの指導的介入や絶対的禁止ではなく、ジグムント・バウマンが言うように変数の流動性の制御にもとづく「液状」組織へと移りつつあるのは、おそらく本当なのだろう。だが、グローバリゼーションがカードを混ぜ合わせ、この「液状」組織でさえ部分的なものでしかない。全体の状況は大きく変わり、今では必ずしも穏やかに統治的に動くわけではなく、まるで帝国への異民族侵入の時代のように攻撃し、破壊し、略奪することもある。実際のところ、ヨーロッパやアメリカや日本の中産階級の状況だけを見て、われわれの時代の状況を言うことはできない。舞台はグローバルなものとなったのだ。まだフーコーがそうだったように、ヨーロッパあるいは西洋の歴史に限定して、経済、社会、認識論を語ることはもはや不可能になった。

第二の考察として、理論適用の時間的ずれを大きく超えて政治が遅れるのは、社会的コンテクストのなかに実践を妨げるもののあることが考えられる。実際、テクノロジーも理論から実践へと移るわけだが、その移行はもっと短時間でおこなわれる。だが政治には特別の摩擦がある。それは社会的組織に典型的なもので、権力に慣れたシステムは、錆びつき機能不全に陥っても、そのまま惰性的に進みつづけ、変化や改革に抵抗する。情報技術の分野では、ワードプロセッサーが十年ほどでかつてのタイプライターを完全に過去のものにしてしまった。しかし、権力のテクノロジーの分野で新旧が速やかに交替することは珍しい。普通は古い権力のテクノロジーの上に新しいパラダイムによる解決が重なり、そしてゆっくりと移り変わっていくのである。ここには現場で作業する者がいるわけで、古い考え方の管理者が新しい考え方の管理者に入れ替わり、すべてはひじょうに緩慢な世代交替という外観をとる。多くの場合、古い機関や施設がすぐに廃止されることはない。すっかり中身を抜き取られて形骸化した後に、ようやく撤去されるのである。

だが、根本的な疑問がまだ残っている。つまり、規律的権力と生政治は本当にそれほど異なるのだろうか。二つに時代を分かつほど大きく異なるのだろうか。

生政治の第一の原則は人々の集団的現象に関わる実践であり、膨大な数の個人を相手にすることだった。だが、この原則はどこから来たのだろうか。年齢や出身や態度や能力などにより計量分割して組織化し、規律的機関を通して大きな集団を扱うような、行政区画にもとづく社会的組織のシステムを採用したことから来るのではないだろうか。フーコー自身がリオの講演で認めたように、まさに病院の規律的施設が、公衆衛生政策を実現させる鍵となったのではないだろうか。今日もなお予防接種のキャンペーンは、病院で組織され実施されている。誰もが何も言われることなく自発的に予防接種を受けにいくだろうか。

ネグリはこうした問題をおよそ乗り越えることなく、生政治の概念を取り入れた。だが少なくともひとつの問題には、秀逸な解決を提案することによって、比較的明快に答えることができている。生政治のもうひとつの矛盾は、厳格な計画経済を敷くスターリン主義的全体主義国家も、国家による管理をはねのけて進む自動制御の市場も、同じように特徴づけることだ。現実の社会主義と超自由主義はどのように両立するのだろうか。前者あるいは後者のどちらが生政治なのだろうか。この二つの体制は同じものではありえない。統治のモデルがまったく異なり、その意図も効果も異なっている。フーコーは、生政治を「生の国営化」と見なすことから、ただ単に市場の論理にしたがういわゆる市民社会（「ブルジョア」的法制度）の組織化へと視点を移し、まるで市場が「生」、つまり生命システムに一致するかのように考えたが、この問題を解決することはできなかった。要するに、生への権力なのか、生の権力なのか。

ネグリは「生政治」と「生権力」の分割によってこの問題を解く。もっともフーコー自身は、ネグリとは異なり、この二つの用語をあまり区別せずに用いていた。ともかくネグリの言葉を見てみよう（Negri 2010）。

［……］生政治と生権力を区別しないかぎり、生の取り込みや規制化に抵抗することは不可能に思われ、外部の存在もなければ、逃れたい権力を逆に再生産してしまわないような対抗権力を

考えることすらできない。フーコーの「自由主義的」な読みが許されるのはここだ。すなわち、脱主体化され均一化された標準的マクロシステムのなかに諸個人を分類するような、生の「保険統計的」運営の政治イメージ、人口に組織された生物規制化に関するフーコーの分析から出発すること。

　でなければ反対に、生政治から生権力を引き離し、生政治を生への権力に対抗する生の潜勢力とすること。さらに言えば、生自体の内に——愛情や言葉の生産の内に、社会的協働の内に、身体や欲望や新しい生活様式の内に——、服従による破壊の下からも現われるような、新たな主体が形成される場を見出すこと。

　このようにして生への権力と、生のまたは生の内の権力とが明確に区別される。だがこれはフーコーの意図するところではなかった。そのような区別は、フーコーには関心のないスピノザの思想に見出されるものだ。ネグリもそれは意識しており、「「権力 potere」と「潜勢力 potenza」の対照はスピノザにはあるがフーコーにはない、と反論されるかもしれない」と書いてはいる。すなわちこの二元論は、スピノザを愛するネグリやドゥルーズのものと言える。また、同じ地平で逆向きに作用する二つの力があれば、つねに一方が抑圧的で他方が抑圧されていると考えることもネグリに典型的だろう。けれども、生権力／生政治の対立項をただ単に、標準化を通して生を制御する権力とそのような支配に抗して個々の身体に流れる生の現実、というふうに見なせば、フーコーには受け入れがたい単純化に陥ることになる。事実、これを承認することができるのは、互いに矛盾さえする政治的意味にはこだわらない権力の二機能のあいだの二元論のみだろう。たとえば自由主義者から見れば、生権力は警察国家となって生を制御する計画経済国家である。このような収容政策に抵抗する生政治は、自由な市場を通して表現される市民社会であるだろう。つまり、生権力／生政治の対立項は自由主義的、さらには新自由主義的な解釈にも適合するのである。

したがってこの対立項は別の地平にも持ち込まれる。ドゥルーズも言っていたように、企業のなかで表現される生権力、労働者たちを規格化し互いに競争させるメカニズムを通して、彼らの意志自体を管理しようとする生権力のことである。このような生権力に対して、生産性論理とは相容れない関係を目指す被雇用者の生政治を立ち向かわせることができるだろう。

つまり、標準化と管理の要求に対する生の形式の要求を思い描けば、フーコーが提案した大きな状況に相応しい議論に近づけるかもしれない。だがいずれにせよフーコーは、生政治の内に生ける市場の表現を見たとしても、自由のために闘う人々を見たのではない。

『帝国』のなかで生政治という言葉が用いられるとき、それはドゥルーズの管理社会に結びつけられているが、他方でドゥルーズは、イタリア知識人グループのポストフォーディズム研究に親しんでいた。実際のところネグリはこのグループの中心人物であり（政治的なリーダーではなかったが）、ドゥルーズ的な見方はおよそネグリ的なものであるとも言えた。ともかく単純にネグリ・グループなのではない。その証拠に、知的労働を象徴とする労働の新しい次元をめぐる議論のなかで、行き過ぎた非物質化が批判され、労働の身体的次元に注意が払われていた。

そういうわけで「生政治」は、規律モデルでは外的な圧力だった支配関係が、個人の生のなかへ内面化されたという意味においても、「管理」や「ポストフォーディズム」の類義語となったのである。つまり、ネグリは主体性の生産に関してフーコーが後に導入する言説に生政治を結びつける。もはや個人の上からではなく個人の内で、「人の内で in interiore homine」遂行される間接的管理の形式、そのような主体を生産する搾取の内面化が生じたのである。『帝国』のなかで生政治的生産は、この間接的で内面化された管理の次元に関わり、自由主義システムのさまざまな主体、ロビイストや実業家や役人や警察官、非政府組織の人員にいたる戦略や行動様式に結びついている。

生政治をめぐるネグリとフーコーの関係について、もうひとつ重要点が残っている。市民社会の内側からの表現として、生政治はどのように権力を行使するのだろうか。フーコーが語るのは、諸個人の合計ではなく一集合体、ひとつの全体（「マス」という言い方が適当だろうが、フーコーはこの言葉を嫌った）として把握された共同体を制御する権力である。全体としての社会は一種のホメオスタシスなシステム、つまり一種の生命システムであり、固有の内的均衡と固有の動力学を備えている。したがって、生政治的権力はこのシステムを内側から制御するのであり、その制御原理は市場である（この市場もまたハイエクとその一派にしたがえばホメオスタシスなシステムである）。ここに自由と両立する権力の次元が現われる。なぜならこの権力は自由を前提とし自由の内で作用するのだ。たとえば物理法則の必然性に縛られた物質に対して権力を振るうことはできない、とフーコーは言う。このような物質、自由をもたない物質が相手では、どうすることもできない。ネグリはこのフーコーの言葉を引用している。しかし何よりも第一に、生政治が生命システムの表現であると同時に生命システムの管理であるのは不可能だろう。でなければ生命システムの自動管理になり、何もかも自動的に機能することになってしまう。たとえば、市場システムは需要・供給のメカニズムにより自動的に均衡を見出すのだから国家の政治的管理を必要としない、と新自由主義者のように言うことと、金融や課税によるインセンティヴを用いて経済システムを制御する生政治について語ることは、同じひとつの立場からではありえない。自動的に制御される市場は、理論上、税などのインセンティヴは無用なのだから、後者の立場は明らかに市場システムとは一致しない。そしてまた、税を課すのは市場ではなく、市場に介入しようとする国家であり、市場と国家は同じものではありえない。システムの状況を規制・管理する生政治もまた、国家あるいは国家的機関の生政治とならざるをえないはずだ。第二に、集団としての社会の直接的表現が、どうして選挙制度をもつ民主制国家ではなく、市場なのかがよく分からない。民主制国家は市場以上に国民の要求を表現しているように見える。なぜなら、選挙は市民による意識的かつ理性的な選択のはずだが、市場における選択はそうではない。それはしばしば広告に操られた消費者の非合理的無意識の現われであり、無意識の欲望に支配された情動的なものである。それから生政治は、全国的レベルではつねに国家が遂行する。たしかに企業も社内を生政治的に統治することはできるが、法の定める範囲に限られる。いずれにせよ企業は、解雇要求を振りかざす絶対主義的な主権者ではないとしても、規律タイプの組織を好むのではなかろうか。

だがここで自由の問題に戻り、まずネグリによるフーコーの引用を見よう（Negri 2010）。

権力は、まさに「自由」であるがゆえに「自由な主体」にのみ作用する——自由な主体とは［……］自分の前に可能性の広がりをもち、さまざまに振る舞うことのできる主体である。

フーコーは奴隷制があるところには権力はなく強制があるだけだと主張し、これを逆説的だとは思わなかったようだ。

何もかもが決定しているところに権力関係はない。奴隷制は権力関係ではない。そこでは人間はただ鎖につながれているだけである（これは強制の物理的関係だ）。もし可能なら鎖を断ち切って逃走するだろうけれども。

以上の言葉は一九八二年にアメリカで出版されたフーコーのテクスト「主体と権力」（Foucault 1982）に書かれているが、おそらく当時よく読まれていたニクラス・ルーマンの『権力』（Luhmann 1975）に描かれた理論の影響を受けている。ルーマンによれば、権力とは避けるべき二者択一を定めて（暴力の一形式）複雑な人間行動の総体を制限するコミュニケーションの一手段である。そして権力者がこれらの二者択一を定めるとき、権力者は何ほどかの権力を失うことになる。この理論の奇妙なところだが、どうして権力者は、権力を失わせる二者択一を遂行するのだろうか。それは明らかに矛盾するように見え、まずすべてを権力の経済の全体図のなかに配置してみる必要がある。二者択一あるいは暴力の遂行は、不服従者に対する働きかけ（＝懲罰）を権力者に強制するが、この働きかけは権力の確立に有益な、ある意味で投資と言えるものだ。たとえば資本家は利潤のために働くが、労働者を管理する監督官を雇わねばならない。つまり監督官への支払いのため損をする。たしかに支払わねばならない。だが損をするというのは本当ではない。なぜなら監督官を通してさらに生産性を上げることができ、利潤を増やすことができるからだ。でなければ監督官など雇いはしないだろう。この点についてフーコーの結論を見てみよう。

したがって権力と自由は、互いに排他的に対峙しているのではない［……］権力関係と自由の不服従を切り離すことはできない。権力の中心的問題は「自発的服従」ではないのだ（奴隷になりたがる者がいるだろうか）。絶え間なく浮上する権力関係の中心には、意志の御しがたさと自由の動かしがたさがある。

こうして最後には命令する者も服従する者も同じく自由になる。事実、このような視点に立てば、命令する者と服従する者は自由の名においては区別できない。しかしフーコーやネグリの望むところは、自由にもかかわらず権力の問題が存在する、自由主義のなかにも権力の問題があると語ることだったはずだ。ところが、これでは自由主義理論の主張を認めることになってしまう。つまり搾取されている労働者は、自ら選択して契約書に署名したかぎり、その労働条件を引き受けなくてはならない、と。だがこの場合、自由に対する権力行使の問題と、自由意志の問題が区別されていないのだ。前者は政治的問題だが、後者は存在論的問題である。もし私が誰かに何かをさせる可能性をもっているとすれば、この誰かは存在論的レベルでそれを遂行しうる可能性をもたねばならない。最も強大な王でも、立ち上がって城を築くよう石に向かって命令することはできない。石は自然法則の必然性にしたがうしかない。王の命令を聞くためには自由意志をもたなくてはならない。他方でまた、私は奴隷に向かって働くように命令できるが、ランプの魔神のように空を飛べと命じることはできない。彼はひとりの奴隷であって魔神ではないからだ。そういうわけで、自由意志をもつ相手にも必然性の枠を超えて権力を行使することはできない。要するに権力の及ぶ範囲は、自然の必然性として人間に許された可能性の限界内で、自由意志によって可能な行為に限られる（それは権力の前提となる）。そして権力が（魔法の力でなければ）対象とするのは政治的自由であって自由意志ではない。奴隷は自由意志を失ったがために奴隷なのではない。奴隷が自由意志を失くすためには、主人は魔法の力をもたねばならないだろう。なぜならわれわれが自由意志を失うのは、ただ無意識の状態にあるときだけであり、無意識状態で働かせるには魔法の力が必要だろうから。奴隷が奴隷なのは自分自身の主人ではないからで、これは政治的自由の問題である。それゆえ権力はつねに政治的自由には抑圧的態度をとる。だがこれはいわば安い買い物と言えるかもしれない。おのれの自由をいくらか放棄するだけで、より貴重なものが手に入り、威厳を崩すことなく、自らの生命の根本的問題に関する至上権を保持しつづけるのだから。そうすると、権力への従属と自由の共存を一般的に問題にすることは意味がない。いったいどのような政治的自由が権力によって侵害されるのか、また従属を強制される者は権力に対してどのような可能性をもちうるのか(奴隷にはどんな可能性もなく、小さな直接民主制国家の市民には多大な可能性がある)、具体的に検証しなくてはならない。言い換えれば、服従すべき秩序の選択に市民がどれほど介入しうるのかを把握しなくてはならない。なぜなら、ここに政治的自由の多くがかかっているからである。結論として権力は、すでに存在する自由のレベルを認めた後、これを自分のものにしようとして、自由とは逆の動きをする。懲罰を加えざるをえないとき、権力が自由をいくらか失うのは、おのれの自由の優位を保とうとするか、さらなる自由を求めるためだが、いずれにせよ罰を加える者よりも罰を被る者のほうが多くの自由を失うだろう。以上の事柄は、生政治と法措定的暴力の関係、次項で検証するベンヤミンの思想の理論的根拠に大きく関わってくる。

アガンベンの生政治

これからアガンベンが展開した生政治へと進み、すでに触れた事柄について詳しく見ていこう。生政治の概念をアガンベンが大きく取り上げたのは一九九五年の著作『ホモ・サケル』だった。ドゥルーズによる生政治の再発見からすでに五年が経ち、フーコーの「生政治」第一講義『社会は防衛しなければならない』のイタリア語版出版から同じく五年が経っていた。その間に知識人グループは、フーコーの生政治に関する基本的資料がないまま議論を進めていた。フーコーが生政治に捧げた第二講義、第三講義も未刊だったのである。このことはたしかに、少なくともフーコーの意図を重要視するかぎり、当時のすべての議論の足場を崩しかねない。しかも、第一講義の出版がこの問題についての議論を再燃させたのではない。いつもとは反対に、生政治をめぐる議論が講義の出版を促したのである。正確に言おう。つまり、第一講義の出版は生政治の概念にとって根本的な出来事だったが、読者はひじょうに限られていた。このとき動きはじめたのがアガンベンで、好評を博した『ホモ・サケル』にもそう書かれていたが、ともかくアガンベンのこの書物によって生政治の概念が一躍脚光を浴びる。生政治はイタリアの哲学論議の中心的テーマのひとつとなり、フランスの知識人たちはイタリアを通して生政治に関する議論を知ったのである。

繰り返すが、残る二つの講義、『安全・領土・人口』と『生政治の誕生』のフランス語初版がどちらも二〇〇四年だったことに鑑みれば、生政治をめぐる熱い議論は、原典資料の半分以上を無視しておこなわれたのだ。

要するに欠けている数多くの根本的データが想像力で補われたのであり、議論の盛り上がりにはどこかシュールなところがある。しかし、だからといって驚くにはあたらない。大きな議論が不完全なデータ原典の上で開始するのは、哲学の世界では珍しいことではない。むしろ原典が不完全であり、デーの欠損があるからこそ、解釈が推し進められ、抑圧的な権威もなく考察を深めることができ、議論はさらに独創的になることがある。事実、生政治をめぐる議論において最も興味深く創造力豊かな局面は、すべての原典が出版される以前だったのであり、出版以後ではない。そしてフーコーの解釈者たちは、もはや哲学史の巨人となったフーコーの内に躊躇や優柔不断や矛盾を見ることができず、全力を尽くして首尾一貫した思索を描こうとし、フーコー自身による「機能としての作者」批判を無視してしまう。フーコーは、全著作を貫く原理としての首尾一貫した作者像を偏見として批判していた。この「機能としての作者」は、作者にひとつの場所、ひとつのメッセージを割り当て、作者を整理・収納するひとつの方法なのだ。閉じ込められたと感じた作者は、そこにいると思われた場所にはいないと宣言し、絶えず逃れ出ようとするだろう。したがって、生政治に関してこの十年ほどのあいだに何冊もの書物が刊行され、首尾一貫した観念が求められたわけだが、それはつまり、フーコーの思想とフーコー自身を整理・収納することであり、フーコーの思想を擁護しながら裏切っていたのである。

要するにこのイタリアの議論は、未完のデータの上に築かれ、予想外の展開をし、生政治の言説を新しい基盤の上に再生させたのであって、フーコーが進めていた言説から完全に離れている。フーコーからの自律の第一のしるしは、生政治を普遍的なカテゴリーとして、歴史的時代とは無関係に用いる傾向があることだ。科学史出身のフーコーはそのような態度を、実証主義的もしくは社会学的あるいは観念論的と見なしただろう。フーコーは非歴史的なカテゴリーを用いたことがなく、つねに歴史性の上に研究をおこなった。ともかく、まったく異なる方向へ進む言説を補強するため、あちらこちらでフーコーの言葉を引用すること自体、御都合主義的な言及を通してこの概念を再発明しつつある兆候なのだ。多くの点から見て、フーコーの問題提起と正真正銘関係のあるイタリアの哲学者はネグりだけだろう。ネグリはフーコーに親しいドゥルーズからその遺産を受け継いだのである。

われわれとしては、フーコーの生政治研究から逸脱したからといって、これらのイタリア知識人を咎めようとは思わない。解釈の正当性はさておき、新しく命を吹き込まれたこの生政治の意味と問題提起に、まずは直接向き合うべきだろう。

実際のところもしアガンベンやネグリやエスポジトがいなかったら、生政治の思想はどこかに埋もれたままだったろう。おそらく生政治は、少数のフーコー研究者だけに通じるテーマでしかなかったはずだ。けれども彼らのおかげで、世界中で（とりわけアメリカで）注目を集めるテーマとなったのである。

ではいったいこの生政治はどうして、これほど大きな話題となったのだろうか。それはとりわけアガンベンに関する問題だ。なぜなら生政治に新しい意味を与えたのは誰よりもアガンベンだった。彼はどうしてこの概念にたどり着いたのだろう。ネグリやドゥルーズは生政治を管理社会に置き換えていた。だが、アガンベンはこの言葉に特別の関心を寄せたのである。フーコーの生政治概念を導入するテクストの最初に、アガンベンはこの言葉の語源を考証している。もちろん「生政治《ビオポリティカ》 biopolitica」は「ビオス bios」と「ポリティカ politica」、つまり「生」と「政治」をつないだものだが、アガンベンが若い頃からアーレントやベンヤミンに傾倒していたことを忘れてはならない。アーレントはハイデガーの弟子でもあった。アガンベンの生政治に関して最初に気づくのは、あるトーン、哲学的感性の変容である。フーコーは生政治を、権力のニーチェ的系譜学と科学思想史とのあいだに見ていた。「ビオス」は明らかに科学の用語であり「生物学 biologia」の言葉があるが、より「生」に密着した同じギリシア語の「ゾエ zoē」は動物、つまり生命体の研究に適用され、「動物学《ゾーロジア》 zoologia」という言葉がある。アガンベンはビオスとゾエの二つの概念を考察し、政治的生（ビオス）には有機的生（ゾエ）を間隙なく包摂することはできないと論じ、生政治はまさに権利と法の視点からは把握不可能なこの間隙に向き合うなかで現われると言う。こうして強制収用所がそのモデルとなるのである。『ホモ・サケル』（Agamben 1995）でアガンベンは何度も、フーコーが生政治の言説を全体主義や強制収用所にまで推し進めなかったことを咎めている。しかしフーコーは第一講義で、絶滅収容所はともかく、ナチズムや全体主義について語っていた。要するにこのとき、アガンベンはまだコレージュ・ド・フランスの講義を知らなかったのだ。いずれにせよ、こうしてアガンベンはフーコーから距離をとる。つまり、生政治を取り込んで再設定することは密かに進行したのではなく、以下の引用に見るように大手を振っておこなわれたのである。

したがってフーコーの論は修正あるいは少なくとも補完されねばならない。近代の政治を特徴づけるのは、太古から存在するポリスのなかへの「ゾエ」の包摂ではなく、あるいはただ単に、生が生として国家権力の計算と予測の特権的な対象になることでもない。決定的なのはむしろ、例外が規則になる過程とともに、元来は秩序の余白に位置していた剝き出しの生の空間が、徐々に政治的空間と一致するようになることだ。そして排除と包摂、外部と内部、ビオスとゾエ、法と事実が、まったく判別不可能な領域へと入っていく。

明らかにアガンベンは、フーコーの研究とはまったく異なるところへ行こうとしている。かつて別の思想的潮流にいたアガンベンは、実存主義と批判哲学から離れず、それゆえ彼の言葉の底に流れるトーンは、また別の感触をもち、別の放物線を描いて動く。つまり一方にはアーレントによる全体主義批判と強制収用所論がある。他方にはベンヤミンがいて、一九二〇—二一年に書かれた『暴力批判論』(Benjamin 1920–21)の「剝き出しの生 bloße Leben」の概念がある。アガンベンはこれに深く心を動かされ、まさにベンヤミンの思想に由来する考察をおこなった。

ベンヤミンのこの濃密な文章はあふれんばかりの直観に浸され、暴力に関する未踏の土地を歩み、前代未聞の新しい道を切り開いていた。彼の言葉は革命的暴力の手段としての次元から、権利と法の制度的次元へ、さらに神話的・宗教的暴力にいたる射程の広さをもち、当時としては思いもかけない仕方でこれらかけ離れた暴力の次元を結びつける。それはまた、ありとあらゆる非暴力の修辞、受けた暴力のパトスをめぐるキリスト教的または被害者的な修辞とはまったく無縁なものだった。ベンヤミンの出発点は、アーレントと同じく、革命的暴力である。

権力関係、社会関係、制度関係は、ただ暴力によって成立したのであり、暴力の色に染まっている。原初の社会契約の段階からすでに暴力は前提とされ、法制度のなか、慣習のなかにある。このように述べられた言説には、ニーチェに近い保守派も実証主義的な進歩派も賛成できた。だがさらにベンヤミンは、ここに宗教と聖なる次元を持ち込み、ユダヤの伝統やギリシアの伝統に進むのである。

神の審判は打ち下ろされ、完全な破壊にいたるまでとどまるところを知らない。破壊こそが浄化である。神的暴力の無血的性格と浄化のあいだには深いつながりがあり、血は生きているという単なる bloße 事実のシンボルなのである。

いささか首尾一貫性に欠けた論のように見える。血は神話的・宗教的儀式の特徴として、つまり神の雷撃的暴力の対極にある犠牲として、流血を要しないようだ。ともかくより重要なのは、神話的であれ神的であれ、この宗教的暴力の上に「剝き出しの生」が一種の原罪、つまり根本的な罪あるいは負債（二つの言葉はドイツ語では意味的に重なる）を負っていることだ。

法的暴力の解体はしたがって自然の剝き出しの生の罪障性 Verschuldung［＝負債］にさかのぼる――ここでは正確に跡づけられないが――。このような罪障性は、不幸にも罪のない生活者を罰に委ね、罰は彼の罪障性を贖い、罪人をも浄化するが、罪からではなく法から浄化するのである。事実、単なる生が終われば生活者に対する法の支配も終わる。神話的暴力は、剝き出しの生それ自体に対する血腥い暴力であり、純粋な神的暴力は、生きとし生けるもののあらゆる生命に対する暴力である。前者は犠牲を求め後者はそれを承認する。

法措定的暴力は、同時に創設であり贖罪である。ベンヤミンは、剝き出しの生の罪と法的暴力の結びつきを正確に跡づけることはできないと言い、このあたりそれほど明快ではない。だが続く文章が興味深いのは、人間の罪障性にではなく剝き出しの生のなかに罪を見ようとするため、そこに一種の根源的濫用が生じていることだ。この部分を明らかにしようとすれば、西洋には「先行する罪」の伝統が二つ存在することを思い起こす必要がある。ひとつはギリシアのプロメテウスの罪、もうひとつは聖書の原罪だが、ギリシア世界の罪は神々から許された以上のものを欲した罪であり、他方は善悪の知識を得ようとした罪である。ある意味でどちらも同じ罪、すなわち文化の罪、あるいは自然状態を捨てようとした罪と言える。ベンヤミンにしたがえば、いずれの場合もただ生きているという事実からそのような罪障性が生まれ、贖罪の罰が科されるのだ。しかしそのような罰は、本来存在しない罪を浄化するのではなく、法の賦課を浄化するのである。問題は、ただ生きているというだけで法は生き物を支配しようとすることだ。したがって神話的暴力（ギリシアの伝統）は「純粋な」生に対する暴力（生き物に対する法の暴力）であり、神的暴力（ユダヤの伝統）は生に対する「純粋な」暴力（神の恣意、つまり純粋に恣意的な暴力）なのである。歴史的・人類学的視点に立てば、このような言説のすべては、ギリシア世界とユダヤ世界の対比からしても問題となるだろう。しかしまだ、法に内在する要素ではなく、法を課すための装置として暴力を考えていた当時の法理論に対して、それはまったく斬新な批判だった。実際のところ、法を樹立する力を論じたシュミットの『政治神学』（Schmitt 1922）も、「力」（ベンヤミンの暴力）の組織として法を認めたケルゼンの『純粋法学』（Kelsen 1934）もまだ刊行されていなかったのである。

ベンヤミンの思想のこの短い分析からも、剝き出しの生が規範と暴力の交差点にあることが理解される。ところで規範と暴力の交差点は中心にあり、中心にあるのは至上権である。すなわち至上権と剝き出しの生は同じ軸上の対極に位置する。それはいわば天球の天頂と天底であり、まさにそれゆえどちらも天球の外にある。規範に対して命令できるよう至上権はその上、つまり外になくてはならないが、同様に、暴力の対象、暴力の理由として規範を支える剝き出しの生は、規範の下、つまり外になくてはならない。至上権と剝き出しの生はいずれも内部と外部の境界にある潜在性の領域に位置する。シュミットは主権者を定義して例外状態を定める権力をもつ者とした。主権者のこの外部性は同時に完全に外的なものではありえないし、剝き出しの生の外部性もまたそうである。至上権と剝き出しの生は、逆説的だが、包摂の形式の対象でもある。アガンベンにとって、例外は包摂的排除の形式であり、例外の対象物である剥き出しの生は、排除的包摂の一例なのである。それは、ある系列の性格を理解させるため、包摂されているところから取り出され、こうして系列から排除されてしまったのだ。とはいえ、排除されながらも一例であるかぎり、系列に属していなくてはならない。このような意味で「例外」と「例」は外部と内部が切り結ばれる二つの形象であり、外部と内部は対象言語とメタ言語のように異なる表象秩序の上にある。どちらが対象言語でどちらがメタ言語であるかにしたがい、例外なのか例なのか、至上権なのか剥き出しの生なのか、一方と他方が定まるのである。

アガンベンは、包摂と排除のこの関係を鍵概念として、剥き出しの生に対する至上権の逆説的なつながりを捉え、生政治を存在論的に考察した。アガンベンが生政治に言及する仕方は、一連の予備的考察が書かれた『ホモ・サケル』の最初の数ページを読めば、はっきりと正確に理解することができるだろう。

そこでわれわれはビオスとゾエの区別に戻り、そのアリストテレス的意味を理解する必要がある。アリストテレスは活動的な生や観想的な生を語るときにビオスと言う。動物の生ではなく文化的・文明的な生のかたちである。動物の生、すなわち有機体の生はゾエによって示され、それは自ら動く、つまり活性化する物質的組織の一様式であり、そのようなものとして複数にはならない。さまざまな有機的生は存在せず、生き物は多様だが生はただひとつである。これらの生き物のなかで人間は社会的・文化的（ポリス的）な生のかたちを生きている。ところでフーコーは次のように述べていた。アリストテレスは、人間は根本的に動物であり、その上で社会生活のための政治組織があると考えていた。だが近代はそれが反対になり、政治的行動の形式が人間のこの動物的生の次元を対象にしている、と。実に気の利いた言葉だがほとんど詭弁に近いだろう。政治が人間の動物的生を気にかけるとして、だからといって動物的生がもはや政治を求めないとは言えない。天使やロボットが人間の生を政治的に気にかけるのではない。それは映画『マトリックス』(一九九九)の世界だが、近代の権力ではない。社会の土台はつねに生き物であり、社会が発展させる政治は、ただ社会的生のための法に関係するだけではなく、ゾエ自体に関わる誕生、育成、健康、死にも関係する。さらに、このような次元への政治的関心が近代以前には皆無だったというのは本当ではない。親族関係の組織化はまさにゾエの組織化であり、これは人間の生の政治的構造の基礎のひとつである。嫡出なのか庶出なのか、再生産の仕方に対する関心は、政治制度の恒常的なテーマだった。生政治を理論化するときの曖昧さは、まさにこのような介入をしっかりと捉えられない曖昧さにほかならない。生政治を識別するのは、人口や領土を扱う統計学的な尺度で、人間の動物的生の問題に関わることのようだが、人間を労働力あるいは兵士、つまり軍事力として国の戦略的資源と見なすことは昔からあった。人間が、家畜を飼育するように、人間を飼育することさえ新しい事実ではない。新しいのはただ、そういった飼育の産業的な規模だけだ。しかしこの産業的規模を掘り下げようとすると、今度は規律社会と生政治社会の区別が問題となる。実際、人間飼育の産業化が起こるのは、規律的分割のもとに推し進められた形成過程が完了してからだ。全般的な人間飼育は、人間の一生を覆い尽くす施設、学校、兵舎、工場、老人ホームのなかで起こり、ここで人間は、知的、軍事的、生産的、再生産的な資源としての役割を適正化させるのである。インセンティヴ/ディスインセンティヴによる制御介入方式は、このテクノロジーの帰結にほかならない。

アガンベンによると、アーレントはすでに、ホモ・ラボランス(労働する人間)を通して、このような生物学的条件が近代の政治の中心課題であると見抜いていた。しかしアガンベンのヴィジョンには、『生政治の誕生』の生政治、つまり「自己制御する市場」が完全に欠落し、その代わり、全体主義的独裁と強制収容所に向かう警察国家、生の産業化と国営化が大きく立ち現われる。アガンベンは、どうしてフーコーが絶滅収容所の問題を語らなかったのかと自問し、それは死によって妨げられたからだと考える。しかしフーコーは死の何年も前に生政治の概念を捨て、他の事柄に目を向けていた。すなわち、フーコーが絶滅収容所を語らなかったのは、生政治をもはや権威主義国家の特徴としてではなく、国家と競合する自律的な市場の自由主義的権力の表現として考えていたからなのだ。

アガンベンの生政治を理解する上で重要な側面が、早くも『到来する共同体』(Agamben 1990)にある次のような文章に見ることができる。「厳密に政治的な視点から、ファシズムとナチズムはまだ乗り越えられておらず、われわれはそのしるしの内に生きている」。フーコーが大きな矛盾に陥ったのは、生政治を最初はファシズムの全体主義的国家に結びつけ、次に新自由主義の「市場」へと引きつけたがゆえに、イギリス的自由主義のモットー「寝た子を起こすな quieta non movere」と権威主義国家の父権的介入主義のあいだで引き裂かれたからだ。しかしながら、一見かけ離れたこの二つの権力タイプを同じものだと考えれば、つまり前者は後者の仮面にすぎないと見なせば、矛盾はなくなるだろう。アガンベンによれば、われわれが暮らしているのは、『社会は防衛しなければならない』のなかで生を国営化する全体主義的体制として告発された生政治なのである。アガンベンは言う。ポストファシズムの自由主義は、現実にはファシズム国家の構造と矛盾するものではない。ファシズム=ナチズムの権威主義国家は、その姿を表に出さず、恒常的となった例外状態を通して、自由主義国家の民主主義的な顔をもつこともありうる、と。

しかしアガンベンの言葉の裏には、暗に仄めかされたもっと激しい主張がある。これは現代のノモスに対する新しい世界秩序についての書物である、と彼はどこかで述べていた。しかし、その後このテーマに触れることはない。だが少なくとも、旧ユーゴスラヴィア戦争の危機やその凄惨な民族浄化運動に際して、いくつかの曖昧な言葉を残してはいる。彼は言う(Agamben 1995)。

このような見通しにおいて、純粋かつ絶対的で比類のない生政治的空間として(そういうものとしてただ例外状態にのみ打ち立てられる)、収容施設は近代の政治空間のパラダイムとして現われるだろう。われわれはその変形や偽装について知らねばならない。

要するに、アガンベンにしたがえば、生政治のパラダイムは新しい世界秩序のパラダイムであり、それは、かつてナチスの絶滅収容所に体現された例外的権力、あの暴力と、剝き出しの生の生殺与奪権の上に築かれた例外的権力にほかならない。したがってグローバリゼーションの国際的政府の規則は、世界をひとつの巨大な強制収容所にすることなのだ。そこにはもはや権利は存在せず、至上権は生に対してほしいままに振る舞うことができる。以上の結論はフーコーが思い描いたものとは完全に異なっている。フーコーによれば政府はますます「柔軟」になる。人々に自由の幻想を与えながら、外部からは一般的な経済装置によって、内部からは主体の生産によって制御し、定められた原則に縛りつける一方で多くの権利を譲りつつ、フィードバックのメカニズムを通して人々を間接的に操作するのである。すなわちフーコーは生政治をソフト・パワーと見るが、アガンベンは絶対的暴君と見る。しかしその両極端をひとつの解決に持ち込むことが、ここ十年ほど哲学の大きなテーマだった。しかしその結果、生政治の議論はいわば蒸発してしまい、生政治は何にでも適用しうる概念になってしまったのである。

エスポジトの生政治

今日のイタリアでは、イタリアン・セオリーのマニエリズム化と言うべきものが進行中で、行動に重心をおいた時代の後、多くの著作家がためらいを捨てて再び政治について語り出した。政治哲学に日が当たりはじめた空気の変化に勇気づけられた者たちもいる。要するに、ネグリやアガンベンが切り開いた道に、ヴィルノ、ベラルディ、ラッツァラートといった批判的思考の著作家たちが登場する。そのなかで、ネグリとアガンベンの後ではあるが実質的なポジションを獲得したエスポジトは、先駆者と後継者のあいだに位置づけられるだろう。

エスポジトは独自に生政治を再構成し、それゆえ先駆者と言えなくもない。彼が生政治にたどり着いたとき、この概念はすでに議論の渦中にあったのだが、エスポジトは生政治という概念を歴史的に跡づける必要を感じた最初の思想家だった。彼がはじめて生政治概念の起源を探究したのであり、はじめて典型的にアカデミックな仕方でその体系化を試みたのである。

エスポジトにはつねに二つの顔がある。議論を展開させる研究者の顔と、問題を歴史化する組織者の顔である。おそらく、彼のオリジナリティが最も発揮された『イムニタス（免疫）』(Esposito 2002) にだけは後者の影がなく、そこにはイタリアでかつて誰も取り上げなかったテーマがある。これが重要なのは、彼が生政治を免疫の問題として捉え、その免疫の概念が、『非政治的なもののカテゴリー』

（Esposito 1988）以来、エスポジトの全研究の鍵概念となっているからである。

実際のところ免疫の問題も、生政治と同じく、生物学、法科学、哲学のあいだで宙吊りにされていた。したがってある意味で、免疫の研究者が、新しい生政治の議論に召喚されたように思ったわけだ。それにまた、免疫政治学は生政治の形式であり、他方でフーコーが生政治の実践として語った事柄は（とりわけ全体主義体制に関して）免疫の力学に由来する、と言えるからでもあった。

ではエスポジトが生政治を語った書物『ビオス』（Esposito 2004）の一般的テーゼを見よう。ネグリは生政治と生権力の区別を重視し、アガンベンはビオスとゾエを分割したが、エスポジトはとりわけ生政治と死政治の対照を重視する。別の言い方をすれば、エスポジトは「生かし死ぬがままにさせる」生の統治である政治機械が、いったいなぜ巨大な死の機械と独裁体制へと変容したのかと自問する。エスポジトは言う。フーコーがこの問題に答えられなかったのは、生の生産的側面と破壊的側面をつなぐ理論をもたなかったからだが、免疫の理論にはそれがあるのだ、と。事実、免疫反応は、生きるために殺し、殺すために生きる。つまり、生を保護する免疫機構にもとづくあらゆる政治は宿命的に、その進行を阻むすべてを殺戮する死の機械に変容するわけだ。

エスポジトの論は五部に分かれている。第一部「生政治の謎」で生政治の概念を導入し、それを歴史的批判のもとにおき、シュミットやケルゼンやゲーレンといった名に結びつく問題と突き合わせる。だがそれは、エスポジト以前の言説へさかのぼるように思われ、生政治に関しては、アガンベンに近づきながら、シュミットやケルゼンやゲーレンとはおよそ無縁だったフーコーから遠ざかるように見える。しかしフーコーも彼らに触れたことがあった。それは第二講義『安全・領土・人口』だが、当時エスポジトはこれを読むことができなかったのである。

エスポジトの論がよりはっきりとするのは第二部「免疫のパラダイム」である。ここで生政治が、免疫をめぐる省察を支持する論拠にされているのだ。事実、エスポジトは彼なりの仕方で生政治の問題を、「至上権」、「所有権」、「自由」という三つの政治的免疫の形式を通して、免疫の上に再構成する。フーコーはもちろん免疫の問題には関心がなく、生政治のこの免疫的読みはフーコーとは無関係である。まず至上権について、エスポジトは、アガンベンの方向をたどりつつ、たとえばホッブズの「生の保存 conservatio vitae」の問題を取り上げ、独自の展開をさせている。免疫を鍵として解読する所有権と自由について、ここはたしかにフーコーには欠落しているところだが、自由主義思想の政治経済学を分析しつつ近代の生と権力の関係を鋭く抉り出している。否定的自由にせよ所有権にせよ、至上権の侵入から身を守る保護と免除というまさに中世的意味で政治的免疫の形式（おそらくは歴史的にも中世の派生物）が語られる。言い換えると、ここで問題にされているのは、免疫の生物学的機能ではなく、まさに中世法に見られるイムニタス（免疫）の法的観念なのである。

「生権力 biopotere」と「生潜勢力 biopotenza」をめぐる第三部では、フーコーから完全に離れ、力の意志に結ばれた生命主義と政治を通してニーチェが語られる。

第四部は少なくともフーコーやアガンベンの生政治に近いテーマに復帰する。ナチズムにおいて生物学と手を結び、後に選別と根絶の政策あるいは死政治へと向かう概念が扱われる。すなわち、「堕落」、「優生学」、「大量殺戮」である。三つの概念はそれぞれ異なるが、歴史的には絶滅収容所、とりわけアウシュヴィッツのなかで折り重なった。そこでは、堕落と見なされた者たちが殺戮され、ユダヤ「人種」の絶滅が進められ、そして、メンゲレが優生学的生物技術を確立させるために凄惨な実験を繰り返していた。

本書は第五部のビオスの哲学を構築する試みで終わるが、その掘り下げは最後まで推し進められず、後で見るように、身体と人格（法的形象として）の関係の系譜学にとどまっている。エスポジトはナチズムの問題から出発した。ナチス文化を戦後再評価した哲学的潮流のイタリアン・セオリーにとって、それは第一の問題でもあった。しかし論はまったく別の方向へと横滑りし、現存在、つまり実存、生の問題を中心に思索したハイデガーが、ビオスの哲学者として登場する。そして、エスポジトの分析は現象学へと流れ、メルロ＝ポンティが語った「身体」の問題に向き合う。最後は、シモンドン、カンギレム、ドゥルーズらへの言及とともに、「規範と生」の関係が考察される。つまりエスポジトはナチスの生政治を、「規範と生」の関係を特徴づける次の二原則の対置に還元したのである。ひとつは生の絶対的な規範化であり、もうひとつは例外状態である。後者はナチス独裁を法の外におき、規範に対して生を優越させ、法の生物学化を進めさせた。二原則のどちらが優勢だったかは言えない。現実にはこの対置は見かけ上のものでしかなく、独裁制は、民衆的合意の生ける力にもとづく「合法性」の名のもとに、現行法を転覆もしくは宙吊りにさせ、次に混沌の組織化を求めてまさに独裁的に厳格な規範化をおこなう。事実、ローマ法にしたがえば、独裁官の使命は制御不能になった混沌を特別の権力と手段によって統率することだった。そして、実質的にはエスポジトも共有しているアガンベンの説では、今日また同じことが起こりつつあるのだ。なぜなら、いわゆる「鉛の時代」から特別な措置が導入され（今なお取り消されてはいない）、われわれイタリア人は多かれ少なかれ隠された独裁制の内に暮らしているからだ。この観点からすると、シモンドンの分析よりもカンギレムに関する考察のほうが興味深いが、そこでは次のように述べられる。ナチス的抑圧とは反対に、生者と生（ビオス）は解き放たれようとして逆方向に引き合うのであり、このことはカンギレムと弟子のフーコー

（シモンドン以上に）を理解するために根本的なことでもある、と。論はドゥルーズにしたがって締めくくられ、内在性のアイデンティティとともに生がビオスの思想の原型になる。したがって、エスポジトの言説はフーコーにはじまり内在性のドゥルーズに終わる。つまり、生政治とは異なる方向へ進んでいく。要するに、この書の副題は「生政治と哲学」だが、著者の意図は生政治の概念を発展させることではなく、生（ビオス）の新しい哲学へと向かうことなのだ。実際のところ、エスポジトは生政治の論者ではない。生政治から出発したのではなく、免疫の論理から出発し、それを分析するなかで生政治の問題に出会ったのだ。つまるところ、免疫以上にその内部の力学の深みから法と生物学の結びつきを明瞭に示すものはない。したがって、エスポジトはさらに一般的なビオスの哲学へとたどり着くために生政治を考察したのであって、生政治は出発点でも到達点でもないのである。

生政治に関する結論

これまで見てきたように、イタリアの哲学のなかで生政治の概念は、生政治そのものではなく別の目的や理由のために議論されてきた。したがって、イタリアの思想は「生政治を語るがゆえに生政治の思想である」とは言えないだろう。アガンベンの生政治もエスポジトの生政治も、修正を施し流用を可能にするため、必然的にフーコーの言葉から離れてしまう。おそらくネグリだけが、ドゥルーズ経由ではあれ、フーコーに近い意味で生政治を語りつづけたのである。

では、生政治の章の結論としてひとこと。イタリアの思想は、生政治に関する見通しを切り開いたわけではなく、生政治の概念を検討していた頃のフーコーの理論的問題を解決したわけでもない。この概念は今日、かつてなかったほど曖昧なものになってしまった。ひとつ例を挙げれば、生政治の歴史性の問題は完全に消えてしまった。アガンベンは、強制収容所をモデルとするような、独裁権力の手に落ちた剝き出しの生の排除的包摂の概念として、生政治を普遍的に用いている。エスポジトはそれを規範とビオスの連動装置に還元し、ジラールの「犠牲の山羊」のメカニズムと同じく、一般化しうる概念にした。ネグリは最初から歴史的配置に関心がなさそうだが、フーコーを完全に無視してドゥルーズの管理社会の時代設定を受け入れ、戦後、つまりテイラー主義の危機以来としている。

結論として、生政治という言葉自体の決定的な意味はなく、それはひとつの鍵概念、シンボルとして、全体主義、経済自由主義、生物科学、これら三者のありとあらゆる関係を問う一連の言説を示す概念となったのである。広範な理論的空間をこのように比較的自由に横断する仕方は、イタリアの思想に特徴的なものであって、これから検討する二つの鍵概念についても、生政治ほどには「雲をつかむよう」ではないが、同じことが言えるだろう。

共同体とコモン

このテーマもまたフランスにはじまるが、今度はフーコーからではない。一九八〇年代初頭、思いがけない文化的転回があった。リオタールの『ポストモダンの条件』（Lyotard 1979）が批判的に告げていた経済自由主義の波に呑み込まれ、七〇年代末までの政治的雰囲気が突如として消え失せる。この歴史的な移行については後で詳しく見るつもりだが、とりあえずここでは、わずか一、二年のあいだに知識人の大半がおのれの立場を見直し、態度を改めたことを知っておくだけで十分だろう。そうでない知識人は、まるでドン・キホーテ、過去の遺物となるか、共産主義的全体主義打倒の名のもとに、フランスのいわゆるヌーヴォー・フィロゾーフと同じく自由主義理論で再武装するか、あるいは、これが最も多かったわけだが、ドゥルーズやフーコーやデリダといった、新しい政治状況には批判的だがマルクス主義者のようには切り捨てられない、七〇年代の革新者たちの周辺に集まった。まだ無名だったそのうちの一人は、デリダをテーマとする会議「人間の終焉」をオーガナイズし、哲学的な政治論を活性化させようとした。彼は続いて盟友フィリップ・ラクー＝ラバルトと政治哲学研究センターの創設に尽力するが、それは、当時のアンティミスム的でキャリア志向の傾向に対する宣戦布告だった。彼の名はジャン゠リュック・ナンシーである。しかし研究センターのほうは残念ながら成功しなかった。

一九八一年、ナンシーのテクストがある文学雑誌に掲載された。一九八三年、その雑誌は共同体と共産主義に関する特集を企画し、ナンシーにも参加を求めた。ナンシーが提出したその論文『無為の共同体』(Nancy 1983) は、共産主義に関するバタイユの比較的知られていないテクスト『至高性』(Bataille 1953-54) を取り上げ、マルクス主義思想の伝統とは無縁なところから、共産主義の共同体の問題を分析し、共産主義と共同体について空前の地平を開いてみせた。

ナンシーの論説は要約しがたく、それに一章を当てることもできないので、いくつかの論点だけに言及する。ともかく時に複雑な語り口になるのは、ポストモダンらしく次のような言葉を忌避するからでもある。すなわち、統一、全体、アイデンティティ、したがって個人主義、人間主義、共産主義(歴史的な)。ナンシーは共産主義者ではない。正確に言えば、非共産主義者的な共産主義の理論を組み立てようとする。逆説的に見えるが、それはナンシーが伝統的なマルクス゠レーニン主義、つまり近代の共産主義、現実の社会主義に対して、六八年の運動に由来するポストモダンな存在論的共産主義を対置させているからではない。ナンシーは労働を拒否し、つまり協働あるいは社会的協力や生産手段の共有にもとづくマルクス主義的な共同体概念を拒否しているのである。要するにナンシーは、共同体を諸個人の集合に還元しない一方で、全体性としての上位の統一または全体的で融合的な実体なるものに、諸個人の単一性を委ねてはならないと考える。一方でイデオロギー的な個人主義を放棄し、他方で同様にイデオロギー的な全体性を退けながら、単一性に固執して単一性と個体性とを対置させる(ここには問題がないわけではない)。彼はまた政治的内容を非政治的に、そして存在論的内容を政治的に提出しようとする。このような態度は、ポストモダン隆盛期の政治的言説にありがちなダブルバインド的状況に起因している。バタイユを取り上げたのも同じ理由だが、ナンシーは共産主義に対するバタイユの言葉だけでなく、政治に対するバタイユの態度も持ち込んでいる。バタイユが至上権をどのような機能（命令や決定権など）とも無関係な内的状態として非政治的に扱うように、ナンシーもまた存在論によって共産主義を非政治化する。だが同時に、共産主義によって存在論を政治化することで、政治に絡む煩わしい諸問題を回避しつつ政治に言及しようとしている。ナンシーは共同体を説明しない。共同体の生成や機能に関する理論を語らない。共同体はあらかじめ計画され建設されるものではなく、恍惚を通して存在論的に把握されるものなのだ。この恍惚が核心的な問題となるわけだが、バタイユもハイデガーも恍惚的共同体の理論家ではない。ナンシーの言う恍惚は、バタイユの恍惚でもハイデガーのそれでもないが、バタイユよりはハイデガーの恍惚に似ている。事実ナンシーは、バタイユに言及しながらも着想はハイデガーから得ているように見える。『精神の現象学』と知の必然性がテーマとなる第二章に、バタイユからの引用がある。「なぜわたしが知っているものが存在しなくてはならないのか。どうして必然なのか」。バタイユが共同体ではなく知の必然性について語っているのは明らかで、「この疑問のなかには、恍惚の沈黙のみが応えうる、深々とした究極の裂け目が隠されている」と結ばれている。必然と見なされる状況に合理的には対応できない深い危機にあって、唯一可能な応答は、受容、沈黙、然りという瞑想の恍惚である。つまり、説明はなく、ただその通りだと言うことしかできない。この裂け目を存在と実体の差と見なすとき、ナンシーは状況を過剰解釈している。バタイユは存在論に通じており、もし存在と実体の差を語りたかったのであれば、そう語っただろうから。知の必然性と言ったのであれば、おそらくまさにそのことを語ろうとしたからであり、存在と実体の差を言うためにこのような語り方をする必要はなかった。ナンシーの読みはバタイユをハイデガー的に解釈することであり、スコラ学者がすべてをアリストテレス的に解釈し、観念論者がヘーゲル的に読むのに等しい。つまり、すでに存在する思想、すでに正当とされた規範的枠組み、すでに承認され共有された基準を通して、考えることを意味する。ナンシーがバタイユの恍惚を必要としたのは、ハイデガーの恍惚へと向かう中継点として利用し、共同体問題の恍惚的アプローチを可能にするためだった。実際、理論というよりはアプローチなのだ。共同体は説明されるものではなく、恍惚的にアプローチされるものなのだ。この観点からすれば共同体はたしかに存在としての役割を果たす。こうしてナンシーは、諸実体、つまり諸単一存在のつながりとして共同体は存在以外の何ものでもないと結論する。共同体は、諸単一存在を引き離し、相互的他者性の関係（わたしは誰かにとって他者であり、その誰かはわたしにとって他者である）におく存在である。こういった意味で共同体に先行するものは何もない。単一存在でさえも共同体とともに生じるのであり、したがって起源にあるのは共同体だと考えることができる。だが単一存在は共同体の後から来るのでも共同体によって創出されるのでもない。単一存在を生み出し正当化するものは何もなく、これもまた起源にある。共同体と単一存在の「共＝起源性」は、単一存在が「生成する」のではなく「現われる」という事実にもとづく。だがそれは単独では現われず、つねに他の単一存在とともに現われ、それゆえ単一存在はただ「現われるapparire」のではなく「共に現われるcomparire」のであり、この「共現」の内に、その「コモン」なるもの、つまり共同体の存在あるいは「共＝存cum-essere」としての共同体がある。だがここには、ポストモダンの別の禁止事項、出自アイデンティティにとらわれる危険があり、共同体が起源だとは言えないのだ。そこでナンシーはひとつの段落（あるいは一章）全体を割いて、失われた原初の共同体神話を批判し、それは存在せず、かつて存在したこともなかったと述べる。ナンシーにしたがえば、共同体は社会（ゲゼルシャフト）の前ではなくその後に来る。まるで世俗化の産物のように。ある意味でそれは、まさに近代の願望、人文主義の夢だが、個体化された個体の閉じた形式においても、個体を従属させるマルクス主義的共同体の閉じた形式においても、実現不可能に思われる。けれどもナンシーは、マルクス主義的共産主義の希望をすべて否定するわけではなく、マルクスの「多くの過剰」に拠りながら開かれた共産主義の理念を救い出そうとする。それはたとえば、革命期のロシアで前衛芸術が爆発的な創造力を見せたときの恍惚状態である。したがってこの共同体は、可能だがまだ実現していないのか、必然的かつ現存するがまだ見出されていないのか、よく分からない。言い換えれば、それが存在を分かち合う単一存在各々の実存の条件であるなら、われわれが認めようが認めまいが、われわれはつねにその内部にいることになる。このとき恍惚はすでに存在する共同体の啓示の次元、つまりその次元が単一存在に示される仕方にほかならない。だが別のところでは、ある特定の政治社会的恍惚の状況においてのみ、明らかになる次元であるとも語られる。すると、われわれの日常世界はどのように共有されているのだろうか。ナンシーは次のように書いている。「共同体は存在とともに存在としてわれわれに与えられている。［……］つまるところ共同体を失うことはわれわれには不可能である［……］。われわれは「共現」しないわけにはいかない」。ただ、ファシズム的大衆と強制収容所にだけは例外がある。ナンシーにとって、共同体は考えることのできないものであり、われわれの思想の対象になるべきものではない。それはいわば思想の限界あるいは挑戦なのだ。このような言い方がされるのは、ポストモダンのもうひとつのタブー、対象化しない、つまり対象を具体化しないという禁止事項があるためである。想像上の対象でさえもアイデンティティの形象、同定化の産物なのだ。共同体の無為な性格はここにもある。共同体は人間が人間的に人間を生産する方法ではない。共同体自体は行動せず、活動的ではなく、政治はこの無為の内にとどまらなくてはならない。「コミュニケーションの無為に献身する共同体、あるいはこの無為に運命づけられた共同体は、「政治的」と言えるだろう」。こうして政治は「書くこと」になる。なぜなら「共同体自体が［……］書くことで分かち合いつづける」のだから。このようにナンシーは政治を文学活動に還元して無為に持ち込もうとするが、いったい「無為な」政治は何の役に立つのだろうか。

最後の問題は、つまりこの無為にどのような意味があるかだろう。作家は作品を生むがゆえに作家なわけだが、では書くことがどうして無為なのか。これに答えるためにはまず、「無為 désœuvrée」という言葉が実際には（ナンシーがそう見せたいようには）バタイユに由来するものではないことを思い出さねばならない。アガンベンも言っているように（Agamben 1995）、無為のテーマをはじめて導入したのはアレクサンドル・コジェーヴで、レーモン・クノーの短篇小説の書評だった。けれど、その逆説的な性格をはっきりと意識してもっと実質的な意味で用いたのはモーリス・ブランショである。彼は作品を創造する伝統的に能動的な作家の地位を転倒させ、文学的表現によって空洞化される受動的な作家像を描いてみせた。この「無為」という言葉の使用を論じたのがまさにブランショだったのだ。ここでブランショに立ち寄る必要があるだろう。なぜならナンシーの論文の数か月後、ブランショが、おそらくそのタイトル、共産主義への共感、バタイユとの友情のために、小著『明かしえぬ共同体』（Blanchot 1983）で応答したことが、この問題とナンシーの世界的な名声の起爆剤となったのだから。『明かしえぬ共同体』の冒頭は次のようにはじまっていた。

ジャン゠リュック・ナンシーの重要なテクストを出発点として、これまで決して中断したことはないが、ときおりにしか表現されなかった共産主義の要請について、そしてそれが何なのかも分からなくなった時代の共同体の可能性または不可能性とこの共産主義の要請の関係について、考察を再開したい。さらにまた、いかなるかたちでもその部分になることは避けつつも、ある全体、集団、評議会、団体に所属すると言う者たちが共有するものと、共産主義、共同体といった言葉の意味が、われわれにはまったく別物であるように思われるならば、これらの言葉がもっているにちがいない言語的欠陥についても考察したい。

実際のところブランショのテクストは、何よりもナンシーの主張、とりわけバタイユに触れた言葉に対する応答なのだが、それはまた若い哲学者に寄せた好意的な批評でもあった。いずれにせよ、ブランショによる認知はきわめて大きく、ナンシーを中心とする新しい文化的議論の誕生をヨーロッパ中に知らしめた。デリダの弟子ナンシーは、この時点まで、ラカン自身も賞賛したラカン入門書の著者として知られていたにすぎなかった。だが、これが重要な一歩となり、サン゠ドニのパリ第八大学の後継者にとドゥルーズが望んだほど国際的な名声を博したのである。ところで、アガンベンもまたナンシーと同様の道をたどる。ナンシーより二歳若いアガンベンは、『スタンツェ』(Agamben 1977)(後に有名な美術史シリーズの一冊として再刊された)、とりわけ『幼児期と歴史』(Agamben 1979)という小著によって、イタリアで少しは知られていた。なぜなら、一九七〇年代の終わり、雑誌『アルファベータ』(この雑誌は八〇年代初頭のイタリア思想を牽引した)を拠点とした新進気鋭の哲学者グループにアガンベンが属していたからである。しかし、アガンベンはポストモダンのグループから距離をおき、十年ほど身を引いていた。その十年（八〇年代）のあいだに彼は、記事や書評をいくつも書いたが著書は出していない。八〇年代の終わりに左翼系新聞『マニフェスト』周辺の知識人たちが、論文集的な共著『此岸の感情』を企画・出版する。そこに名を連ねたアガンベンは、ナンシーが七年ほど前に取り上げた存在論的共同体のテーマを扱い、同じように注目されるのである。アガンベンのテクスト「到来する共同体」は論文集のなかで最も多くコメントされ、加筆増補されて一冊の書物となる（Agamben 1990）。アガンベンの人生と思想的発展を見る上で欠かせない作品だが、彼のキャリアの幸運な転回点となった以上に、この書のなかには、後の連作『ホモ・サケル』で掘り下げられるテーマがすでに見えている。

アガンベンのこのテクストが出版される前、共同体のテーマはどのようにしてイタリアに導入されたのだろうか。そこにはわれわれの第三の主人公エスポジトの姿も見える。一九八六年一月から二月にかけて、バタイユをテーマとする会議「ジョルジュ・バタイユ、政治的なものと聖なるもの」がローマで催され、アガンベンも招かれていた。その会議録（Risset 1988）はナポリの出版社リグオーリから出され、エスポジトの目にとまる。エスポジトはすでに「非政治的なもの」に関する論を進めていたはずだ。その書物の最後の章はまさにバタイユに捧げられているが、おそらく当時はまだバタイユについて書かれてはいなかった。この会議でアガンベンはナンシーの論文について語っていた。エスポジトは著書のなかでナンシーについてごく短く触れているにすぎないが、それが衝撃的だったことは明らかに見て取れる。こうして、一九八八年にバタイユの章を含めたエスポジトの著書が出版され、その二年後、バタイユへの単純な言及を超えてナンシーの論をさらに展開させたアガンベンの応答が出る。イタリアで共同体に関する議論がはじまったのである。エスポジトは十年後に『コムニタス』(Esposito 1998)でこのテーマに戻るが、これについてはまた後で詳しく見よう。

今、「行為の」共同体と「存在の」共同体という分割を振り返ってみれば、後者にあるキリスト教的感性がよく理解できる。それはハイデガーの理論の裏にもあり、一般的に「共存 mitsein」にもとづくヴィジョンに息吹を与え、ナンシーの哲学的言説の奥底にも、彼の脱キリスト教の試みにもかかわらず忍び込んでいる。実際のところ、キリスト教共同体は、既存のローマ帝国社会を切り取る一種の秘密社会として形成されたのであり、このときはじめて共同体の問題が生まれたのだ。このように見れば、共同体を社会の後におくナンシーの見解は正しいわけだが、すると結果としてそれが存在論的に起源ではないことを受け入れなくてはならない。失われた共同体の神話だけでは十分ではあるまい。神話はまさに共同体を合法化するものであり、それがなければ共同体は単なる集団にすぎない。キリスト教共同体は最初、統一を保つ紐帯の弱さゆえに有為な共同体として登場する。だがその紐帯は、聖体拝領の内に見出されることになる。つまり受肉した神の身体の象徴的な摂取の内に。摂取により神の身体をおのれのなかに取り込み、こうして彼らの共同体は共有するこの身体の象徴的存在に依拠することができるのだ。ロバートソン・スミス、そしてフロイトが、ここから父の消尽となる起源的トーテム消尽の神話を導いたのは偶然ではない。だがこれらすべては、その起源的性格もまたつねに神話的である神話にすぎない。本当は後代の創作であり、神的身体の摂取を通して社会的身体を生み出す身体的共同体というものは、共同体のプリミティヴな美学にもとづいて形成されたものなのである。歴史的に見て共同体の問題は、危機にある社会に典型的な問題であり、原始社会の問題ではない。もちろん社会組織のなかで人間となる人類の創世時代の問題でもない。

先へ進み過ぎないようにしよう。元に戻ってナンシーの作業を問わなくてはならない。どうして彼はバタイユのような知識人から共同体の議論をはじめたのだろうか。『至高性』は政治理論として書かれたのではなく、条件、存在様式、蕩尽、献身あるいは犠牲の存在様式として、至高性／至上権を解説しようとしたものだ。生命力の過剰を前提とする反経済的（つまり、バタイユのあの蕩尽の経済）、反戦略的な存在様式である。バタイユは政治理論を避けようとしていたが、共産主義をめぐる議論に巻き込まれていく。風変わりな詩人としてではなく、政治の変遷、とくにソ連の成り行きに詳しい識者として。バタイユの結論にしたがえば、スターリニズムは共産主義からの逸脱あるいは誤謬なのではなく、党に自らを委ねた労働者が至上権を全面的に放棄したときの、その実現形態のひとつなのである。バタイユはソ連型共産主義を「否定的至上権の世界」と定義する。もちろん至上権とはバタイユの言う至高性のことであり、一般的政治用語のいわゆる主権ではない。つまり、共産主義者は政治的計画の目的に従属し、まるで一種の人間機械のように（政治的機械だが生産機械になることもできる）自ら共産主義の手段となり、過剰と快楽を放棄したのだ。トロツキーに近いシュルレアリスムのグループに顔を出しながら、一方でスターリンについて、他方で主権を欠いた共産主義労働者について、このように語るのは穏当なことではない。バタイユのテクストが熱い政治の時代に無視されていたように、それを再発見するのにマルクス主義が危機に陥ったこの時以上の好機はなかった。共産主義を語るのに、共産党指導部とは無縁な著作家からはじめる以上に適当なことはないだろう。共産主義について暗黙の検閲があった一九八〇年代、共産主義という言葉自体が使用不可能あるいは犯罪的に見えた当時、バタイユのような孤立無援の視点だけが、失地回復の試みと見られることもなく新しいとすら思われた。政治の言葉から追放され口にすることもできない「明かしえぬ共同体」は、このことをも意味していたかもしれない。だが主要な意味は明らかに別のところ、いわく言いがたい秘密の共犯関係にある。これはナンシーの単なる否定の次元とは異なるもっと深い次元なのだが、実際のところ無為だけでは十分ではなく、肯定的な定義が必要だろう。要するにブランショは、ドゥンス・スコトゥスさながら、言葉にしえない何ものかを肯定的に定義しようとして同様の結論に、すなわち手段的性格を一切もたない共同体の「このもの性 haecceitas」と言うべきものに達したのである。

ブランショは、マルグリット・デュラスの作品を書評するなかで、まるでたまたま一九六八年の問題にぶつかったかのように無頓着に、非政治的なものの政治的地点にやってくる。けれども六八年の問題は、唐突なわけでも付随的なわけでもなく、この言説にとって本質的なものだ。なぜなら、マルクス＝レーニン主義的イデオロギーを離れて共産主義の共同体を転倒させるすべての問題は、まさにそこにはじまるからである。ブランショはこう書いている（Blanchot 1983）。

六八年五月が示したのは、計画も陰謀もなく、幸せな偶然の出会いのなか、承認された既成の社会的形態を転覆させる祝祭のように［……］まさに「見知らぬ家族」であるがゆえにすでに愛されている者とのように［……］誰もが心を開く爆発的なコミュニケーションが起こりうるということだった。

ブランショは計画性がないことを強調する。バスティーユや冬宮殿への襲撃ではなく、ただ「共にいる」こと。そして、この交流のなかで「どのようなイデオロギーにも到達不可能なまだ生きられたことのない共産主義の様式が宣言される」。するとつまり一九六八年は、十九世紀の共産主義とは異なる共産主義、現在の政治的・制度的形式の内に「生の形式」として「共にいること」の共産主義を、図らずも生み出したのだろうか。クリステヴァの言う「内なる反乱」による日常生活の革命だろうか。たしかに六八年のパリには、何でも起こりうる、どのような出会いも可能に見えたという一般的な意味で、シチュアシオニスム的な空気が漂っていた。深夜に家を出て、こそ泥から大作家まであらゆるタイプの人々と出会いながら、家から家へ、状況から状況へと、まるで心の地図の奔流に流されるかのように街を歩き回ることができた。十年後に同じことがイタリアのボローニャで起こる。だがこれについては、こうしたことすべては、諸階級をカーニヴァル（サトゥルナリア祭と言ったほうが適切ではある。古代ローマのサトゥルナリア祭では、主人が奴隷の格好をし、奴隷が主人となった）のなかへ投げ込み、あらゆる関係を混ぜ合わせる革命的な興奮状態のなか、一時的に生まれた社会的・文化的側面にすぎない、と反論することもできるだろう。しかし、どのように革命を遂行するか、いかにして権力を握るかという問題についても多く議論されたのである。とはいえ真剣な議論には見えなかった。でなければ現実的な可能性を探り、真の革命がいつもそうだったように、それぞれの革命勢力を糾合させたであろうから。六八年はユートピア主義の礼賛にすぎなかったのだ。だがこのときブランショの言葉は、そうしたユートピア主義とは異なる現実、計画的革命を無用なものにしてしまう現実をかいま見せてくれる。ユートピアは、革命の次元を超越的な次元に移すことを通して、内在的でなければならない様式を考えるための手段だった。これが共同体の明かしえない秘密、すなわちその内奥の非政治的な性格なのだ（政治的共同体の基礎を、シュミットのように、敵に対する団結と見なすのであれば）。

さて、一九六八年の運動とその共同体概念の非政治的な側面は、一方ではヒッピー・コミュニティなどの経験へと発展するが、イタリアではまさに運動の最もラディカルな部分、つまりオペライズモのなかに、独特の性格を与えることになった。

オペライズモは労働条件の現実に対して理論を突き合わせる経験主義的な態度から出発していた。そしてまさに労働者のこの権利要求から、マルクス＝レーニン主義の「労働は人類を進化させ人間性を再統合する」という修辞に対立することになった。つまり労働の拒否である。この要素は実際のところ、ポール・ラファルグの有名な著作『怠ける権利』とともに共産主義の最初から存在してはいた。しかもそれは、単にベルトコンベア式工場の疎外された労働だけでなく、労働自体の拒否であり、マルクス主義にとっても大きな問題だった。このことは、マルクス主義人間学がどれほどブルジョア的価値に負っていたかを示している。言い換えると、もし善良なブルジョアが、人間の活動の基礎は労働であり、それゆえ労働は尊敬すべきものと心から信じ、労働の組織は揺るぎない誠実さで推し進めなくてはならないと思うなら、彼はマルクス主義者になるしかないだろう。ところで庶民として生まれ育つ労働者は、しばしば隷属的状態にあり、憎むべき労働から離れられないのだ。それゆえ彼が望むのはまさに主人の至上権（バタイユ的な意味で）であり、楽しみ、喜び、消費し、祝祭することであり、誠実に働いて疲労することではない。こういった意味で、ヘーゲルの定式化以来、コジェーヴもバタイユも用いた主人と奴隷のあの弁証法にしたがえば、労働者が育つ庶民の文化は主人の文化と補完的な関係にあるのだ。

この観点からすれば、無為の共同体、恍惚的で物惜しみしない「至高の」共同体観念は、キリスト教の精神的共同体に近い一方で、つねに生産的でなくてはならないブルジョア的共同体を乗り越えるものと言える。

陽気な非生産的共同体のこの至高の感覚は、一九七七年ボローニャのいわゆるクリエイティヴな運動のものでもある。彼らはまるで最後の審判を待つかのように革命の日を待ち望むのを止め、生きることに密着した次元を即座に取り戻そうとし、救済の約束の名のもとに強いられた現在の犠牲を拒否して、「今ここ」を推し進めたのである。フランコ・ベラルディ、通称Bifoが代表者だったこの「実験的」共同体は、政治理論をそのまま生活のなかへ移そうとした。だが、経験の直接性の名のもとに政治的展望と明確な戦略を放棄することは、解放の力をあっけなく流産させてしまうことでもあった。つまり、武力による強制排除に対して、アンティミスムの快楽主義的なノンポリが抵抗できるわけがなかったのである。

一九七〇年代のこの横溢する生命力と日常の革命的直截性は、『幼児期と歴史』で経験の意味を問い直して以来このテーマを追いつづけてきたアガンベンを惹きつけた。アガンベンは、未来の目標のために現在を軽んじることなく、まさに「共にいる」ことを喜び合う共同体、この恍惚的共産主義の理念をナンシーと共有している。ナンシーの提案に共感したアガンベンが、言葉遣いは少し異なるが、このテーマのイタリア的展開のスタートを切ったのである。

アガンベンの共同体

到来する共同体

『到来する共同体』は最初、小さな試論だった。階級のように稠密な社会的集団から出発して共同体を考えるのではなく、共同体を構成するのは「クオドリベト quodlibet」あるいは「クオドリベタリア quodlibetalia」(ナンシーの「単一存在」に相当する)であるという根本的な視点が確認される。ラテン語が用いられているのは、ポピュリズムとして知られる政治現象、誰でもない個々人の次元ではないと言うためだろう。奇妙なことにどの書評もこの点を問いただしてはいないが、これは、後の出来事から判明したように、新しい政治理論にとってまさに第一義的な問題だった。ともかく、知識の搾取や労働の細分化、労働者の自己管理（新自由主義者ベッカーの「人的資本」のような）にもとづく認知資本主義において、誰でもない人々のこの次元は、均質的な階級ではなく、いわば多様な状況の雲霞なのである。今日、コモンの次元を再設定するために考えなくてはならない共同体は、誰でもない多数の声を担う共同体である。ところで、第二次世界大戦直後のイタリアの政治情勢から生まれたポピュリズムは、ポストフォーディズムとは無関係のように見える。実際のところポピュリズム運動は傾向的には右寄りの保守的なものであり、革新派ではなく中間層の失地回復を目指していた。しかしながらインターネットが普及した今、細分化された不安定な労働の権利奪回を求め、直接民主制や共同体の再編に向かう政治的実験にとって、ポピュリズムは無視できる問題ではなくなった。今日、ネグリの言う「マルチチュード」の概念にとってもそうだろう。たしかにマルチチュードは革命的な要求を掲げうるだろうが、マルチチュードが批判意識を発展させるかどうかは分からず、したがってポピュリズムに陥る可能性を捨て切れないからだ。最後にもうひとつ言えば、アガンベンのこのテクストのおよそ二十年後に、北欧の海賊党やイタリアの五つ星運動が登場したが、インターネットに支えられた直接民主制的なこのような運動もポピュリズムと無関係ではない。ともかくアガンベンのテクストに戻ろう。冒頭、スコラ的論理学風に、どの階級にも属さない誰でもない存在の存在論的意味をめぐり、社会的にどの階級にも属さないことの意味が問われている。それは「ただ空虚な空間のなかでのみコミュニケートする」（第三章）純粋な単一存在である。このような逆説的な空間のなかで、単一存在たちは自己の「形容不可能かつ忘却不可能な」（ハイデガーの「アレティア」への言及）存在を見出す。アガンベンはまだ自覚していないが、ここで言われる形式なき生（その対極にあるのがフランチェスコ修道会の「生の形式」であり、アガンベンは後にこれを共同体の可能な経験のひとつとして提出する）には、すでに「剝き出しの生」の哲学的前提が予告されている。アガンベンの論証は厳密なものではなくポストモダン的で、さまざまな仄めかしを通して哲学の概念を脱構築しながら、明確な立場を表明することはない（ポストモダン的には明確な立場の表明は不可能だろう）。ポストモダンの世界はモダンの世界とは反対である。モダンは根拠のある肯定的な事実でもって結論的テーゼを可能なかぎり明瞭に提示して主張する。ポストモダンは哲学史的に強力なあらゆる概念といわば隠れん坊をするかのように戯れ、それら伝統的な概念を攻撃したり再評価したりしながら、弄ばれずに弄ぶような態度をとらざるをえない。このようにアガンベンは共同体の概念と戯れる。彼が描く共同体は、共有するものは何もないが、「共有するものが何もないこと」ではないという、つまり共同体のない逆説的な共同体である。これらすべては、単にポストモダン的哲学の概念の戯れにすぎないのかもしれないが、それは誰もが日々経験するこの非社会的な社会、かつてモダンが「疎外」と呼んだものと同じ逆説的な状況を反映しているのである。ともかくこのポストモダン状況は、共同体の問題とは切り離せない倫理的問題から、これら知識人の目を逸らせてしまった。アガンベンは、まずスコラ哲学へ駆け寄り、真実には虚偽が必要であると主張するが、次にアマルリックの異端説を取り上げ、善とは悪の自己把握にほかならないと言う。要するに「善悪の彼岸」のニヒリズムだが、そこに真偽の共存というニヒリズムも加わり、真も偽もこの修辞のなかで無に帰してしまった。

したがって、それはどのような倫理的基準も認識形而上学的基準もない共同体であるばかりか、無差別的な実体に構成され、本質のない、つまり存在論的基準すらない共同体なのである。「ここで決定的なのは、「非本質的」共同体の観念であり、本質とは何の関わりもない集まりの観念である。「外延の属性において単一存在として現われ交流することは、それら単一存在を本質のなかで結合させるのではなく実存のなかに分散させる」」(第五章)。この共同体にとってエトスは、プロパー(所有)からコモン(共有)へ、あるいはコモンからプロパーへの移行の次元にすぎない。そして、アガンベンは共同体の空間性もまた破壊し、タルムードの概念「平安」を通して無差別的な位置関係を導入する。おそらく、ナンシーの言う「分かち合い」を再設定することが目的だったにちがいない。こうしてアガンベンは、単に「慣習 abitudine」の意味でしかない「ハビトゥス habitus」に矮小化されたエトスに戻るわけだが、個人はそこで自己の実存をそのプロパティ(固有性)にではなく「衣服 abito」に委ねているのである。倫理は「われわれの前に現われず、われわれを融合させもしないが、われわれを生み出す作法」(第七章)になる。この文章もナンシーの言葉にかなり近いが、要するに行為や意志、すなわち善にではなく、ただ実存を分かち合うという事実に、つまり存在論にもとづくハイデガーの原初の倫理へと向かうものだ。しかしアガンベンはさらにニヒリストであろうとし、ありとあらゆる価値の影を振り払おうとする。次の段階は、共同体のこの存在論的な無差別性を空虚な可能態、一種の「可能の可能」として考えることである。そして共同体をタブラ・ラサにすること(思考に必要な条件なくして可能態を表象するアリストテレスのように)。だがこのような無差別的なものの潜勢力を、すべてを実現する潜勢力のように考えてはならない。それはなおも虚無的に、バートルビーのあの有名なフレーズ「そうしないほうがいいのですが I would prefer not to」のように、現実態にしない潜勢力である。この視点に立てば、「原初的な」(アガンベンはこの形容詞を使わないが)倫理は、人間の選択可能性のなかに内在する性質であって、それゆえこの倫理はつねに悪をも見つめている。しかし、アマルリックの善が実体を存在の内に持ち込むことであるなら、「原初の」悪は人間の実存に根本的なこの可能態を断罪し抑圧することである。したがってこの可能態がひとつの現実態となって消失するとき、実体の「至福」は現実態の後に来る物質の潜勢力のものであるだろう。だが、このときアガンベンには複雑さの段階に応じたシモンドンの「準安定性」の概念が欠けている（ヴィルノはシモンドンに拠りながら、より明瞭かつ開かれたかたちでこの問題を再び取り上げるだろう）。ここまでが存在論的な言説が述べられた本書の前半である。後半は政治的になり、存在論的な前提から導かれた議論がより明確になる。この政治的部分のなかでも、第十五章と第十九章はほとんど計算されたかのように明快だ。もはや、曖昧さや言表不可能性と戯れ、立場を表明せずに引用を駆使するポストモダンの語り口ではない。では、第十五章を見てみよう。最初に、すでに社会階級はなく「世界には小市民しか存在しない」と言明される。しばしば見られるように、残念ながらここでも、はっきりと語りはじめるや、はっきりとした批判にさらされることになる。事実、世界には小市民しか存在しないという考え方は、現状に対する視野の狭さとヨーロッパ中心主義をあらわにするものでしかない。世界の人々の大部分はまだ非人間的な搾取のもとに暮らしており、多数の者たちが日々の糧を得るのにも苦労している。おそらくこの世紀のエリートに典型的な成金たちの小市民的精神構造、その文化的ヘゲモニーについて語るほうが適当だったろう。実際のところ現在の状況の特殊性は、民衆の悪趣味にあるのではなく、エリートの悪趣味にあり、それは過去には考えられないことだった。アガンベンにしたがえば、「小市民は遺産として世界を受け継いだ。それはニヒリズムを超えて生き残った人間のかたちである」（第十五章）。彼は、ナチズム＝ファシズムの世界は、乗り越えられたのではなく、変化したにすぎないと考える。この点は、生政治を語った次の著作『例外状態』（Agamben 2003）を理解するためにも重要である。ナンシーが政治を文学のなかへ流し込むのとは異なり、アガンベンは現在の政治的状況に深く関わり、ナンシーと同じほど抽象的な哲学的言説をアクチュアルなものにしている。つまり、ここでポストモダンとの訣別が告げられたのである。

このときからアガンベンは、歴史的にも妥当な抽象的言説から離れることなく、しかもアクチュアルな政治的問題を見据え、不毛な博識の開陳とは無縁の、現在に挑戦する洗練された思考を展開する。アガンベンの哲学に文体の変化が見られるようになる。『到来する共同体』や『ホモ・サケル』は、数多くの出典を材料にして、歴史にも周到に目を配りながら、系譜学的で考古学的な分析をおこなうポストモダンの文章だった。だが彼の言説は、明確な計画性も厳密な方法論もない探究と、異種混交的な材料を複雑に絡み合わせるものから、分析的・考古学的な計画性へと移り、フーコー的な方法論に立脚した直線的で整然としたものになる。二つのアプローチのどちらがよいかの判断はともかく、第一のアプローチは予測不可能なバロック的新しさで彼を有名にした。そして、穏やかでアカデミックなスタイルの第二のアプローチからは彼のこれまでの思想的営為が確認できる。こうして、アガンベンは共同体の問題に立ち返るわけだが、その中心にあるのは「生のかたち」の観念である。すでに登場していた観念だったが、ここでついに彼の考古学的探究の中心におかれることになった。

生のかたち

『いと高き貧しさ』(Agamben 2011) のなかでアガンベンは、これまで彼が表明してきた観点とは少し異なったやり方で、あらためて共同体の問題を取り上げる。『到来する共同体』では、おそらくナンシーの影響のもと、一切の歴史的・社会的な事情を捨象した存在論的状況に、一種の「コモンの零度」、そのエッセンスが追究されていた。これは、ハイデガー風に存在論の分析をおこない偶有性を捨象したナンシーには必然的なことだったが、出発点の異なるアガンベンにはそうではないだろう。アガンベンはスコラ学的形而上学、カバラ、神秘主義、古典派などから折衷的にパッチワークをおこない、自分の哲学を組み立てた。したがって、モドゥス・オペランディ（運用法）、道具の使い方が分かるようになると彼は、タブラ・ラサからではなく、すでに倫理的・法的規則に統制された社会政治組織を前提とする共同体の問題に戻ってきたのである。この出発地点は、ユートピア的に零度の社会ではなく、現実に近いものだ。実際のところ共同体の「今ここ」が、まるで社会システムが存在しないかのように、存在論的に純粋な原初の共同体に接近できるとは思えない。すると、問題はまた別のものになる。すなわち、領土の分割や権力の集中ではなく、いかに共に生きるか、その方法を考えるという問題になる。ここから彼はフランチェスコ会の「革命」に注目する。聖フランチェスコの修道会は、自律的な閉じた共同体、つまり独自の法規をもち社会から自律した共同体を求めはしなかった（他の修道会は、厳密な抑圧的統制システムを生み出し、フーコーの描く規律権力が用いた技術の起源となった）。もうひとつ忘れてはならないのは、ここでアガンベンが『性の歴史』第四巻（『肉の告白』と題されたはずだった）を準備していた死の直前のフーコーの探究に近づいていることである。

修道会的規律訓練システムには、定められた服装があり（ここで服装の言葉として「ハビトゥス habitus」から派生する「衣服 abito」の概念が導入される）、昼夜を問わず時を刻む水時計が用いられる。けれども、アッシジのフランチェスコはまた違った解決を求めていた。他の修道会と同じく厳守すべき会則を定めるようにと何度も要請を受けていたが、フランチェスコはためらいながらも議論のすべてを生のかたちの概念に集中させる。つまり、彼は法的な規則を求めず、会士たちの振る舞いを強制的に規定するのではなく、共に生のかたちをつくること、強制なくして共に行動する方法を示すことだけを望んだのだった。

エスポジトの共同体

『非政治的なもののカテゴリー』(Esposito 1988) の最終章「死の共同体」を先に紹介したが、このタイトルの言葉は、章のなかで展開するテーマではなく、章の終わりに現われる。タイトルは章を書き終えた後にその結論部分からとられたのだろう。要するに共同体についての議論はあまりなく、ただ最後の段落に少し見えるばかりだ。この章に書かれているのは、バタイユを中心とする大戦間期のフランスやドイツのさまざまな思想家における非政治的なものである。エスポジトはこうして、バタイユとヴェイユの対照的な関係を取り上げ、ヴェイユの悪の問題がいかに必然的にバタイユの関心を引いたかを分析し、そして、バタイユのニーチェ読解からドイツへ視点を移し、ユンガーの思想にも触れる。非政治的なものに関するこれらすべての言説の後、ニーチェで終わるのかと思えば、最後の段落で共同体の問題をめぐるバタイユとカイヨワの相違に戻る。そしてここで、無為の共同体に関するナンシーの言説、死と共同体の関係においてハイデガーと袂を分かつナンシーの思想に接近し、社会的次元のなかで他者の死を通して生まれる自覚としてのナンシーの死のテーゼを繰り返すのである。以上から分かるように、このエスポジトのテクストは、彼自身の共同体論を発展させたものではない。思考の対象として共同体について考察するというよりも、さまざまな思想家の立場を批判的に検証しているのであり、その中心テーマはやはり「非政治的なもの」なのである。だが、エスポジトは十年後に再び共同体の問題に戻り、はっきりとした立場を表明する。

コムニタス

それでは『コムニタス』(Esposito 1998) に移ろうと思うが、まず本書の構成について述べよう。構成を見れば理解できることもある。エスポジトは本書の冒頭で明快に自分のテーゼを述べている。まるで最初に殺人犯の名を明かす推理小説のようだ。アカデミズムの世界の伝統的な仕方では、著者はまず自分の仮説を提出し、次にそれが正しいことを導き出していく。しかしエスポジトは意図の表明ではなく、まさに最初から自説を述べる。では、次に何が来るのか。推理小説でも時には犯罪にはじまり、そしていかにしてその犯罪にいたったのかが語られる。本書もこれに似ているのだ。

事実、本書の残りの部分はいわばこの概念の歴史と言える。だが、一般的な思考対象としての共同体の哲学的歴史ではなく、ここに論述されている共同体概念の前史である。

エスポジトはホッブズ、ルソー、カント、ハイデガー、バタイユといった五人の思想家を取り上げる。だが、これら五つの古典的思想が紹介されて唐突に終わり(補遺が追加されたが)、結論がないのである。推理小説の最後に結末が欠けているとすれば、結末は最初にあるからだろう。もしそうなら、つまり結末となるべき六人目の思想家とは、エスポジト自身にほかならない。彼はホッブズやカントに肩を並べようというのだろうか。いやそうではなく、自説を補強するために古典的な哲学者を参照しているのだが、順序が逆なわけだ。つまり、「ホッブズはこう言い、ルソーはこう言い、したがって……」ではなく、「共同体はこのように機能する。事実、ホッブズはこう言い、ルソーはこう言い、カントはこう言い……」となっている。であるならば、共同体の理論はこの書のなかで展開するのではなく、すべてはそこ、最初の数ページにある。その後に続くのはさまざまな古典に対する批評であり、それを通して彼の理論は、理論的にではなく位置によって正当化されている。つまり、後続のものであるから、先行する理論を弁証法的に乗り越えていると見なされるのである。

それでは内容を見ていこう。論の拠り所は、存在論的なものではなく、哲学的人間学や社会科学的な知見でもない。ともかく社会学との対話はあり、これから先も続けられるが(『イムニタス』でのルーマンやパーソンズ)。本書の場合、論拠は語源分析にあるのだ。その分析が語源学的にどれほど正しいかという批判は、後で述べる理由から本質的な批判にはならない。本当の問題は認識論的なものである。つまり語源学のような学問による、政治学や社会科学の理論が信頼できるだろうか。ハイデガーは存在は言語の内に宿ると見なし、したがって語源学によって実体の本質の起源に到達しうると考えた。しかし、この部分は彼の理論の弱点のひとつであり、さまざまな機会に持ち出された語源学はかなり強引なものに見える。自然科学にとって語源的説明が受け入れがたいことは言うまでもない。ブドウ球菌とは何であるかを理解するために、顕微鏡をのぞかずに語源辞典をひもとく科学者はいない。文化的事象なら言葉の起源はその概念の出自について何かを語っており、したがって何らかの契機を与えてくれるが、何かの証明となることは滅多にない。実際のところ奇妙な語源は数多くあり、文化的な特徴がいかに偶然に影響されうるかを示してもくれる。論拠を語源に求めることは比較的脆弱な証明を採用したことになり、それゆえ、自説をア・ポステリオリに補強するため、古典的理論の批判的読みが続けておかれているのである。

ともかくエスポジトの論を見ていこう。最初は否定的に、個人主義や共産主義の危機を癒すために想定される共同体のかたちはきっぱりと拒否される。まず、共同体の問題への一連のアプローチが並べられる。すなわち、「個人、全体、アイデンティティ、特異性、起源、目的」といったテーマによるアプローチである。これらすべては、共同体に訴えて逃れようとするまさにその主体の観念を、さまざまな仕方や規模で再提示してしまう。このエスポジトの文章は統一とアイデンティティを攻撃する典型的にポストモダンのものだ。だが、その対象はもはやあまり顧みられなくなった理論なので、取り上げる意味がそれほどあるとも思えない。「この見方からすると——歴史的、概念的、語彙的に明らかな歪曲にもかかわらず——ゲマインシャフトの社会有機体説、アメリカのネオコミュニタリアニズム、コミュニケーションの諸倫理（ある意味で、見かけ上は異なるが、共産主義の伝統をも含めた）などは、共同体を考える不可能性の内にとどまりつづけている」。

そういうわけでここにあるのは、すでに過去の遺物と言えるテンニースの社会有機体説、ポストモダンから排除されたアーペルのコミュニケーション倫理、イタリアには根づかなかったアメリカのネオコミュニタリアニズム、そして同じくポストモダンから弾き飛ばされ、非マルクス主義的な共同体論によってナンシーが復権を目指した共産主義なのだ。メインストリーム、主流派イデオロギーとの対決はない。なぜなら主流派のイデオロギーとは、ポストモダン、分散と差異の名のもとに統一性とアイデンティティを否定するポストモダンなのだから。哲学の歩みを阻むありとあらゆるモダンの廃物から逃れることに、簡単ではなかったが最後には成功したとエスポジトは言う。「そのためにわたしは、言葉の罠や解釈の危険が張り巡らされた困難な道を行かねばならなかった。だがその道は——探究の目的に向かって方向を違えずに根気強く歩む者を——根本的に新しい共同体の観念へと導いてくれるだろう」。

この作業のために彼は辞書をひもとき、「コムニタス」という言葉の反意語のひとつが「所有《プロパー》」であることを発見する。「Quod commune cum alio est desinit esse proprium（他者と共有communeするものは所有proprium物であることを止める）」、クインティリアヌスの明快な言葉である。要するに、コモンはプライヴェートの反対なのだ。このラテン語が、次の段階、まさに正真正銘の語源学への扉を開く。「コムニタスcommunitas」という言葉は二つの部分「クムcum」と「ムヌスmunus」に分かれる。ここまでは何の問題もない。問題はムヌスの意味とともに現われる。エスポジトはまず義務の観念に立ち寄り、確認し、そして義務の観念を検査する。ムヌスは三つの語彙、「onus」、「officium」、「donum」により表現される。「onus」は今日の「onere（債務）」にあたる義務で、重さのあることを意味する。「officium」はもっと抽象的な意味で（義務に関する一般的な論説のなかでキケロも用いている）、奉仕や職務に関係する（つまり他者のためにおこなう）。「donum」は今日の「dono（贈与）」、贈物である。義務としての贈物からエスポジトは、マルセル・モースが描いた「ポトラッチ」、つまり贈与に内在する交換の論理、「くれたらあげるdo ut des」に接近する。贈物の意味のムヌスはいわゆる義理と言えるだろう。「与える贈物であって受ける贈物でない」、それは担保あるいは賦課である。したがって、共同体とは「「所有物」ではなく義務や債務によって結ばれた人々の集団」なのだ。プラスではなくマイナスの、欠如による絆である。この賦課を免れている者がつまり「インムーネimmune（免疫、ムヌスのない）」な者なのだ。ところで、コムニタスの語源ムヌスに贈与の意味はなく、職務や義務の意味しかないという反論がなされた。だが、この反論で事態が変わることはない。むしろモースには触れないほうが、論旨はより首尾一貫していたはずだ。

このムヌスは一種の税金と見ることができ、すぐに税金逃れを考える典型的なイタリア人に似つかわしく思われる。一般的にドイツ人が共同体の内に所有、真実の精神、真のアイデンティティを見るところで、イタリア人が債務や義務を見るというのは、文化的な違いを表わしていて興味深い。もっともそれは科学的な裏づけのない単なる印象、お喋りにすぎないけれども。

本当の問題を言えば、エスポジトは先に、共同体をその構成員である個々の主体に還元する考え、あるいは社会契約のような概念を批判していた。それが今、反主観主義の立場はどこへ行ったのか、共同体を人間による構成物、税金制度のような一種の制度として捉えているのである。すると諸個人が共同体より先に来ることになり、共同体は私人（プライヴェート）の根源的次元に対する上部構造になる。それは、論理的または歴史的にプライヴェートが最初にあり、それから「私」の一部を共有するか外部化するかしてパブリックあるいはコモンが実現するという、自由主義のパラダイムそのままである。したがって続くページでエスポジトが、社会契約と恐怖の圧力に関してホッブズを自説の支えとするのは偶然ではなく、社会契約と主権の疎外についてルソーを顧みることも不思議ではない。カントの義務の倫理（有名な定言的命令）にいたる流れもまた納得できる。すなわちエスポジトの理論は、ポストモダンを標榜してはいるが、典型的にモダンなのであり、自由思想の基盤であるこれらの思想家たちと枠組みを同じくしている。実際のところ彼は、主体を空無化して所有とプライヴェートを否定するムヌスを強調するのだが、現実的にはこれらすべての言説は、もっと単純にモダンの言葉で語ることができる。すなわち共同体とは、財産（税）か主権の一部（権力への服従）かコミュニケーション（承認）でもありうるムヌスを譲渡することを代価に、安全保障を求めた人々が形成した組織なのである。ともかくこの観念は典型的に近代に属している。つまり共同体は、何かを与える喜びのためではなく、安全と豊かさと社会的人間関係を獲得するために、主体が選択し創造したものなのだ。

ここで、語源学的アプローチの問題をはっきりとさせておきたい。ハイデガーによると、存在が言語の内に宿るかぎり、語源は実体の本質に関して何かを語るわけだが、このようなアプローチを真面目に受け取るなら（エスポジトはそうしているように見えるが）、それが意味するのはつまり、言語が異なれば実体の本質も異なるということ、したがって別の言語で表現された共同体は、ただ言い方が異なるだけでなく、本質も異なるということになる。エスポジトはこれを自覚しているらしく、共同体に関連するドイツ語を集め、ゲマインシャフトとそのすべての類義語は、集団の「所有」としての共同体を示していると結論する。「各々の構成員の所有物を唯一のアイデンティティに結びつけるもの——民族的、領土的、精神的に——がコモンである。彼らは自分たちの所有を共有しており、彼らの共有物の所有者である」。

これはまた次のような帰結を導くだろう。つまり、テンニースの社会有機体説による共同体概念ゲマインシャフトは、イタリア人に適用すれば誤りだが、ドイツ人には正しいのである、と。この論理を進めていけば、エスポジトやナンシーが考える共同体は、たとえば日本ではまったく通用しないことになる。要するに、この共同体概念は異なる語源をもつ異なる言葉で表現されるインドや中国や日本では有効ではない。さらにたとえば、この言葉の起源から明らかにされた文化的伝統が、その文化のなかで今日どれほど生きているかを示す必要もあるだろう。アングロ＝サクソンの文化が採用した「community」という言葉の語源はコムニタスだが、それはフランス文化からもたらされた言葉である。その前にはドイツのゲマインシャフトに近い「gemænscipe」という言葉があった。つまり、フランスから輸入されたコムニタスに由来する言葉だけを見て、イギリスにはムヌスのクムにもとづく共同体の概念があり、ゲルマン的な共同体の伝統は払拭されていると言えるだろうか。あるいはまた、アメリカ合衆国やオーストラリア、カナダ、ニュージーランドといった英語圏の国々は、ヨーロッパとはまったく異なる地政学的次元の構造物だが、これらの国々に対しても、イギリス文化の遺産が同じように機能したと考えることができるだろうか。

最後にひとこと言えば、コムニタスという言葉で示される共同体は古代ローマにしかない。数ある定義のなかでこれだけが一種の原初的集団の絆として、他の言葉の語源にある「所有」とは異なり、参加の「義務」を求めているわけだ。しかもおそらくはこの言葉も、有史以前の太古の昔から存在していた集団に関わる言葉ではなく、新しい状況のなかで都市とともに生まれたいわば人工的な言葉、ローマの伝説の雌狼のようなものではないかと思われる。ローマは建国の時代から文化的に異なる複数の民族の集まりだった。それゆえ他の文化と比べて法律がこれほど重要視されたのだろう。人々の行動様式がさまざまなところでは、守るべきところを守らせる義務、はっきりとした法律が必要だ。メソポタミアの帝国的国家は、風俗習慣が異なり衝突し合う民族集団をその下に組み入れたが、そこで最初の法的規則が現われたのは偶然ではない。ローマは帝国となる以前も、およそその起源から文化的に多様であった。ローマの包摂的で開かれた性格は、法律を基盤としており、キケロが『国家論』で主張したように、民族的アイデンティティではないのである。こういった意味で、ローマ人のコムニタス、共有は、所有に対するだけではなく、ローマ社会の形成に競合した他の既存の社会形態にも対立することになる。このことは、一方で、どちらかと言えば形式主義的な概念、つまり政治的構造体の構築を目的とする概念を目指す法学者や政治哲学者が、ローマへの言及を好む理由になっている。だが他方では、もともとローマ的ではない基本構造も認めなくてはならないわけだ。それはコムニタスと同じくアガンベンのサケルにもあてはまり、サケルの概念もまた人類学的伝統との断絶を示している（サケルはコムニタスよりも複雑な概念だが、それについてはここでは触れない）。

歴史的な話題はさておき、エスポジトの論に戻り、その長所を見ることにしよう。まずはじめに、はっきりとした概念を提示し、批判逃れのような理論的曖昧さを残していないことがある。実際に批判はあるが、このテーマを追究するしっかりとした基準が打ち立てられている。したがって、エスポジトの理論はテンニース以来はじめて、共同体について正面から問うための出発点となった。第二に、ある意味で共同体に反対する立場をとり、牧歌的に麗しく描かれたステレオタイプの共同体論を退けたことがある。たしかに共同体に反対する理論ではない。しかし、ヘーゲルまたはバタイユ自身よりもバタイユ的に見える否定的側面を抉り出している。そのバタイユもまた彼らしい仕方で共同体の罠に落ちたのだった。そして、ナンシーもブランショもアガンベンもネグリも共同体を熱く謳い上げている。だがエスポジトは、共同体に対して利己主義的な新自由主義の態度に危険なほど接近しつつ、共同体の外に対する振る舞いがムヌスの義務以上に問題となるがゆえに、古代ローマ的共同体に内在する暗闇について言わねばならないことを言ったわけだ。その外部に向けた反応について、エスポジトは次の著作『イムニタス』で論じている。

第三に、ついに政治神学的な前提から抜け出したこと。つまり、これまでは政治のあらゆるカテゴリーがキリスト教に由来する言葉を用いて語られ、たとえばハイデガーがしたように神学的思考との関係において問われてきた。共同体について論じながらエスポジトは、ネグリにもアガンベンにもナンシーにさえも見られるこの新キリスト教的文化へゲモニーを、いくらかは突き崩しているのである。エスポジトの理論はローマの文化に、起源ではなく混合主義的な性格の文化に依拠し、その再評価を促している。ローマは、単にギリシア文化の継承者ではなく、独自の文化をもち、それは西洋文化の重要な部分を形成しているのである。

イムニタス

『イムニタス』(Esposito 2002) にはエスポジトのヘーゲル主義がはっきりと現われている。ここでは、肯定と否定、解放と攻撃、さらには善と悪が、メビウスの帯の表裏のように通じているのである。『イムニタス』はおそらく、エスポジトの著作のなかで最も独創的なものだろう。ただ残念なことに、免疫の論理とその力学の分析から引き出した帰結が最後まで推し進められず、シモンドンなら踏み込んだにちがいない道の手前で止まってしまった。もっとも二人のこの相違は、シモンドンが科学畑出身であるのに対してエスポジトは典型的に文系人間だということかもしれない。免疫の問題は、科学思想史への文献学的アプローチ以外の仕方でも掘り下げられるべき問題だろう。ともかくこの著作は、さらなる探究を要する一分野を新たに切り開いたのだ。エスポジト以前に免疫の論理に触れた者がいなかったわけではないが、エスポジト自身が引用しているルーマンのように、部分的な道具として用いたにすぎない。つまり『イムニタス』以前に、免疫の問題を哲学的論理として真正面に据えたテクストはなかった。唯一の例外的試みが、エスポジトも参照しているベルギーの医師フィリップ・カスパルの『生物の個体化』(Caspar 1985) で、免疫学と個体化に関する書物だが、免疫と個体化の関係の根本的な問題を捉えているようには(捉える意図があったようには) 見えない。カスパルとエスポジトのテクストを比較すれば、カスパルが現代の哲学的議論とは無縁なこと、他方でエスポジトには、生物学的論理の透徹したヴィジョンのないことがよく理解できる。

まずはこのテーマの重要性について述べよう。『コムニタス』と同じく核心部分は最初に、実にイントロダクションにおかれている。ここでもまた語源学的な説明はあるが、今回は語源が論旨の支柱ではなく、つまりより正当なかたちで語られている。モースの贈与論との関係にこだわることもなく、ムヌスは職務、債務、義務に結びつけられ、ただ括弧付きで「返礼の必要な贈与」が追加されているにすぎない。免疫とはムヌスを免れていることであり、その意味は明らかである。そして、義務を免れていることは肯定的なことであり、慰撫であり特権的なことでもあるだろう。「イムニタス」は司法の領域で生まれ、古代ローマの時代に早くも医学の領域に移植された言葉である。ある意味でそれは歴史的に最初の生政治用語であり、まさに典型的に生政治の言葉としてエスポジトは強調する。生政治とその哲学的議論に向けて大きく踏み出した内容に対応するように、本書の各章はある思想家を対象とするのではなく、テーマ別に組み立てられている。第一のテーマ「横領」はすなわち免疫の司法的・社会的（または宗教的）な論理の具現化、第二の「カテコーン」はいくらか強引に引き寄せたシュミットの政治神学（次章で詳しく見よう）、第三の「代償」はシェーラーからゲーレンにいたるドイツの哲学的人間学、そして最後の「設置」はポストヒューマン、生倫理の問題である。エスポジトは本書であらゆる領域を横断し、アクチュアルな哲学議論のすべてに、すなわちシュミット・ルネサンス、生政治、ポストヒューマンやドイツの哲学的人間学といった一九九〇年代の哲学的・文化的議論に立ち向かおうとする。

エスポジトは、おのれの専門分野、政治思想史のアカデミズムから離れて、時流に投じた書物を上梓しようとしたのだ。そういった意味での彼の唯一の書であることも言っておかねばならない（次作からエスポジトは再びアカデミズムに戻る）。先に述べた章立てを見れば分かるように、時流を超えた対話は第一章のみであり、ここで彼は免疫のテーマを掘り下げ、いわば免疫のパラダイムを描いている。

したがってまずこの第一章に注目したい。それは本書の原型、本書の圧縮版とも言え、『コムニタス』などの著作で取り上げた思想家についてのエスポジトらしいコメントもある。第一段落ではヴェイユ、第二段落ではベンヤミン、第三段落ではジラール、第四段落ではルーマンが扱われている。

最初に、エスポジトが最後まで手放さない曖昧さに由来する、ひとつの問題に触れなくてはならない。彼はコムニタスとイムニタスを対極的な位置におく。コムニタスはムヌスの共有であり、イムニタスはムヌスの否定だ。つまり、コムニタスはその構成員全員に何らかの贈与もしくはサーヴィスを求める。言い換えれば、共同体の市民はインムーネ immune ではありえず、逆にインムーネな市民はコムーネ comune ではありえない。ここまでは何も問題がない。だが二六ページ、以下のような文章が目に入る。「他方で、われわれの出発点の内にすでにひとつの二律背反が存在する。すなわち、権利の第一義的な目的は、共同体を免疫化〔インムーネ化〕することであり、それゆえ権利の否定的な性格を想定しなくてはならない」。どうやらエスポジトは（推移的特性により）権利の内に共同体の否定を見ている。つまり権利が免疫的であり、免疫 immunità が共同体 comunità の反対なら、権利は共同体の否定になる、と。論はかなり曖昧で、エスポジトの意図もはっきりとしないが、誤解を避けるため、このような論が本当に成立しうるのか問いただしたほうがいい。なぜなら、個々の市民の免疫と共同体の免疫は同じものではありえない。事実、権利は市民を免疫化しないが、内（権利によって）に対しても外（戦争によって）に対しても安定を維持させつつ、共同体を免疫化する。このように防衛された共同体が、その維持のために犠牲を払う市民の寄与の上に成立することは、何ら矛盾ではないばかりか、社会組織の維持において免疫的な働きを補うものなのである。すなわちこのような構造体が育つためには市民の寄与が必要であり、脅威から身を守るためには防衛機構が必要である。

摂取と防衛は実体の健康状態を保障する。再び誤解を避けるために言えば、社会システムの段階的概念を簡単に捨て去ることはできないし、それぞれの個体の特性を圧迫することなくすべてを個々の実体に還元することもできない。このような意味で免疫的な装置としての権利は、システムの構成要素であり、システムに肯定的な働きをしない部分、規則を侵犯してシステムの安定性、つまり秩序を内部から蝕み、無秩序と不安定をもたらす部分を除去するのである。要するに権利は、正当であるか否かはともかく、秩序を保護しているのである。

このようなことを言うのは、エスポジトが「権利は共同体の無効化を通して共同体を保持する」あるいは「無効化しつつ構成する」と言うとき、何を意味しているのかが明らかでないからだ。どうして無効化しなくてはならないのだろうか。権利の免疫化的な行為は、共同体を構成することも無効化することもせず、ただ内部の危険から、そして外部の危険からも（国際法や戦争法を制定して）、共同体を保護するにすぎない。それから、「本当に「所有（プロパー）」がまさに「共有（コモン）」ではないということなら」、権利は共同体をその「所有」へ導くという言葉も怪しく思われる。エスポジトは、「共同体をさらに「所有」しようとして、必然的に権利は共同体の「共有」を減少させる」と結論している。さてここで問い直してみよう。「所有」と「共有」は、個人のレベルではたしかに正反対のものだろう。市民は、自分だけで持つものを「所有」としてもち、他者とともに持つものを「共有」としてもっている。しかし、システムあるいは市民の集合体としての共同体のレベルでは、共同体の「所有」は「共有」にほかならない。なぜなら共同体は、市民たちが分かち合うものに依拠するのであって、各々が自分のために所有するものに依拠するのではないからである。

ここでエスポジトは、彼が主張するこの対立性を確認するために、権利と義務の対置的関係を語るヴェイユを持ち出す。つまり、共同体のなかで権利を遂行することは、必然的に他者に課された義務を利用することになる、と。もし共同体がゼロサム・ゲームならそれは明らかだろう。与える者がいるから受け取ることができる。失業者支援を政府が決定すれば増税は避けられないように（あるいは他の予算を削減しなくてはならない）。

それからエスポジトは二つの異なるレベルに気がついたかのように、「権利は免疫化する――共同体の、そして共同体からの――働きにおいて「所有」に等しい」と言う。すると少し前の言葉と矛盾するように見えるが（共同体を免疫化する権利は所有の反対物だった）、われわれが先ほど触れた方向へと進んでいく。すなわち権利は共同体もしくは「共有」の「所有」を守る（たとえば、民衆を犯罪者から、納税者を脱税者から守る）わけだが、同時にいくつかの限界を設けて、非人道的な刑罰や重税から個々の市民を保護し、全体としての共同体を守る行為を制限するのである。けれども明らかに、全体を守るためには統一を危険にさらす部分を抑圧しなくてはならず、部分を守るためには全体の要求を制限する必要がある。権利は、法を通して、国家に対する市民からの有害な行為を取り締まり、逆にまた市民に対する国家の行為を制限する。このように均衡を保ち恒常性を維持することが権利の役割なのである。要するに権利、一般的に免疫システムは、自律的な生成システムの自己保護作用による個体規定のための装置なのだ。これが、たとえばカスパルには明らかだが、エスポジトのテクストからは見えにくい科学的理論の要点である。

第二段落では先にアガンベンとの関係で見たベンヤミンの暴力論が扱われる。暴力による免疫化は、内（警察）と外（軍隊）の二つの側面をもつ。したがって暴力は、権利の外へ出るにしたがって権利と衝突するのである（権利は暴力を独占的に支配すべきだからでもある）。それゆえベンヤミンにとって権利と暴力は、暴力的権利と司法的暴力の二つの形式に収斂することになる。権利は必然的に外部を内部化しなくてはならないからである（例外状態のような場合でも）。権利は「剝き出しの生」を生の形式へと内部化しようとするが、これに対して生を「罪のゆえではなく罪に断罪する」ものが抵抗する。「生は罪があるゆえに断罪されるのではなく、断罪されうるがゆえに有罪とされる」。したがって権利は、ただ生が行動を起こす前にその有罪性をあらかじめ宣告するかぎりにおいて、生の保存を担うことができる。以上が、罪と暴力、そして権利と生を結ぶ免疫の力学なのである。

次にジラールとともに「聖なるもの」の人類学的問題へと移る。もちろんジラールは、アカデミックな人類学の世界で人類学者と見なされているわけではない。ベンヤミンとのつながりは暴力である。ベンヤミンが権利の内に暴力を見るように、ジラールはそれを聖なるものの内に、つまり供犠のメカニズムによる社会の土台の内に見る。供犠はまたそれ自体が暴力を管理するメカニズムだが、それは外からではなく社会を統合する内からの暴力である。つまり、暴力は共同体の内奥から噴出するのだ。こうして犠牲メカニズムの免疫的な性格は、パルマコンの形姿のなかに明瞭に現われる。事実このギリシア語は、一方では「犠牲の山羊」と同様の意味をもち、他方では薬の意味をもつ。犠牲が社会自身の暴力から社会を守る。すなわちそれは犠牲的保護、社会的暴力の爆発に対するワクチンなのだ。

最後の第四段落にはルーマンの「社会システム」が登場する。『社会システム理論』（Luhmann 1984）には、「司法システムは社会の免疫システムの役割を果たす」と書かれている。すなわちルーマンがはじめて、司法的な意味ではなく生医学的な意味で、社会システムのなかで働く免疫作用について語ったのである。こうして、医学的概念の異化から有機体と社会システムとの比較を経て、司法的免疫から免疫機構としての司法システムへのサイクルが閉じる。だが、この免疫作用は細菌のような外部からの攻撃に対して働くのではない。なぜなら、その場合は司法の管轄ではなく軍隊が出動するからである。ここでもまたジラールと同じく、社会システムをそれ自体から、すなわちシステム内部に生じる「乱れ」から守ることが問題になっている。つまりコミュニケーションの乱れ、コミュニケーションが社会を構成するかぎり生じる一種の情報ノイズからである。エスポジトがルーマンから読み取るものは、社会や免疫の唯一の現実としてのコミュニケーション自体である。次いで、コミュニケーションは社会化や免疫化と混ぜ合わされる。ここから先、エスポジトはシステム理論のカテゴリーと戯れはじめ、本当はこの議論にそれほど関心がなさそうなのである。実際のところ「システムは、その閉鎖に向けて開かれる」といった文章は、いわゆる世間的哲学のなかにシステムの理論を投げ入れるに等しい。たしかにルーマン自身の修辞的文章、純粋に科学的な書き方からは逸脱した文章にも罪がある。けれども、開かれたシステムによる環境の排除的包摂の言説は重要だろう。環境を排除しつつも部分的に包摂して受け入れ、包摂しつつもシステム統一体が自らを環境から切り離すかぎり排除する。これは実際には境界（閾）とインターフェイスの問題だ。境界は外部と接触を保ちながら閉じるためのもの、インターフェイスは差異を保ちながら外部に開くためのものである。

　コミュニケーション・システムとしての司法システムの機能は、将来の安全を見通した選択をおこない不安定を回避することにある。この機能は共同体をそれ自体から守るため、内部の葛藤を排除しなくてはならない。だが完全に排除してはならず、それゆえ葛藤を生産することにもなる、とルーマンは言う。この意見はエスポジトにとって新しい免疫学への大きな一歩だった。この新しい免疫学によると、免疫機構の目的は「外的な刺激がなくともシステムを守りうる選択的記憶を形成すること」である。すなわち、ルーマンの理論はこれまで見てきた言説の結論になると言える。なぜならその理論は、免疫がもはや外部からの攻撃に対する反応ではなく内部の混乱を糧とする防御メカニズムであるかぎり、否定的なものを無効化しているからである。

マルチチュードとしての共同体

ところでオペライズモを去ったネグリは、社会的労働者を闘争の主体とするさらに大きな対抗勢力の形成に向かっていた。社会的労働者とはつまり、一九七〇年代イタリアの産業社会において搾取対象となるすべての者たちである。ネグリは、フォーディズムからポストフォーディズムへと生産様式が変化し、したがって搾取の社会的状況が変化した意味を捉える。『経済学批判要綱』(Marx 1939)の読み直しから「一般知性」の概念に着目し、いわゆる知的労働の搾取という新しい次元に目を向ける。これはもはや集団的労働のための広大な工場ではなく、ただコンピュータだけが欠かせない閉じた次元のなかで実現するものだ。労働者が消滅したわけではないが、社会のなかで資本と労働が対立するという構図は過去のものとなった。第一に労働は今、賃金労働だけではなく、しばしば自営業である。労働組織の全体もさまざまなミクロ搾取のかたちに分解した。ドイツのミニ・ジョブやイタリアのCo. Co. Co.など、薄給で援助金もなく社会保障や労働組合の支えもない、今では広く普及した多種多様なプレカリアートたちは、安定した社会とは異なる搾取のパノラマに組み込まれている。これがマルチチュードに彩られたパノラマであり、ネグリやネグリ周辺の知識人たちが(とりわけヴィルノの雑誌『共通のトポス』や後の『漂流/漂着』を拠点に集う者たち)イタリアやフランスで語りはじめたものである。ネグリはスピノザから「マルチチュード」の概念を取り入れたが、ともかくこの概念は人民「ピープル」(フランス革命以後)や大衆「マス」(社会主義以後)の概念が定着する以前から、近代のあらゆる政治理論に広く知られていた。ネグリはポストモダンに典型的な状況に相応しい概念を見出そうとして、モダン以前の概念に、フランスでは古典主義時代(だがもっと前にさかのぼることもできる)と呼ばれる時代の概念に目を向けたのである。

『帝国』や『マルチチュード』にしたがえば、マルチチュードは、先に述べた側面だけに結びついているのではなく、別の側面、すなわちグローバリゼーションにも結びついている。グローバリゼーションは世界中の市場をつないで世界中の働く人々を競争させる。したがって一九九〇年代の言説に比べると、二〇〇〇年以降のマルチチュードは、普遍性を獲得し、グローバルな世界的エリートの対立項になった。それゆえハートとの共著においてネグリは、マルチチュードの定義にはあまりこだわらず、マルチチュードの行動半径とその歴史的使命について語ったのだ。ここには、フランチェスコ修道会への眼差しなど、アガンベンのヴィジョンと多くの接点がある。『帝国』の最後のページにネグリが描いているものは、アガンベンが共同体のフランチェスコ会的な「生のかたち」に拠りながら、グローバルな解放に向けて社会関係を再構成するヴィジョンに等しい。

『帝国』で壮大な壁画を描いたネグリは、『マルチチュード』のなかで一種の開かれた認知証明としてマルチチュードの対抗勢力的なかたちについて語る。たとえば天安門のような「ポストモダン」の抵抗運動の多くに、網状に組織されたマルチチュードを見る。それは全世界に網状に広がるマルチチュードの世界的蜂起を予告しているのだ。革命的な性格をもつマルチチュードの連帯に対抗するのは、大企業や国家の利益である。民族国家、とりわけ民族的アイデンティティはマルチチュードの最大の敵であり、それゆえネグリはノー・グローバルに与しない。グローバリゼーションは止めるべきではなく、それを逸脱させ乗り越えなくてはならないと考える。しかし、たとえばアラブの春の運動は、物質的な必要にはじまり、デモクラシーを要求し、ソーシャル・ネットワークのような網状のリゾーム的コミュニケーション・ツールによって組織化され、つまりまさにネグリが想像したようなマルチチュードの典型的な蜂起だったが、結局のところ否定的な側面を次々とあらわにすることになった。事実、それはアメリカの安全保障機関から援助を受けていたのであり、アメリカはイスラム世界の地政学的状況を再設定するため人々の不満を利用していた。そして、蜂起は西洋諸国にとって石油を再分配する格好の口実となった。最後に、リビアとシリアの蜂起はその一帯をバルカン半島のように分裂させてしまい、有益な結果は何も残さず、ただ地域に暮らす人々に甚大な被害を与えただけだった。アサド政権打倒を唱えるイスラム国の成立については言うまでもない。したがってマルチチュードのグローバルな蜂起の観念は、マキャヴェッリの言う「具体的現実」になれば問題化するのであり、さらにそこにはアガンベンの項で見たような「存在論的ポピュリズム」の罠もあるのだ。

以上に関してネグリのこの書物には、マルチチュードの「存在論的」あるいは哲学的な分析は見られない。だが彼は「マルチチュードの存在論的定義によせて」(Negri 2003) と題された一文を書き、マルチチュードの定義をそれぞれ完結してはいるが関連性のある以下の三点にまとめている。すなわちネグリはマルチチュードを定義して、⑴「内在性の名」、⑵「階級の概念」、⑶「潜勢力の概念」であると言う。まず、どうして「内在性」なのかを見よう。「古典的な」近代政治理論、ホッブズやルソーやヘーゲルが用いた「人民(ピープル)」といった概念は超越的だが、マルチチュードはそうではない。それはネグリにとって「人民の概念が超越性から解放された後に残る現実」、つまり単一体の集合だが、「個人的所有者」という古典的な司法的・政治的な存在ではない。それは、「代理不可能な単一体」だとネグリは結論づける。この用語に注目してみよう。なぜなら、後でエスポジトやカッチャーリに見るように、代議制を拒否して（代理の不可能性）、直接民主制の要求を掲げる市民運動が、ソーシャル・メディアのなかで浮上するからである。代議制とマルチチュードとの関係は、エスポジトも批判し、カッチャーリはアンチクリストという言葉まで持ち出して断罪するエポックメイキングな大問題となった。ともかくこの政治的ジレンマに対して、結局誰もが同じようにフランチェスコ会的解決に向かう。アガンベンは「生のかたち」で。カッチャーリはアノミーとカオスに流れる傾向に抗して教会のフランチェスコ会的使命を発展させる方向で。

次に「階級」だが、先の「内在性」が政治哲学の伝統においてマルチチュードを定義するなら、「階級」は政治経済学、とりわけマルクス主義の階級理論に関連する定義である。ネグリによれば、マルチチュードは協働で生産する形態として生産段階の被搾取階級であり、ある意味でただ生産活動のためだけに結びつけられる単一体の集合である。したがって、労働者階級とは異なるものだ。労働者階級は社会的に協働する工場労働者に限定されていた。このような意味でマルチチュードは、労働を尺度とする機能的概念である「マス」の対極でもある。

第三点は、実体としてのマルチチュードの存在的実質に関する哲学的な存在論である。第二点がマルクスやローザ・ルクセンブルクたちマルクス主義者の思想に関連するなら、この第三点はスピノザに結びついている。スピノザの「潜勢力」の概念を知らなければ、どうしてマルチチュードが潜勢力として考えられるのか理解できないだろうから、ここで解説を加えたい。まず思い出さねばならないことは、ネグリは高校生の頃からスピノザに傾倒していた。ネグリにとってスピノザは教養ではなく、思想の枠組みであり政治思想の基盤である。言い換えれば、ネグリは革命的マルクス主義者であるからスピノザ派なのではなく、心底スピノザ派であるから革命的マルクス主義者なのだ。監獄に囚われていた時期にネグリが、このオランダ人哲学者を研究して、『野生のアノマリー』(Negri 1981)を書いたのは偶然ではない。マルチチュードという概念もスピノザに由来する(スピノザ自身はこの概念をルネサンスに見出している)。したがってマルチチュードの概念は、スピノザ的にも把握しなくてはならないだろう。つまり「潜勢力potentia」が「本質essentia」と「実存existentia」のあいだにおかれ、部分的に「コナトゥスconatus」(自己の存在を伸ばそうとする実体の傾向)に一致するスピノザの存在論、そしてまた「潜勢力potentia」と「権力potestas」を対置させるスピノザの政治学を通して。スピノザにとってあらゆる実体は、神に一致する実質の様態的実在にすぎない。神は存在のあらゆる形態に一致し、スピノザにとってはそれら形態が実在であり、本質、イデア、潜勢力である。個々の実体もまた単なる被造物ではない。その本質は静的なものではなく、あらゆる実体が能動的で何かの原因となる。そこにこそ実体の特徴、抑えがたい潜勢力があるのだ。したがって潜勢力はある意味で力動的観点による実体の本質そのものである。政治的観点からすれば、実体そのものの外に伸びる実体であるがゆえの力、潜勢力は、権力あるいは諸個人の自由を制限する社会的権力とは明確に区別される。潜勢力はただ単一体としての実体の属性であるだけではない。マルチチュードもまた複数性をもちながら自らの潜勢力をもつ。ネグリのヴィジョンのなかでまさにこの潜勢力が、権力の権威に立ち向かうのである。だがスピノザの概念の唯物論的意味も、とくにネグリの解釈にあっては忘れてはならないだろう。マルチチュードを潜勢力と見なすことは、その物理的構成要素を政治的身体と見なすことでもある。実際に潜勢力もコナトゥスも第一にその物理的な堅牢性において実在に関わる。マルチチュードを身体と見なすことによってネグリは、知的労働など非物質的生産とともに登場したマルチチュードの概念の非物質性を埋め合わせようとする。このような意味でマルチチュードは非物質的生産をおこなう者たちの身体なのである。

ヴィルノとマルチチュードの問題

すでに見たようにマルチチュードの概念を復活させ、ポストフォーディズムの議論に持ち込んだのはネグリだったが、彼はその概念をハートとの共著『マルチチュード』(Negri & Hardt 2004) を出版するずっと以前から用いていた。それゆえ、『マルチチュード』にはこの概念の由来の説明も理論的な導入もない。ネグリはこの言葉を既成事実のように使う。なぜならもう何年も前から使っているのであるし、ポストフォーディズム批判の世界ではすでに馴染みの言葉になっていたからだ。したがってマルチチュードの概念を手早く理解するために、これをテーマにしたセミナー、四日にわたる講義を収めたヴィルノの小著『マルチチュードの文法』(Virno 2001) を見ることにしよう。学生たちに向かってヴィルノは、教育的立場からこの概念とその動向を分かりやすく説明している。けれどネグリがそれをどのように考えたのかを、ただ単純に紹介しているのではない。実際にヴィルノもまたこのテーマについて考察し、ネグリの考えに彼の考えを重ねている(ヴィルノはとくに区別していないが、ネグリのほうでは二人の相違が些細なものではないことを言っている)。いずれにせよ、ヴィルノに典型的なアプローチを見分けるのは難しくない。つまり彼にとりわけ関心のあるテーマ、言語、可能性、前個体的なもの……などに重点がおかれている。他方で典型的にネグリ的な部分は、マルチチュードを人民と区別し、ポストフォーディズムの状況に関連させるところ、そしてすべてがマルクスの『要綱』に、とりわけ「一般知性」の機械に関する断片に、照らし合わされるところである。

マルチチュードに関するヴィルノのセミナーは二部に分かれている。第一部でマルチチュードの特徴的要素が理論的に説明された後、第二部に十のテーゼが挙げられる。第二部のはじめにマルチチュードについての要約があるのでこれを引用しよう。

わたしたちの時代に特徴的な生の諸形式と言語ゲームを一元的な言葉で名づけるため、わたしは「マルチチュード」という概念を用いた。「人民」という概念の対極にあるこの概念を規定するのは、これまで見てきたさまざまな断絶、地滑り、変革の総体である。以下に順不同で挙げてみよう。通常的条件としての外国人的生 bios xenikos、「特殊なトポス」的言説に対する「共通のトポス」的言説の優位、護符的な資源であり社会的生産の柱としての知性の公共性、作品なき活動(すなわち名人芸)、個体化原理の中心性、可能なかぎり可能的なものとの関係(日和見主義)、言語の非指示対象的使用の肥大化(お喋り)、以上である。マルチチュードにおいて、人間動物の歴史的、現象的、経験的な存在論的条件が全面的に現われている。すなわち、生物学的な貧しさ、その実存の未規定なまたは潜勢的な性質、画定的環境の欠如、特殊な本能の欠如を「補う」ための言語的知性。それはまるで根が地表に出てついに眼前に現われたかのようだ。つねに真理だったものが今はじめて覆いを取り払い、目に見えるものとなる。マルチチュードとはすなわち、歴史的に規定された存在となった根本的な生物学的設定、現象的に現われた存在論なのである。

ヴィルノは二つの伝統、ひとつはスピノザ、もうひとつはホッブズを頂点とする伝統に対置させて、マルチチュードの概念を導入している。スピノザはホッブズより四十歳下だが、彼が支持するマルチチュードの概念は、ホッブズの人民の概念よりも古風だ。事実、ホッブズは自然状態にある不分明な多様性としてマルチチュードを恐怖の眼差しで見る一方で、ひとつの意志をもった人民の政治的統一体は国家の基礎を据えることができる唯一のものだと考える。スピノザが関心をもつのはマルチチュードの概念で、その多様性の内に自由を見ている。要するにここには、絶対主義のイギリスと、スペイン＝イタリアに続いて資本主義第二の局面を先導した多元主義国オランダの相違があるのだ。イギリス王国が権力を固めるために統一の原理を唱えなくてはならなかったように、商業の女王オランダには多様性を発展させる必要があった。近代のこの二つの考え方から、一方には「国家」（ホッブズが理論化した）、他方には「プライヴェート」の概念が発展したとヴィルノは言い、そして、公的機能に「欠ける privo」という「プライヴェート privato」の概念の語源をたどる。つまりそれは、意見を言うことができず、政治的な意味で言葉を剝奪され、要するに社会的失語症、マルチチュードを対象にした構造的な排除なのである。したがってプライヴェートはもともと否定的な意味のはずだが、事態はそのようには進まなかったのだ。ところで、プライヴェートを理解するのにおそらく最も役に立つのがエスポジトの言う「免疫」の概念だろう。免疫は、不干渉の空間であり、「レス・プブリカ（公共のもの）」への義務にしたがわない。したがって免除の（たとえば税金から）空間、自律の（たとえば政治的に）空間である。実のところ、単一存在の排他的関係という意味でのプライヴェートの概念は、「剝奪する privare」行為、すなわち誰かから何かを奪うことではなく、正確にその反対なのである。ラテン語の「privus」は、「自分で」、「一人で」、「自分自身のために」という意味のギリシア語「idiotes」の翻訳である。このような自閉性がつまり公の義務の不在となるのだ。それは中世後期にとりわけフランスで、何か個人的な秘密の事柄から他者を排除するという意味で受容された。つまりプライヴェートは免疫タイプのかたちで近代にもたらされた。プライヴァシーは、共同体、公共のものに対して、どのような介入も許さない免疫の形式である。ここにおいて「剥奪する」の意味が生じる。すなわち剥奪とは、主体の失語症ではなく、その主体に対する他者の権利を奪うのである。他者はプライヴェートに口を出すことができない。それは「自己包摂」の形式であり、他者の支配を逃れる免除の性格をもつのである。

「マルチチュード」に戻れば、ともかくこの言葉が、「人民」と「プライヴェート」に席を譲り、近代の政治用語から消え失せたことは興味深い。国家の近代的概念が末期的状況を迎えた今（プライヴェートのほうは違うが）、マルチチュードの概念が復活するのは示唆的である、とヴィルノは言う。だが実際のところ、マルチチュードという用語はそれほど一般に普及していないし、国家の危機はマルチチュードではなくプライヴェートに有利なのだ、とネグリとヴィルノに反論することはできる。ともかく、マルチチュードは、人民から国家を取り去ったものであり、そこには個人と個人の財産を保障し守る（まずそれを獲得する必要があるが）免疫タイプのプライヴェートな「権力」が存在しない。それからヴィルノは、集団と個人を明確に区分する社会主義の伝統を検証することに移るわけだが、マルチチュードは集団でも個人でもないのである。

このような導入的検証の後、ヴィルノはマルチチュードの定義の核心へと移り、三つの観点を提出する。(1) 恐怖／安全の関係、(2) 思想／労働／政治の関係、(3) マルチチュードの主体性。第一の観点は三つの可能な語義にしたがって、(a) 外部に対する不安定状態としての恐怖と不安の重なり、(b) 公的な感情としての恐怖と私的な感情としての不安（ハイデガーが述べたように、家の外にいるときの感情に典型的な）、(c) 人間は自然によって定められた環境をもたず、それゆえつねに避難場所を探す必要があるとするゲーレンの言う危惧、以上の三つに分かれる。ヴィルノによれば、今日のマルチチュードの特徴はこの「自分の家にいないと感じること」だが、それは社会的な経験であり、安全保障の戦略へ向かうことになる。

次に第二の思想／労働／政治をめぐる観点を見よう。思想についてヴィルノは思考方法に関する「共通のトポス」と「特殊なトポス」のアリストテレス的区別をする。共通のトポスはみなが共有する基本的関係（より多い／より少ない、対照性、相互性）だが、特殊なトポスはある集団の内部でしか共有されない（比喩、皮肉など）。限定されないマルチチュードは、限定的集団内でのみ共有される特殊なトポスにではなく、ただ共通のトポスだけを支えにしうる。この共通のトポスは、アリストテレス＝アヴェロエスの能動的知性（ヌース・ポイエティコス）、またマルクスの「一般知性」にも似た「公的知性」の基盤である。

ここから公的領域のない公共性が生まれ、この公共性によって、一方ではローカルなヒエラルキーが増殖し、他方では代議制が凋落する。そしてまた作品から制作へと重心が移動する。たとえば、グレン・グールドの名人芸には作品はなく演奏だけがあるわけだ。さてこの作品なき実演は、ナンシーやアガンベンが語る共同体、生産または制作することから遂行または生きることへと移行する「無為」の条件にいくらか似ているだろう。

第三の観点は主体の諸形式についてである。シモンドンの前個体的なものに関する言説を持ち込み、ヴィルノがとりわけ力を入れているところだ。シモンドンによると、個体は、アリストテレスがそう考えたように出発点なのではなく、前個体的なものから個体へと進む個体化のプロセスの到達点なのである。ところでこのプロセスは、生物学的、心理学的、集団的なさまざまなレベルで展開するが、個体化は主体がまだ上位の個体化を望みうる準安定状態にあるかぎり決して完了しない。その個体化過程のなかに人民とマルチチュードの実質的な相違がある、とヴィルノは言う。人民の場合には個体は集団的アイデンティティに「再個体化」すると言えるが、マルチチュードの場合に個体は、完全には規定されない多様な現実の準安定状態にとどまっている。これは、多様性の名のもとに定義されたアイデンティティのポストモダン的「共通のトポス」に見える。だがこのヴィジョンにはいくつかの異議がある。たとえば、準安定状態はつまり可変であり、まるで「幹細胞」のように生産の要求に合わせて何度でも再定義しうる主体なのだから、グローバルな資本主義にとってとても都合がよいわけだ。さらに、そのような準安定状態のマルチチュードは、まだ集団的アイデンティティに固まっていないとしても、将来的に「再個体化」するかもしれず、ヴィルノ自身も指摘するように、ファシズムや宗教的原理主義になる危険性もあるだろう。ともかくここでは、生政治の問題やお喋りや好奇心といった非人称的次元に関するヴィルノの考察には触れない。結論として彼は、マルチチュードをめぐるすべての言説を、ポストフォーディズムと一般知性の理論的枠組みのなかに持ち込む。ヴィルノの考えを端的に言えば、一九七〇年代末にケインズ的資本主義が経済自由主義へと席を譲って以来、労働者階級と資本の対立は、ポストフォーディズム的で非正規雇用の知的労働者であるマルチチュードと金融資本との対立に移行したのであり、かくして具体化する反抗のかたちも変わったのである。マルチチュードの最初の蜂起だったあの七七年は、自由時間と労働時間の分離を廃棄しようとしていた（まさにその通りになった今、生産者＝消費者の生はひとつの生経済学になったと言える）。このような意味で、「ポストフォーディズムは「資本の共産主義である」」とヴィルノは結んでいる。

ネグリとコモンの問題

しばしば見かける誤解をまず解いておく必要があるだろう。近年になって共有資源の問題は、何もかも民営化せよという市場側の圧力に比例して、ますます大きなものになってきた。市場は新しく「囲い込み」をおこない、たとえば水であるとか農作物の種であるとか、これまで共有してきたものに使用料を課して利益を得ようとしている。この意味で「コモン comune」はまさに、十六世紀イギリスの囲い込みによって閉ざされた「コモンズ commons（共有地）」に等しい。なので『コモン』（以下、邦題『コモンウェルス』にしたがう）（Negri & Hardt 2009）は共有資源を扱ったテクスト、たとえば一九九〇年代イタリアのサイバーパンクが求めていたように、共有資源としての情報というかたちで非物質的労働を奪還するテーマなどが想像される。たしかにそのような部分もあるにはあるが、中心的なテーマはそれではなく、論理的な組み立ては根本的に異なっている。英語版のタイトルが「コモンズ Commons」ではなく「コモンウェルス Commonwealth」なのは偶然ではない。「コモンウェルス」は十六世紀に導入された政治用語で、何よりも、「レス・プブリカ（公共のもの）」の本来の意味を英語で表わすためにクロムウェルが採用した言葉である。フランス語から移植された「リパブリック」という言葉は、擦り切れてはっきりとした意味を失っていた。したがってコモンウェルスは古典的政治思想のレス・プブリカであり、議会による政府のことではなく、法と規則を共有する空間としての政治組織なのである。そのようなものとしてマキャヴェッリも捉えたレス・プブリカは、後に「国家 State」の意味で理解されるようになる。国家という言葉は、本来はそれだけで自律した言葉ではなく、レス・プブリカの条件や構成の「状態＝ステイト」を指す表現の略語だった。マキャヴェッリにとって国家はまだ「レス・プブリカの状態」である。だがそれから意味が入れ替わってリパブリックが国家の一形態「共和国」となった。だがマキャヴェッリ以前、レス・プブリカはたとえば帝国、ローマ帝国や神聖ローマ帝国を意味することもできた。つまりコモンウェルスはネグリにとって「帝国」のヴァリエーションなのだ。そこで第一に、このヴァリエーションの理由を理解しなくてはならない。『帝国』は支配と統治の状況を帝国のエリートたちの視点から見ていた。だが今『コモンウェルス』は、マルチチュードの視点、マルチチュードの生産能力を表現する力の視点から見ているのである。

マルチチュードに対して権力が、たとえ生産的なかたちでも圧力をかけるとき、マルチチュードはこの権力の支配下に入るわけだが、おのれを活性化させて権力に働きかけ、現行の政府秩序を転覆させ、革命にいたることもある。ある講演のなかでネグリは言っているが、コモンとは「社会的生産から生み出されるすべてのもので、それは、友人・知人、言語、記号、情報、愛情など、社会的相互作用のため、生産の継続のために不可欠なものである」。このような言葉で、資本主義が生産のために必要とし、ポストフォーディズムの場合は労働の次元そのものが具現している関係が示される。ともかく『コモンウェルス』の構成に目を向けてみよう。全体に一貫性を与えるようなプロットはない。いわゆる起承転結のある閉じた形式ではなく、開かれた書物であり、あちらこちら彷徨しているかのようだが、この書物にはしっかりと正確な論理がある。たとえそれが論文的な論理というよりは、映画シナリオの構成に似ているとしても。事実、はじめに登場人物が紹介される。一方には所有の国あるいは所有権を防衛する当局が、帝国的権力を行使しており、他方には貧者たちのマルチチュードが、生権力の生政治的関係と生の生産力によって結ばれている。次に、グローバル化した世界を舞台として闘争が展開する。昔ながらの植民地主義的やり方に対しては、いささか時代遅れなアンチ近代的な抵抗があり、またファノン以来のオルター近代的な抵抗がある（この部分は、アンチグローバリゼーションではなくオルターグローバリゼーションを支持するネグリの態度をまさに彷彿とさせる）。そうして第三部は、合理性のなかでも不合理性のなかでもなく、まさにコモンな活動のなかでコモンの真実を捉えねばならない、と語る「人間について」という章段で締めくくられる。第四部では、資本内部の矛盾による歴史のダイナミックな局面が描かれる。たとえば不変資本と可変資本のあいだの矛盾からはじまり、生政治の次元で階級闘争が展開し、マルチチュードの時間性であるカイロスの問題に到着する。このマルチチュードはすでに発動しているのだ。カイロスの時は来たのであり、マルチチュードは連帯する。だが何によってなのか。愛によってである。愛によって共有性と単一性の体系的な包摂は可能となる。ネグリの思想のキリスト教的な根、とりわけ聖フランチェスコ的なところは明白だろう。この愛は、フランチェスコ的に幸福をまき散らしながら、悪と闘うのである。

行動的な登場人物を紹介した後で場面は一転し、一般的な帝国の領土へと移る。帝国的統治、九・一一以後の合衆国による世界的クーデタの挫折を描き、アフガニスタンとイラクへの巨大な軍事行動がどうして失敗したかを解き明かし、またアフリカなど帝国が動く他の場面も描写する。そして、善かれ悪しかれ構造的な階級闘争から、先にその系譜を描いた反乱のように固有の歴史に生きる何ものかへ移り、そのダイナミズムへと帰還するのである。

すなわち主人公の身体に戻る（「身体について２」）。単なる生政治の生ではなく大都会の生のなかの組織体だが、これはネグリの昔からの考えのひとつだった。社会的労働者、つまり仕事の有無にかかわらず搾取される者たち、ポストフォーディズム的生産のマルチチュードの身体にとって、都市の空間はかつての工場に等しいだろう。こうして資本主義の危機を表わす出来事の条件、単一性の条件にいたる。この歴史的過渡期にあって、資本主義社会の内にとどまりつつ人間的な次元を求める社会民主主義的戦略はもう捨てなくてはならない、とネグリは言う。なぜなら資本はますます、再編の危機のなか、共有物や社会的協働を異物と見なす自己永遠化の論理に落ちていくからだ。そして労働と資本はきっぱりと分離する。ネグリは「一方ではますます自律的になる労働の力、他方では単なる純粋な命令と化した資本」と書き、「労働力はもはや資本の身体に組み込まれた可変資本ではなく、いやが上にも敵対化する分離した力なのだ」と結論する。したがって、必然的にこの対照的な動きの果てに衝突が起きるのであり、ネグリはすでに帝国的資本主義システムを揺るがせる最初の兆候をいくつか指摘している。つまり、かなり以前から見られる資本の起業能力の減退、生産力を組織・運営する力の凋落、そして資本自体がこの無能さのなかで障害になっていること、これらすべてが全体的な危機へと流れ込んでいるのである。

最初に登場した二人の主人公の一方、所有の国家は、この不具合の重みに耐え切れず揺らぎはじめる。このときマルチチュードの機は熟して「敷居を越える」。コモン、つまり一人ではないものが、国家のくびきを抜け出して国家に対立するのだ。

そして映画は最終場面、つまり「革命」にいたる。ここでネグリは革命の「怪物性」を描写する。なぜなら、革命の構成要素は、完全なオルタリティ（他者）として資本に対立するばかりか、自己のアイデンティティを資本に負うかぎり自己自身にも対立するからだ。すなわち、以前の体制に定められていた条件のすべてが無化される（アガンベンもそうだが、ひじょうにメシア的だ）。したがって、革命政府の問題、暴力の使用などが問われる。最後にわれわれは政治神学的な「千年紀」に到達し、階級なき社会のかたちが見えはじめ、それをネグリは「幸福の制度」と呼ぶ。映画はこうして終わるのである。

「近頃よく政治の世界で使われる黙示録的なトーン」は気に入らないと言っていたネグリだが、キリスト教文化の刷り込みを免れることは彼にもできないようだ。なぜならネグリの語り口はおよそ黙示録的物語に思われるからだ。メシア的な意味、終末論、至福千年紀、啓示など、これらすべてはキリスト教的な考え方である。いつの日か宿命的に来るという希望と信頼に息づく革命への思いをどのように評価するかはさておき、本書は以上の粗雑な要約をはるかに超える射程をもち、批判的な者にも刺激的だろうと思う。

共同体に関する結論

ここで、ナンシーから、アガンベン、ネグリ、ヴィルノたち、彼ら共同体の思想家のポジションを端的にまとめてみよう。どの分析にも独自のものはあるが、いずれも一種のヴァーチャルな支点に収斂していくようだ。その支点は、マキャヴェッリ的な意味で現在のリアルな状況に関連してはいるが、思想家たちが共有する文化的背景、一九六〇・七〇年代の抵抗運動とともに現われた考え方にも結びついている。すなわち社会関係を考えるときに、テンニースが定式化した二極、つまり一方に融合的共同体、他方に社会的協働の機能をもつ生産組織があるわけだが、そのどちらでもないものを考えること。さらに、人民や市民という観念の向こうへ、すなわち民衆（デモス）やアリストテレスの政体ポリティアを超えてゆくこと。すると共同体という言葉はもはや適切なものではなく、ネグリやヴィルノの言うマルチチュードのほうが相応しいように思われる。ナンシーやアガンベンが語っていたことも、すでに最初からマルチチュードだったとも言える。実際、ナンシーやアガンベンの言説が理論化しているのは、共同体なき共同体、つまり一人ひとりが互いに向き合い、この偶然の共存のなかで図らずも交流するという他には何も共有しない共同体である。要するにただ純粋に共にいることにすぎない。社会生物学者のウィルソンによる「社会集団」の観念にしたがえば、個体間のコミュニケーションが偶然的で表面的なレベルにあるとき、社会的メカニズムは発動せず、形成されない。だが、これが実際にマルチチュードの条件であり、単一存在の群れに分解され、内部を統一するどのようなメカニズムもないのだ。それゆえ、組織されたエリートによる外部からの命令に簡単に動かされる。たとえば、貴族的騎士階級という外部の規制原理が、社会的に雑多で熱狂的な群衆をコントロールしたジャックリーの乱は、マルチチュードの典型的なケースだろう。マルチチュードの同様の脆弱性は、ナチスのユダヤ人迫害にも見られた。ユダヤ人は殺人者たちよりも数の上では圧倒的に勝っていたが、社会的な組織がなかったために、効果的な抵抗ができなかった。イスラエルという国家の創設が、どれほどの抵抗能力を彼らに与えたか。もしイスラエル国家が当時すでに存在していたら、あれほどの殺戮は不可能だったにちがいない。

このような観点から社会形式の展開を歴史的に眺めることもできるだろう。

原始的な社会は機能的にはひじょうに協働的で密接に関わり合う共同体であり、深い一体感のなかで全員が結ばれていた。都市国家ポリスで人々は貴族と民衆に分かれる。ローマのレス・プブリカでは、出自の異なる者たちが法のもとに統合され、権利が団結と社会的協働の支えとなった。

ローマ帝国において、離散的な人々、仕事や施しを求めて都市に群がる貧民や故郷を追われた移住民が現われはじめる。共通するアイデンティティのない群衆の居場所は、さまざまな形式の強制排除によって移動するが、このような状況が恒常的だったわけではない。

ローマ帝国が崩壊すると社会関係は新たな混乱に陥るが、そこにキリスト教が入り込み、ア・ポステリオリな共有次元を設定しようとする、つまり普遍的で人工的な（生まれつきではなく信仰によって獲得される）共通アイデンティティを形成しようとする。これは魂の共同体であり、社会的生産に関する機能とは関係がない（世俗的価値を無化するカタルゲーシスについての言説は後で見よう）。こうしてキリスト教は、あらゆる協働の形式の向こうに、共通の民族的アイデンティティのない共同体モデルをはじめて生み出した。権利の包摂性によって諸地域の住民を団結させた帝国の社会的アイデンティティとは異なるのである。

中世のヨーロッパ、この唯一の普遍的な精神的団結が、地域的な社会的人間関係を払拭したのではない。それどころか、そのなかから、言語的、文化的、政治的な統一体としての民族国家が形成されはじめる。ルネサンスの時代になると、この地域的アイデンティティは、一方で国家の内に組織され、免疫的な機能をもつ（自己防衛のための長期にわたる戦争が証明するように）政治機構を備えたレス・プブリカのかたちをとり、他方でその境界の内側または外側に、国家と人民（国家の政治的身体）の形成過程から外れたマルチチュードを放逐したのである。

国家（ステイト）と人民（ピープル）と民族（ネイション）の交錯と発展から、近代の国民国家（ネイション＝ステイト）が誕生する。キッシンジャーはそれを「ウェストファリア国家」と呼び、シュミットはそこに「ヨーロッパ公法」の基盤を見た。

統治機械として国民国家はますます巨大化し、ついには帝国主義国家となり互いに覇権を競い合う。そして共に破滅への道を歩み、こうして国民国家は終焉し、アメリカ合衆国が支配する帝国の新しい形式に従属する。この帝国時代、人民＝社会＝民族の三位一体が崩れ、単一存在がばらばらに砕け散る。それはグローバルな帝国の組織には都合のよいものであり、そこでは、古代ローマ社会のように、すべての民族的地域がひとつの社会のなかに解体する。最初はマスメディアの強力な統合機能のために大衆社会と呼ばれるが、この大衆社会のなかで、帝国システムの維持を危険にさらす巨大な水平的分割が生まれる。このような危機を避ける必要から（別の理由もあるが）、社会の細分化は、システムを脅かす水平的な隊列を崩すため、垂直方向にも作用する。こうしてシステムは全面的に粉末化することになる。これが、ルネサンスのマルチチュードとは根本的に異なる新しい帝国のマルチチュードである。六八年の抵抗運動が気づいたように、階級闘争に訴えて帝国の政治システムをくつがえすことは不可能だった。当時、労働者の階級闘争はケインズ主義社会の包摂的政策のもとで色褪せはじめていた。こうして六八年の運動は、期せずして将来の粉末社会、「来るべき社会」、単なる「共にいること」の社会の実験室となったのである。

粉末化した現代社会では、ソーシャル・メディアが第一の手段であり、外部からの強力なインプットがなければ何も組織できず、通常の権力が力をもたない世界でチャット、つまりお喋りがおこなわれている。かつて大衆がファシズムやナチズムに魅せられたように、簡単に操作可能な準安定状態にあると言える。人々の社会的なつながりは非生産的であり、コミュニケーションのためのコミュニケーションでしかない。この粉末的マルチチュードの全体は、単一存在の誰にも制御できない錯綜した経済関係の内に捕らえられており、多かれ少なかれ無意識的に、個々の生存と社会的伝達への刺激をただ単に搾取しながら動いている（システムは多数の人間をつねに金銭と共同体に飢えさせておくため、決して満足のできる応答を返さない）。このような共同体はますます空虚で非現実的なものとなり、かろうじてネットワークに支えられて存続する。そこで最後にひとつ問わねばならない。外からのインプットだけに動かされる共同体が、世界的な触媒に変形して世界的な革命を起爆させることは可能だろうか。むしろ、混沌たる諸要素に分裂して、相互的破壊の力学に向かう原理主義や精神主義、つまり新たなテクノロジー中世のなかに流れ込んでいくのではないだろうか。

政治神学

シュミット・リヴァイヴァル

「シュミット問題」

イタリアン・セオリーを特徴づけるもうひとつの要素は、カール・シュミットの思想の発見だった。一九八〇年代までシュミットの名は、権利と法の哲学や政治学説史、なかでも大戦間期のドイツを扱う研究者に知られていたにすぎなかった。ハイデガーと同世代なわけだが、二人には共通する特徴も多く、いつからかシュミットは「政治学のハイデガー」と呼ばれるようになった。実際のところ、シュミットはハイデガーと個人的に面識があり、この友人哲学者の成功をいくらか羨望の眼差しで見ていたという証言もある。シュミットはまた「保守革命」のときもハイデガーと共にいた。それは第一次世界大戦直後のドイツに密かに広がったもので、ナチズムの入口と考えられている。この運動に詳しい歴史家アルミン・モーラーは、その有名な著書のなかでハイデガーに触れていないが、ハイデガーはとくに関係がなかったからであるらしい（Mohler 1950）。しかしだからといって、何らかの影響をハイデガーが受けた可能性は否定できない。シュミットもハイデガーも同じくナチスを支持したのである。だが、シュミットがナチスの政策の理論家となりイデオローグになったと言うことはできない。むしろ二つの理由からそれは不可能だったろう。ひとつは、ヒトラーが自分以外のイデオローグの存在を許容したとは思えないこと。もうひとつは、シュミットがナチスを支持したのはおそらく、自分が研究した独裁制に関する政治的分析の応用例として、期待通りではなかったが、興味を抱いたからである。シュミットは心の底ではナチスの人間ではなかった。本当のシュミットはただのカトリック保守派だと言う者もいるが、それは言い過ぎだろう。エルンスト・ユンガーの証言によれば、シュミットは悪質な意味でマキャヴェッリ的であり、その言葉は本心からではなく誠実さも無垢なところもない。すべてを政治の眼鏡を通して眺め、彼が書いたもの、そこで表現された思想は、彼の政治的戦略の一部にすぎないそうだ。そうすると、シュミットの真の理念などは存在せず、原則としての政治的立場も存在しない。あるいは、シュミットにとって大切なのはただ彼自身であり、知識人としての名声を求めただけだったと考えるべきなのだろうか。ならばシュミットは、おのれの思想にすべてを注いだハイデガーとはまったく違う。けれどもシュミットはよくハイデガーと比較されるわけで、いったいこの二人の思想家に共通するものは何なのだろう。実際のところ、単なる右翼的傾向、カトリック出身という以上の共通点があるのだ。これを理解するには、フッサールとその有名なモットー「事象そのものへ」を顧みる必要がある。ドイツ文化は、観念論が支配した世紀の後で具体的なものに向かい、普遍から特殊な「今ここ」へと移る必要性を感じていた。フッサールは数学の研究者だったが、ハイデガーは神学出身である。フッサールにとって知識は生きられた経験へと体現しなくてはならない。ハイデガーにとって具体的実存の内に体現しなくてはならないのは主体自体である。ハイデガーは存在を絶対的超越性にではなく、物＝実体ではない言語の内在性のなかに求めるのである。ハイデガーの発見が実存の次元にあるように、シュミットの発見は人とその敵をつねに分割する法の特殊具体的かつ政治的な次元にある。このことは、形式的合法性に対して正統性が、抽象的な規範に対して決断が優先する理由でもある。すべては超越的抽象を拒否して実存の具体性を奪回することに結びつく。このような意味で実存的権利について語ることができるかもしれない。非歴史的に歩む理性の抽象的な必然性や普遍的な論理の後に、ただ具体的な歴史の内に実現する理性、その折々の瞬間の必然性に内在する偶然の権利の歴史が来る。シュミットの現実主義はマキャヴェッリの現実主義にも勝る。なぜなら偶然性に焦点を合わせるとき、その透徹した権力分析のなかでマキャヴェッリがもちつづけた基本法の古典的理念すら、シュミットは捨て去ることができるからだ。ともかく明らかなのは、シュミットが最も良質な意味でもマキャヴェッリ的、つまり一点の曇りもない目で権力の現実を見つめた知識人だったことだ。普遍的な美徳の修辞の背後に別の目的を隠している自由主義的普遍主義に対して、その欺瞞を暴くシュミットは、彼の反動的な観念にもかかわらず左翼に歓迎された。事実、マルクスの時代から、右翼の一見寛容な普遍的修辞的言説を前にして、左翼は「恥ずべき真実」を暴こうとしてきた。だが、シュミットは決断主義の理論家としてもマキャヴェッリ的であり、至上権の鍵は、法的秩序の強化の内にではなく法を超えたところにあると考えた。権利だけでなく事実として至上権をもつ者でなければ、法的秩序を乗り越える決断をすることはできない。こうして彼は今一度、それなくしては政治も権利もない権力の実践的な実質を強調するのである。

したがって、ベンヤミンが処女作『ドイツ悲劇の根源』(Benjamin 1928) をシュミット教授に献じ、バロック時代の政治的枠組みを跡づけるのに教授の理論を借用したと言明するのを見ても、何ら意外なことには思えない。いずれにせよ、ナチスが敗北し戦争が終わった後、ナチス体制に協力した知識人シュミットがすぐに釈放されたのは幸運だった。彼もマキャヴェッリも、協力していた体制の崩壊にあい、投獄され、極刑を受ける危険に身をさらし、要職にあったときの安逸をすべて失った（マキャヴェッリは共和国秘書官、シュミットは国家で最も高名な教授の一人だった）。二人とも日の光の当たらないところで生活の糧を得なくてはならなかった。そして、二人ともこの追放状態のなかで傑作を書き上げている。すなわちマキャヴェッリは『君主論』を、シュミットは『大地のノモス』（Schmitt 1950）を。前作のなかですでにシュミットは、独裁の理念を通して君主論の理論を最後まで突きつめていた。独裁者は人民の意志に推されて至上権を引き受け、例外状態に関する決断の権力を奪取し、至上権を獲得するのである（まさに君主が権力の叙任を待たずに、既成事実として権力を打ち立てるように）。だが、相違も存在する。マキャヴェッリは最初共和国の軍隊に入り、つまり共和国から主権国家の政体を要求する代弁者となった。シュミットはウェストファリア国家の法秩序の正統性を破壊して主権を確立させた独裁制からはじめる。すなわち二人は、国家のサイクルのアルファとオメガなのだ。国家の危機と政治のカテゴリーが議論の大きなテーマだった一九七〇年代のイタリアは、この思想家（まだ存命中だったが、戦後はフランコ将軍のスペインにしか行き場がなかった）を再発見する格好の舞台となった。イタリアで認められたシュミットは、次にアメリカ合衆国の大学で再発見され、今日は政治思想の大家と見なされている。

ベンヤミンは、シュミットの言う例外状態のなかに、近代国家とその正統性を乗り越える観念を捉える。例外状態のなかで統治される国家は正真正銘の国家ではない。なぜなら、たとえこの例外状態が合法的、つまり司法的に認められていても（新カント派の法学者ケルゼンがシュミットと論争したヴァイマール共和国憲法の有名な第四十八条項のように)、法的秩序の安定性を欠いているからである。ヒトラーは国会議事堂放火事件の直後に例外状態を宣言し、こうして権力を完全に掌握してから合法的に独裁者になったのである。

アガンベンはベンヤミンのこの考察を現代に持ち込み、例外的処置に訴えることがいかに国家の民主主義を骨抜きにし、国家を恒常的に例外状態、つまり事実上の独裁状態にしてしまうかを示した。九・一一ツイン・タワー事件後の合衆国政府の対応は、事実、このようなヴィジョンにしたがっているように見え、そのためにアガンベンは英語圏で大きな信用を得たのである。さらにアガンベンの生政治の枠組みもここで完成する。実際のところ、例外状態の次元のなかで、権力は剝き出しの生のほか何ら限界をもたないのであり、剝き出しの生と至上権のこの根本的な関係を理解しなくてはならない。至上権と剝き出しの生は、一方は法と義務より高く、他方は法と権利より低いがゆえに、司法権の二つの例外である。市民権をもたない難民がその証拠となるだろう。難民は人間であり、あらゆる国家が保障する人間としての権利をもつはずだが、現実には市民権がないかぎり虫けら同然に扱われる。したがって生政治は、新プラトン主義的な「質料」のように存在の外、つまり権利に体現された理性の外におかれたこの最後の現実について語る。『帝国』のネグリもまた、焦点は別のところにあるが、同意するだろう。この問題に対するネグリの関心の低さには、マルクス主義の影響が見えるように思う。マルクス主義的なポジションからすれば、自由主義国家の形式的民主主義にはつねにブルジョアの独裁が隠れている。これにプロレタリア独裁が取り替わり、そうしてついに、階級も私有財産もない国家なき社会のユートピアへと向かうわけだ。シュミットを有名にした『独裁』(Schmitt 1921)に戻れば、この書の副題にあるように、「近代主権論の起源からプロレタリア階級闘争まで」

の独裁制の問題が扱われている。

いかにも急進的右翼のものらしい独裁制の問題は、実際のところ革命の側で浮上し、元来は啓蒙主義者たちがローマ法から取り出した独裁官の概念にもとづいていた。啓蒙主義の独裁はつまり、緊急事態において一定期間、多くの権力を集中させて行政を統轄することである。しかし、司法は実質的な独立を保たねばならない。これとは異なり、ジャコバン派が恐怖政治を敷いたフランス革命は、権力を奪取する独裁制だった。そこでシュミットは主権的独裁制について語る。このような独裁制は法的秩序を破って恣意的専制の次元に入り、あらゆる法的制度を新たに創設することができる。そしてその基盤は、人民が一丸となった革命的な力、政治の原初的な潜勢力にある。基本法を形成する権力の基盤と同じものであり、それゆえ合法的である。たとえ革命の打倒対象である法を犯すことで非合法なものとなったとしても。このような思想は、カトリック保守派というより、革命的最大限綱領派のものに思われる。

一見すると矛盾だが、これを理解するためにはシュミットの青年時代を顧みなくてはならない。まだ将来の仕事のことを考えず、芸術、とりわけ前衛芸術にも関心を抱いていた頃、彼は表現主義を愛し、第一次世界大戦直後はダダイズムのフーゴ・バルの友人だった。二十世紀初頭の多くの青年たちのように彼らもまた、当時のブルジョア世界、修辞的で、誇張的で、停滞し、泥沼化し、怠慢で、恥ずべき社会的差別に満ちた世界に我慢がならなかった。このような焦燥感は、トンマーゾ・マリネッティからギヨーム・アポリネールやエルンスト・ルートヴィヒ・キルヒナーたちまで、前衛的なあらゆる青年の内に見出すことができる。均衡主義、日和見主義、息も詰まりそうな形式主義の、こんな重々しい政治、こんな停滞はもうたくさんだ、と誰もが言っていた。これらの青年たちはみな、ダイナミックな行為として、決算として、堅固な決心として、熱烈な思いを抱いて戦争へ向かったのである。マリネッティやアポリネールと同じくシュミットも志願兵となる。だが戦争とは、どんな理想も破壊し葬り去るただの壮大な殺戮にすぎなかった。戦争が終わるや、バルのダダイズムのようなニヒリズムの反動がはじまるが、不満はくすぶりつづける。小市民的教育が育てた価値に対してヨーロッパを変えようとする意志、ヨーロッパを刷新する能力は、社会主義運動や前衛にも欠けているように思われたのである。

このとき、かつて未来主義、キュビスム、表現主義に属したすべての者たちを魅了したのが「秩序への呼びかけ」だった。彼らは、もはやフランス革命のような大衆の蜂起に思いを託すことはせず、ただ新しいナポレオンの命令を期待した。そして不満足な小市民たちが待ち望んだように偽ナポレオンは次々に登場し、ムッソリーニやヒトラーとなった。

ムッソリーニは反動主義者としてではなく、社会主義者も自由主義者もできないことを断固として実行する男として現われた。シュミットはムッソリーニのポジションにいささか当惑しているが、その行動力と決断主義を大きく評価している。シュミットは、イタリアやロシアといった立ち遅れた国のほうがより簡単に、だらだらと停滞した旧権力を取り払い、未来へと進む新しい体制にかたちを与えることができると考えた。多くの者たちにとって、十九世紀自由主義国家の実験、議会制民主主義は、穏便で脆弱、無能で堕落した体制でしかなかった。停滞した旧体制の典型的状態、誰もが乗り越えたいと考えている世紀末だった。したがってこのとき、民主主義は被告席に立たされ、もっと断固とした力強い権力が求められていた。幻滅し不決断で不満足な一九二〇年代ヨーロッパは、もはや進歩の歩みを信じず不安にまみれ、新しい精神的価値を必要とし、運命へと導いてくれる力強い男を求めていた。そのモラル、美学、政治を概観すれば、以下の事情がよく理解できるだろう。すなわち、社会主義的理想の危機（社会主義は何事も進歩主義的に考え、小市民が何よりも大切にする私的所有を傷つけ、無神論なので精神的問題に無関心だった）、民主主義的理想の危機（それは第一次世界大戦で自滅した自由主義的な旧体制と妥協した）、そしてヨーロッパの知識人が陥った文化的な袋小路である。この袋小路から彼らは受動的で保守的（近代的進歩主義に対する懐疑のために）、そして漠然と精神主義的な性格をもつ革命主義へ流れた。以上が、第一次世界大戦後のヨーロッパの典型的状態であり、それはアメリカやロシアや中国、もちろん日本とも異なっていた。したがって多くの聡明な知識人が新しい国民的・戦闘的運動のレトリックにとらえられたのも偶然ではない。だが不思議なのは、人種差別的な行為が眼前でおこなわれても、彼らの耳に警鐘の音が響かなかったことだ。これほど粗雑で馬鹿げた振る舞いが容認されるときは、普通、不正や悪意がないと思われているからではなく、他のやり方、オルタナティヴがないと信じられているからである。オルタナティヴがないというのは、最も恐ろしいレトリックなのだ。それは地獄でさえも正当化することができ、悪を前にした者から責任を取り除くどころか、その悪に加担することすら許す。

シュミットやユンガーやハイデガーのように、何世紀にもわたる思想の構築物を操作するほど聡明な知識人が、使い古された単純な罠にかかったのだ。つまり、もはや引き返せない地点をはるかに越えて進んでしまい、それゆえ先に何があろうとただ進みつづけるほかはないと信じたのである。こうして彼らは、それから起こりうることを、起こることはいつも悪いことばかりなのに、そのすべてを明晰な頭脳で受け入れた。事実シュミットは、ラジオ放送でナチスへの支持を表明する際、パリスがヘレンを選択したようにナチスが彼をつかんだのだと言わんばかりに、「ヘレン賞賛」を語って正当化を試みている。言い換えると、彼らは状況の必要性にしたがったのであり、責任をもって決断したわけではないのだ。たしかにこれは逆説的に見える。なぜならこれら政治の哲学者、実存の哲学者は、実存的状況の具体性と決断の上にその思想を打ち立てていたのだから。

シュミットやハイデガーやゲーレン、ナチスの側に立った思想家に対して、彼らの理論についてはもちろんだが、とくにわれわれが関心をもつのは、現代もまた、オルタナティヴがないと思うがゆえに無責任を正当化する（「他の道はない」とマーガレット・サッチャーが言ったように）時代だからである。今日、自由主義システムに対する現実的なオルタナティヴはないと誰もが考えている。サブプライム問題のような破滅的な危機を経験しても、国際金融を動かす自由主義の擁護者たちに反対するどころか、彼らの意見に追従して危機を引き起こしたその構造を救済し、同じパラダイムの内にとどまりつづけ、また新たな危機（たとえば、国家債務危機）を招きながらも、教訓を学ぼうとせずにさらに大きな災厄を待つばかりなのである。

今日も当時と同じ状況があるわけだ。したがって、「オルタナティヴはない」といったレトリック、正当化はもはや許容できないことを理解するために、そのような言い方で責任逃れはできないこと、引き返せない地点まで引きずられてから、当惑気に「どうしてこんなことになったのだろう」などと自問することは許されないことを理解するためにも、これらの思想家を研究する価値はあるだろう。

シュミットの再発見とイタリア

一九六〇年代、ナチス協力者だったシュミットは、ドイツ本国はもちろん他国でも顧みられることはなく、実質的に彼を支えたのは、国際的な哲学議論とは無縁なフランコ将軍のスペインだった。

片田舎で意気消沈していたシュミットは、イタリアの穏健カトリック派の政治学者ジャンフランコ・ミリオの依頼を快く引き受ける。それは、彼の試論のなかで重要なものを『政治的なもののカテゴリー』(Schmitt 1972)というアンソロジーにまとめ、イタリアで出版するという企画だった。ミリオを動かしたものが何だったのかは特定できない。一九七〇年の『政治神学再論』(Schmitt 1970)の反響だったのかもしれない。それまでイタリアでは、シュミットについてはただ一九三六年のデリオ・カンティモーリのアンソロジーが知られていたにすぎなかった(Cantimori 1936)。

政治学者ノルベルト・ボッビオは、この書物の出版は左翼を苦境に立たせるだろうとミリオに言った。そして実際に、右翼よりも左翼がシュミットを研究しはじめた。事実、一九七〇年代、マルクス主義のシュミットへの言及は最初、およそ酷評にすぎないものだったが、状況は一変する。シュミットの思想は、オペライズモの政治家トロンティのアウトノミア論のなかにも現われ、カッチャーリが反感ではなく反省的な口調で正面から語りはじめる。カッチャーリやジャコモ・マッラマオが大戦間期の中央ヨーロッパ文化を再発見した頃だ。シュミットの思想を深く分析した最初の書物は、マッラマオの『政治家と変容』(Marramao 1979)である。そして一九八〇年代に入ると、マッラマオもカッチャーリもエスポジトも寄稿していた左翼系雑誌『チェンタウロ』の周辺で、シュミットはすでに政治思想の権威であった。一九八八年、エスポジトの『非政治的なもののカテゴリー』(Esposito 1988)が出版されるが、このタイトルは明らかにミリオが監修したアンソロジーを踏まえている。つまりエスポジトはあの三人組のなかで最初に、シュミットの思想を大きく取り上げ、その思想を全国的論争の舞台に持ち込んだのだ。アガンベンが『ホモ・サケル』で寄与するのは七年後である。その間にシュミットは、まだ雑誌掲載の試論ではあったが、歴史的・哲学的分析の対象となっていた。一九九六年にはカルロ・ガッリの大著『政治の系譜学』(Galli 1996) が刊行される。イタリアで重要な論文が何本も書かれたのであり、シュミットは国際的にも注目を集め、政治思想の偉大な古典の一人と見なされるようになった。

シュミットは独裁制やドイツ憲法に関する研究など、多くの文章を残している。最も力を注いだのはアカデミックな研究だった。けれども、彼はこれらの大作ではなく小論や講演などで知られている。第二次世界大戦が終結する以前、最も評価された彼のテクストはおそらく講演『政治的なものの概念』だろう (Schmitt 1932)。シュミットをナチスの理論家と考える傾向のため、多くの人々からナチス政治の理論を代表するものと見られているが、先に見たようにそれは本当ではない。もうひとつは、カトリック保守派のあいだに反響を起こした『政治神学』と題されたテクスト (Schmitt 1922)。さらに、戦後に書かれた『大地のノモス』(Schmitt 1950) から「カテコーン」と題された一節。したがってイタリア思想に影響を与えたシュミットを語るとき、主要著作ではなく以上の三つのテクストを出発点にするのが妥当と思われる。

基本的概念

政治神学

「政治神学」という表現はつねにシュミットに結びつけられているが、これは彼の造語なのだろうか。ともかく、政治哲学の初歩を学んだ者なら、スピノザの『神学・政治論』を思い浮かべるはずだ。だからといって、シュミットの政治神学の着想がスピノザにあるわけではない。たしかにシュミットはスピノザを読み、コメントをしているけれども。シュミット以前に「政治神学」という言葉を用いたのはただ一人、神学者ではなくアナキストのミハイル・バクーニンだった。マッツィーニと論争中の一八七一年、『マッツィーニの政治神学とインターナショナル』(Bakunin 1871) のなかで比喩的に使われている。バクーニンはシュミットの研究対象の一人であり、したがってここから採用された言葉かもしれない。とはいえ、スピノザの場合と同じくバクーニンも引用されているだけで、シュミットがこの表現で与えた意味はバクーニンとは違う。そういうわけでシュミット独自の用語であるから、いったいどのような意味がそこに込められているのかを見なくてはならない。では『政治神学』について、まずその組み立てから述べていこう。八十ページほどの小著で、「主権/至上権の教義に関する四つの章」という副題の通りに、四つの章に分けられている。シュミットは少し前に『独裁』を出版したばかりで、明らかに同じ路線上を進み、十九世紀前半スペインの反動主義的理論家ドノソ・コルテスから得た着想を発展させている。シュミットは独裁制を研究するなかでこのスペインの思想家に出会ったのである。何よりもコルテスは、神学的観点からの政治的アプローチを強く主張し、さらに決断主義と独裁制を支持していた。シュミットはコルテスからの影響を隠さない。「つねに究極的場合を考え、最終的審判を待つことは、まさにコルテスの精神の決断主義である」と言う。ここにはまたシュミットの至上権の思想の原則も隠れている。シュミットは至上権のボダン的原則とドノソの態度を結合させ、そこから法ではなく例外を通して至上権を考える思想が生まれたようだ。事実、ボダンの主張によると、至上権は「まさに国家のものである絶対的かつ恒久的なあの権力」なのであり、それゆえ主権者は一方では法に、他方では社会の諸階層に結ばれているが、「必要が迫れば」それに縛られるわけではない。問題の本質を理解するためにドノソの言う「究極的場合と最終的審判の観点」から眺めると、明らかに至上権の鍵は、すでにボダンが示唆しているように、緊急の状況を定める力にある。しかし、シュミットは問題を掘り下げてさらに先を行く。彼は緊急という言葉も「戒厳令」といった表現も使わない。法学者らしく「例外状態」と表現する。それが法の根本的領域にひとつの断層を開くところに、まさに奇跡が神の介入の証拠とされるように、至上権の至上権たる所以がある。おそらくこういった観念に導かれて、シュミットは政治神学を語るようになったのだろう。つまり、秩序を回復させるため武力に訴えることは、法的な規定を超え、法を中断させる力に訴えることだが、それは自然の法を中断させる万能の神の奇跡に比較される。実証主義の合理的権利は、非合理的な例外は何であれ認めようとしなかった。例外状況を宣告することは、法を転覆させて法から自由な絶対的権力をもつことを意味する。権力はもはや法規にではなく純粋な決断の上に立脚するのである。以上から明らかなように、法治国家を中断しうる（廃棄はしなくとも）独裁制こそが、近代国家における至上権の真のかたちなのだ。独裁制が必ずしも法の外にあるのではないが、法が主権者の至上権を決定するのではなく、主権者の権威が法を決定するのである。したがって、法もまた純粋に合理的な構造物ではなく決断の結果なのだ、とシュミットは言う。これは第二章のテーマで、このような観点からホッブズの言葉「真実ではなく権威が法をつくる」が引かれている。こうして彼は、権力を権威に収斂させつつ皇帝に権力を、そして教皇に権威を振り分けた中世の政治理論の伝統的ヴィジョンを乗り越える。近代的な言い方をすれば、彼は権力と権威（前者は力に依拠し、後者は合意にもとづく）の対置を拒否し、力のあるところには合意もあると見なす。まさにファシズム、そしてナチズムのものとなる独裁的権力のヴィジョンである。したがって、ファシズムやナチズムの運動とシュミットの思想のあいだに影響関係がなかったとしても、客観的な同調性はあるだろう。事実、シュミットは「権威主義」国家について語る。またマキャヴェッリの影響もある。マキャヴェッリは、有無を言わせず力を行使する者は尊敬されるのだから、恐れられるように力を使うほうがよく、人間性に訴える者は、愛されるだろうが、いざとなればあっさり見捨てられると言っていた。シュミットのために言えば、ナチズムへ舵を切る前に彼が期待したのは、ナチズムとボルシェヴィズムに代表される暴力的危機から国家を守る保守派の独裁だった。それがもし実現していたら、ヨーロッパの第二次世界大戦は避けられ、六百万ものユダヤ人が虐殺されることはなかっただろう。決定的な力あるいは不可抗力の表現としての権力の観念は、神の力に同化しなければ正当化しえない。法を定める神は法を破ることもできる。神はいつでも自由に法を中断することも消滅させることもできる。神に勝るものはなく、至上権は神にある。実際のところこれがシュミットの原則なのだが、哲学と法学の領域におけるその帰結をどこまでも推し進めるのである。シュミットの新しさは、政治理論ではなく法学、君主（あるいは君主の立場に等しい何らかの機関）の正統性にもとづく法の理念の構造的欠陥を抉り出したことにある。かつてライプニッツが述べたように、法は十戒に密接な関係があり、数学よりも神学に近いのである。

ここでもシュミットは、反革命の思想家たち、なかでもドノソに依拠したと語っているが、「世界に内在する神」というような国家のヘーゲル的理念も思い浮かべていたにちがいない。そしていささか急ぎ足に、「国家の近代的教義のなかで最も含みのある概念のすべては、世俗化された神学的概念である」と結論する。だが、彼が慎重に言葉を選んでいることにも注意したい。シュミットは、一般に言われているように、近代の政治学の概念が神学に由来すると述べているのではない。近代の政治学ではなく、「国家の近代的教義」のなかで、「最も含みのある」概念、と言う。よく見るとこれらの概念は、最大限に拡大解釈すると次の三点、すなわち「立法者」、「至上権」、「法措定権力」であるが、縮小解釈すれば他の二点を包摂しうる「至上権」の一点に集約される。これは実質的には「神の万能」を意味するが、独裁制のなかで「全権」の観念となる。こうしてシュミットは、独裁は法措定権力、したがって立法者に依拠するというテーゼをくつがえし、先に触れた権威の原則にしたがい、ある意味ですべての権利は至上権の力に依存すると主張するのである。

『政治神学』の第四章、つまり最終章は、政治理論のレベルで示された政治と哲学的人間学の関係を描いている。対称的で対極的な二大潮流に政治を分岐させる選択肢が存在する、と彼は言う。それはまたもやドノソの政治理論に着想を得たものだが、シュミットは例を挙げて明快に説明している。ドノソは秩序の維持をあくまでも支持する不屈の反動主義者であり、秩序を強制する独裁制を主張する。ドノソによると、国家を統治しようとする政治権力はいずれにせよ秩序を求め、それゆえある意味で独裁的傾向をもたざるをえない。無政府主義の代弁者で指導者だったバクーニンもまた、まったく同じ意見を抱いていた。徹底的な保守主義者の分析と徹底的な革命家の分析が一致するなら、いったい両者の違いはどこにあるのだろう。ドノソ自身の考察をもとにシュミットはこう答えている。違いは人間学的な前提にある、と。つまり、ドノソや他の保守主義者たちは人間の性悪説に立ち、秩序だけが人間の悪への傾向を抑えることができると考え、それゆえどのような秩序もただ秩序であればすでに肯定的な存在なのである。どのような決断も命令もそれだけで不決断より好ましいのだ。しかし、無政府主義者、社会主義者、博愛主義者やルソー風の民主主義者は性善説に立つ。人間が根本的に善良なら、人間に対する支配の形式はすべて権力の濫用であり、どのような政府も独裁的な傾向をもつのなら政府は要らないのである。論理的に言って以上の二者択一以外にはありえず、シュミット自由主義はどちらにも属していないように見える。しかしながら、自由主義はオルタナティヴを拒否する。あらゆる対立は議論を通して調停される。ドノソにしたがえば、ブルジョアは議論好きな「議論階級」であり、議論が無限に続いて対立者を地獄の辺境へと連れていくあいだに、ブルジョアはおのれの利益を追求することができるのである。さらにブルジョアは、専制的な秩序に押しつぶされることを恐れる一方で、進歩派が要求する自由に対しては所有権への脅威を感じる。それゆえ、限りない論争のなかで対極的な力の均衡を保ちながら永遠に不安定な状態を続けようとする。自由主義が問題を非政治化しようとするのもこの目的に奉仕しているのだ。だが、このような非政治化以上に政治的なものはない。まさに自由主義的政治の核心がそこに隠されているのだから。事実、アメリカ合衆国やイギリスや日本など自由主義先進国では、すべてを技術的問題として非政治化し、政治的問題に対する有権者の意欲をそぎ、市民の政治参加を妨げて専門技術の領域へ持ち込もうとする。この非政治化は自由主義的な政府による政策戦略と完全に一致する、とシュミットも言う。政府は一方では労働者の利益を、他方では国家の利益を差しおいて、有産階級の利益を守ろうとしているのである。ここはわれわれの議論にとってひじょうに重要だろう。なぜなら、まさに非政治的なものの問題は、イタリアン・セオリーの主要テーマのひとつであり、自由主義リヴァイヴァルの一九八〇年代、いわゆる「政治の過剰」の六〇・七〇年代に対するスローガンとなっていたからだ。エスポジトはあからさまに非政治的なものを語るわけだが、ナンシーの恍惚的共同体やアガンベンのクオドリベタリアも、まるで経済的、宗教的、民族的な衝突など存在しないかのように、友／敵関係の問題が消え失せた非政治的な共同体がテーマなのである。この新しいキリスト教会的共同体感情のなかで、衝突し合う者たちは単純にセクト主義者、ファシスト、エゴイストと非難されるばかりだ。ここにいたって、ポストモダンの底から、二十世紀が葬り去ったはずの調和的共同体の観念が、まるで「水瓶座の共同体」に憧れるかのように、再び顔を出したのである。

「政治的なもの」の概念

『政治的なものの概念』(Schmitt 1932) は小著ではあるが、政治の基盤を述べたひじょうに重要な作品である。本書によってシュミットはマキャヴェッリとともに近代政治科学の創設者の一人となった。どのような意味においてなのか。シュミットはここで、政治の潜勢力(哲学的意味で)が依拠する政治の本質とは何かというような理論から出発してはいない。つまり、彼はアリストテレス式に人間の生に結びついた構造の考察から出発するのであって、そのような構造を生み出す形式を引き出そうとはしない。シュミットは現実態としての政治に必要な条件から出発する。政治的実践の基本的な構造から、その自律性の基盤となる政治に固有なものを突き止めるのである。したがって、彼は仮定的な秩序ではなく、まさに現実に存在する構造から出発する。この構造とは友/敵の関係である。どのような理由で——宗教的にか経済的にか民族的にか——友なのか敵なのかは問題ではなく、このようなタイプの関係に入るたびに、われわれは政治的状況のなかにいる。したがって、経済的、宗教的、民族的な対立の奥底にはつねに政治的なものがあり、組合やクラブや教会のような組織はすべて政治的な組織なのである。

すなわち、国家とはそこに政治的なものが宿る抽象物ではない。国家は政治的組織であり、それゆえ中立ではなく友/敵の二元論的関係のなかで捉えなくてはならない。

だが、友/敵の関係はまた戦争の基盤でもある。では、クラウゼヴィッツのように、シュミットも戦争とは他の手段による政治の継続であると言うのだろうか。その反対である。シュミットによれば、政治の基本は戦略的タイプの戦争なのだ。政党政治は「スタシス学」と見なしうるとも言う。ギリシア語「スタシス」は「内戦」を意味する言葉である。

したがって国家はすでに内なる政治のスタシスにより活性化されているが、国際的秩序の国家間レベルでも、敵国家に対する同盟国の関係は、同じように友/敵の論理にしたがっている。事実、「ユス・ベッリ（戦争法）」（戦争をする権利）は国家に属しており、こうして政治と戦略が結ばれるのである。

「人類」にはそれ自体で政治的な意味はない。なぜなら人類が政治となるには敵が必要だからだが、そのような敵があるだろうか。種としての人間に政治的な敵はいない。この敵とされる者も人間なのだから。人間は、比喩的な意味で、病気やウィルスなどに戦争を挑むことができるだけだ。とはいえ、人類はその名において他を攻撃する原理として実によく政治に用いられる。まるで敵は人間ではないかのように。これは正当な使用ではなく、シュミットは「人類を持ち出す者は何かを偽ろうとしている」というプルードンの言葉を引用している。「人類」の旗を振るのは帝国に典型的であり、とりわけ、人類の進歩と文明という口実のもとに支配を正当化する経済的帝国主義がそうだとシュミットは言う。このような仕方で帝国は、帝国の外に人類は存在しないかのように「人類」の概念を横領する。敵が何であれともかく人類ではないわけだ。

カテコーン

イタリアの思想が高度に発展させた「カテコーン」の言説について、最初にその意味からはじめよう。カテコーンという言葉は、多くの著作家に用いられた「katéchō」というギリシア語の動詞に由来する。この言葉はラテン語やラテン語に由来する言語では正確に翻訳することができない。それゆえ、意味が曖昧なまま無数の解釈が生まれることになった。だが、まさにこの解釈上の曖昧さゆえに哲学的な展開を見たのである。意味の幅を挙げれば、「抑制する」、「包含する」、「制御する」、「手綱を付ける」、「束縛する」、「保持する」、「監禁する」、「押収する」、「優勢である」、「占領する」、「所有する」（cfr. Liddell-Scott-Jones Dictionary）といったもので、およそ取得と保持のかたち、そこから派生する制御という意味ではある。したがって、立ち去ろうとする客を引きとどめるため何かいろいろと言い訳をするようなことではなく、もっと強くエネルギッシュなものであり、相手が望もうが望むまいがその歩みを阻む抑制手段をもつ力なのである。

この言葉は『テサロニケの信徒への第二の手紙』のなかに登場する。以下に二つの翻訳を挙げてその違いを見てみよう。最初はイタリア司教協議会（CEI）のものである。

> 六、今あなたがたは、時がいたれば現われるその彼の出現を「妨げる者」を知りました。七、邪悪の秘法はすでに働いています。ですが今にいたるまで彼を「抑えている者」が取り払われる必要があります。
>
> 6. E ora sapete *ciò che impedisce* la sua manifestazione, che avverrà nella sua ora. 7. Il mistero dell'iniquità è già in atto, ma è necessario che sia tolto di mezzo *chi* finora *lo trattiene*.

次はディオダーティ新版の訳。

六、今あなたがたは、時がいたれば現われるそのときまで彼を「とどめている者」を知りました。
七、邪悪の秘法は事実すでに働いています。今、彼を「とどめている者」が取り払われることだけを待ちながら。

6. E ora sapete *ciò che lo ritiene*, affinché sia manifestato a suo tempo. 7. Il mistero dell'empietà infatti è già all'opera, aspettando soltanto che *chi lo ritiene* al presente sia tolto di mezzo.

一方では「抑える」、他方では「とどめる」(保持の意味を強調して)という言葉が用いられているが、どちらも完全に満足できる翻訳ではない。いずれにせよ意味は明らかだろう。時がいたれば出現するはずの何かを永久にではなく一時的に押しとどめ保持することである。この何かとはアンチクリストだが、彼はおのれの敗北の後に至福千年紀を到来させるため、出現しなくてはならないのだ。それはまた、時の終わり、最後の審判、要するに黙示のことでもある。悪の出現を妨げているこのカテコーンの役割については、すでに教父の時代からキリスト教の歴史のなかでさまざまに語られてきた。政治神学という切り口によって政治の世界でこれを再発見したシュミット自身も、そう書いているように。

しかしカテコーンという言葉が現われるのは『政治神学』ではなく、もっと後年であることにも注意しよう。シュミットがカテコーンに興味を抱きはじめたのは一九三〇年代に入ってからだ。はじめて用いたのは『陸と海』(Schmitt 1942)のなかだが、まだ十分には定義されていない。カテコーンをそれなりに取り上げた最初で唯一のテクストは『大地のノモス』である。けれどもひとつの段落を費やしているにすぎない。その後も『政治神学再論』などの著作のなかでこの言葉を用いてはいたが、この概念を重要視することはなく、掘り下げて論じることはなかった。要するにこの言葉はとりわけ戦後の作品に用いられているが、どちらかと言えば周縁的な言葉であり、シュミットは、あまり文献学的な厳密さにはかまわず、とりわけ興味深いと思われた意味、すなわちローマ帝国を悪の出現と終末を妨げ、保持し、抑えるものと見る意味において用いたのである。彼が再発見したこの言葉が詳細な分析と豊かな討論の対象になろうとは想像もしなかったはずだ。シュミットの問いは、どうして政治的構造物、具体的にはローマ帝国が、敵を征服し敵から身を守るばかりか、「悪」(道徳的な悪ではなく政治的な悪)を一時的に抑え、妨げ、とどめる力をもつのかであった。

神学者のパウル・メッツガーにしたがえば、この手紙の執筆者は聖パウロではなく後代のものであり、パウロの権威を利用して、パルーシア(キリストの再臨)を待つ信徒の時間を引き延ばそうとしたのである。事実、宗教的な恐れと熱意にとらわれた信徒は、すぐにメシアの来臨に備えなくてはならないと考えた。『ヨハネの黙示録』の任務はまさに待つことの内に信徒を宙吊りにしておくことであった。これが正真正銘のメシア的時間である。だが手紙は、成就の時をずっと先へ、おそらくはローマ帝国崩壊の時まで延ばし、待つことの緊張を伝えてはいるが、それほどメシア的ではない。実際のところ、ローマ帝国が崩壊して蛮族の侵入とともに一種の終末が訪れ、その後に千年の教会統治が続いたのである。だが、それはあまり天国的なものではなかった。したがって帝国崩壊の後もパルーシアはいつまでも先延ばしにされ、カテコーンについての新しい註釈は現われつづけた。カテコーンにはアンチクリストの問題が結びついている。アガンベンは、ホッブズを分析しつつ、近代国家の内にその姿を見ているが、アンチクリストは「父」と「子」を否定し、奇跡をなし、人々から崇拝される者であるから、科学技術と考えたほうがよさそうである（このような意味でわれわれを救済しうる神は、ハイデガー哲学に内在するメシア主義を顕在化させ、パルーシアのテーマを再提起することにほかならない）。ハイデガーやユンガーやヨナスたちが科学技術を悪魔呼ばわりすることに関してもうひとつ言えば、ルターにとってアンチクリストは人ではなく「潜勢力」だった。

しかしながら手紙は、あからさまにアンチクリストではなく、「アノミー」、つまり混沌状態、秩序規範の転覆について語っている。科学技術はそれ自体が混沌や転覆をもたらすものではない。資本主義の市場経済というもうひとつの潜勢力があり、それはあらゆるところに大衆化、消費主義、利那主義をもたらし、世界のさまざまな文化の伝統的秩序をくつがえす真の破壊兵器となっている。無秩序をもたらすことは、先進的資本主義経済から見れば商機を生むことでもある。なぜなら、伝統的には対応できない財やサーヴィスに向かう一連の必要が新たに登場するからだ。混乱が大きくなるほど商機も増える。シュンペーターは創造的破壊という資本主義の力学について語っていた。後で見るように、これはカッチャーリが最近の試論『抑止する力』（Cacciari 2013）のなかでたどった道に等しいように思われる。

それでは、なぜ、どのようにして、この概念がイタリアン・セオリーのなかに入ったのかを見よう。アガンベンは『ホモ・サケル』のなかではじめてこの言葉を用いているが、シュミットにおける罪の概念を語ったアンチクリストの文脈で、とくに何の掘り下げもなく触れたにすぎない。だが『残りの時』（Agamben 2000）で取り上げたときには注意を向け、パウロの手紙が語るのは、アンチクリストではなく、ヒエロニムスが「邪悪」と訳したアノミーであると言う。つまりカテコーンはアノミーを押しとどめている「国家＝状態」である。アノミーはカタルゲーシスまたは法の無効化として解釈され、一般的に「メシア主義を特徴づけるアノミー的傾向」の状態であるとされる。アガンベンはカテコーンを、ただ解き放たれるのを待つばかりの、あるいは投機や科学技術のようにすでに解き放たれた、社会の内に働く何らかの力と結びつけてはいない。なぜなら彼は、カタルゲーシスのテーマ、すなわちすべてを無効にするメシア的時間の一般的特徴としての無効化について、思いを凝らしているからである。したがって法もまた無効にされるわけだが、これがメシアの来臨（パルーシア）の前に落剝する最後の束縛である。それゆえ、アガンベンは「アノミーの秘法」について語る。要するに、国家もしくはローマ帝国はカテコーンであるかぎり、アノミーの別の顔としての役割を果たす。カテコーンとアノミーはどちらも同じ力なのである。

最近になってアガンベンはようやく、何年ものあいだ離れていたが、『スタシス』（Agamben 2015）のなかでカテコーンの問題に立ち返る。『スタシス』の第二部は『リヴァイアサン』、つまりトマス・ホッブズの国家理論がテーマである。さて、リヴァイアサンという比喩にはたしかに不穏な感触がある。これを承知のはずのホッブズは、秘教的な関心を抱いていたのだろうか。リヴァイアサンは深海に棲む原初の怪物で、その由来はおそらく、マルドゥクに倒されて世界を生み出した原初のカオス（文化によって分別される前の混沌）、バビロンのティアマトである。だが、ユダヤ＝キリスト教の伝統のなかでこの怪物はメシア的ヴィジョンのなかを徘徊しはじめる。とりわけ『ヨハネの黙示録』、海と大地の怪物に触れた黙示録のなかで、リヴァイアサンはアンチクリストの出現と結びつき、たとえば中世の図像では、アンチクリストはこの海の怪物にまたがる姿で描かれた。まさにカオスを表わすアノミーにほかならない。アンチクリストは原初のカオスにまたがっているのだ。しかし、これはアガンベンの考え方ではない。彼が関心を抱いているのはホッブズの隠された思考を追うことであり、それによると、ドラゴンとカテコーンが同じものであるかぎり、国家は怪物＝カテコーンなのであり怪物を抑えるカテコーンではない。国家は自らの内にいつか必ず表面化するアノミーを抱えているのだ。そしてこのカテコーン＝国家は、メシア的時間が不可避的にパルーシアに向かうかぎり、いつか過ぎ去り消え去るものである。だがそれはまるで、政治神学の言葉を用いて、ホッブズの国家の上にマルクス主義的至福千年を投影しているようにも見える。実際のところマルクスは国家を悪と見ていたが、プロレタリアートが独裁的に支配する国家の過渡的期間が不可欠と考えた。その後にようやく、搾取もなく階級もなく国家もない共産主義が来るのである。ホッブズにとってもマルクスにとっても国家は過渡期の必要悪なのだ。また、『テサロニケの信徒への手紙』と黙示録の比較のなかで、とりわけカテコーンのくだりの曖昧さが注意を引く。天使に撃退される獣の最初の登場について然るべき言及がないのだ。だがよく見ると、このあたりの文章はよりいっそうカテコーン的である。事実、カテコーンには「監禁する」という意味もあり、天使は、まるでミトラス神のように、獣をつかんで深淵に擲げうち、かたく縛りつける。かくして千年紀が到来するのだ。しかしその千年後の決戦に獣は再び現われるわけで、それゆえ獣は完全に滅びたのではなく、ただ千年のあいだ抑えられているだけだ。広く流布したこれらの物語は、組み立てはさまざまだが同じ特徴をもっている。

アガンベンは、イギリスの国家理論による国家が、それ自体肯定的なものではなく怪物的存在として――だがメシア的任務を帯びてもいる――いかに構想されたかを示そうとしたのである。シュミットの解釈とはまったく異なるのは明らかだろう。シュミットの国家は、世界の終末を先延ばしにしながら、悪の出現を妨げ悪を抑える肯定的任務をもっていた。

他方でカッチャーリは、シュミットともアガンベンとも異なる読みをしている。最初に彼は、カテコーンの役割が肯定的なのか否定的なのか曖昧であることを言う。アノミーを抑えてパルーシアを遅らせることは善なのか悪なのか。だがその前に、カテコーンとは何、あるいは誰なのか。それは偽りのない力をもつがその力は強すぎてもいけない。後に「取り払われ」なくてはならないからだ。したがって、それは政治的で制度的な力のはずだが、帝国なのかどうかは分からない。もしかすると教会かもしれない。ともかくその力は、おのれの内にアノミーを保持し、何らかの仕方でアノミーと関係しているはずだ。カッチャーリは疑問を宙吊りにしたまま、アンチクリストあるいはアノミーとは誰なのかという別の疑問へと目を向け、これにはすぐに答えようとする。すなわち、アノミーとは無秩序のカオスではなく、最後の人間の秩序、おのれを超越するすべてを拒否し、権力によって代理されることを受け入れない人間の秩序なのだ。この人間はカテコーンを取り払うことができる。どこまでも水平に広がるネットワークの時代のその広がりの果てに立つ最後の人間である。彼の名はプラキドゥス（平静）、おのれのプライヴェートの内に沈潜した無関心な存在である。カテコーンはこれらすべてをその内に保持することができなくてはならないのだ。

カッチャーリはカテコーンの可能性として、ドストエフスキーの小説に登場する異端審問官の形象を分析するが、それは、そのような仮説を完全に排除するためである。審問官は最善の意図をもって歩みはじめるが、ただ暗鬱な結果を得ることしかできず、自らの使命から逸脱して敗北するしかない。カテコーンの権力はたしかに強大だが予見の力はなく、でなければ、敗北する前に対策を講じるはずだ。それゆえエピメテウス的と定義される。最後の最後に、この権力はグローバリゼーションの新しい秩序の力であると仄めかされる。しかし、それは世界あるいはグローバリゼーションのノモスの鍵をもたない。なぜなら世界には、自然界のように、法は存在しても法を規定する法はないからだ。であればこのエピメテウス的権力はそれほど強力ではなく、「不安定」と恒常的危機に特徴づけられる死にゆく権力なのだ。そのときアンティケイメノス（敵対するもの）は、暴力や暴君としてではなく権力（経済的、金融的、政治的、司法的、科学技術的な）の分断と葛藤として立ち現われるだろう。これに対して、縛られたプロメテウスに助けを求めることはできず、無謀なエピメテウスは新しいパンドラの箱を次々に開けてゆくだろう。このような不吉な予測とともにカッチャーリは筆をおいているが、彼の言葉はただキリスト教的な政治神学に浸されているだけではなく、カトリックの友人たちに向けて語られているように見える。カッチャーリは異端審問のカードを巧みに用いることはできないと警告している。ラッツィンガー教皇（ベネディクトゥス十六世）とともに厳格な保守主義が復活していたのだ。政治の領域に踏み込まないよう教会を戒めるため、ダンテの言う二つの太陽の比喩を思い出させ、聖フランチェスコが示した道に立ち返って社会的信用を奪回するようにと言う。一方、他の解釈とは異なり、カッチャーリはカテコーンとアンティケイメノスをほとんど同一視しようとする。この二つの概念は世俗の世界で結びついている。カテコーンは政治的に表現された個人主義であり、アノミーが表わしているのは、あらゆる超越性を認めず物質的快楽にのみしたがい、表面的には寛容だが真実は吝嗇なグローバル的人格のモデル、その生活様式を特徴づける快楽主義的・相対主義的個人主義である。したがって本書はまるで別の時代の書物のようで、仄めかしに満ちた政治的メッセージは、その言葉が差し向けられていない聴衆の耳を通り過ぎる。それは、カテコーンに関する一般的な政治的考察というよりも、カトリック教会の高位聖職者たちへの、それほど神秘的ではない政治路線の提案なのである。

最後に、エスポジトの場合はまた異なっている。彼はそれを免疫のメカニズムとして捉え、パルーシア、最後の審判、世界の終末で閉じるメシア的プログラムを度外視するのである。カテコーンやアンティケイメノスは何かという問題や、デリケートな今日の政治の言い換えには関心がない。重要なのは概念的意味であり、抑えがたきものを抑えているそのものを、カテコーンが何らかの仕方で保持しなくてはならないという点にある。つまるところカテコーンは、パルマコンまたは生物学的免疫のように、抗原の一部を摂取することによって戦う力をもつのである。

ある意味で、カテコーンの内に体系的なものを見るエスポジトにも一理あるだろう。この体系のなかにはつねに秩序の原理があることも付け加えておこう。まるでコナトゥスにしたがうかのように自己創出の原理があり、できるかぎり時を堅持しようとし（可能ならば自己の再生産もおこない）、自らを脅かす分解の原理に体系的に逆らう。分解の力は秩序に対して存在論的に外にあるが、実際には内部にもある（たとえば、構成要素自体が崩壊する）。あらゆる秩序はつねに無秩序に、秩序を生み出した後で仮借なくこれを衰退させるエントロピーに脅かされている。つまり、ありとあらゆる秩序の状態は、存在論的に、自らの実質性の限界として可変性として自らの内に対立物をもつ。したがって秩序は、自己規定的アイデンティティの内にシステムを維持しつづけるため、対立物をいつまでも抑制・保持することは不可能なのだから、外部に何らかの「強力な悪」の脅威を探す必要はないだろう。このような状況で、あらゆる自己創出的あるいは免疫的システムは、外からも内からも迫りくるカオス、無秩序の挑戦を受けて立たなくてはならず、それを抑えることは、システムの生を可能にする不安定な均衡をできるかぎり長く維持しようとすることである。それゆえカテコーンやアンティケイメノスは見方によって異なるわけだ。シュミットはカテコーンの内にまずローマ帝国を、そして進歩主義や社会主義といった腐敗勢力に対抗する近代の国家を見た。カトリック知識人とカッチャーリはカテコーンに教会を、そしてアンティケイメノスに内在性の文化、いわゆる物質主義的消費者文化を見た。アガンベンはそこにホッブズの国家を見ているようだ。他にも、人々の生に投機する国際金融に対抗する国家としてカテコーンを捉えることも可能だろうし、キッシンジャーのような政治学者は、アメリカ合衆国が生み出した帝国をカテコーンと見て、その覇権的立場によって世界を脅かす解体傾向を抑えていると考える。したがって反対する力なら何であれカテコーンやアンティケイメノスになりうるだろう。最後に、ネグリは黙示的な比喩は止めたほうがよいと言った。なぜならそれは媒介するもののない明確な対立関係をつくり、敵の完全な破壊を志向するからである（Negri & Herdt 2009）。

討論

エスポジトと「非政治的なもの」

『非政治的なもののカテゴリー』の冒頭部分でエスポジト自身が説明しているように、このタイトルには二つの典拠がある。ひとつはミリオによるシュミットのアンソロジー『政治的なもののカテゴリー』（これはまた『政治的なものの概念』を典拠としている）、もうひとつはトーマス・マンの『非政治的人間の考察』（Mann 1918）である。

このマンの書物は、いわゆる保守革命を代表する作品で、ひじょうな努力の果ての力作である。鋭いアイロニー、洗練された優雅な身振り、眩いばかりの貴重な考察が、使い古された紋切型の言葉に結びつけられている。まさに典型的なヨーロッパの保守主義であり、保守主義という概念自体を正当化するものだ。事実、伝統をただ擁護するだけの純粋に無批判な保守、これまでいつもそうだったからと言うばかりの保守ではない。伝統の道をただ歩みつづけるのではなく、保守という言葉には防衛のための攻撃の意味もある。そして、反撃するためには批判精神がなくてはならない。当時の多くの知識人と同じくマンの保守主義は、もはや正当化が困難な古い体制、ロマン主義的ナショナリズムや軍事拡張主義の主張にはこだわらず、批判精神をもって正面から敵、つまり政治文化を経済に矮小化する民主主義と、偽善にすぎない人道主義的社会主義に立ち向かってゆく。マンは立場の弱さを自覚しており、それゆえドイツ人の罪意識にもとづいた（ルソーを読めばよく分かるように、フランス人ならおのれの無垢を主張するだろう）ひじょうに一般的な防衛線を張るのである。マンについて少しばかり逸脱したが、ここから理解できるように、彼が語る非政治性は、政治的な立場の不在を意味するのではない。自分の政治的な立場を語らず、伝統を誇る押しも押されもしない高みから、変化を求めるあらゆる声を断罪しようとする典型的な態度なのである。シュミットの場合は、進歩主義を軽蔑する単純な保守派ではなく、行動と変化を求めていた。保守というよりは反動、反革命、戦闘的反進歩主義であり、それゆえ彼が認めようが認めまいがすでに傾向的にファシストであった。

したがって非政治性は、いわゆる沈黙する大多数の典型的態度、変化ではなく社会的な安定を求め、外に出てデモに加わったり、理想を追い求めたりはせず、主に自分の仕事や家族のことを考えて暮らす平均的人間の典型的態度なのである。社会のなかの役割はあまり変化してはならず、たとえ不公平であってもそれを保たなければ、社会組織の全体を支えている秩序が崩れてしまう。しかし、身分の高い者を敬い服従に慣れた普段は従順なこの大衆も、内からは絶えず進歩主義者や革命論者に突き上げられ、外からは民主主義諸国の要求を受けつづけると、しまいには批判に耐えられずに怒りやすく暴力的になり、誰かが力ずくで秩序を回復してくれるのを期待するようになる。イタリアのファシズム、ドイツのナチズム、おそらく日本の軍国主義も、伝統的秩序を転覆させた公的生活の過激な変貌と政治的不安定に対する、免疫学的な反動だったのではなかろうか。免疫の論理はこのような転覆に対してそれに見合う強力な介入を求める。歴史家たちはよくファシズムへの合意を左翼運動の街頭デモに帰してきたが（イタリアの「赤い二年間」やドイツのスパルタクス団）、本当の問題は別のところにある。左翼は不平を鳴らしたが政権の外にあった。保守主義者の不満はかつての安定を保障できない新政府に対して向けられたのである。その安定は君主自身の力である以上に貴族階級のあらゆる組織が支えてきたものだった。旧体制が崩壊し、貴族階級が舞台から降りた後、議会権力には現実的な権威が欠けているように見えた。したがって、保守主義の第一の敵はリベラル民主主義だった。革命的左翼の街頭デモは、権威ある政府を形成できない民主主義の無能力を証明していたにすぎない。左翼運動がそれほど大きくなかった日本でも、同じく軍国主義的な権威の力が合意を獲得して、大正デモクラシーを踏みつぶしたのである。

以上のように保守革命とナチズム台頭のあいだには密接な関係がある。だがどうして一九八〇年代に再び「非政治性」が浮上したのだろうか。その答えは、脆弱な政府のもとで政治的な衝突が大きな影響を与えていた六〇・七〇年代のイタリアの状況に求められる。ファシズムを繰り返すのは不可能だったが、ともかく安定と正常化へのかけ声とともに政府には強いリーダー（クラクシ）が求められた。したがって、政治と政治化が衝突、論争、市民参加、抗議を意味していたイタリアで、非政治的なもののブームが訪れたのである。この現象について考察し、さらに言えば、哲学的・文学的な正当化を見出してこの現象を支持しようと動きはじめたのが、社会闘争のなかで沈黙していた左翼知識人だった。イタリアン・セオリーのひとつの根を代表する『チェンタウロ』のような雑誌は、当時この逆流を注視していたが、ある程度まではこれを歓迎してもいた。戦闘的な知識人ではなかったジャコモ・マッラマオ、シュミットを再発見して右派から奪回した立役者の一人だが、彼のケースは穏やかな保守主義あるいは非政治的な左翼の形成に意義深いものだった。後に第二部で見るように、これが時の流行だったのであり、非政治を掲げることはアクチュアルだった。このことは先の問題、ナンシーとアガンベンの存在論的共同体の問題にも照明を当てる。すなわちそれは非政治的な共同体であり、大衆社会の空虚な関係について異議を申し立てても、社会を変革しようという意図はなかったのである。結論として言えば、イタリアン・セオリーは社会的解放の計画（ドイツではまだハーバーマスのような知識人が支持していたが）がもはや潰えたと思われた非政治的な基盤の上で、新たな考察を開始するところから生まれたのである。

不思議なことだが、新旧の保守主義の絆を反映するまさにこの思想のなかから、おそらくは本人たちの意図ではなかったのだろうが、アガンベンのような知識人のおかげで、以前とはまったく違うタイプの新しい批判的態度が浮上する。解放の理想を追いつづけて孤立した者たちと、保守的な者たちの考察が交差する。このような意味でもアガンベンはイタリアン・セオリーの鍵を握る人物であり、たとえば『チェンタウロ』に拠る知識人たちと『共通のトポス』の知識人たちを仲介し、この二つの左翼のあいだに、彼なくしては起こりえなかった対話をもたらした（たとえば、カッチャーリはオペライズモとの決裂の後に『チェンタウロ』に参加していた）。以上の議論から分かるように、イタリアン・セオリーを解釈するとき、オペライズモの政治的ラディカリズムの側面を重視するのか、それとも政治的にはいささか曖昧なポストモダン思想との連続性を重視するのか、重心のおき方次第でかなり様子を異にするのである。

政治神学に関するドイツの議論

シュミットの政治神学から切り離せない概念となったカテコーンに関する議論と、政治神学に関する議論を区別するのは簡単ではない。しかしながらカテコーンとは関係のない政治神学のテクストが、とりわけこの議論の最初と最後に登場する。政治神学に関する議論には、テーマのひじょうに異なる二つの局面があるのだ。最初の頃、政治神学を語ることは「至上権」を語ることだった。このテーマを取り上げてイタリアの哲学界で話題になったテクストは、アガンベンの『ホモ・サケル』である。彼は例外状態を宣言する権力として至上権の問題を提出し、先に触れた排除的包摂と包摂的排除の考察をそこに加えた。『ホモ・サケル』の連作はまるでハイパーテクストのように発展し、いくつかの側面は次の作品で再び検討され掘り下げられる。当時アガンベンは至上権の問題をさらに発展させようとし、まさに『例外状態』(Agamben 2003) というタイトルでこれをテーマとする一種の考古学をおこなった。ある意味でそれは不必要なことだったかもしれない。なぜなら、同様の試みをシュミット自身が『独裁』でおこない、例外状態を宣言する至上権について語っていたからだ。だが、アガンベンの作品は同じものではない。関係はあるとしても独裁制とは別に政治的例外状態の歴史を跡づけようとし、現実的占領の有無にかかわらず権力を掌握するためにナポレオンが用いた占領状態まで視野に入れる。系譜学的な意識が異なるだけでなく探究の目標も異なる。事実、シュミットは自由主義的議会と無政府主義に反対して独裁制の樹立を支持していた。これに対して、アガンベンは西洋諸国の現政府が民主主義を実質的に中断していることを糾弾する。アガンベンのこの言説は、全世界で至上権に関する議論を引き起こし、政治的にではなく存在論的に考えていたナンシーのような哲学者をも驚かせた。

こうして「政治神学」はあらゆる議論のなかに取り入れられたが、政治神学を至上権だけに限定することは不自然だった。至上権の問題が宗教と政治の関係よりもますます例外状態の問題を追いつづけたからでもある。そこで過去を顧みる必要が生まれ、神学と政治学の議論が再開され、シュミットの試論がドイツで出版される。この議論がとりわけ大きな話題となったわけではないが、ともかく重要な機会となった。そのときまで想定されていなかった効果をもたらしたのだ。すなわち、シュミット自身は慎重を期して、政治学一般ではなく国家の近代的教義にどっぷりと浸された概念だけを扱っていたが、その地点を通り過ぎ、政治学一般のあらゆる基本概念は神学概念の世俗化に由来するという、根拠の定かでない信念へと移ったのである。端的に言えば、政治学は世俗化した神学ということになった。たしかにシュミットの言葉が契機だったわけだが、シュミットの意図を大きく超え、何よりも怪しげである。ともかくはまず、ここにいたった経緯を見なくてはならない。この議論の主人公は次の四人である。エリック・パターソン、ヤーコプ・タウベス、ヤン・アスマン、ヨハン・バプティスト・メッツ。彼ら全員が先の命題を支持していたわけではない。むしろパターソンやアスマンはきっぱりと否定していた。だが、まさにパターソンが否定的なかたちで示したものを、タウベスが肯定に反転させたのである。パターソンが一般的に、天上の王や皇帝という表現は単なる比喩でありどのような神学的意味もないとして、天の王国とカエサル（コンスタンティヌスと言うほうがよさそうだが）の王国との連続性を否定する一方で、タウベスは同じく一般的に、超越性に投影される基盤のないところに政治はないと言う。要するに、シュミットにとっては、至上権のようないくつかの限定的なケースにおいてのみ政治思想は神学的思考の世俗化だったが、パターソンにとっては、正真正銘の神学的至上権の概念は存在せず、それは修辞的な言及でしかなく、したがって神学的至上権が政治的至上権になることは不可能だった。これに対してタウベスは両者が切り離せないことを主張し、黙示録的終末論に表現されるような実存的地平の超越的見通しは政治的権力に欠かせないと考えた。アスマンはこのタウベスのテクストを取り上げ、また新たな命題を主張し、王の資格に関わる政治的権力が一神教の誕生に影響を与えたと述べる。最後に政治神学はシュミットの手から離れ、すでに一九七〇年代からこの問題に取り組んでいたメッツは、ナチズムに仕えたシュミットとは異なる政治神学、社会問題の神学的考察にもとづいた新しい政治神学の必要性を説いた。ドイツにおける政治神学の議論はこのように幕を閉じたはずだったが、そこにイタリア人が参入して議論を蒸し返す。いずれにせよ政治神学の問題が最初の抑制をまったく失ったことは明らかだろう。

つまり、例外状態と至上権から政治に関する一般的言説となった政治神学にとどまらず、ドイツでは収まったかに見えた議論のさまざまな局面について多くのテクストが書かれたのである。エスポジトが『ドゥエ』(Esposito 2013) で最初にこの議論を取り上げ、続いてカッチャーリが後で見るようにカテコーンについて書き、最後にアガンベンが、ある意味で彼自身がはじめた議論に戻り、二〇一五年に『スタシス』という小著を刊行する。至上権の問題として政治神学を哲学的議論の俎上に載せた『ホモ・サケル』から、政治神学を一般的に論じた『スタシス』まで、二十年が経過していた。

この二十年のあいだに政治神学の言説はいささか無秩序に広がった。情熱的な直観に突き動かされてはいたが、ひとつの理論として実現することはなく、何らかの結論を導くこともできず、際限のない繰り返しのようだった。目標はあまりにも漠然としていて解決のあるはずがなかったからでもある。政治神学のもうひとつの問題点は、行間の意味がつねに書かれた文章以上の価値をもつこと、つまりテーマを横断する隠された理由がつねに表面上の理由よりも強いことだった。いったい何が語られているのかを本当に理解するためには、解釈学的にも不確かで変わりやすい背後関係を知らなくてはならなかった。すでにパターソンがシュミットに応答したとき、その応答の理由は教父時代の神学の解釈学的問題ではなく、政治的立場の相違の内にあった。すなわちパターソンの真の意図は、エウセビウスがコンスタンティヌスに仕えたようにシュミットがヒトラーに仕え、ナチズムのイデオロギーと宗教を正当化するために神学的教義を利用したと非難することだった。シュミットの反論がパターソンの没後にようやく現われたのは、その批判の裏の（真の）意味だった政治的な叱責がひどくこたえたためかもしれない。だが、タウベスの場合はまったく異なっていた。タウベス自身の言葉にしたがえば、死期の近づいたのを悟ったシュミットは、電話で（シュミットは電話が嫌いだったが）タウベスを呼び寄せ、かつて深い衝撃を受けたタウベスの着眼点をめぐり、二人で長いあいだ話しつづけた。それは、モーセが新しい民を創設することを二度も拒否したのに対して、聖パウロ（ニーチェと同じく、シュミットもタウベスも聖パウロをキリスト教の真の創設者と考えていた）は、キリスト教がユダヤ人によるユダヤ教から完全に離れることによって、新しい信仰にもとづく新しい人民、すなわちキリスト教徒の人民を創設したが、両者の相違はいったい何なのかという問題だった。ここには深い政治的意味があるように思われ、政治神学的な問題として解釈された。主権者つまり権力の頂点ではなく、人民または基盤、あらゆる政治的正統性の基盤がテーマだった。シュミットはこれを考察する前には死んでも死に切れないほど重要な問題と考え、忘れないようにとタウベスに頼んだのである。その後、不治の病に冒されて残された時間の迫ったタウベスは、この約束を果たすために、衰えた力を奮い起こして学生たちの前に立ち、最後のセミナーをおこなった。この歴史的なセミナーでタウベスははじめて重厚な文献学者的慎重さを捨て、二人の助手（といっても一人はすでに教授であった）にセミナーの内容を公表するように頼み、あらかじめ準備した草稿やメモもなく即興で語る。この助手の一人が、政治神学の註釈者のなかで最後の重要人物、エジプト学者のヤン・アスマンだった。夫人のアライダ・アスマンほか数人の協力者とともに彼が監修したものが、今日流布しているセミナーの刊本である。ところで、アスマンは政治神学に対しては最後まで批判的だった。彼の実証主義的社会学と心理学の立場から見れば、宗教とは社会関係の抽象的な洗練を経た構築物でしかない。フロイトの遺作もまた同じ立場からモーセの素性を探っていた。モーセは古代エジプト第十八王朝の王イクナートンが信仰したアテン神のエジプト人神官にほかならず、その信仰をユダヤの民に移植したのだと主張する。フロイトの時代には口にしがたい理論であり、それゆえ彼は最後まで発表を控えたのだった。

どのような証拠もないがその信仰のためにイクナートンについて多くの推測がなされ、エジプトのモーセの時代に一神教が存在したかどうか議論がなされた。だが問題は別のところにある。政治学的概念が神学から派生したと語ること、あるいは逆に神学的概念が政治学から派生したと語ることは、アルカイックな文明の内で政治学と神学の領域が区別されることを意味するが、それはありえないだろう。都市の統治に関する言説としての政治学は、古典期のギリシアにはじめて誕生し、宗教的教義を定着させる理論的な教えとしての神学は、さらに後代のキリスト教とともに現われる。したがって、ファラオが顧問官をもち、戦争に出立し、広大な領土を管理したとしても、そのような活動に関する政治学的概念はなかっただろうし、同じくファラオの神官や律法学者が、祭祀や典礼や祈禱を担当していたとしても、神学的な見通し、つまり首尾一貫した宗教理論はなく、宗教の統一的概念自体もはっきりとしなかった。実際に神学も政治学も、首尾一貫した理論的地平の存在することが前提となる。

それは考察と討論を経て合理的に組織化され、同じく首尾一貫した別の体系に対して成立する。だがエジプト社会のようなアルカイックな社会は、何よりも伝統を重要視し、矛盾する要素には支障のないかぎり注意を払わないだろう。

言い換えると、問題をアルカイックな世界に移すことは、認識論的に不適切な行為なのである。要するに、すでに政治理論と神学理論が存在していなくてはならないわけだが、それは歴史的に限定された条件のもとでしかない。シュミットは法学者であり政治学者であって、「国家」や「法措定的権力」というカテゴリーを最初から前提にしている。しかし、たとえばマオリ族の社会を例に考えてみよう。「マオリ族にとって国家とは何か、マオリ族にとって法措定的権力とは何か」。マオリ社会を考察するとき、このような法的・政治的カテゴリーから出発することは明らかに不適切だ。けれどもこれはシュミットに対する非難ではない。シュミット自身は神学と政治学の関係を近代の範囲からさらに広げて一般化しようとは思わなかった。政治神学に否定的だったパターソンもまた一般的には語らなかった。パターソンが神学を語るときは、キリスト教思想の歴史にその言葉が登場した時代から出発する。たしかにキリスト教が発展させた概念の萌芽はすでにユダヤ文化のなかに見出される。しかしキリスト教世界で今日イメージされている神学は、ユダヤ教の枠には収まらないキリスト教とともに出現した。ユダヤ人の多くがユダヤ教神学ではなくユダヤ教思想という言い方を好むのは偶然ではない。同じことがヘレニズム世界にも言える。プラトンが対話篇のなかで「神学」という言葉を用いてはいる。だが、古代の哲学者たちが神学と呼ばれる哲学の分野に足を踏み入れたことはなく、要するに彼らにとって哲学分野としての神学は存在しなかった。神学がキリスト教とともに誕生したことは検討しなくてはならない歴史的な事実だが、政治神学論争を主導した四人の思想家たちの誰も、最初の二人は仕方がないとしても、これに取り組まなかったのである。とりわけアスマンにとっては神学も政治も問題となる。先の質問を繰り返してみよう。「マオリ族にとって神学とは何か、マオリの人々は政治をどのように考えているのか、どのような政治的教義にしたがっているのか」。明らかにこのような質問に意味はない。マオリの文化には、超自然的実体への信仰もあれば社会集団内部の権威の形式もあるが、神学や政治学は存在しないからだ。エジプト社会は帝国を建設し、政治制度があり、職務が専門分化されていた。とはいえ正真正銘の法律はなく、法律に関する理論的検討もなく、政治体制に関する議論も存在していなかった。どのような政体を選ぶべきかの議論がなければ、政治学は登場しない。選択の余地のないところに政治は存在せず、ただ伝統もしくは力関係があるだけだろう。

こういった意味で興味深いのは、シュミットが政治的形態としての独裁制を要請することによって、まさに政治学を失墜させる方向へ動いていたことだ。これはヒトラーの意図でもあった。ヒトラーは政治的権力を神秘的権力に、政治的敵対者を生物学的敵対者に変えようとしていた。いずれにせよ、自己保存を求める権力が、選択肢は複数ありオルタナティヴは存在するという言説を嫌うのは明らかだろう。今日もまたこのようなポスト政治的なものの押しつけがある。だが古代エジプトのような絶対的権力は、人々の合理的選択ではなく神にさかのぼる伝統によって正当化され、それゆえ前政治的な状態にある。神のような王の権力を政治神学的権力と見なすのは認識論的濫用であり、固有の歴史をもつカテゴリーをまるで普遍的カテゴリーのように歴史に適用することだ。結核という病気はそれが発見される以前から存在していたように、カテゴリーがつくられる前から神学や政治学も存在していたという反論があるかもしれない。だが自然科学では、名はただ事実を示すものにすぎず、事実を構成するものではない。文化的事象はそうではなく、それはカテゴリーとともに現われるのである。実際に科学では、すでに存在していたがまだ知られていなかった事柄が発見されるわけだが、文化的なカテゴリーは発見ではなく発明、すなわち新しい文化的容器の創造であって、その容器はすでに存在する要素を新しい仕方で結集させ構築するだけではなく、新しく誕生した言説の前提条件となる。したがってこの場合、病気が発見される以前の結核ではなく（事実、発見されたのであり発明されたのではない）、ダイナザウルスの時代に馬を語ることに等しいだろう。すなわち、名もなく事実もなかったわけだ。ダイナザウルスの時代に蹄があり首があり尻尾のあることが（いずれも馬の構成要素である）そのまま馬だということにはならない。エジプトに主権の形式があり、戦争があり、税があっても、エジプトの政治思想があるとは言えず、神々や神官が存在してもそれだけでは神学的思想があるとは言えない。したがってまた、政治神学を普遍的ヴィジョンのもとに捉えたアガンベンやカッチャーリやエスポジトたち、政治神学の議論に関わったイタリアの思想家たちの言説は、根底から見直されなくてはならないだろう。

だが、語られたすべてが虚偽だったという意味ではない。たしかに、神学や政治学はつねに存在したわけではなく、それを太古の始原に見ることはできず、文字の誕生以前の文化黎明期に信仰された超自然的実体の権威にさかのぼることはできない。けれどもそのカテゴリーが存在し神学的議論や政治的議論のあるところでは、神学と政治学との関係を合理的に語ることができるだろう。この場合、至上権を語る神学者たちが政治的な概念を考えているのかどうか、あるいはまた政治理論を語る政治理論家たちが神学的言説についても考えているのかどうか、顧みる必要がありそうだ。そうすると複雑に見えたこの議論がもっと分かりやすくなるはずだ。西洋ではキリスト教が、神学のような新しい学問領域を生み出し、政治理論の言説に影響を与えてきた。つまり神学と政治学の二つの領域には絶え間ない交流があり、一方的な従属関係を想定するのは意味がない。したがって、すべての政治理論は神学に由来するとか、反対にあらゆる神学的文化は政治的文化に依存するというような誇張は、単なる文化的流行の無意味な言葉でしかないのである。

それゆえ、たとえばホッブズの『リヴァイアサン』について、純粋に政治学的な解釈を優先させたために無視されてきた部分、その終末論的で黙示録的な側面を語るアガンベンは正しい。また、エスポジトが次のように言うときも正しい。パターソンは初期キリスト教における神学と政治学のつながりを否定する際、ナチス権力のあらゆる神学的正当化を否定しようと努力しているが、こうして彼は切断しようと望む神学と政治学の絆を心ならずも反ナチス的な方向から立証してしまうのである、と。問題が表面化するのは、エスポジトやカッチャーリやアガンベンが、神学と宗教を混同してしまうときだ。この二つを区別することができないほど、彼らの精神的教養はキリスト教に浸されているのである。

政治理論が神学に由来すると語るのは、タウベスやシュミットの場合だが、実際のところ政治学は神学的なものの世俗化ではなく、最初から政治と神学は結合している。なぜなら、キリスト教神学は政治的含意をもつディシプリンとして創設され（キリスト教を公認したコンスタンティヌス大帝がニカエア公会議を主宰したのは偶然ではない）、こうして正真正銘の神学、つまり信仰の真実を定める力は、政治的実体として誕生したのだから。

政治神学の真の代弁者はタウベスであり、このことは忘れてはならない。今日語られる政治神学はもはやシュミットのものではなくタウベスのものだ。アガンベンの『残りの時』やエスポジトの『ドゥエ』は、先に見たタウベスの最後の講義を知らなくては理解しがたい。端的に言おう。今日、政治神学はタウベスの言葉であり、シュミットに言及したければカテコーンという言葉を使う。たしかにカテコーンは政治神学的な概念だが、シュミットはこれを別の方向に展開していた。この二つの概念の共通点は何だろうか。誰の目にも明らかな一点は、いずれもタルススのパウロ（あるいはそう見なされている者）の思想に依拠していることである。一方にはタウベスが注目する『ローマの信徒への手紙』、パウロの教義に根本的なテクストがある。他方には真偽が疑われる『テサロニケの信徒への手紙』がある。シュミットの分析もタウベスの分析も、メシア的概念の黙示録的展望へと収斂していく。両者ともに万能の神の内にすべての力を見る終末論者のようだ。だが、タウベスはメシアの来臨が遅れることを望まず、今この瞬間にも「正義がなされ世界は滅びるがよい fiat iustitia et pereat mundus」と言うのをためらわない。かたやシュミットのほうは、神の奇跡の力を祈願する終末論者であって、真のカトリック教徒として、パルーシアの前にアノミーの悪を抑える力が働くことを期待する（なぜなら、カトリック教徒は「世界は悪だが生きるに値する」と言い、多神教信徒ほどには地上の生を愛していないが、憎んでいるわけでもなく、仲介者を求めている）。同じように二人は対極的な視点から社会を見ている。反動主義者としてシュミットは社会を上から見下ろし、上には秩序があり下にはカオスがあり、したがって厳格な仕方でカオスとアノミー、すなわち「獣」を制御する独裁的権力が必要だと考える。反対にラディカルな民主主義者だったタウベスは、人民こそが正統性の源泉であると言い、自らの利益追求に傾く上層の権力を認めない。ユダヤ人としてタウベスは、国の支配階級や国家というものが信用できないことを学んだと言う。ユダヤの人民が被った大きな災いはいつも民衆からではなく体制の側から来たのではなかったか。こうしてカテコーンや信仰の民の機能も対極的なものになる。事実、カテコーンは体制、つまり上位に組織された権力の行動に関わり、逆に『ローマの信徒への手紙』の「賭け金」である信仰の民は下から力を構成する。それゆえ、タウベスはシュミットとの最後の面会でモーセとパウロの相違について語ったのだ。なぜなら、モーセとパウロ、メシアでも救済者でもないこの二人は、根本的に異なる人民の創設者であるからだ。モーセはユダヤ民族を誕生させたのではない。それはすでに存在していた。モーセは同じ血統を示すし、つまり割礼を用いて契約の民を創設したのである。割礼はまさに生殖の場でユダヤ人であることを明らかにする。だがユダヤ人サウル、ラテン名パウロは、啓示と信仰にもとづいて契約の民を再建する。タウベスもシュミットも、かつてニーチェがそう考えたように、普遍的（あるいは帝国的）宗教としてのキリスト教の真の創造者はパウロであるとする。だがパウロがメシア信仰者だとして、メシア信仰はただ単にキリスト教の側面のひとつではなくキリスト教の構造そのものなのだ。そして西洋の政治的カテゴリーがこのようなメシア的権力に由来するなら、それをメシア信仰から切り離すことはできないだろう。それゆえ、政治神学（そしてカテコーンに関する言説）は西洋政治思想のカテゴリーが神学に根をもつことを主張し、さらにそのメシア的性格についても語り、そして至福千年、終末論、黙示などの要素も付け加えたのである。

およそ以上の考察がエスポジト『ドゥエ』の出発点である。エスポジトにとって、われわれはすでに政治神学のなかにおり、その問題提起が適切かどうかの問いはない。われわれは政治神学のカテゴリーのなかに生きており、困難はまさにわれわれがその内部にいながら問うことにある。われわれは逆説的な状況にあり、政治神学を否認することはできないのだ。なぜなら、内部にいるがゆえに見えない者に否認することは不可能なわけだから。われわれはこうしてドグマにいたる。それはまるで、精神分析医が精神分析を批判する者は神経症的な抵抗を精神分析に対して抱いていると主張するのに似ている。要するに健康な者は精神分析を承認するだろうし、承認できない者は病気なのだから、精神分析を批判する正当な仕方はないのである。もうひとつの理論、関係精神分析にしたがえば、これは典型的にダブルバインド的な命題であり、論理ゲームを用いて誰かが誰かを騙そうとしているということになるだろう。そのようなわけで、われわれは第一に、パターソンのように政治神学の根本的妥当性を問題視するのは正当な批判であることを確かめたい。たとえば、ヨーロッパを離れてインドや中国や日本などを眺めてみよう。これらの文明はどうして、はるか昔からユダヤの文化ともキリスト教の文化とも無関係であるのに、ヨーロッパのそれに匹敵する統治機構をもっていたのだろうか。いったいどのようにして、唯一の万能の神なくして至上権や立法者や人民の基礎を打ち立てたのだろうか。政治のすべてが一般的な意味でキリスト教のもとにあり、そう思わない者は内部にあるがゆえに見えないのだと、どうして断定できるだろうか。むしろ、ヨーロッパ政治学の哲学者たちはヨーロッパ中心主義の井戸に落ちたのであり、植民地主義の時代のようにヨーロッパしか見えていないのではないか、と疑うほうが妥当だろう。するとこれらの議論、国際的テロリズムを内戦のように語りながら世界の運命を語る議論のすべては、ヨーロッパ政治思想の歴史的前提に立脚するかぎり、その根本的な視野の狭さを正当化しえないだろう。それは本当に政治学的な探究なのだろうか、それとも全盛期の終焉に花開いた退廃的な現実の魅力的な修辞学なのだろうか。とはいえ、これらの議論から生じた数々の重要な考察、詳細に検討して展開する価値のある考察を、打ち捨てるわけにはいかない。放棄してはならないのは何事にも「良識をもって cum grano salis」理性的に対処する批判精神であり、「師は言った ipse dixit」という基準には無批判に流されないことである。

政治神学に関するイタリアの議論

では、政治神学をアガンベンとエスポジトがどのように発展させたかを検証していこう。

すでに見たようにアガンベンは『ホモ・サケル』で至上権の問題を展開したが、至上権の理論の外に出ることはなく、神学には言及しなかった。ローマのホモ・サケルの制度は、権利と宗教を仲介する基本法だが（犠牲の獣にも似ているが、罪人は「聖」と見なされる）、神学のカテゴリーとは無関係だった。

最初アガンベンが関心をもったのは、至上権の対極にある剝き出しの生の問題を掘り下げることで、こうしてナチスの絶滅収容所に関する著作『アウシュヴィッツの残りのもの』（Agamben 1998）が上梓された。この書は無から生まれたのではなく、かつてナンシーが『無為の共同体』（Nancy 1983）で触れ、さらにナンシーとラクー＝ラバルトの共著『ナチ神話』（Lacoue-Labarthe & Nancy 1991）で漠然と述べられた言葉を受け継いでいる。その言葉にアガンベンは大きく触発されたのだ。第一に彼が準拠する著作家たち、ベンヤミンやアーレントは、ナチズムの経験に深く傷ついた者たちだった。ベンヤミンは逃亡を試みたが追跡を逃れられないと観念して自死する。アーレントはひじょうな幸運に恵まれてアメリカ合衆国への亡命に成功した。アガンベンにとってはさらに二つの出来事が重なっていた。ひとつは、エイナウディ社の編集部で働きはじめた頃、プリモ・レーヴィと知り合ったことだ。イタリアのユダヤ人レーヴィはアウシュヴィッツ収容所の生存者で、彼が収容所について書いた書物は高く評価されていた。もうひとつは、アガンベン自身がその数年前にフランスの新聞にアウシュヴィッツに関する記事を書いていたこと。これが重要に思えるのは、アガンベンがひとつのテーマから次のテーマへと明確な区切りをつけずに関係を保ちながら進む思想家だからである。たとえば、ある論文を読んで刺激を受け、そこからいくつかの概念を取り出したとする。そのなかで最も意義深く思われるものを掘り下げて一冊の書物にし、その書物からまた他の概念を取り出し、とりわけ興味を引くものをさらに展開する。このように幼年期にまでさかのぼる過去を絶えず振り返りながら、彼の思想は鎖のようにつながっている。実際、この場合も『ホモ・サケル』より新しいテーマに見えるが、かつて表現した観念を展開したものなのだ。『アウシュヴィッツの残りのもの』が語るのは、市民権の完全な剝奪、そして政治未満な、ある意味で「人間未満」な条件、『ホモ・サケル』で剝き出しの生として扱われた条件への還元である。したがって、一方で彼は剝き出しの生の現象学を掘り下げつつ、他方では例外状態の観念を展開する。事実、ナチスの権力は人間的領域に例外状況を生み出すような、政治的領域における恒久的例外状態である。だがここでアガンベンは、どれほど不条理で怪物的な状況にも人間は適応するがゆえに収容所の生は例外の論理的な証明になりえないという、カール・バルトが提出した異議に応答するため、例外状態に踏みとどまって考察を続けているように見える。いずれにせよ本書はこのような側面を重視しているのではなく、言説の中心軸は証言、ある種の事柄、たとえばいわゆる「ムスリム」の形姿を眼前にして描写する問題である。「ムスリム」という呼称は、深刻な栄養失調の状態にある瀕死の者の放心状態が、まるで背を曲げた祈りの姿に見えるところから来ている。「ムスリム」は魂のない影のように、人間であることを忘れた存在のように収容所内をふらついていた。アガンベンは例外状態のこのような深みに由来する倫理に取り組みながら、実際は極限状態の観客として美学に関心を移し、「ムスリム」の放心状態についても例外状態の美学的経験として、ギリシア神話のゴルゴンを見るに等しい物語として問う。「ムスリム」となることは極限の経験だが、人間と非人間の不分明な境界に足を踏み入れたそれは、極限の美学的経験の対象にもなるのである。

収容所と「ムスリム」のイメージに関する美学的言説は、フランス哲学とイタリア哲学の基本的な関係を逆転させ、アガンベンのテクストの後に、ナンシーが『イメージの奥底で』(Nancy 2003)でイメージと収容所について語る。そして、ナンシーのこの著作を受けてもう一人のフランスの知識人、美術史家のジョルジュ・ディディ＝ユベルマンは、収容所のイメージの問題を正面から見据えた『イメージ、それでもなお』(Didi-Huberman 2003)を書く。

政治神学から離れ過ぎてはいけないので、ここで話を戻し、アガンベンの次の著作『残りの時』(Agamben 2000)に移ろう。前著のタイトルにも「残り」という言葉が使われていたが、それは偶然ではない。前著のエピグラフには次のようにあった。

こうして今のとき恩寵に選ばれし者が残っています［……］こうして全イスラエルが救われるでしょう。(『ローマの信徒への手紙』第十一節五―二六)

引用の作者は聖パウロである。この一文はある意味でこれから見る著作の予告と受け取れないこともない。だが要するにこの引用は、おそらくタウベスの政治神学に影響された当時のアガンベンが、聖パウロの『ローマの信徒への手紙』に関心を向けはじめたということなのだろう。それはまだひとつの契機にすぎなかったが、後に研究が進み一冊の著作となったわけだ。語り口は前作とはかなり異なり、アガンベンは前作の特徴だった感情的な調子を捨て、まるで過去の解釈に満足せずに新しい解釈を求めるアレクサンドリア図書館の註釈者のように書いている。

こうしてアガンベンは、パウロと『ローマの信徒への手紙』について考察するだけでなく、長いあいだメシア的時間に関心を抱いてきた哲学者として、現代の哲学的テーマと取り組むためにタウベスから出発する。

宗教の歴史のなかで、多くの場合、至福千年とメシアニズムは手を携えている。来るべき未来の再統合に向けて政治的・宗教的秩序が崩壊し、その瞬間から時は成就への使命を帯びるのである。多くの信仰でメシアは現在の悪を打ち倒して平和と繁栄の時代をもたらす。ところでキリスト教やユダヤ教、ゾロアスター教などは、この決定的な解決に最終的破壊を結びつけている。最終的破壊の観念は他の信仰にも見られるが、円環的な場合が多い。たとえば、アメリカ・インディアンの神話や各地で見られる洪水神話もそうだ。炎から生まれて燃え尽き、さらに生まれ変わる世界、その循環的観念を支持するストア派にも同様の思想が見られる。しかしオリエントの信仰の特徴は、最終的な出来事(世界の終末)の後、時の流れることのない静的な次元に、そこで善良な者は救われ、生存のために何も必要としない永遠に不動の状態に達するのである。これが黙示的文化である。黙示は善の勝利だが、時の最後「最後の時(エスカトン)」でもある。だが、『ヨハネの黙示録』とともにキリスト教の状況はさらに複雑になる。なぜなら、ここで黙示録は二重の物語になっているからだ。つまり、善悪の闘いが二度繰り返される。善の最初の勝利は一時的なもので、二度目が決定的である。この二度の闘いに挟まれた期間がいわゆる至福千年紀であり、千年のあいだ穏やかな平和が続くが、その期間の終わりに、世界制覇を求めて息を吹き返した悪との最後の決戦がおこなわれる。だが、神は悪を打ち負かして溶解した金属の湖のなかに永遠に沈めるだろう。この平和と幸福の千年はヨーロッパの文化のなかで一種の蜃気楼となった。とりわけさまざまな哲学が、おとぎ話の「そして誰もが幸せに暮らしましたとさ」という言葉さながら、闘争が解決して最終的な成就にいたる時間的発展の観念に影響されたのである。終末を示す完結的な出来事による時間のこの閉じたヴィジョン、すなわちすでに定められた目的に向かって進む時間のヴィジョンは、年代記的な歴史的時間とは正反対なものに思われる。歴史的時間のほうは、因果関係はあるかもしれないが、目的のない直線的時間の開かれた展開の内にあって、ただ次々に事件が継起するだけである。メシア的・終末論的ヴィジョンと歴史的ヴィジョンの相違は、エトルリア気象学とローマ気象学の相違に喩えられるかもしれない。古代の人々の言葉にしたがえば、ローマ人は雲がぶつかり合うその衝突から雷が生じると考え、エトルリア人は雲がぶつかり合うのは雷に場所を譲ろうとするからだと考える。つまりローマ人にとっては原因から生じ、エトルリア人にとっては目的のために生じる。そして歴史の思想は原因にもとづき、運命と終末の思想は目的にもとづく。

だがここで予想外の出来事が起こる。フーコーによると十八世紀末にはじまり、あらゆる知識を歴史化した近代の思想が、合理主義の歴史的で科学的な概念の基礎、つまり原因と結果の基準を打ち破ってしまうのである。これには二つの道があった。ひとつは生物の科学的観察、もうひとつは原因論の発展である。

第一に、生物はただ単純に原因と結果の連鎖ではなく、まるで計画にしたがい目的に向かって発展するように見える。カント自身、『判断力批判』のなかで、生物にはまるで目的があるようだと認めざるをえなかった。カントはまだ「まるで」という言葉を盾にしているが、生物学的有機体説を通して生気論が復帰するとその留保もなくなるだろう。第二に、原因の連鎖は結局のところ何らかの結果を生み出すわけで、これが目的論的ヴィジョンをこっそりと定着させるのだ。最終的な結果が運命の姿となり宿命的な結果となる。こうして、まさに知識の歴史的ヴィジョンが受容されると同時に、千年王国やメシアニズムを語る目的論的で運命論的なヴィジョンが復活したのである。

他方で、キリスト教徒にとって歴史が単に未知に開かれた原因と結果の連鎖だったことは決してない。ゾロアスター教徒と同じく、歴史とは善悪の闘いの舞台、すでに結果の判明している試合時間と見なされていた。歴史は争いの時間であり黙示はその終わりであるから、黙示は歴史の試合の終わりなのである。

ヘーゲルの哲学体系はこの枠組みにしたがって構築されており、文明の歴史とは絶対性のなかで自己自身に到達しようとする精神の歴史である。それゆえ歴史には、命題、反対命題、綜合という力学のしるしがある。マルクスはさらに「科学的」にこの枠組みを踏襲する。政治経済学と共通する観念にもとづき、偶然にではなく厳密な法則にしたがい、資本主義に支配された現在の状況は必然的に生まれた。だが、この資本主義もまた同じ法則によって終焉の時を迎え、世界革命に打倒され、最後には搾取も国家もない世界になると言う。このような意味でヘーゲルにおける絶対性も、またそれ以上にマルクスの言う実現された共産主義も、明らかに千年王国論と関係がある。

しかし未来の肯定的ヴィジョンとしての千年王国論は、終末の時を見つめる黙示論的メシア主義から分離する。ヘーゲルからエルンスト・ブロッホ、実証主義の進歩史観、一九七〇年代のユートピア主義まで、西洋思想では千年王国論的歴史観が優勢だった。しかしこのような歴史観とともに、第一次世界大戦後の危機の時代、単純なニヒリズムから次第にメシア主義、そして黙示的思想へと向かう思想が形成されていたのである。要するに、一九二〇年代ドイツ思想のアヴァンギャルド諸派の分岐点、そしてポストモダンの千年王国的楽観論からメシア主義的・黙示的悲観論（メシアは世界の終末に再臨する）への転換点には、ニヒリズムがあった。

すなわち、ニヒリズムが果たした機能は、ユートピア的千年王国論を解体して、メシア主義と黙示的終末論に道を開いたことだった。その転換を担うようなかたちで、たしかに二十世紀の主流から外れてはいたが、最後の審判の日を引き延ばそうとするシュミットのような保守主義者たちや、反対にその日を待ち望むタウベスのような異常な「進歩主義者」たちが登場したのである。

こうして一九七〇年代末、社会主義的で進歩主義的なユートピアは危機に陥る。そしてポストモダンのニヒリズムがこれを決定的に粉砕した。だがその後、二十年もしないうちに、エスカトンに向けた目的論的時間が話題になるのだ。

アガンベンのこの著作が重要なのは、まさにタウベスが代表するような、戦後から発展しつづけた少数派の思想を復活させ、このメシア主義への移行を告げているからだ。

以上は余談に思えるだろうが、このような歴史的な知識がなければ、アガンベンの試論の重要性とその成功の理由を理解することはできないだろう。実際のところ『残りの時』のような著作について語るとき、われわれは過去の哲学ではなく現在の哲学、いくらかは未来の哲学を語っている。事実、それは現代思想のなかで進行中の変化なのである。

歴史的・社会的分析から見れば、このような方向への哲学の横滑りには重大な理由があるはずだ。つまり終末の意味の重さは、デカダンスの十九世紀末とは異なっている。当時は、世界を支配するヨーロッパの帝国主義的ブルジョアの危機であり、それが世界大戦の破壊的衝突へと進んだのである。現在われわれが直面している危機では、中国やインドをはじめとする経済的・文化的勢力の浮上を前にして、グローバリゼーションのなかに沈没した全西洋思想の終焉が問われている。他方で、国家主義的帝国主義はもちろんとして、資本主義自体が袋小路に入ったようにも思われる。イタリアの思想が表現する政治神学のパトスは、まるでその声、つまり全西洋世界の苦悩の声のようだ。

以上から、どうして西洋世界のかなりの部分が(とくに若者たち)、まさに流行の音楽に共感するように、歴史的状況を確認もせずにこのようなタイプの考察に共感したのかが理解できる。アメリカ合衆国のあらゆる文化的傾向を取り入れてきた台湾のような国にも、このような言説、つまりアガンベンの哲学も輸入され、西洋的な感受性のないところに、ただ単に現在の流行だからといって、とりとめのない無意味な言葉が流れた。だが、もう一世紀以上も西洋と運命を共にしてきた日本は違う。たしかにヨーロッパやアメリカほどではないが、新しい経済、新しい市場、文化世界の新しい中心の登場に、かつての地位を脅かされている。しかし、西洋文化が沈没すればいつでもアジア的伝統に復帰できる日本文化にとって、この局面はそれほど悲劇的なものではない。一部ではそのような流れがすでに見られ、グローバリゼーションの新しい均衡を求めて、知の組織全体が再編に向かっている。

西洋近代社会の黎明を言祝いだイタリアはその黄昏の最初の歌人となったが、それは偶然ではない。中世に立ち上がった最初の文化であるイタリアは今日、西洋世界の最も脆弱な輪となり、危機を生きる最初の文化となったのである。このような視点に立てば、イタリアン・セオリーの成功をイタリア文化の遅まきのルネサンスに数えることはできないだろう。

アガンベンに戻ろう。彼の文章はこのコンテクストのなかにあるが、黙示的な理論を語るわけではない。彼の理論は、ポストモダン的ニヒリズムの永遠の現在と、目前の未来の目もくらむ深淵の感覚との境界にある。われわれを呑み込みつつあるこの深淵の感覚は、サイバーパンクからニューエイジ、さらには環境汚染や経済危機に対する現代の感受性を特徴づけるものだ。

したがって、アガンベンはタウベスに依拠してはいても、メシア主義的ではあるが黙示的ではなく、多くの点でまだポストモダンであり、内在性の考察を超えることはない。

アガンベンのパウロは、神学研究への歩み寄りにもかかわらず、カトリック的に註解されるパウロとは似ても似つかない。事実、彼はユダヤ教的解釈に格別の重要性を与えるのみならず、キリスト教徒になる前のユダヤ人パウロを――タウベスにしたがい――重視するのである。

『残りの時』の内容はアメリカでのセミナーがもとになっている。章ではなく六日間に分けられ（タウベスのように）、段落の代わりに註が挿入されている。タウベスと同じく『ローマの信徒への手紙』への註解である。だが、アガンベンが前もって定める目的は、タウベスに比べて慎ましいものだ。タウベスはシュミットの求めに応じてその発見を明らかにしたのだが、アガンベンはただパウロが挨拶を送る最初のフレーズだけを取り上げ、そのメシア的意味を解説したいと言う。そして、彼はそのフレーズを構成する十の言葉から、一日にいくつかを選んで六日のあいだ語るのである。実際は修辞的な操作にすぎない。目的は慎ましいものだと言われるときはいつも野心的な言葉が語られる。歴史上この手紙は、トマス・アクィナスの素晴らしい文章を含めて多くの註釈の対象だった。しかしアガンベンの註解は、伝統とは無縁な典型的にポストモダンなものだ。文献学的に詳細を極めた註と自由な考察にもとづいた、テクストの分析をめぐる一種の脱構築的言説であり、テクスト自体は時に単なる口実にすぎないように見える。それではまず十の言葉を並べよう。

PAULOS DOULOS CHRISTOU IESOU, KLETOS APOSTOLOS APHORISMENOS EIS

EUAGGELION THEOU

CEI（イタリア司教協議会）認可の翻訳では次のようになる。

パウロ、クリスト・イエスの僕、召された使徒、神の福音を告げるために選ばれた

Paolo, servo di Cristo Gesù, apostolo per chiamata, scelto per annunciare il vangelo di Dio

原文に忠実な翻訳と言えるだろう——Paulos（パウロ）doulos（僕）Christou（クリストの、主から油を注がれた、メシア）Iesou（イエス）、kletos（召された）apostolos（使徒、招かれた）aphorismenos（隔てられた、選ばれた）eis（のために）euaggelion（福音、文字通りには善きeu知らせaggèlion）theou（神の）。

アガンベンは原文には読点がないことに注意し、kletosはPaulosにかかる「召された」と考えることも可能であるから、一文の意味は「パウロ、メシアのイエスの僕として召され、神の知らせのために使徒として隔てられた」とも読めると言う。ともかくここでパウロは明らかに、ローマの共同体に向けて自己紹介をしているのであり、自分が誰であってどのような権威を背景にしているかを語っている。

彼は自分の本名であるサウル／サウルスではなく、「小さい」、「慎ましい」という意味になるラテン名のパウルスを使う。名前のこの慎ましさに加えて、イエス、メシアであり神に油を塗られた者の従者あるいは奴隷であると言う。つまり、ここまでは謙遜した態度をとっているが、召されたと付け

加え、「使徒、招かれた」というイエスの直弟子だけに許された称号を用い、彼らに匹敵する超自然的な地位を要求し、おのれの課題が何であるか、つまり神の福音を述べ伝えるために選ばれたことを説明する。神のメッセージを伝える役を担った者であると言うのだ。この後半部はその言葉を聞く者たちに彼が重要人物であり権威をもつ者であることを告げている。だがこれがアガンベンの言いたいことではなく、アガンベンはそれぞれの言葉の背後にメシア的意味があると述べる。それに成功しているかどうかは読者の判断に任せるとして、ここでは、彼が展開する論述について、その中心と言うべきメシア的時間の観念を見ようと思う。

第一日目は最初の四つの言葉を扱う(Paulos doulos christou Iesou)。「クリスト」、主から油を注がれ、つまりメシアであるイエスへの言及はあるが、メシア主義については語っていない。何も語る必要がないほどすべてが明白だろう。

正真正銘の論述は「召された、呼ばれた」という意味の「klesis」に由来する「kletos」からはじまる。ギリシア語、そしてある意味ではラテン語も、召喚の概念は、現代語と比べてより広い意味をもっていた。事実、それは召命のような精神的な呼び出しでもありうるし、より実際的な任務、仕事の意味であるかもしれず、またたとえばローマ法では、社会的地位にしたがって共和国に税を納めるよう市民は「召喚される」。アガンベンは一見謎めいたパウロのフレーズを取り上げ、「en tē klesei he eklethe」とは何を意味するのか自問する。文字通りに訳せば「各々がそこに呼び出された召喚のなかに残るように」、ヒエロニムスの翻訳は「in qua vocatione vocatus est」である。しかし「召喚vocatus」が何かは明らかでない。ルターはそれを「職業Beruf」と置き換える。CEIの翻訳は「各々が召喚されたときにいた状態のなかに残るように」であり、「お前は召喚されたとき奴隷だったのか。心配するには及ばない」と続く。その前にも同様の文章が見られる。「各々は――主が割り当てなさったように――神の召喚を受けたときにそうであった通りに暮らしつづけるように」。手紙のコンテクストのなかでこの言葉は分かりにくいものではない。神に気に入られるために自分の社会的条件を変えようなどと思ってはいけないとパウロは信徒に釘を刺している。最後の審判の日のとき、各々は罪人でないかぎり普段の状態にあるはずだ。カトリック教会で用いられているウルガタでは、この「召喚 vocatione」は神から各々に割り当てられた状態という意味に理解され、もちろん不変ではなく自由意志により変わりうるが、パウロにしたがえば神に気に入られようとして変えてはならないのだ。しかしアガンベンはこのような解釈に興味はない。彼は次のように書く。「「召命 klesis」は、あらゆる法的状態、あらゆる日常的状態がメシア的出来事との関係のなかで被る特異な変容を指し示す」。

アガンベンはこの変容を無化の意味に理解する。それを彼は「そのようではない hos me」という表現の内に見るのだが、たとえば「泣いてはいない者のように泣く者たちや、喜んではいない者のように喜ぶ者たち」は、各々の状態がその感情すら移されることを意味する。それゆえ「そのようではない hos me」はメシア的生の状態として「召命 klesis」の究極の意味であり、アガンベンは「メシア的召命はあらゆる召命の呼び戻しである」と付け加える。だがそれは、偶然的で「人工的」な状態を純粋で真正な召命にすることではなく、「召命が召命自身を呼び、その内部に穴を穿ち、その内に宿るという行為自体によって召命を無化する」ことなのだ。これは召命とメシア的生のニヒリズム的な読みであり、キリスト教徒ではなく仏教徒の解釈にも相応しい。仏教ならばあらゆる状況、あらゆる社会的職務を実体なきものと考えるだろう。つまりこの解釈は明らかに、ハイデガー的ニヒリズムとその思想に由来する存在論的状態に還元する読みなのだ。

われわれはこの文章の内に、無為の共同体、したがって恍惚の共同体、そして到来する共同体についての言説の再確認とその完成を見ることができる。パウロのもうひとつの言葉、動詞「カタルゲオ katargeo」の活用「カタルゲイン katargéin」に関する言説もこのような方向で考えなくてはならない。この言葉の意味は「破壊」であると誤読されてきたが、「カタ katá（下に／の方へ）」と「アルゲオ argéō（不活性の）」の合成であり、「エネルゲオ enérgeō（活動的である、働く、生産する）」の反対である。したがってその意味は破壊ではなく、作動しているものを停止させる不活性化なのだ。さてこの「召命 klesis」が「不活性化する katargéin」なら、明らかにメシア的共同体はこのような不活性化の特徴をもち、したがって無為の共同体、すなわち個々人の肯定的特徴（専門職や社会的資格など）を不活性化する共同体なのである。そのニヒリズムが虚無ではなく召命／職業の不活性化である共同体（つまり、専門的または社会的アイデンティティが意味をもたない共同体）である。しかしながらアガンベンはこの方向をさらに推し進めるわけではない。どうしてなのかは後で見てみよう。

このような意味で「召命 klesis」の和合としての「教会 ekklesia」は、どのような方向性も課題ももたず、その内部の虚無自体でしかない恍惚的でニヒリズム的な無所有の共同体として、メシア的共同体を表わしている。カトリック信徒は教会をキリスト教共同体と見なすヴィジョンに同意しないかもしれないが、少なくとも以下のことは再確認しておこう。すなわち、共同体に関するナンシーの言説にすでに見えていたように、それは社会主義的な協働あるいはファシズム的な有機体ではなく、キリスト教の精神的共同体の内に根をもち、おのれの精神的目的とは異なるものをすべて無化する恍惚状態へと向かう。アガンベンに残された課題は、メシア主義のなかに隠れているこの目的論的ヴィジョンを解体することであり、そのためにメシア主義と終末論を切り離さなくてはならないのだ。

ここから問題はデリケートになる。メシア主義と終末論と黙示、容易に重なり合うこの三つのカテゴリーをどう扱うべきだろうか。曖昧なまま必要に応じて区別されるというふうではいけないだろう。ともかくまず、その近接性の理由から説明する。メシア的時間が問題にするのはメシアの再臨である。メシアは時の終わり、すなわち悪が決定的に敗れ去り最後の審判が下るときに再臨する。この出来事は黙示であり、終末論的時間は時の終わりである。つまりメシアは黙示のときに再臨し、黙示（啓示を意味する）は「時の終わりの啓示 apokalypsis eschaton」なのだから、三つのカテゴリーが重なるのも納得できる。とはいえ、区別されるものではある。たとえば宗教の歴史は黙示と終末論を区別する。時の終わりの問題は、人間一人ひとりにとっても、時の終焉という宇宙全体の問題としても（個人の死と宇宙の滅亡は同じ問題ではない）、まさに終末論的な問題である。だが黙示の特徴は、時の終わりだけではなく世界の終わりでもあることだ。ここでメシア主義とは異なる第一の区別を言うことができる。メシアが最後の審判の日に再臨するのは本当だが、メシアはすでに来臨しているというのも本当なのであり、つまり厳密に言えばメシア的時間は、救世主の未来の来臨のみならず過去の来臨にも関係しており、メシアによる過去の来臨と終末の時の再臨（パルーシア）という二度の訪れのあいだの時間として考えられる。だが、アガンベンはこのような言説の外にいる。なぜなら、(1) メシア的時間を二つのメシア的出来事のあいだの時間とは考えず、(2) 関心がないゆえに黙示と終末論を混同するからである。彼に関心があるのは別の問題、すなわち二つのアイオーンあるいは二つの世界の問題である。第一は黙示以前の歴史的世界であり、善と悪とが衝突し交替を繰り返し、歴史の力学に生命を吹き込む。第二は黙示以後の世界で、ありとあらゆる悪は敗れ去り、もはや死も衝突も動きもなく時間の停止した静かな永遠が現出する（デ・キリコの絵のように）。たとえばデ・キリコの作品《汽車》を例にとろう。ベルクソンは時間の矢を汽車で表わしたが、その汽車のアイロニーは明らかだろう。静止しているように表現され、目的地にたどり着くどころか、空想のなかで走りながら現実にはまったく動けないように見える。これはポスト黙示的な次元である。多くの思想家の考えとは異なり、終末論的思想は、そこへ向かう列車の車上で考えられている終着駅のようだ。すなわち目的地を考えることと走行を考えることは、二つの別件ではなく区別すらできない。なぜなら目的地は列車の走行の果てにほかならないからである。しかし、アガンベンは目的地へと走る列車のなかにいることと、到着の純粋な瞬間である走行の終わりを区別する。目的に向かう途上にあることがメシア的時間なのであり、終末論的時間はただ旅の終わりに列車が止まり下車するその未来の瞬間にのみ関係する。つまりメシア的時間は目的に向かう車上の現在であり、終末論的時間は未来の瞬間である。けれども、列車は駅に到着したが下車はまだこれからだという状態は除外しなくてはならない。なぜなら、その場合はメシア的時間と終末論的時間が一致してしまうから。

けれどもアガンベンはこの区別に満足せず、次のように自問する。では歴史的現在とメシア的時間のあいだにはどのような相違があるのか、同じものではないのだろうか、と。列車の例を続けるなら、われわれ（アガンベンではない）は列車の例をガリレオの船に移して考えることができる。ガリレオはこう言っていた。船の甲板においた桶の上を飛び回る蠅がいるとして、船が動いているとき、蠅はもっと速く飛ばなくてはならないわけではなく、船が止まっているときと同じである、と（これは物理学のいわゆる慣性の法則でガリレオの発見になるものだ――『天文対話』に「大きな船舶の広い部屋のなかで友人とともに閉じこもり、そこに蠅や蝶など飛ぶ虫を放ち、金魚を入れた水がめをおく。天井から水の入った桶を吊るし、下においた水がめのなかに一滴ずつ水を垂らす。船の停泊中に、これらの飛ぶ虫が同じ速さで四方八方を飛び回り、金魚がどの方向へも同じように泳いでいることを確認しよう」とある)。時速百キロで走る列車のなかでわたしの前を進行方向に飛ぶ蠅は、時速百十キロで飛んでいるわけではない。電車の外にいる者の目には百十キロに見えるはずだけれども。端的に言ってこれはアインシュタインの相対性理論の原則である。現実が同じひとつのものだとしても、列車のなかにいるのか外にいるのかで異なる。つまり現実の経験が異なるわけだ。しかしながらこの例はまだ十分とは言えない。なぜなら車中の者も外の者も動いており、現実の状況はもっと複雑なのだ。実際のところ歴史は決して止まらずに流れている。メシア的時間が流れるように。われわれはまた別のタイプの相対性、解釈学的な相対性を考えてみることもできる。列車の乗客は目的地への途上にあるのを自覚しており、その枠組みのなかで考える。だが、目的もなく動く者にこのような基準点は存在しない。現実がひとつの同じものであっても、それをどのように生きるかは異なる。どこへ向かっているのかを知る人もいれば、ただ移動中であることしか分からない者もいる。このような見方からすれば、相違は目的論的展望の内にある。だがそれは、どのように椅子を製作しようかと呟く職人の目的論ではなく、つまりわれわれが職人ではなく椅子であるときの目的論なのだ。アガンベンはこの二つの次元の差に注意を向け、そこにメシア的時間の鍵を見る(これは妥当とは思えない。なぜなら差異がメシア的次元と歴史的次元の違いなら、その差異のなかにメシア的時間を見出すことはできないのだから)。ともかくさらにアガンベン自身が書いている例について考えてみよう。アガンベンは例として、言語学者ギヨームの言う作用時間を持ち込む。ギヨームによると、われわれが時間の経験をもつとき(つまり持続の意識をもつとき)経験の持続は現実的時間からずれている。なぜなら脳が働くのに要する時間があるからだ。この理論はたしかに間違いではないが、認識論的観点からするともはや古いものだ。テニスボールが通り過ぎてしまう前にラケットを振ることができるように、何かが起こると同時に反応するメカニズムのあることを多くの実験が明らかにしている（もしギヨームが正しければ、われわれは自然現象にいつも遅れて暮らしていることになるだろう）。要するに、アガンベンはメシア的時間の差異的次元を探究し、メシア主義のヴィジョンを差異の哲学の言葉で表現しようとするが、実証主義的に言えるものは何もなくすべてが定義しがたいのである。そこでアガンベンは「残り」という概念を用いる。先にユダヤ文化における「残り」の概念を説明していたアガンベンは、ここで「残り」のメシア的定義を与えようとする。それがキリスト教信仰の人民を定義する基準となるからだ。細部に入ることはできないが、ユダヤ人かユダヤ人でないかという明白な区別と、ユダヤ側の「非ユダヤ教徒でない」なのか、それともヘレニズム＝ローマ側の「非ユダヤ教徒でない」なのかという二重の否定を通して、血統の人民とメシア信仰の人民の差別／無差別が設定される。これは分割の切り口自体を切り裂く識別不可能な領域に入ることだ。そこでアガンベンは分割の空間を分断するこのモデル（後に人類学が「瞬間的境界時空」と呼ぶ二つのコノテーション間の差異の瞬間であり、いわば服を着替えるときの一瞬の裸状態にも似ている）を採用し、歴史的時間と無時間的永遠の分割の問題を時間的平面に持ち込もうとする。つまりメシア的時間は切断の切断であり、識別不可能で裸性の、脱召命または不活性化の領域を生み出す。このようにメシア的時間はパルーシアまで残りつづける時間だが、すでに未来に浸されており未来を見る時間ではない。未来はすでに開始している、とサイバーパンクが言うのに似ていなくもない。つまり異なる自覚のもとに現在を見ているのだ。

しかし、アガンベンはまだ満足せずこの図式をさらに複雑化する。今度は詩のかたち、中心で反転し前半と後半がシンメトリーをなすように配列された詩行が登場する。時間の円環的モデルではないが振り子的モデルとして興味深いものだ。だがもしそういうことなら、末端でなく中心へ向かう動きが消尽しないかぎり真の終末はありえないことになる。詩では構成の鍵となる要素が三つの詩行に要約されているが、ここからアガンベンは、パルーシアを待つ時間は縮むというパウロの言葉の意味を伝えようとする。この収縮の内に要約のアナロジーを捉えるのだが、それはアポカタスタシス（万物復興）理論のオリゲネスにも見られるものだ。こうして未来の問題は過去の問題と等しくなり、メシア主義はこの偏向（われわれには本質的に未来を志向するものに思えるのだが）から解き放たれ、ポストモダン的でニヒリズム的で根本的に内在主義的なその概念に相応しく、すでに開かれた終末の時の最後の時間としての現在を考えるのである。だが実際のところ、収縮と要約を受け入れ、純粋な現在をつかもうとしても、終末を拭い去ることは不可能だろう。

では、最後に「カタルゲイン」に戻ろう。どうしてアガンベンは、彼自身やナンシーのヴィジョンを強固にする共同体を結論として語らないのだろうか。すでに古くなった議論を蒸し返すのが嫌になったのだろうか。行き着く先が予想できる論をそのまま推し進めたくなかったのだろうか。だが、彼は哲学者には看過できない発見をしたと言っていた。つまりおそらくは、ただ単にこの発見から離れたのだろう。その発見というのは、ルターがこのカタルゲインを「アウフヘーベン（止揚）」と訳したことだった。ヘーゲルの思想の中心的概念となる言葉であり、ここからヘーゲルの思想のメシア的性格が説明できる。しかしながらこの発見はそれだけでは哲学的なお喋り以上のものではない。なぜなら、このようなメシア主義は明らかに目的論的で、終末論的ですらあるのだから。論を中断してまた他の前提から出直さなくてはいけないわけだ。かくしてアガンベンはヘーゲルを棚上げして、ロシア構造主義の父であるトルベツコイが用いた「アウフヘーブング（止揚）」へと移り、ヤコブソンやレヴィ＝ストロースにはじまる構造主義に目を向ける。それ自体は何も意味しないが、意味作用の可能性をつねに開いておくゼロ記号、不活性の記号がテーマとなる。そしてこれらの論すべてがデリダのグラマトロジー、ありとあらゆる意味に先立つ痕跡としての記号概念へと流れ込むのである。

以上はわれわれの歴史的・哲学的言説のなかで重要である。なぜなら、ポストモダンに典型的な差異主義の信仰告白、ある潮流ある伝統に属しているという著者の表明として読みうるこの言葉は、また別の読みにも開かれているからだ。すなわち、アガンベンが、ルター主義からヘーゲルの観念論を通り、そして唐突に構造主義に飛び、最後は脱構築にいたるこの哲学的伝統を要約するとき、ある意味で、大陸哲学の系譜学を語りながらそれを周縁的なものにしているのだ。彼の思想はもはやそこにはなく、その向こうにもなく、まさにその境界、転移の閾に立とうとする。還元と部分化を受け入れて切断を遂行するのではなく、切断そのものを切断しようとするかのように、その場にとどまりつづけるのである。

こういった意味でアガンベンは、その内に唯一の道が消失するかぎり乗り越え不可能な境界の上に身をおく、境界の思想家である。それはまた、後から来るものが同じ特徴、同じ複雑さや曖昧さをもつことはできず、より明確で一面的な部分的存在となるほかはないことを意味する。ポストモダン的な感性には受け入れがたい何ものかだが、ある意味でイタリアン・セオリーがその先駆けとなったものなのである。

身体の政治学とイタリアン・セオリーの背景

第一部の締めくくりとして、はじめに触れたように、イタリアン・セオリーに関連する「身体」の重要性について述べておきたい。身体の問題は一九九〇年代から二十一世紀初頭にかけて大きく浮上し、とりわけ身体とテクノロジーの関係（サイバーボディ、サイボーグ、テクノロジー身体、補綴、ポストヒューマンなど）が、イタリアン・セオリーと重なるようなかたちで問われた。

事実、その底流にある文化的感性は正確に同じものだった。エスポジトは著書『生ける思想』(Esposito 2010) のなかでこう書いている。イタリアの哲学的伝統はドイツとは異なり、現実から離れた純粋な観念にはあまり関心を示さず、とりわけ身体性とは無縁な超越論的分析哲学には目を向けず、かくしてイタリアでは現象学もそれほどの反響はなかった。イタリアン・セオリーはポスト現象学的な傾向なのである、と。だが身体の問題は、ヴィーコからではなくフランスから、とくにメルロ＝ポンティのまさに現象学からイタリアにもたらされたのである。

いずれにせよ身体の問題が最近、つまりポストモダンの第二の局面以来、イタリア哲学のライトモチーフとなっているのは間違いない。

こういった意味で生政治は、身体の政治学というふうに誤解されたのである。この誤解の原因は、体制（その言説の実践とともに）と身体の関係を、身体を統治する形式において問題にしたフーコーの思想の図式化にあった。その形式には二つの方法があり、ひとつは隔離と規律訓練の身体的方法、もうひとつは身体を馴致する合理的な主体を生み出す心理的方法である。

たしかにこの図式に間違いはないが不完全なのだ。フーコーにとって身体は重要だが、すべてを解釈する鍵概念ではない。とりわけ生政治にはそうであって、でなければフーコーは議論を古代からはじめたはずだ。生政治の結節点は身体ではなく人口であり、直接的強制に訴えずに統治する体系的現象なのである。それゆえフーコーは、生政治との関連で強制収容所については語らない。なぜなら、収容所は個々人に対して直接的な力を向けるからだ。生政治の観点から収容所の問題に関わる唯一の言説は人種差別だろう。それが人口の問題を遺伝学的に捉える新しい人口的理性であるかぎり。したがって生政治は、人口の一部分を排除する「最終的解決」で人種を浄化するという観念を扱うのであれば、フーコーの方向で（『社会は防衛しなければならない』）収容所にアプローチすることもできる。しかし収容所がどのように組織され運営されるのかは別の問題であり、それはフーコーの言う生政治ではなく、収容と排除の空間なのである。もっとも、この空間は通常の収容空間ではありえない。収容が排除にいたる途上でしかなく、異種を正常化するのではなく物理的に排除して消去するという論理のもとにあるからだ。つまり、それは戦いの場であって統治の場ではなく、それゆえ生政治ではないのだ。

それは戦争の場である。何らかの理由でただ単に「反対側」にいるだけで、罪を犯してもいないのに、敵として排除する実践なのだから。したがってそれは、最終的に警察国家を目指すかもしれないが、統治性の形象ではなく、スタシス、内戦の形象なのだ。そして実際に強制収容所は軍隊に典型的な施設である。収容所は捕らえた敵をそこに収監するための施設であり、そういうものとしてドイツの専売特許ではなく、戦争に巻き込まれたすべての国家に存在する。ナチスは強制収容所を発明したのではなく、それをユダヤ人に対する内戦（一方的に戦われた）に用いることを発明したのだ。戦う可能性すらもたずに（ドイツ人の敵と見なされたユダヤ人は、自分たちがドイツ人の友であり、最初はナチスの友であるとさえ空想していたからでもある）ユダヤ人は最悪の敵として（打ち負かすべき敵ではなく消し去るべき敵として）扱われた。その目的が大量殺戮だったナチスの収容所が内戦の施設と見なされる別の理由は、まさにその殺戮目的のゆえである。事実、『ホモ・サケル』をユーゴスラヴィア紛争に捧げたアガンベンは、ナチスの季節の後、人口の構成員に対して民族浄化を掲げた同じタイプの残虐行為が、まさに内戦でおこなわれたことを自覚していたはずだ。殲滅へと傾く残虐行為は、軍隊と軍隊の戦争よりも内戦にこそ相応しい。内戦は、シュミットが理解したように、人口の一部を消し去り拭い去ろうとする全面戦争になる。

したがってイタリアの生政治と身体の関わり方はフーコーとはまったく違う。フランスとは異なりイタリアでは、身体は反抗的で御しがたく、法的理性、国家的理性の枠内には収まらないものである。それではどうして、ローマ法とキリスト教会の祖国イタリアに、このような抵抗があるのだろうか。「まさにそうなのである」としか答えられないかもしれない。たとえば、自分の抑えがたい性的欲望を満足させるため、おのれの政治生命も国家の安全保障も危険にさらした元首相シルヴィオ・ベルルスコーニは、イタリアン・セオリーとは政治的にどれほど異なっていても、同じ感受性を表明しているのである。だがこのような言い方を続けてゆけば、「異教的」出身やら「地中海的」体質やら、身体性のイタリア的性格をめぐる紋切型に落ちてしまいそうだ。

一般化はさておき、見逃してはならないのは、とくに一九六〇―七〇年の世代は右も左もまさにこうした特徴をもっていたことだ。性の解放というテーマが大きく掲げられた時代だった。六八年革命の本当の目的は、プロレタリアートのではなく性の革命だったのではなかろうか。抗議運動の若い大学生たちは富裕層出身であり、経済的な問題は抱えていなかった。また性的解放の観念は、長らくキリスト教道徳に抑圧されてきた中産階級の要求に一致する。その道徳は何世紀ものあいだ、特別扱いの貴族ではなく第三身分の状態を決定していた。こういった意味で貴族は少なくとも共通のモラルに対しては例外的な階級だった。中産階級である第三身分、とくに小市民は、あまりに窮屈となった教会道徳の上品な外套を脱ぎ捨てるため、革命を演出する必要があったのだ。つまりおそらくはこれが、共にいる（共産主義ではなく）共同体と性の自由を要求した反抗の意味だったろう。すでに超越的価値は捨て去られ、救済の見通しは、完全に内在性の内に生きられた豊かさにしかなかった。だが、もちろんキリスト教道徳にしがみついても意味はない。ともかく、まだひじょうに抑圧されていた女性の解放のためには重要な運動となったのであり、これについては後で見ようと思う。

剝き出しの生とペルソナ

アガンベンやエスポジト、さらにまたネグリやベラルディたち、現代のイタリア哲学の大部分にとって、生きている身体とその欲望はさまざまな仕方で体制の装置に従属させられている。

どうしてこの従属が当然のように仮定されているのか、エスポジトだけがこれを問い、司法的形象としてのペルソナの系譜学をたどり、古代ローマにまでさかのぼって人間の本能的部分に対する理性の支配を見出す。彼は『ホモ・サケル』のアガンベンのように法哲学的なアプローチを選択したが、もし歴史的・人類学的なアプローチであったならもっと先へ進めたはずだった。事実、このような考え方は地中海の古い文明の神秘主義的伝統に、とりわけエレウシスの秘儀やプラトニズムにはっきりと見て取れる。つまり、身体から切り離され身体より上位にある魂の観念がある。身体は動物であり、本能への盲目的な執着であるから、魂の支配を受けねばならない。そしてこの原理は、理性の働きの指導的役割を強調するストア派やエピクロス派の理論などを通して、ヘレニズムのすべての文明に支持されたのである。つまり明らかに、このような原理に基礎をおいて構築された文明は、理性的魂に社会的役割を認め、動物的部分をその管理下におくだろう。神の受肉と肉体の復活による身体の重要性、そして感情の価値を持ち込んだのはキリスト教だった。ちなみに、それは身体と魂が決して分離しないユダヤの伝統から来ている。したがって、キリスト教がしばしば本能の内に悪魔的要素を見たとしても、身体の罪はつねに「審理中」であり決定的なものではないのだ。要するに、この肯定的身体と否定的身体のあいだの緊張はキリスト教的人間学に典型的な要素なのである。さてそれから、市民社会が発展して世俗的価値が承認され、地上の快楽を追求することは正当なものとなった。理性の新しいかたちが生まれ、それは再び心と身体を結び、人間の生理学的で本能的な要求を満たそうとした。こうして第一に性の問題が浮上したのである。恥辱の烙印が捺されていた性を決定的に解き放つこと。これを最重要視するフロイトの精神分析が転回点だった。

フーコーも含めてドゥルーズたちフランスのポスト構造主義があれほどフロイト主義を批判したのはなぜなのか、フッサールの現象学による身体の復権と精神分析によるセクシュアリティの復権が並行したことを知らずに、それは理解できないだろう。体制に対する生ける身体の文化のすべてはこの哲学的影響を受け、とりわけフランクフルト学派、なかでもヘルベルト・マルクーゼの存在が大きかった。マルクーゼは、資本主義社会をマルクス主義的に批判する精神分析学的要素と、現象学的・実存主義的な流れの哲学的要素をはじめて合体させ、そういった意味でヨーロッパ大陸現代思想の隠れた師の一人となった。マルクーゼの理論は、ヴァッティモからペルニオーラまで、イタリアの多くのポストモダン思想家に根本的な影響を与えている。エスポジトはどうか分からないが、その考察の基礎には明らかにフロイト主義的なアプローチがある。アガンベンはおそらく誰よりもこの流れから離れてはいるが、詳細に分析すればやはり何らかの関係が見えてくるはずだ。

ともかくエスポジトの分析を彼の二冊の著書、『三人称の哲学』(Esposito 2007) と『ドゥエ』(Esposito 2013) から見ることにしよう。エスポジトは数字にこだわっているかのようだが、騙されてはいけない。身体は2にも3にも関係があるともないとも言える。実際のところ、身体は何か個人的なものではなく、それゆえ一人称でも二人称でもなく(つまり私でも君でもない別の主体に言葉が向けられている)、むしろ何らかの「それ」なのである。『ドゥエ』はペルソナと身体への人間の分割を示そうとする。私や君であると同定されるのはペルソナであり身体ではない。身体にはペルソナの所有物であるという以外に何の権利もない、と。この見方からすれば三人称は、誰でも指示するかあるいは誰も指示しないゆえに、「非ペルソナ」と定義できるほど非人称的である。それはコジェーヴの言う歴史の終わりとともに人間の終わりにたどり着いた動物、ただ純粋な動物として残った人間のようにも見える。ウラジミール・ジャンケレヴィッチの「他者」、あるいは「雨が降るit rains」のような表現に用いられる「it」、あるいはレヴィナスの語るように対話の間主観的戯れから除外された第三者の「彼」、「他性」と呼ばれるペルソナの横ずれ、あるいはブランショの「無性」のようでもある。その次元はハイデガーの「ひと」、つまりいわば「非人称の主語」に等しく、ある意味ではレヴィナスの「ある il y a」にも似ている。

この非人称の現前する場はフーコーが語る「外」の典型であり、その時間的次元はドゥルーズの言う出来事の次元である。この認識に拠りながらエスポジトは、二十世紀最後の十数年の哲学的思想が、近代的主体の次元をはみ出した（一種の不測の事態）この隠れた次元に多大な注意を傾けたことを説明し、彼の非人称の概念を展開する。

すでに見たように『ドゥエ』の第一部は「政治神学の機械」に捧げられているが、この機械の心臓部を身体／ペルソナの分割の内に見ている。政治神学から「身体／ペルソナ」二元論への移行を可能にした鍵は、たとえばエルンスト・カントーロヴィチの『王の二つの身体』（Kantorowicz 1957）の視点だった。永遠の聖なる王、象徴的な王と死すべき王との分割が至上権の基礎となり、ここから政治的身体の内在的原則と超越的原則の差異が示される。エスポジトにしたがえば、政治神学の機械の働きは、ペルソナの装置に内在するいわばDNAの遺伝子分離法則に達してはじめて理解されるのである。したがってエスポジトは本書の第一部では政治神学の議論を再構成するが、第二部に入ると、ペルソナが認められない（解放されても十分には実現されない）奴隷の物象化した姿から出発してこの装置の系譜学を描こうとする。最初のポイントは、物の様態とペルソナの様態のあいだに架けられた人間性の内にあり、第二のポイントは、教父神学から発展したイエスの二重性の問題に由来する神学的概念としてのペルソナの内にある。第三のポイントは、ペルソナと主体、とりわけ法的主体との関係である。その主体は、ホッブズからロック、カント、フリードリヒ・カール・フォン・サヴィニーを経てヘーゲルにいたる流れのなかで、いわゆる「主体化された（従属させられた）主体」（フーコーの有名な表現）のなかに現われる。『ドゥエ』を締めくくる第三部ではペルソナと思想の関係が問われる。近代がペルソナと意識を一致させたことは重要だが、エスポジトはこれとは異なる観点を哲学史のなかから取り出そうとする。それは、アヴェロエスの能動知性に関する有名な問題にはじまる議論で、知性が非人称的に捉えられているのだ。同様に、エスポジトはスピノザのいわゆる「唯物論」の特異なポジションを再確認する。また、シェリングのようなロマン主義の思想家の内にも、人称的な性質が明確でない魂についての考察が見出される。最後にエスポジトは、ニーチェとベルクソンに政治神学機械の脱構築者を認めるのである。エスポジトは、精神の非人称性に着目することによって、伝統的な「主体＝精神」と「質料＝身体」の二元論を乗り越える可能性を示したのだ。この議論がさらに異なる視点からも掘り下げられることを期待したい。

ネグリ工房

「ネグリ工房」という言葉を使ったが、それは、クラブやサークルのような集まりでもネグリ派という学派でもなく、アカデミックな意味でかつてネグリに学んだ学生たちを指しているのでもない。ある知識人グループを便宜的にまとめる表現にすぎない。彼らは、活動の場が離れてはいても、いくつか共通する議論や思想のかたちを一九七〇年代末以降に推し進めてきた。ネグリはこのグループで最年長の有名人にすぎない。ネグリはまたこのグループで唯一はじめから政治の哲学者だった。他の者たちは、誰もが政治哲学に関わってはいるが、専門課程に進んでからか、別の分野の出身である。

アガンベンそして短期間だがカッチャーリの二人だけが、ネグリに近いタイプの哲学的形成過程をたどったが、二人とも独自の思想家となった。他の者たちはみなそれぞれ何らかの分野に秀でており、たとえば、ヴィルノは言語学を専門としている。フランコ・ベラルディ（Bifo）は七七年のラジオ・アリーチェの経験の後にメディア論を専攻したが、友人のガタリを通して哲学と精神分析に向かった。クリスティアン・マラッツィは優秀な経済学者である。もう一人の経済学者、インフラストラクチャーと運輸の専門家セルジョ・ボローニャは、政治と大学の世界で長い経験があり、グループのなかでネグリに次ぐ年長者だ。サンドロ・メッザードラは人類学を研究している。マウリツィオ・ラッツァラートは社会学者で、債務の罠を語った二冊の著書、『〈借金人間〉製造工場』（Lazzarato 2012）、『債務人間の政府』（Lazzarato 2013）がある。それでは以下にヴィルノとベラルディについて少し詳しく見てみよう。

パオロ・ヴィルノ

先にイタリアのオペライズモについて述べたとき、ヴィルノの政治活動に触れた。彼の著作は、『マルチチュードの文法』（Virno 2001）を除くと、哲学的あるいは政治理論的な作品はまだ多くない。ヴィルノの哲学的テーマは、とりわけ人間本性の問題と言語の関係、つまり哲学的人間学と言語との関係、そして言語の根拠または限界である。そこから「可能的なもの」や「前個体的なもの」へと注意が向けられる。

ヴィルノが、イタリアン・セオリーゆえの知名度とはいえ、ただ政治的思想家として知られているのは残念なことだ。なぜなら彼は第一級の言語哲学者であり、ひじょうに博識なばかりか分析能力にも優れている。ヴィルノの特徴は、人間や思想における言語の意味を思いもかけないほど広く捉えて問うところにある。おそらく「純粋な」言語学者には考えられないことだろうが、弁証法と批判哲学の素養をもつ彼は、普通は技術的な問題として片づけられる問いにも立ち向かう。ここで彼のアプローチはより一般的でより問題提起的になる。最近はまったく独自の(ある意味で孤絶した)哲学的思想を発展させ、『否定をめぐる試論』(Virno 2013)、『精神の言葉と革新的行為』(Virno 2005)、『こうしていつまでも』(Virno 2010)では、言語学的探究と哲学的人間学を交錯させている。それは、人間が人間であるのは象徴言語を用いるからであり、言語の根本的様式は人間のそれを反映しているという単純な理由による。

フランコ・ベラルディ(Bifo)

すでに見たように、メディア・アクティヴィストとしてのBifoは、メディアを再構成してクリエイティヴに開いていく能力のゆえに有名だった。彼のようにラジオを用いた者はそれまでいなかった。Bifoはラジオをソーシャル・ネットワークに変え、広範囲な参加者に創造的な活動を促すことができた。彼の関心を引いたのは、エンターテインメントではなく、メディアを用いて都市の創造的エネルギーを解放することだった。たとえばアラブの春のソーシャル・メディアのように、Bifoの自由ラジオに多くの人々が耳を傾けたのは、第一に内容が面白かったからだが、市民運動をコーディネイトする重要な手段になっていたからだ。このように双方的に開かれた地方ラジオの可能性は、Bifoがすぐに捉えたように、当局も瞬時に理解して握りつぶそうとした。もちろんBifoはこのラジオ・アリーチェの閉鎖をメディア的な一大イベントに変貌させ、イタリア全土に大きな反響を呼び起こし、それは七七年の運動の象徴的事件のひとつとなった。

しかし、ヴィルノと同じくBifoの活動もこれだけではない。カルト的人気の漫画作家アンドレア・パッツィエンツァが当時描いたものに、作中人物が図書館へ行って Bifo 全集一巻本を手に取るシーンがある。これは冗談として描かれたわけだが、まだ三十代だったBifoにはすでに何冊か著書もあった。一九七七年だけでも監修本やピエール・リヴァルやアラン・ギレルムとの共著を含めて四冊も出しているのである。

Bifo はつねにイタリア思想のアウトサイダーだったが、それは、彼のように多才なアクティヴィストを引き入れたら何をするか分からないと恐れた大学が門戸を閉ざしつづけたからでもある。最近の著作『大量殺人の〝ダークヒーロー〟』(Berardi 2015) は、自殺を切り口にして現代の心理的・社会的条件を分析している。Bifo は金融資本主義に管理された世界は「不幸の工場」であると言う。その序文から一節を引用してみよう。

本書は金融資本主義の時代に支配的な傾向、すなわち自殺を取り上げている。個々の人間の自殺率が増加しているという穏やかならざる事実はさておき、わたしは人類全体が自殺を選択したのではないかと思っている。自殺の決心をする者たちは少ないだろうが、誰もが自殺に向かわざるをえない状況がある。もしかすると決心する者は一人もいないかもしれない。けれども、金融騒動の闇夜を飛ぶこの貨物機に搭乗しながら、誰もみな罠に落ちたかのように、操縦室の扉の開け方が分からないのである。

いずれにせよ操縦室にパイロットはいないのだ、と繰り返しそう言う欧州中央銀行総裁マリオ・ドラーギは、思慮深い紳士と見なされているが、実は心を病んでいて長期休暇をとる必要のある人物だ。選挙で誰に投票するかは問題ではないとドラーギは言った。ギリシアにどのような政府が誕生しようが、その政府に対して誰が賛成しようが反対しようが関係ないのだ、と。ヨーロッパの経済政策は自動操縦に委ねられて進んでいく。検証しよう。民主主義は慰めの儀式、費用のかかる諦めの訓練でしかない。民主主義は問答無用のプログラムを管理しなくてはならない人々のあいだの選択である。

自動操縦士がわれわれをどこへ連れていくのか、もう分かったと思うが、われわれは増えるばかりの精神的不幸、とりわけ絶対的な心理的不幸へと向かっているのだ。

ナポリの状況

これまで見てきたように、イタリアン・セオリーの主人公たちの多くは、ネグリとその理論的・政治的なポジションに何らかのかたちで結びついている。

だがエスポジトはそうではなく、ナポリの特殊な知的環境と関わりがある。ナポリは西洋哲学の中心地のひとつであり、高名なナポリの哲学研究所では、創設以来、西洋哲学を代表する者たちが活躍してきた（現在、研究所の活動は経済的な困難に直面しているが）。

そういうわけで、絢爛たる過去をもつナポリの知的環境のアクチュアリティがなくなったわけではない。ナポリには、ヴィルノのようなイタリアン・セオリーの思想家、理論哲学の分野で有名なヴィンチェンツォ・ヴィティエッロ、美学のマリオ・コスタらがいる。また『カイアーク』（旧『カイノス』）のような無所属の哲学専門誌も存在する。ともかくここでは、ごく簡単ではあるが、二人の女性哲学者、マリアパオラ・フィミアーニとラウラ・バッツィカルーポを紹介しよう。

フィミアーニは、ナポリ大学を卒業した後ロンドンで博士課程を修了し、マルセル・モースやリュシアン・レヴィ゠ブリュルらの人類学を基盤に、人類学の認識論的問題をテーマに研究を進めていた。彼女がこの研究を通してフーコーの著作に関心を寄せていた頃、イタリアではイタリアン・セオリーがフーコーの思想を再発見する。こうしてフィミアーニは、イタリア中を巻き込んだ議論、哲学的人間学やポストヒューマンの議論に参入することになった。

バッツィカルーポは政治哲学出身で、一九八〇年代、保守革命つまり非政治的なものの革命、「クライシス」の時代のヴィーンに目を向けて以来、理論的に近いエスポジトのもとにいた。そして生政治の議論を掘り下げるなかから「生経済」を語るようになる。同様の言説は互いに無関係ないくつかの方面からもすでに生まれつつあった。ともかく、現代人の問題は「生の国有化」でも生の政治学でもなく、生のあらゆる局面の商品化、正真正銘の生の経済であるという認識のもとに、生経済は登場したのである。バッツィカルーポは生政治と生経済のあいだに矛盾対立はなく（わたしはそうは思わないが）、連続していると見なしており、両概念を接続する方向で研究を進め、生政治批判を通して新自由主義と社会の経済的管理を考察している。

インテルメッツォI

一九九〇年代のテクノロジーの思想と哲学的人間学

それではイタリアの哲学を少しさかのぼり、現在の状況にいたる前提、つまり一九九〇年代へと移動しよう。ここに概略されるのはイタリア思想の大きな一ページではなく、ポストモダンとイタリアン・セオリーのあいだのいわば隔膜にすぎない。しかし、ポストモダンとイタリアン・セオリーのいずれもが一九三〇年代から五〇年代生まれの者たちに率いられたことを思えば、九〇年代のテクノロジーの思想は、新しい世代が前面に躍り出た唯一の時代だった。事実、ポストモダンのグループもイタリアン・セオリーのグループも同じ世代、いわゆる六八年と七〇年代初頭の世代に属しているのだ。彼らのなかでポストモダニズムに流れた者たちは、社会参加の修辞を捨て去り、時代の変化がもたらした機会をつかもうとした。他方でイタリアン・セオリーは、政治的に首尾一貫した立場の者たちで、それゆえ一九八〇年代は不遇だったわけだが、十年ほどのあいだに態勢を立て直し、世紀が変わる頃から大々的に復活したのである。

したがって、イタリアの最も若い世代はイタリアン・セオリーの世代ではない。それはポスト・ポストモダンの世代であり、新しいテクノロジーに不慣れな前の世代の欠陥を利用して、まさにテクノロジーの領域をテーマにごく短期間登場したにすぎない。

まず歴史的な理解が必要だろう。熱い時代（一九六八―七四年）の世代は、一方ではひじょうに戦略的に動く革命党の論理をもち、他方では前の世代が比較的無防備だったことを利用した。政治的戦略の目的は権力の奪取だが、それは不可能なので、政治的または文化的な重要ポストの獲得を目指した。前の世代は進歩主義者であり若者に寛大だったが、この世代はそれを素朴な政治的過ちと見なしつつ利用し、自分たちはその過ちを犯さないようにした。ポストモダンは進歩を信じないからでもあった。革命的だと自称するその世代が誰よりも保守的に振る舞ったのである。彼らはあらゆるポストを手中に収め、派閥をつくるためではなく、自分自身の個人主義的ナルシシズム的な名声のために大学の権力者となった。かつて、大学の封建的特徴はごく少数の高名な教授が数多くの弟子たちを抱えていたことだったが、新しい領主たちは後継者を育てようとする気がない。このクロノス症候群（周知のようにクロノスは息子たちを喰らった神である）はイタリア哲学の発展を大きく損ない、将来に大きな禍根を残した。なぜならイタリアン・セオリーとポストモダンの世代が引退すると、後には文化的な空白が口を開けているのだから。だが新しい世代に敵対する領主のいない領域がただひとつあった。それは、もっともなことだったが、新しいテクノロジーを駆使したデジタルな情報分野である。知的な活動領域で文化的な権威が君臨していなかった唯一の舞台が、テクノロジーの変容に関連する分野だった。こうして九〇年代のはじめに、イタリアで自然発生的に高揚した最後の文化現象が登場する。文化の専門家たちが応答の術をもたなかったデジタルへのこの展開は、若者たちのあいだに大きな反響を巻き起こしたのである。情報とその理論化の要求に応えようとして、さまざまなグループ、雑誌、出版社が次々に誕生した。けれども、いずれも長続きしなかった。なぜなら、ほどなくしてデジタルは新しい発見から日常の現実となり、エキスパートの必要性は低下し、このテーマについての世間の関心も消えはじめたからである。誕生して間もないテクノロジーの思想家たちはみな、先に述べた理由から大学など研究機関に席をおくことができなかった。芸術系の大学で働くことができた者もいたが、生活のために使える手段は何でも用いて動かざるをえず、ディアスポラ的な状態のなかで議論は中断し、結果を残さずに消滅してしまったのである。現代がまだテクノロジーの時代であるにもかかわらず。

前の世代の政治的部分は、すでにアメリカのアクティヴィストによって再発見されていた。他方でこの世代の弱さは、前の世代に有利に作用したのである。

「隔膜世代」の主要なテーマは三つある。時系列に並べると、サイバーパンク、ポストヒューマン、そして哲学的人間学である。

サイバーパンク

サイバーパンクは哲学的潮流ではなく、文学的傾向として誕生し、映画に影響を与え、アメリカ合衆国で発展し、ヨーロッパや日本へ進出した。アメリカではとりわけ、ジョン・バラード、ウィリアム・ギブソン、ブルース・スターリングが代表的な作家である。サイバーパンクの物語は文学から映画へと移し替えられ、たとえばフィリップ・K・ディック原作の『ブレードランナー』(一九八二)、ギブソン原作の『JM』(一九九五)、それからスティーヴン・キング原作の『バーチャル・ウォーズ』(一九九二)、デヴィッド・クローネンバーグ監督の作品などがある。

言うまでもないだろうが、日本でサイバーパンクの世界はアニメに表現され、押井守や今敏らの作品、『AKIRA』(一九八八)や『攻殻機動隊』シリーズ(一九九五―)がある。

イタリアの特殊性は、その影響を受けたのが文学でも(ピーノ・ブラゾーネら何名かいたが、マイナー作家にとどまった)映画でもなく(ガブリエーレ・サルヴァトーレスの『ニルヴァーナ』[一九九七]が唯一の例だろう)、コミュニケーションの社会学、美学、広い意味での哲学だったことだ。この分野でイタリアのサイバーパンクを先駆けたのはアントニオ・カロニアの文学批評『サイボーグ』(Caronia 1985)だった。それから二冊のアンソロジーが刊行される。ひとつはフィレンツェのアーティスト、トンマーゾ・トッツィが監修した『八〇年代の抵抗』(Tozzi 1991)で、十年間の「抵抗芸術」を見渡したもの。もうひとつは社会センター、コンケッタ・ディ・ミラノのアクティヴィスト、ラフ・ヴァルヴォラ監修の『サイバーパンク』(Scelsi 1990)である。そしてトッツィがハックティヴィズム、つまり情報の権利と市民の権利を守る情報アクティヴィズムを語りはじめた。ここからハック・アート、あるいはハッキングとアクティヴィズムをつなぐ電子芸術の美学的概念が生まれたのである。トッツィのような理論家のアーティストは、一九八〇年代末にはデジタルの可能性を見通していた。彼らは芸術的またはメディア的な視点から、新しいコミュニケーション手段とその社会的・文化的条件を問い直した。同じ問題意識からコンケッタのミラノ人グループは雑誌『デコーダー』を創刊している。

ここで思い出しておきたいのは、当時の若者たちにとってネットワークはいくつもあり、インターネットはそのひとつにすぎなかったことだ。本来インターネットはアメリカ軍のシステムで、大学でも使用が許可されていたものだ。アメリカでもヨーロッパでも一般に普及していたのはFidoNetだった。また、一九八〇年代末にはドイツで新しい情報ネットワーク掲示板ECN(European Counter

Network）が生まれている。というわけで、もはや自由ラジオや自由出版の時代ではなく、共通するヴァーチャルな情報空間をいかに定着させるかが問題だった。すなわち、後に五つ星運動がしたように、ネットワークを直接民主主義の手段にすること。単なる遠隔交信からサイバースペースへの飛躍である。当時はまだグラフィカル・ユーザー・インターフェイスではなく、文字のやりとりができるだけであり、コンピュータ自体が高価、そしてモデムを用いてネットワークに接続する仕方は複雑だった。要するにまだ簡単ではなかったのだが、最初の電子掲示板はすでに今のフェイスブックと同じ原理で機能していた。グループに登録した誰もが自由につながり自由に書き込むことができた。変化がはじまったのは、ジュネーヴのＣＥＲＮ（欧州原子核研究機構）が、どのコンピュータにも同じ図像の再生を可能にして写真や音楽や動画を共有させる新しいシステムを開発してからだ。一九九三年にＣＥＲＮはこのアプリケーションを無料公開し、こうしてWEBが誕生する。そしてWEBの浸透とともにFidoNetの斜陽がはじまり、ネットのなかのネットとして当時は定冠詞付きで呼ばれた「ジ・インターネット」が君臨するのである。一九九〇年代初頭、新しいデジタルなアンダーグラウンド文化が普及し、テクノロジーの進展とこれをめぐる巨額の利益について語られはじめる。インターネットは誰にとっても大きな変化を約束していた。いったいこれがどのような方向へ進んでいくのか、どのような可能性があるのか、理解しなくてはならなかった。国際的な議論が大々的におこなわれたのである。けれどもイタリアの大学は情報社会学の学科でさえ準備ができていなかった。イタリアに限らず多くの先進国がそうだったわけで、それらの国々では、アンダーグラウンドのアクティヴィストたちが大学の研究室の先を行くという特異な現象が見られた。アメリカ合衆国にのみ、ニコラス・ネグロポンテ所長が率いるＭＩＴのMedia-Labのようなセンターがあり、何が起こりつつあるかを理解して未来を見ていたのである。イタリアではまだ二十代の若者たちが専門家と見なされ、大学などで講演に招かれ、どのような変化が起こりはじめたのかを解説していた。当時われわれは、未来は本当に開かれたのであり、変化のスピードは速く、コミュニケーションの世界は一新するだろうと考えていた。その予見は的中し、実際のところおよそ想像していたように事態は進展したのである。出版業界の危機とネットワーク書籍についてもわれわれは語っていた。すでに一九九二年に最初の電子雑誌が刊行され（一九九四年にカステルヴェッキとシネルゴンは最初の電子書籍を出版する）、われわれは、すべてをさまざまなフォーマットに変換できる唯一のデヴァイスへとメディアは動くだろうと言った。ベルルスコーニが長期にわたる政権を獲得したばかりで、民主主義政党は彼のテレビ局独占状態を問題視していた。われわれは、別のテレビ局を用いてベルルスコーニを打倒することはできない、それはただネットワークによって可能なのだと答えたものだ。このことはある意味で二十年後、イタリア人の四分の一が五つ星運動に票を入れたときに現実になった。あるいはまた、中国は近いうちに巨大な勢力になるだろうとわれわれが言ったとき、誰も相手にしなかったことを思い出す。あの頃、中国と言えば、自動車はなく自転車ばかりの貧しい上海のイメージしか届いていなかったからだ。テクノロジーの花が次々に開いたこの時期、文化的な活動も盛んだった。ある意味でサイバーパンクは、未来主義と合わせ鏡のようにシンメトリーな、イタリアで最後のアヴァンギャルドだった。未来主義の時代を閉じ、未来がすでに過去となった場所へとわれわれを導いたものも、すでにわれわれの背後にある。不安定な現在のなかでアヴァンギャルドは今この瞬間にも消滅してしまいそうだ。

けれども当時、逆さまの未来主義のこの灼熱の坩堝に、かつてのアヴァンギャルドの時代と同じくすべてが投げ込まれ、演劇、美術、文学、映画、音楽、そして理論の実験がおこなわれたのである。

理論的には次の三つが根本的に重要だった。第一はシチュアシオニスムの復活、第二は批判理論の奪回とボードリヤール的ポストモダン理論との訣別、第三は人類学的な変化が進行しつつあるという意識である。この第三の要因からイタリアでポストヒューマンに関する議論が生まれる。それはアメリカの影響ではなくアメリカの議論を先駆けていた。事実、サイバーパンクの作家スターリングがイタリアを訪れたとき、活気に満ちた文化的状況を見てひじょうに驚き、アメリカではありえないと言ったものだ。

つまり、イタリアはサイバーパンクの議論にすぐさま火がつき、さまざまなアートやカウンターカルチャーに燃え広がった唯一の国だった。もちろん、イギリスやアメリカなど他の国で理論的な議論がなかったわけではない。だが、イタリアでは理論とアートと「反抗的」態度が瞬時に生き生きとした実験に流れ込んだのである。けれども社会のなかで孤立無援であったために短期間で燃え尽き、残念なことに国際的な重要性をもつことはなかった。

重要な役割を担ったものに雑誌があった。第一は先に挙げた『デコーダー』で、ミラノのラフ・ヴァルヴォラとゴンマが編集していた。もうひとつはローマでナンド・ヴィターレが創刊した『イメージのコード』である。他にもたとえば音楽関係の『ニューラル』やビデオ専門の『ヴァーチャル』などがあった。

イタリアのサイバーパンクには四つの中心地があった。ミラノ、ボローニャ、フィレンツェ、ローマである。カウンターカルチャーとしての活動が最も目立ったのはミラノで、『デコーダー』からは新しく出版社が誕生し、先に触れたアンソロジー『サイバーパンク』はこの運動に関する基本文献となった。さらにヴァルヴォラが翻訳したスターリングの『ハッカーを追え!』(Sterling 1992) などのテクスト、そしてこのグループの最も理論的な著作で、マルクス主義的批判をデジタルな世界に適用して資本主義の「囲い込み」（共有地の収奪）をデジタルな世界の著作権に喩えた『ノー・コピーライト』（Scelsi 1994）を出版した。ミラノには先に触れたアントニオ・カロニア、そしてフランチェスカ・アルファーノ・ミリエッティが主宰する現代美術の雑誌『ウィルス』があった。ボローニャに目を向けると再びベラルディ（Bifo）の姿が目に入る。彼はメディア・アクティヴィズムへと進み、自由ラジオからネットワークへと活動の場を移していたが、この時期はとりわけ理論的活動を推し進め、彼の著作のなかでも重要な『ネウロマグマ』（Berardi 1995）を発表している。Bifo はまた、世代的に見ても、イタリアン・セオリーのグループとデジタル世代を橋渡しする存在でもあった。ボローニャにはそれほど政治的ではないグループもあり、『テクノロジー身体』（Capucci 1994）を著した理論家ピエル・ルイジ・カプッチがいた。ボローニャはまたシチュアシオニスム再発見の中心地だった。シチュアシオニスムのような運動は大学では相手にされないのを見たカルロ・テッロージは、一九八〇年代末から自主ゼミを開始する。彼は、ポストモダン復活の時代にこのテーマを取り上げた唯一の著作家ミレッラ・バンディーニをはじめ、イタリア全国からさまざまな人物を招いた。これらの人物、芸術家や批評家のなかには、シチュアシオニスト・アンテルナシオナルに最も近いイタリア知識人ペルニオーラ、そして『スペクタクルの社会』の新版やこれをテーマとして小さなアンソロジーを監修したアガンベンもいた。同じ時期のボローニャでは、ロベルト・ブイたちがルーサー・ブリセットを生み出している。ルーサー・ブリセットはグループではなく複数の者たちの集団名で、シチュアシオニスムの戦略を語らずに実践したのである。ルーサー・ブリセットはネットワークに広がり、当時のイタリアで最も重要なカウンターカルチャーのひとつになった。しかし時とともに作家集団に縮小し、小説『Q』が成功するとWu Ming（中国語で「無名」）に改名して出版市場に地歩を占めた。シチュアシオニスムへの関心が広がると、ローマでは、ギー・ドゥボールの作品、なかでも『スペクタクルの社会』（Debord 1967）が有名になるが、さらにペルニオーラの『シチュアシオニストたち』（Perniola 1998）も再版される。ともかくこの頃ペルニオーラは、もはやシチュアシオニストではなく（その局面はもう過去のものになったと彼は考えていた）、サイバーパンク＝ポストヒューマンの議論へと関心を移していた。それはとりわけ『無機的なもののセックス・アピール』（Perniola 1994）と『嫌悪』（Perniola 1999）の二冊に表明されている。他に、ローマの雑誌『イメージのコード』からは、ヴィターレの『テレファシズム』（Vitale 1994）やテレーザ・マクリの『ポスト有機的な身体』（Macri 1996）が出版された。最後に、人類学の分野では、『視覚的コミュニケーションの人類学』（Canevacci 2001）を著したマッシモ・カネヴァッチのメディア人類学がある。

さらにトリノを加えることもできる。理論よりはビデオアートやデジタル・パフォーマンスを中心にしたこの芸術都市には、演劇批評のカルロ・インファンテや、「コッレンティ・マニエティケ」のグループが活動していた。

以上の短い概観からも理解できるように、イタリアのサイバーパンクは哲学的運動というよりも、アヴァンギャルド的理論・実践の運動であり、しばしば実践が理論の先を進んでいた。ルネサンス時代のように、芸術と哲学理論だけではなく、芸術と科学、芸術のテクニックとテクノロジーが歩みを共にしていたのだ。

ポストヒューマン

歴史的サイバーパンクの理論的限界は、文字通り物理的な意味での人間機械の問題、いわゆる「テクノロジー身体」（カプッチ）、「ポスト有機体」（マクリ）、「非有機体」（ペルニオーラ）という問題だった。つまり、この場合もまた「身体」に大きな関心が寄せられたわけだが、テーマを限定せずに広く理論的な展開ができるかどうかが問われていた。事実、ポストヒューマンは広い意味での人類学的変容の問題を掲げたはずだった。けれども、しばしばサイバーパンクの人間機械のみが語られたのである。ポストヒューマンのもうひとつの限界は、幅広い射程をもつ問題なのに広範な議論を引き起こすことができず、そのタイトルからして名は体を表わす的な出版物しか出せなかったことだ。イタリアでこの分野の著作家は三人いた。ロベルト・マルケジーニ、ジュゼッペ・ロンゴ、そしてアーティストのアルファーノ・ミリエッティである。アニマリストの理論家マルケジーニは、著作『ポストヒューマン』(Marchesini 2002) のなかで、こういった論説のすべてを理論的視野のなかに収めようとした。ポストヒューマンの問題を哲学的人間学に結びつけ、種差別的・人間中心主義的ではない哲学へ向かったのである。マルケジーニのテクストからわれわれは第三の局面、つまりドイツの哲学的人間学をめぐる議論へ移ることができる。だが、最後にロンゴはポストヒューマンを再びトランスヒューマニズムに通じる典型的にテクノロジー的な言説へと差し戻してしまう。

その間にアメリカでキャサリン・ヘイルズの『いかにしてわれわれはポストヒューマンになったか』(Hayles 1999) が出版され、ポストヒューマンの言説が普及しはじめていた。とはいえ、このテーマを語る著作家たち、少なくともイタリア人とアメリカ人とイギリス人のあいだには、何のつながりもなかったのである。

数多くの思想家が関係して世界中で広範な議論を引き起こしたポストモダンとは異なり、ポストヒューマンの議論は、ポストモダンよりも深く重要な変化を対象としたにもかかわらず、ひじょうに限定的なものだった。なぜだろうか、ともかくポストヒューマンは今日では単に比喩でしかない。ポストモダンはモダンの時代の終焉であると文字通りの意味にとることができるが、ポストヒューマンを文字通りの意味にとることはできない。それは、補綴や美容整形の場合のように、人間の一部分にしか関わらない。誰でも話題にできるテーマであり、それゆえ哲学的レベルは低下した。だがテクノロジーの拡張それ自体が問題ではなく、知性との関係が問われているのは明らかだった。そのような意味で、ポストヒューマンは情報科学、知的テクノロジーの展開をめぐる哲学的考察を代表するはずだった。ロバート・ペッパーエルの『ポストヒューマンの条件』(Pepperell 1995)と、拙著『ポストヒューマンの哲学』(Terrosi 1997)は、このテーマについての最初期のテクストだが、同時期に同じテーマを検討していたのが印象的だった(ペッパーエルはヘイルズの後にイタリアでも知られるようになった)。けれども現代アートは、身体=テクノロジー、肉=鋼(またはプラスチック)の関係を特権化しつづけていた。ペッパーエルとわたしとの差異は、分析哲学と大陸哲学の一般的差異でもあった。一方は科学的啓蒙書らしくニューロ・サイエンスについて分析美学を交えながら語り、他方はフーコーの有名な言葉「人間は死んだ」から出発して人間中心主義的な知を乗り越えるポストヒューマンを見ていた。当時のわたしの念頭にあったのは、このメディア時代に進行中の変化に対して、批判理論に似た何ものかを復活させること、したがって新しい技術と科学の目録作成ではなく、現在の社会を批判的に分析することだった。

ペッパーエルのアプローチとわたしのアプローチのあいだに、先のヘイルズの著書があるわけだが、そこには、アメリカのカルチュラル・スタディーズ、とりわけメディア研究とジェンダー研究（この場合も科学技術的な考察と組み合わされている）の影響が見られる。イタリアでこのテーマに関する著作はロベルト・マルケジーニの登場まで待たなくてはならない。それはある意味で第二世代の書物だが、この現象のすべてを広く考察したもので、イタリアのポストヒューマンに関する基本文献となった。マルケジーニは一九九〇年代テクノロジー文化のイタリア的状況を端的に再構成している。その最大の長所は、ポストヒューマン第一世代の言説を、まさにその頃イタリアで再発見されたドイツの哲学的人間学に結びつけたことだ。この両者の仲介を目指したのではない。彼は「不完全性のパラダイム」あるいは「人間的パラダイム」とも呼べるアルノルト・ゲーレンらの基本的観念を、首尾一貫したかたちで批判しようとしていた。その後ポストヒューマンは、国際的な影響力を失い、さまざまな哲学的地方主義の岸辺に散り散りになってしまった。今でもときおり語られることがあるが、発展的な議論はますます少なくなり、しばしばトランスヒューマニズムのサブカルチャーと区別がつかず、そこから哲学的考察が浮上するのは難しそうだ。イタリアでポストヒューマンを議論した最後の者はジュゼッペ・ロンゴだったが、彼は、このテーマをサイバーパンクの起源から完全に切り離し、批判的思考との絆を見ない。実際のところ、ロンゴは新参者ではなく、情報科学が専門の一九七〇年代からの研究者であり、イタリアではその分野で最初の一般向き啓蒙書『情報技術の理論』（Longo 1980）の著者である。だが、彼のポストヒューマンの扱い方は、テクノロジー的カウンターカルチャーとは無関係の保守主義者フクヤマにおそらくは影響され、まったく的外れなものになっている。事実、ポストヒューマンの問題に一種の生倫理を持ち込むことからして、批判的展望に欠けているのが分かる。人間の構造とともに倫理の問題も解体され、まさにそこにポストヒューマンの様態があるのだから。体制的な倫理でテクノロジー問題を制御する試みが不毛なのは明らかだろう。まるで、アイヒマンのところへ出向いて収容所のガス室は不道徳だから止めなさい、と言えば済むかのような論理である。今日のテクノロジーの問題は、資本主義システムがその危機を乗り越えようとする経済的な問題でしかない。最後に、近年『ポストヒューマン』(Braidotti 2013) でこのテーマを語りはじめたロージー・ブライドッティについては、イタリアの著作家として扱うべきかどうか悩ましい（イタリア名だが、実質的には北欧の人間である）。いずれにせよブライドッティは、ジェンダーとフェミニズムの思想に結びついている。ロンゴとは異なり批判的視点を手放さないが、およそすでにおこなわれた議論をもう一度繰り返しているにすぎない。

哲学的人間学の再発見

では、第三の局面に移る。すでに新しさへの興奮は過去のものとなり、現在との関係を探究することもなく、新しいテクノロジーの場で社会科学と対話することもなく、より歴史的・哲学的な態度が前面に出てくる。つまりそれは、大学あるいは哲学の権威が論陣を張る雑誌において語られはじめる。

この状況のなかでテクノロジーは、ハイデガーやその弟子たち、たとえばハンス・ヨナスやギュンター・アンダースに代表される観点から、しばしば否定的に見られるようになる。それからドイツの哲学的人間学を代表する三人の思想家、シェーラー、プレスナー、ゲーレンへの関心が復活し、第一にゲーレン、次いでプレスナーが読まれる。テクノロジーの議論のどれほどが、進行中の技術的展開に関する実験的考察なのか、それともますます自然から乖離する社会的・文化的変化への人文主義的感性の反動なのか、今では分からなくなった。たしかにポストヒューマンの支持者も哲学的人間学の支持者も、いずれも現代のテクノロジーがもたらす変化を重要視している。けれども前者は困難な状況のなかに肯定的側面を見出そうとし、後者は黙示的出来事としてすべてを断罪しようとする。

とはいえ、本当の議論と呼べるものもなければ、正真正銘の文化的流行もない、インターネットのなかで生まれた非人称的な現象であり、哲学的人間学を語る者たちの共通項を定めるのは難しい。もうひとつ言わねばならないことは、ポストヒューマンが現代文化に開かれた批判的傾向のサークルから生まれたのに対して、哲学的人間学、とりわけシェーラーのテーマには研究の伝統があり、イタリアのカトリック哲学の保守的な部分を土壌にしている。一九九〇年代末から今世紀初頭にかけて哲学的人間学の言説に流れ込んだのは、当時ミラノで盛んだったポストヒューマンやドゥルーズの思想に関する議論だった。ドゥルーズに近いティツィアーナ・テッラノーヴァや、哲学的人間学のウバルド・ファディーニらが活躍し、最初は小さなものだった伝統がよみがえる。とりわけシェーラーが有名だったが、プレスナーやゲーレンもイタリア北部・中部の小さな大学の多くで以前から研究されていたのである。こうしてグイド・クジナートやアンドレア・ゾックらが登場する。哲学的人間学への関心は今日もイタリアでは広く見られ、エスポジトの著作にもその反響がある。サイバーパンク＝ポストヒューマンとは異なり、哲学的人間学は大学を舞台に展開した。大学が進行中の文化的運動へと身を開いたからではない。それは、イタリアの大学の周縁的環境から広がったものだった。

この哲学的人間学とともにアーレントらが浮上し、それがまたイタリアン・セオリーへとつながっていく。それゆえ、この哲学的人間学への関心もイタリアン・セオリーのバックグラウンドのひとつと言えるだろう。たとえばアガンベンが教えていたウルビーノやヴェローナやヴェネツィアで、このバックグラウンドはしっかりと根づいていたのである。

第二部　イタリアのポストモダン

イタリアのポストモダン誕生時の社会と文化

さらに過去にさかのぼり、イタリアの現代思想がどのようにして誕生したのかを見よう。誕生と言ったのは、ポストモダンがそれまでのイタリアの哲学的伝統から完全に切れているからだ。すなわちポストモダンは、一九六八年の抵抗運動以前のアカデミズムの哲学にも、また六八年から七八年まできわめて政治的だった哲学の流れにも、いずれにも対立していた。

一九六八年以前、イタリアの大学はエリートのための階級的施設だった。それは階級社会の指導層を形成する要求に応じて機能していたのである。大学を卒業すれば誰でも高給の職業に就けたわけだ。学生の大部分は大学に残って研究を続けようなどとは思わず、さっさと社会に出ることばかりを考えていた。卒業を引き延ばす者もいなければ、学内にポストを求めてあくせくする者もいなかった。それは最近の現象なのであり、当時は、教授のほうが優秀な学生を大学に引きとどめようと苦労したのだ。したがって六八年の若者たちは本当に、ピエル・パオロ・パゾリーニが言った通り、過激なイデオロギーに引きずられて熱狂的に革命ゲームに興じる、甘やかされたブルジョア子弟だった。この抵抗運動の最も重大で直接的な結果は、エリートの大学が消滅して大衆の大学が開かれたことだ。国家が教育の権利を保障して社会的条件による障害を取り除くという、イタリア建国の父たちの望みが実現したのである。けれどもこの大きな転回、大学の新しい社会的役割に相応しい組織が存在しなかった。大衆の大学は機能不全のままはじまり、大所帯となって学生たちに降りかかる不便は増えつづけ、彼らの不満と衝突はかえって拡大した。いわゆる「駐車場大学」が誕生し、学生たちは、輝かしい専門職へと進むどころか、よりよい就職先をただ待ち望みながら、非生産的な無為のなかを大学の壁に囲まれて萎れていったのである。さてそれ以前、ポストモダンの思想家の世代はみなエリートの大学を卒業し、弟子たちの時代よりも明るい前途が開けていた。たとえばトリノのルイジ・パレイゾンの一派、ウンベルト・エーコ、ジャンニ・ヴァッティモ、マリオ・ペルニオーラ、セルジョ・ジヴォーネたちは、前世代や次世代よりもなだらかな道を歩んだ。前世代は戦争を経験し、前線で戦った者も衣食住の欠乏を味わった者もおり、暗鬱な独裁制を耐えなくてはならなかった。だがこの世代は平和と繁栄の比較的自由な時代を生きたわけだ。彼らは経済成長期の知識人で、急速に豊かになるイタリアに育ち、背後には戦争が無化した自由な領域＝廃墟が広がっていた。すべてを復興しなくてはならず、誰にでも場所はあった。決して理想的な状況ではなく、劣悪な労働環境のなかで疎外的なテイラー・システムが導入され、一九五〇年代から社会的緊張はますます高くなった。とはいえ、仕事はあり、自分の未来を計画して家を買い家庭をつくることができたのである。それは今や夢となり、経済成長の時代がまるでイタリア現代史の黄金時代だったように思わせている。最小限の資本があれば誰でも金持ちになれた。資本のない者でもともかく働くことができた。理念をもつ者あるいは高い教養を身につけた者は、大学教授かジャーナリストか政治家になった。出版業界も大きくはなく、若い教授たちが著名な出版社と関係をもつことも難しくなかった。イタリアのこの世界はまだひじょうに小さく、書物が出版されると必ず読まれ論評されもした。文化の世界はエリートの世界であり、あるテーマで交流し議論することは難しくなかった。問題があるとすれば、順応主義が支配的だったこと、根強い地方主義、そして革新的な実験はつねに不信の目で見られたことだ。要するに、たとえ多くの教授が進歩派を自称していても基本的には保守的な世界だった。以上のようなわけで、イタリアのポストモダンの主人公たちは、一九七〇年代の抵抗運動の時代に若くしてすでに教授であり、イタリア文化を地方主義から救い出し、新しい息吹を吹き込もうとしていた。当時、彼ら自身と大学に圧力をかけていたもうひとつの問題は、いわゆる政治の「区画化」、所属政党の勢力に合わせてポストを割り振りすることで、教授たちは政党の路線に配慮しなくてはならず、自由が縛られていたのである。だが、八〇年代に入るとすべては変わりはじめる。経営学的アプローチが政党の影響を弱めたのだが、政党自体がもはやイデオロギー闘争よりも資金稼ぎに重心を移していた。抵抗運動は鉛の時代の反動の後、唐突に終息する。そして、社会的緊張が背後に残してきた側面のすべてと非合理主義が浮上する。システムの批判、イデオロギーの批判、あらゆるものに対する根底的批判が沸き起こり、エロティシズム、誘惑、侵犯といった快楽主義的なものへの関心が爆発する。社会参加のモラルや哲学システム、合理主義や分析的厳密性の要求、問題を掘り下げて明快な結論を出そうとする態度は捨て去られ、その代わりに、表面的で修辞的で快楽主義的なもの、直線的ではなく横断的で断片的な、束の間の不安定なものが好まれ、新たなバロック時代と定義される道へと進んでいったのである。

マッシモ・カッチャーリは、巨大な体系は巨大な災害をもたらすのだから、体系的な構築物は絶対に避けるべきだとラジオ放送で語っていた。哲学的言説はもはや知的厳密さと明証性にもとづくべきではない。秩序正しく展開するのではなく、驚きを与え、誘惑し、関心を引き、あるいは不安にさせるかもしれないが、ともかく感情に訴えるものでなくてはならない。哲学は、真実ではなく興味深いもの、人を魅了するものを探求しなくてはならない。かつては芸術批評が哲学の言葉を用いて正統性のオーラを身にまとったが、今では哲学のほうが、説得力と魅力を求めて芸術批評の言葉を借用しているようだ。

多くの場合、流れに身を委ねただけなのだが、つねにそうではなく、少なくともただ単にそうだったわけではない。真面目くさった伝統的な大学の哲学を批判する意味もあったからである。事実、これらアカデミズムの哲学は厳密な学問を称してはいたが、しばしば修辞学と頑固な美学以外の何ものでもなく、侵しがたい厳密な学問どころか、その真実とされるものは欠陥だらけだった。いわば化けの皮を剝ぐことは、たとえ危険が伴おうとも必要だろう。しかし、哲学的な体系を構築してはいけない――過誤でありうるゆえに科学的理論を表明してはならないとでも言うように――ということではない。大切なのは、これらの体系をまるで啓示された真実のように思ってはならず、新たな検討に開かれた部分的な真実として受け取らねばならないということなのである。

イタリアのポストモダニズムの底にあるもうひとつの問題は、「基礎」に言及することができないことだ。こういった意味で興味深いのは、いわばポストモダンの玉手箱を開けたのが、意外にも分析哲学者のアルド・ガルガーニの著作、一九七五年刊行の『基礎づけなき知』(Gargani 1975) だったことである。このジャンルの小さな傑作と言える本書で、ガルガーニはイタリアに「言語論的転回」をもたらした。分析哲学に対しても批判的視点を保ち、平凡な一般啓蒙書ではないが、すでに科学哲学のなかで確立していた反基礎づけ主義の思想を展開したものだ。したがって議論の真の矛先が向けられたのは、ヨーロッパ大陸哲学の伝統、とりわけ観念論、マルクス主義、現象学であり、その基礎を科学に準拠すると言いながら、本当は基礎づけ主義を前提とする哲学である。それが科学の哲学となるのは、ただ科学者がカントのような哲学者に言及するときに限られていた。つまり批判されている真の対象は、プラトン哲学またはキリスト教から生まれ、基礎づけを必要とする大陸哲学だった(反対にヴィトゲンシュタインは、語源や原型的基礎にはかまわず意味を日常言語へと戻そうとした)。この理論はまた、すべてを論理主義に還元する分析哲学に対しても向けられていた。もし科学が客観的・物質的な基礎の他に言語の使用にも支えられているなら、分析哲学が採用する言語学的実践においても、一連の文化的、社会的、歴史的な関係と条件を考慮しなくてはならない(分析哲学はこれを度外視しつづけてきた)とガルガーニは言う。したがって観念的基礎づけ主義と闘いながら、論理主義的または唯物論的な還元主義も否定しなくてはならない。言語に注意を集中することは、物自体の内に閉じ込められた意味の神話を逃れ、その使用に関わる歴史的・文化的な次元に向かうことだ。端的に言えば、最終的な正当化となる本質の問題から離れ、どのような正当化の理論からも離れて(ニュートンが「仮説はつくらない」と言ったように)、ただ機能的条件をもとに考察される実践の問題へと移行することである。

だがポストモダンのなかで、反基礎づけ主義と反客観主義は解釈学と相対主義に流れ、分析哲学的アプローチの意図を離れてニヒリズムに達した。実際のところニヒリズムの核心的問題は、神の死を云々することではなく、基礎概念の喪失の内にあった。それは一方では神学的遺物から哲学者を解放したが、他方では諸学を支配しようと何世紀も目論みつづけてきた哲学的思想をありとあらゆる諸力の餌食にしてしまった。分析哲学は、哲学の課題を記述的なものに限定し、多くの問題を単なる偽問題と見なして捨て去ったが、基礎概念の喪失は、哲学自身の基盤からの撤退、哲学者の社会的役割の減少を意味していた。今日もなお大陸哲学の課題は、波に漂うがままの現状から脱して、航路を発見または再発見し、おのれの身辺から語りはじめることであり、自己を脱構築する安易で虚しい自己破壊を続けることではない。けれども、社会や知識の大テーマに影響を与えられないと観念した哲学は、まるで一種の自己免疫のようにおのれ自身を批判しはじめ、その自己破壊的行為そのものを糧にしたのだ。しばらくのあいだはそれも機能したが、死にいたる道だったのは明らかである。

マルクスを擁護する共産主義、人格主義を支持するカトリック、クローチェの歴史主義と少しばかりの分析哲学に拠る自由主義、すべてを予見することが可能だった当時の党派的な世界で、哲学の内的危機の指標となる切断は、一九六〇年代から七〇年代にかけてニーチェの哲学が舞台の前面に躍り出たことだった。周知のように三〇年代からニーチェの哲学はナチスに利用され、一連のセレモニーにはニーチェの妹もかつぎ出された。だが、まさに当時からこのような操作を糾弾する者たちもいたのである。フランスではたとえば、ジョルジュ・バタイユが『ニーチェについて』(Bataille 1945)を書いている。反ファシズムだったイタリアの文献学者もまた、共産主義者の弟子とともにニーチェ全集の校定版を刊行した。その文献学者・哲学者はジョルジョ・コッリ、弟子はマッツィーノ・モンティナーリだが、二人が監修したニーチェ全集は今日もなお最良の版である。

ニーチェ・ルネサンス

ナチス政権下のドイツで、とりわけマルティン・ハイデガーを中心とする著名な哲学者たちによって、ニーチェの作品が復活した。ハイデガーはニーチェの研究解釈に長い時間を費やしたが、同じ頃カール・レーヴィットやカール・ヤスパースもそうだった。戦後にまたこの状況が繰り返される。最初に戻ってきたのはレーヴィットで、その著書『ニーチェの哲学』（Löwith 1935）が再刊される（彼はナチスの迫害を受けたのでイデオロギー的に問題はなかった）。そして、一九六〇年にオイゲン・フィンクの『ニーチェの哲学』（Fink 1960）、ジル・ドゥルーズの『ニーチェと哲学』（Deleuze 1962）が現われたのはその二年後だった。このときのニーチェ復活のテーマは「永劫回帰」である。事実、永劫回帰はニーチェ哲学の理解しがたい概念で、ニーチェがそれまでに書いた理論とは相容れないように見える。それゆえ、フィンクやレーヴィットらはこれを議論の対象にしたのだ。回帰と反復の問い直しがおこなわれ、ドゥルーズは反復としての回帰というニーチェ的概念を表象の概念に対置させた。だがニーチェは、ヘーゲルの神学主義に対する護符でもあり、さらには現象学の超越論的展開に対する批判でもあった。一九六七年にはジャンニ・ヴァッティモの『ニーチェについての仮説』（Vattimo 1967）、六九年にはピエール・クロソウスキーの『ニーチェと悪循環』（Klossowski 1969）が出版される。そして七〇年代に入るとさらに多くの出版が相次いだ。ドゥルーズがニーチェについてもう一冊書き、フーコーがニーチェを「発見」し、コッリが『ニーチェ以後』（Colli 1974）を刊行し、カッチャーリもまたニーチェを見出し……。ところでこの時期の書物のなかで、残念ながら広く知られることはなかったが、傑作と言える一冊の小著がある。哲学者ロベルト・ディオニジの『ニーチェの二重頭脳』（Dionigi 1982）だが、これは後で取り上げたいと思う。七〇年代半ばから八〇年代半ばにかけて、ニーチェの再発見は文化の全体に及び、世間一般を賑わせもした。またイタリアは、ニーチェ関連の映画が撮られた唯一の国だった。リリアーナ・カヴァーニの『善悪の彼岸』（一九七七）である。だが、そのなかでニーチェは文献学者というよりカリフォルニアあたりのヒッピーのようで、美しいルー・ザロメと若くて自由奔放な友人パウル・レーとの官能的な三角関係に身を任せている。彼らは伝統的モラルの破壊者であり、いわば来るべき性革命の予言者のようだ。実際のところカヴァーニは事実考証にはあまりこだわらず、ただ神経症的で欲求不満で少々ホモセクシュアルでもあるニーチェ像を描いただけなのである。

ヴァッティモとハイデガー主義

ニーチェに加えてハイデガーに向かう動きもあった。ナチズムへの加担にもかかわらず、サルトルに与えた影響のためフランスではハイデガーが哲学の舞台から消えたことはなかった。すでに一九六三年、ヴァッティモの第二作はハイデガーを扱っていた（Vattimo 1963）。さらに抵抗運動の時代にもハイデガーは、ナチスの迫害を受けた著名な弟子たち、なかでも元愛人だったハンナ・アーレント、そしてハンス・ヨナスやギュンター・アンダースらのおかげで、哲学の世界に残りつづけた。ラ・サールでの彼の最後のセミナーには、六八年の運動に参加したアガンベンも出席していた。七〇年代の終わりには、『ポテーレ・オペライオ』に参加していたカッチャーリがハイデガーについて書いている（Cacciari 1977a）。

ニーチェとハイデガーの影響は、哲学の文体にも現われた。厳格で分析的で論理的な伝統的文章が、後にポストモダンの目印となる文体、仄めかしや省略が多く、隠喩に満ちて時には矛盾的なほど不明瞭な文章に、ゆっくりと取り替わっていった。

しかしニーチェ＝ハイデガーの系統は、文体だけではなく解釈学という共通の特徴をもっていた。

こうして見ると、ヴァッティモの思想の歩みはポストモダンの発展の典型と言える。若い頃熱心なカトリック行動派だった彼は、大学ではカトリックのパレイゾンに師事し、それからドイツのハイデルベルクで博士課程に入り、ハイデガーの弟子のレーヴィットやガダマーのもとにいた。レーヴィットはニーチェを研究したハイデガーの弟子であり、ガダマーは解釈学を展開したもう一人の弟子だった。なのでヴァッティモが解釈学の道を進んだのは当然だった（そもそも師のパレイゾンがすでに解釈学に手を染めていた）。ドイツから帰国するとすぐ、まだ三十歳にもならないヴァッティモは助教授になり、三年後には正教授になっている。これが一九六〇年代イタリアの状況で、学生は少なく、あっという間に昇進し、著名な教授の暖かい推薦がいつもあった。もっともヴァッティモのキャリアがトニ・ネグリと同じように、当時にあっても格別に早かったのは確かで、以下の三つの要素が幸運にも一致したからである。第一に、カトリック行動派に所属していたので政権党の好意を得たこと。第二に、ドイツ留学が彼に箔をつけ、同僚から一目おかれたこと。第三に、いずれにせよ彼の頭脳が優れていたこと。ヴァッティモがカトリック行動派の教授となった六九年の秋、彼が教えはじめたトリノでは政治運動が活発化し、労働者と当局とが激しく衝突していた。その頃おそらく左派に近づいたのだろう。あちらこちらのウニタ祭〔イタリア共産党のフェスティヴァル〕で講演し、後に「弱い思考」と呼ばれる彼の新しい考えを語っていた。七〇年代の半ばに著書『主観と仮面』（Vattimo 1974）でニーチェを扱い、その後しばらく沈黙していたが、八〇年、イタリアで最初のポストモダニズムの書物『差異の冒険』（Vattimo 1980）を出版する。実際のところ、差異の思想はヨーロッパのポストモダニズムの別名だった。フランスでジャン＝フランソワ・リオタールが『ポストモダンの条件』（Lyotard 1979）を刊行したのがその一年前である。さて正真正銘のポストモダンに入る前に知らねばならないことがある。リオタールはケベック州政府の依頼を受けて知に関する報告書を作成していたのであり、それはこの著書の文体の中立的なトーンにも表われている。リオタールは資本主義の発展とともに危機に陥る知の状況を語るわけだが、まず資本主義を生産性の要求（非生産性の縮減）に還元し、そこから単純に演繹して人文主義的な知、いわゆる「大きな物語」の危機を予見した。すべてがヘーゲル＝マルクス主義に収斂するその知は、自動制御する市場の最大の歴史的敵対者でもあった。このような意味で、おそらく彼自身にとっても新しい傾向は問題だったはずだ。なぜならかつて「社会主義か野蛮か」グループにも参加したリオタールが、知の管理統制を望むわけがないからだ。ともかくリオタールの寄与によって、差異の思想から知の社会的意味へ、知の政治学に関する考察へと重心が移されたのである。

ヴァッティモ自身、このような問題を避けることはできないと認め、状況のこの変化の歴史的な意味を探りはじめる。リオタールやヴァッティモの頭にあるのは、広場の左翼、異議を申し立てる左翼の文化が活力を失い、資本主義の新しい局面に対処しえない現状である。ヴァッティモによると、内的・外的なさまざまな理由により、哲学のひとつの時代が終わったのである。もはやすべての哲学的前提は、近代の哲学的構築物の中心軸だった「主観」をはじめとして役に立たなくなった。ヴァッティモだけではなく、ハイデガーもフーコーも構造主義も主観の終焉を語っていた。このテーマについてヴァッティモはもう一冊、『主観と仮面』を展開させた『主観の彼岸』（Vattimo 1981）を上梓している。彼はここでニーチェからひとつの根本的な概念、つまりニヒリズムを取り込む。主観を手放せばテロス（目的）も形而上学もなくなり、哲学の近代的手段の前提が消え失せる。だがそれ以上に、デカルト以来の円環が閉じたばかりか、これに沿う周転円、つまり実存主義（初期ハイデガー、サルトルノ）やフランクフルト学派（アドルノ、ホルクハイマー、マルクーゼ）もまた終焉した。これら一九七〇年代に大流行した思想は、真の哲学的意味のない単なる形式と化したのである。

主観なき主観主義

抵抗運動の時代は主観主義復活の奇妙な時代でもあった。「奇妙な」と言うわけは、圧倒的勢力を誇っていたマルクス主義にしたがえば、主観主義は明らかにブルジョア個人主義、ロマン主義的な文化に属し、抵抗文化から締め出すべきものだったからだ。事実、さまざまなところで主観主義や個人主義の浸透に対する警鐘が鳴らされていた。けれども一九八〇年代になり、最後に大勢を占めたのは正統派マルクス主義ではなく主観主義だった。とはいえ、これで理論的な状況が首尾一貫したわけではない。つまりマルクス主義を追い払った者たちは（ただ単に棚上げしただけかもしれないが）まさに、ニーチェやハイデガーを読み、近代の主観性の終焉を宣言し、もはや主観や客観といった言葉では思索できないと述べた者たちだったのである。主観は懐疑主義によって解体され、マルクスやニーチェとともに言えば、それは力の意志の産物にすぎず、フロイトとともに言えば、主観の支配というものも制御不可能な無意識の影響を受けざるをえない。真の「私」とは何なのだろう。超自我が昇華する抑圧された無意識なのか、社会的紋切型の凝固物に矮小化したように見える意識なのか。つまるところ問題は、いかにして社会的なものの終焉に対して主観主義を奪回しうるのか、主観はもはや存在しないのに、ということである。それはまるでこう言うのに等しい。大切なものはすべて「私」が望むものだが、「私」は何を望んでいいか分からない、なぜなら「私」が本当に存在するのかどうかも分からないからだ。つまり最後には何も残らないナム・ジュン・パイクの有名な機械のように、話が進むにつれて自己崩壊していくのである。これもまた後で見ることになるニヒリズム、つまり価値のニヒリズムにとどまらない主観のニヒリズム、観念的な「私」のニヒリズムであり、世界のすべて（存在のすべて）を終局に向けて引きずりながら自ら砕け散っていく。この問題はフランスでは、ラカン、アルチュセール、フーコー、ドゥルーズらの構造主義とともに浮上し、彼らは関係と関係の構造を取り上げて主観を排除するか、ドゥルーズのように機械に格下げした。たとえばドゥルーズの解決は、主観性に対して内在性をおく脱領域化の観念を通して「非所有」を受け入れることだった。他方でフーコーは主観に戻るが、それは、真実を言う機能の内面化を通して同定された主観、統治しうる実体として権力の戦略により生み出された主観なのである。イタリアでは「弱い主観」の観念が普及した。そこに観念的・超越的な主観の面影はまったくなく、主観は単なる非人称的機能のシステムとなった。すなわち、消失の危機に瀕しているが、自我なきエゴイズムを正当化しつつ生きながらえている矛盾に満ちた主観、ただ審美的快楽主義やキャリア昇進のなかでのみ自己実現する主観、他人がもつより自分がもつほうがいいという唯一の方針にしたがい、判断の基準もないのに何かを獲得しようとする主観だけが残ったのである。

資本主義の再編

現代社会が資本主義の方向で、たとえ進行中の政治的過程とその新しさがまだ分からないとしても、さらなる変容を遂げつつあるということ（いわゆる資本主義の再編）をポストモダンの哲学者は強調する。過去の資本主義と現在の資本主義は同じものではないのである。イタリアはもう一世紀以上も資本主義経済のもとにあるが、いったい何が変わったのだろうか。実際、新しさはあり、それは、社会的要請を考慮するケインズ的資本主義から、シカゴ学派の資本主義へ移行したことに由来する。シカゴ学派にしたがえば、社会的緩衝装置あるいは社会保障は何であれ、自動制御する市場の動きを妨げることにしかならず、それゆえ、企業が競争力を高めて市場の力学のなかで問題を解決しようとすれば、労働者の解雇もやむをえないのである。リオタールもヴァッティモも、精神のヘーゲル的神話や労働者解放のマルクス的神話を徹底的に批判しながら、より本当らしく見える新たな別の神話（誰も批判しなかった）を持ち込んでいることに気づかなかった。それは自らが生み出すあらゆる問題を自ら解決する市場の神話である。自動制御する市場の神話は、戦後すぐカール・ポランニーが取り上げていたが、リオタールもヴァッティモもポランニーに耳を貸さず、新自由主義にも注意を払わなかった。フーコーだけがこれに気づいていた。イタリア人たちは新自由主義を無害なものと考え、これで左翼を厄介払いできると歓迎すらしたのである。

彼らはヘーゲル主義とその流れだけを問題視した。マーガレット・サッチャーやロナルド・レーガンらが氷山の一角でしかない新自由主義の壮大な政策が、大半のポストモダン知識人たちの目に入らなかったからといって、彼らが新自由主義の理論や政治学を承認していたと言うのは正しくない。当時、イタリアには奇妙な現象が起こっていた。つまり、いわゆる脱産業化のために多くの企業がつぶれたが、人々は以前よりも多く消費し、エキゾティックな外国へヴァカンスに出かけ、豪華な自動車を乗り回していた。要するに、経済の危機なのか高度成長なのか分からなかった。有名な食前酒のコマーシャル「飲むミラノ」のイタリアは、ファッションとビジネスの国際都市となったミラノの社交的な暮らしを表現していた。現実に何が起こっていたのだろうか。富の配分と資本主義的再編による利潤の変化のゆえに、資本の融通性が増加し、ジョヴァンニ・アリギが一九八〇年代の「金融ベル・エポック」と呼んだ金融投資の時代が到来したのだ。だが、この再編は社会的弱者の購買力をそぎ、豊かさから彼らを除外しはじめたのである。

ポストモダンのベル・エポック

この頃さまざまな文化的イベント、パフォーマンス、劇場が人気だった。人々はコンサートや演劇、講演会、映画へ出かけた。社会問題は雲散したかのように見えた。もちろん問題はあるのだが過小評価され、貧しい者たちには起業精神が欠けていると言われ、経済的な貧しさのために負け組になったのではなく、性格的に負け組な人間であるから貧しいと見なされるようになった。このような修辞的欺瞞でもって貧困は隠され、やる気さえあれば誰でもいい仕事が見つかり裕福になれるという幻想が大衆に与えられた。精神分析の好きなイタリアでは、失業者が職を見つけられないのは成長を拒否して母親から離れたくないと無意識に望んでいるからだ、という考え方が流行した。言い換えると、イタリア南部で失業率が高いのは若者の母親べったりのせいだとされた。

完全なニヒリズムの社会は、ニーチェが望んだような何ものにも拘泥しない哲学の社会ではなく、シニカルな無責任社会に見える。あらゆるところで非合理主義が勝利する。まるで新しいロマン主義が誕生したかのように、神話や神秘、謎めいた呪文、予言者的態度、不明瞭な言葉への嗜好、象徴主義や深層心理（ユング派ならまだしも）が復活した。興味深い言説は理解不能でなくてはならないという、根拠のない考えが普及する。要するに、理解しがたい哲学者は理解しうる哲学者よりも優秀なのだ。これがカッチャーリの採用した戦術であり、彼の言葉が難解なことは同僚の哲学者たちも認めている。

カッチャーリが天使学を発掘していた頃、他の者たちはたとえばカバラやルーン文字などに向かった。エキゾティックなものへの関心が広く普及し、ヒッピーたちがインドを濫用したので、さらに極東の宗教に目が向けられ、ヤッピーたちはストレスに対処しビジネスに立ち向かうため、精神開発のマニュアルや禅を求めたのである。

弱い思考

そのようなわけで、何の基準もなくただ新しいがゆえに受け入れられたこの文化的がらくたが世間に蔓延していたとき、ヴァッティモがマニフェスト的著作『弱い思考』(Vattimo & Rovatti 1983)の序文で、フランクフルト学派やサルトル風実存主義の理論を、人文主義的主観主義や観念論的終末論を脱していないという理由でくそみそに貶めたのはほとんど笑止なことだった。本当のところは、実存主義やフランクフルト学派は時代遅れで、もはや「擦り切れてしまった」、要するに流行が終わったのである。十年ほど前の古道具に比べれば、マネジェリアリズム(経営主義)も受け入れ可能な以上に興味深く見えた。『弱い思考』監修者のヴァッティモとピエル・アルド・ロヴァッティは、何人かの友人にこのイタリアのポストモダン宣言への参加を呼びかけた。名を挙げると、ウンベルト・エーコ、ジャンニ・カルキア、アレッサンドロ・ダル・ラーゴ、マウリツィオ・フェッラーリス、レオナルド・アモローソ、ディエゴ・マルコーニ、ジャンピエロ・コモッリ、フィリッポ・コスタ、フランコ・クレスピである。

マリオ・ペルニオーラにも声をかけたらしいが、拒否されたようだった。なぜなら弁証法を否定する「弱い思考」の観念は、調和と平和の思想を意味し、異議と衝突の哲学的価値を否認するとペルニオーラは考えたからだ。だが、ヴァッティモがペルニオーラよりも体制に近いというわけではない。問題は、弱い思考がこの無防備な知識人の条件を公然と認めたこと、歴史的感覚、物事の方向性、運命に対する感覚の欠如のなかで、主観はもはや歴史をつくる強い主観ではなく、歴史の進む方向も明らかではなく、それゆえ歴史的な責任など一切かまわず彷徨うしかないと認めたことである。かつてロレンツォ・イル・マニフィコが「明日のことは不確かなゆえに」今この人生を楽しもうと詠んだように、生きていくことしか残されていないわけだ。このときから哲学は、真実の番人であることを止め、純粋な文化的エンターテインメントの崖っぷちを歩きはじめたのである（おそらく実際に何度か足を踏み外して墜落もした）。

しかしながらヴァッティモの現状分析は、非政治化への呼びかけではなく、前世代の失敗から学んだ良識に満ちた分析のように見える。スカンディナヴィアの国のように生活の経済的問題が根本的に解決された社会であれば、事実それでよかったかもしれない。また明らかにこれが、「万事順調」、「人生を楽しもう」という、マスコミを掌握していたベルルスコーニのテレビ放送が垂れ流していたプロパガンダのもとで、大半のイタリア人が抱いていた感覚でもあった。十年ほど前の劇的な衝突、葛藤は、はるか遠い過去のことに思われた。経済的に豊かになった人々は多かった。この豊かさは、選挙票だけを目的とする良識に欠けた経済政策の結果であり、イタリアの国家債務を膨らませて深刻な経済危機を招く危険を冒し、第一共和制のあらゆる政府機関を巻き込んで巨大な汚職の城（十年後にマーニ・プリーテの審問を受けて崩壊する）を築いたのである。

ラディカル・シック

この時代はまた左派が変容し、イギリスのいわゆる「シャンパン左翼」、イタリアの言い方では「ラディカル・シック」が登場する。このラディカル・シックは典型的なポストモダンの思想をもち、穏やかな進歩主義を奉じる「弱い思考」に後押しされ、正義と不正を問い直す説教と闘争に疲れた人々の感情を大きく反映していた。「すべては政治である」あるいは「プライヴェートも政治である」と語った一九七〇年代の過剰な政治化の後、ラディカル・シックたちはアンティミスムと非政治的快楽主義へと帰還し、「非政治的なもの」（エスポジトが発展させる概念）あるいは「政治の拒否」（正確には同じものではないが）を復活させた。それゆえ彼らが求めたものは、政治的または倫理的な計画をもたず、最小限の存在論的地平にただ寛ぐばかりの「無為の」共同体だったのである。

より厳密に理論的な観点から見ると、哲学の世界には目新しくもない懐疑主義と相対主義をもたらすために、無根拠な知のテーゼを異なる言い方で語ったにすぎなかった。つまり弱い思考は、ありとあらゆる最終的真実を拒否する（だが、真実は存在しないと述べることもひとつの真実になるという、ジュゼッペ・レンシが言う懐疑主義のパラドクスに陥らざるをえない）一種の新詭弁術なのである。

イタリアのメディア、そして記号学の短い黄金時代

ポストモダン一般のもうひとつの決定的側面は、とくにイタリアでは、メディアの力の大きさだろう。技術的な状況はイタリアも他のヨーロッパ諸国もそれほど違ってはいなかった。イタリアの特徴はメディアと政治が癒着していることで、実際にいわばテレビ局の社長が二十年ほどイタリアの政治を率いていたのである。

イタリアのテレビは戦後、アメリカからもたらされ、アメリカ人の手ほどきを受けた。最初の人気キャスターがアメリカ軍所属のイタリア系アメリカ人だったのは偶然ではない。テレビ放送は国家が独占し、カトリックの政権党が運営した。そのやり方は、夜には少しの気晴らし、教育番組を少々、情報番組を少々、最後にカトリック教義を少々入れるといった感じで、要するにイエズス会方式なわけだが、政治的に対立する大衆の注意を逸らすことはできなかった。一九七〇年代の熱い政治の時代、支配階級の幾人かが集まり秘密結社P2を結成する。彼らは左翼を排除するためにいわゆる「国家再生プラン」を作成したが、ここでもテレビは根本的に重要な役割を演じていた（後に首相となるメディア王ベルルスコーニもP2に参加している）。

このような歴史を掘り下げることは本書の課題ではないが、イタリアではテレビが社会的・政治的問題の中心に躍り出て哲学の対象にもなったことは言わねばならない。一九七〇年代にテレビ放送は拡大し、新しくチャンネルが増え、カラーテレビが普及する。かつてはカトリックがすべてを掌握していたテレビ番組は、比較的多様なプログラムを組むようになり、なかでも風刺とエロティシズムが

新しい二大傾向だった。この変化はある統治形態から別の統治形態への移行に等しい。つまり、厳格な検閲を伴う「教化」から道徳的に無内容な「回避」の戦略へと、ある仕方で倫理を考えたりある観念を共有することを大衆に求めるのではなく、ただ単に何も考えさせないことへと移行したのである。

それは、大衆文化を記号学的に分析したウンベルト・エーコが、イタリアで最も重要な知識人となった時代だった。一九七〇年代半ばである。記号学が新しいスーパーディシプリンとなってヘゲモニーを握るように見えた。記号学は、フランクフルト学派の批判的要求も、言語哲学の分析的要求も、新しい強力な理性の道具を用いた美学の要求も、その内に取り込むことができた。当時、好評を得た著書を何冊か刊行した後、エーコは全力を尽くして『記号論』(Eco 1975)、このディシプリンの里程標となるべき著作に取り組んだ。ところが、うまくいかなかった。それは、彼に反論した他の記号学者たちのせいではない。エーコは思想を体系的に語る偉大な思想家の綜合力を示したが、問題は彼自身がこの仕事に不満を抱き、「マニュアル」のようだと評したことだった。さらにこれが予想外の傷口を開いたのは、第一にプラグマティズム(パース)、第二に分析哲学といったアメリカ哲学、それから言語学との近親性のためだった。理性の新しい支配者となったこの哲学は、わずか数年のうちに、ヨーロッパ大陸の懐疑主義的思想から糾弾されはじめる。驚くべきことに、このとき、イタリアで新しい合理性を代表していたエーコは、日和見主義なのか確信があったのか分からないが、まさに記号学を玉座から蹴落とそうとする宣言だった弱い思考の側にいたのである。したがってイタリアでは記号学はその内部から崩れたわけだが、それが理論的限界のためだったのか、日和見主義だったのか、文化的流行の変化に取り残されるのを嫌ったためなのか、よく分からない。

今日、当時の作品をいろいろと読み返してみると、記号学が他の思想に乗り越えられたようには見えない。いずれにせよあの頃、思想の歴史はめまぐるしい速さで駆けていた。よく覚えているが、一九八〇年代のはじめ、最新のものではなく数年前によく売れた本を手にしていたら、まるで役立たずの骨董品を抱えているかのように見られたものだ。何よりも記号学の書物がそうだったのである。

しかし、あれほど多くを求めながら曖昧で役に立たなかった記号の一般科学が意味を喪失し、その基礎まで解体されたとしても、マスメディアの問題は残りつづけている。むしろ年を経るごとにます重要なものとなった。ポストモダンもまたメディア問題を扱わざるをえない、とテレビに招かれて解説したヴァッティモも言っていた。ポストモダンの存在理由のひとつは、メディアの重要性を哲学的に理解することだった。実際に空前の規模でイメージが増殖していた。イメージの社会が到来したのだ。重要なのは現われであり、若い世代を区別するのはルックスだった。

シミュラクル

こうして「表象 rappresentazione」の問題が再提出され、イメージの反復の内にある表象のニーチェ＝ドゥルーズ的オルタナティヴが求められ、それはイメージ＝表象と区別するために「シミュラクル」と呼ばれた。その差異は「表象＝再現前化 rappresentazione」と「再提示 ripresentazione」の違いと言えるだろう。再現前化はオリジナルのコピーだが、再提示は反復あるいは現象や物事を再び差し出すことであり、オリジナルとコピーの主従関係がない。同一物の永劫回帰は、オリジナルとコピーの上下関係ではない差異、経験と時間の差異を導入するのである。

エスポジトも述べるように、二十世紀後半は表象＝再現前化への一般的な攻撃に彩られている。美学的な「再現 rappresentazione」から政治的な「代表制 rappresentazione」、そして認識論的な「表象 rappresentazione」まで、二十世紀初頭の文化に顔を出したあらゆるヒエラルキーの解体が叫ばれ、あるいは直接性が求められた。現象学のなかにも、経験の身体性を奪回して事物と直接に接触しようとする欲望がある。芸術のアヴァンギャルドは事物を再現 rappresentazione するのではなく、それを直接に提示 presentazione する「新しいリアリズム」にたどり着こうとした。先に述べたようにシュミットもまた、根源的な正当化の力として、決断主義や大衆の直接行動のなかにより大きな直接性を見ようとしたのだ。六〇年代、このような直接性の要求は、欺瞞の源泉となる代議制を拒否して直接民主制を求める運動に進んだ。だが、どのようにして媒介のない直接的提示からシミュラクルに到達するのだろうか。提示の反復を通してである。ここで、戦前に語られた直接性と六〇年代の直接性の相違を言わねばならない。前者は真正かつオリジナルの名のもとに直接性を探究し、コピーにはオリジナルの形式的欺瞞しか見なかった。六〇年代もまだ、とりわけ政治運動や新リアリズム運動のなかで、オリジナルへの思いは残ってはいた（それはシミュラクルの特徴ではない）。だが、シミュラクルはこれを転倒させ、コピーをオリジナルから解放して真正性を廃棄しようとしたのだ。要するに、「われわれは代表を望まない」ではなく、「われわれはみな誰でもない者の代表である」と言うようなものだ。これが、作品としてその記録だけを提示するような六〇年代アートの非物質化の意味なのである。

この転換のなかに何があるのだろうか。工業的生産の次元で非真正性が解放され、文化産業によるイメージの増殖がある。かつてベンヤミンは、オリジナル作品のオーラのない純粋な複製芸術の解放を、大衆の解放の観念に引き寄せて考えていた。大衆文化の積極的役割を言うにとどまらず、搾取からの解放自体を視野に入れていたのである。

だが、いったい何が起こったのだろう。どうしてコピーではなくオリジナルを排除するのだろうか。別の社会学的視点は、純粋に形式的な反復であるコピーの解放と電子的情報の非物質性を関連させ、さらにこの情報の非物質性を、国際金融システムの非物質化した貨幣の増殖と関連させる。このような読みの結果はベンヤミンとはまったく異なるだろう。同様にシミュラクルの予言者の一人ボードリヤールは、コピーの解放を楽観的に見るよりも、すべてがシミュラクルに覆われた完全な疎外を悲観的に想像している。

この関連性を理解するために、議論の主人公の一人だったドゥボールに戻る必要があるだろう。事実、彼は一九六七年の『スペクタクルの社会』(Debord 1967) のなかで (イタリアではポストモダンが一世を風靡する直前の一九七九年に出版された)、スペクタクルにもとづく社会でのシミュラクルの増殖を懸念していた。ドゥボールはこう書いている。

> スペクタクルは議論の余地のない絶対的で巨大な肯定性として現われる。それは「現われるものは善いものであり、善いものは現われる」ということしか語らない。

そして、「スペクタクルはイメージとなるまでに増殖した「資本」である」と結論づける。このようなテーゼをイタリアで展開したのが、ボードリヤールやドゥボールの友人ペルニオーラ (エーコやヴァッティモに続くパレイゾンの「第三の弟子」) だった。

ペルニオーラは、ヴァッティモの勧めにしたがってパレイゾンに学び、大学を卒業するとすぐサレルノ大学に職を得た。ヨーロッパを旅していたとき、六八年の学生運動のなかでも過激な部分だったシチュアシオニスムに出会う。シミュラクルの観点を要約したような『シミュラクルの社会』(Perniola 1980) を書いたが、そのときすでに、六七年のドゥボールの立場からある程度の距離をおき、ハイデガーやボードリヤールの思想に近づき、フランスのポストモダンの議論を取り入れようとしていた。ペルニオーラはシチュアシオニスムの批判精神を保とうとしながらも、前世代のマルクス主義的影響を振り捨てる典型的なポストモダニストである。目的に奉仕する手段として文化を見る近代的な政治文化の観念を批判し、シチュアシオニスム的な感性とヴァッティモ的なポストモダンを融合させ、出来事の次元を重視する文化的オペレーションの概念を持ち込もうとした。文化的オペレーターに関して言えば、ポストシュルレアリスムに由来するラディカルな要求は、出来事＝イベントを政治イデオロギーから切り離して娯楽と利潤の文化ビジネスにする新自由主義の方向性にも合致していた。こうしてシチュアシオニスム的な理論はまさにドゥボールの批判に対して牙を剥き、スペクタクル社会のイデオロギーに奉仕することになる。たとえペルニオーラが文化の管理に反対し (Perniola 1986)、文化産業がつくり出すものは「センソロジー」、つまりイデオロギーのすでに「考えられた」と同じくすでに「感覚された」ものでしかないと、まるでフランクフルト学派のような批判を展開したとしても。要するにレナート・ニコリーニに続けとばかり、都市の役人たちが文化的オペレーションに駆け寄り、それは社会的で実験的なものから商業的で既知のものへと移行していった (ニコリーニは一九七七年のいわゆる「ローマの夏」の発案者で、あの頃の政治の時代に大きなインパクトを与えた。それは新しい仕方で都市を活性化する実験だった。みながヴァカンスへ出かける夏のローマは活気がなく、残った市民も暑さを避けて外出しなかった。このときニコリーニは、文化の世界で働く若者たちを集め、コンサート、映画、展覧会、読書会など、首都の夜を賑やかにする一連のイベントを低資金でオーガナイズする。この成功に惹かれて数多くの地方都市の若い役人たちが追随したが、これらの催しはほどなくして、都市の経済効果を追うばかりで文化的内容のない夏の催し物に変質していった)。支配階級は若い世代の非政治化を歓迎して快楽主義を支持していた。ポストモダンの知識人にとって、このような快楽主義を正当化するという誤解を受けずに、古いマルクス主義やグラムシから身を離すことはしばしばひじょうに困難だった。

この観点から強調しておきたいのは、先に少し触れたことだが、手段としての芸術あるいは文化の観念をはじめて脱構築し、革命的過程を導くために芸術の「出来事の次元」を唱えた歴史的アヴァンギャルドの思想の復活である。かつてシュルレアリスムが表明したことを、シチュアシオニスムが再び取り上げたわけだ。しかし、有名なスローガン「ファンタジーに権力を」や「方向転換」の実践は市場の論理によるまさに方向転換の犠牲となった。残念なことに、党の戦略的利害に文化を従属させる卑しい企画を拒否し、創造的な芸術のために芸術の政治化を乗り越えようとすることが、文化の世界に君臨する政治的装置を解体しようとする新自由主義の要求と、不本意にも一致してしまったのである。新自由主義は党の承認を受けた左翼運動の組織から文化の組織を切り離そうとしていた。

あの頃、正反対の陣営の者たちが同じ主張をするという現象が何度も見られた。今日もそうで、たとえば新自由主義者もネグリも、国家や国民的アイデンティティを標的として、グローバリゼーションを妨げる観念を攻撃している。ネグリにとってグローバリゼーションは、かつてマルクスが予言した世界中のプロレタリアの一斉蜂起、すなわちマルチチュードの反乱への不可欠な条件であり、資本の矛盾の歴史的発展過程なのである。しかし、自由主義的左翼と対話した一九八〇年代のウルトラディカルたちも今日のネグリも、マキャヴェッリ的な明晰さで力関係を捉え、次に何が起こるのかを理解しなくてはならないだろう。

さらにシミュラクルの問題は、モデルのない再生産の観念がどれほど刺激的なものであれ、現実にはコピーの増殖というプラトン的概念を再び持ち込み、外観を断罪することになる。たとえばドゥボールのテクストを注意深く読めば、スペクタクル的増殖とその外観嗜好が政治的に断罪されていることが分かる。同様にドゥルーズに対しても次のように異議を唱えることができるだろう。反復はそれ自体でプラトン的意味の表象＝再現前化を無効にする条件にはならない。たとえば工業生産は、ひとつのプロジェクト（実体的モデルではなく一連の手続きにすぎない）から無差別に無数のコピーをつくり出せるが、これは顕著にプラトン的と言える。

ドゥルーズはモデル／コピーの関係を考察しながら、画家が肖像画を描くのと同じように、「真の現実」（経験的現実）とコピーの関係を思い浮かべていたようだ。けれどもプラトン的な「真の現実」は、非物質的実体であり、物質的なコピーの「オリジナル」ではなく、単なる設計図かもしれない。プラトンに対する最大の反論は、モデル（またはプロジェクト）とコピー（または製品）の生産関係を認めないことではなく、モデル＝プロジェクトがしばしば確固たるアイデンティティをもたず、そのコピー＝製品よりも壊れやすく変わりやすく、つまり立場が逆転してプロジェクトが製品の「コピー」にすらなりうる、ということなのである。まさにこれが今日起こっていることであり、絶え間なく変化する製造過程の頂点にある製品のほうが、耐久性がありアイデンティティをもちやすいだろう。

雑誌『アルファベータ』

『アルファベータ』は、いくつかの理由から、イタリアのポストモダン誕生を理解するためにひじょうに有用な雑誌である。第一に、新聞と同じタブロイド判で、キオスクで販売されるような広範な読者をもつ思想誌だった。たとえば『アウト・アウト』は書店に並ぶアカデミックな性格の哲学雑誌だが、これとは完全に異なっていた。第二に、コメントや発言に広く開かれたダイナミックな雑誌であり、芸術や政治にも目を向けていた。アカデミックな雑誌ではなかったが、毎回のように大学教員に授業内容を尋ね、その方面の状況も伝えていた。

『アルファベータ』は一九七九年の創刊から八八年の廃刊にいたるまで、ほぼ八〇年代を通して読まれつづけた。カルト的な雑誌として有名になり、その名にあやかろうと現在『アルファベータ2』という雑誌がある。

『アルファベータ』の創刊者、アヴァンギャルドの詩人ナンニ・バレストリーニは、当時のいわゆる文化的覚醒現象を捉えたのだ。この雑誌はすぐにイタリアの新しい思想家たちの討論の場となり、アクチュアルな議論を求める人々に広まり、それにつれて発言の場としての地位も確立されていった。『アルファベータ』はひとつのグループや学派のマニフェスト雑誌ではない。さまざまに異なるポジションの議論の場となったがゆえの成功だった。

ともかく、そこで繰り広げられた議論のなかでも最も重要かつ読者の要望も大きかったのがポストモダンに関するものだった。このような討論の記録は哲学史にとって貴重な証言である。イタリアのポストモダンの自覚をまさに正確に描くことができるからだ。今日われわれが用いるポストモダンの拡大解釈的意味は、アメリカ合衆国のピーター・キャラヴェッタたちの研究によるもので、思想家それぞれの自己規定とは無関係に、当時のあらゆる思想を特徴づけた一時代を画す文化現象だったとされる。だが、この『アルファベータ』の討論から分かるように、思想家自身の認めたポストモダンは時間的にも空間的にもかなり限定的な現象だった。狭義のポストモダンがイタリアに登場したのは、一九七九年のリオタール『ポストモダンの条件』への言及が出はじめ、その書が八一年に翻訳されたときだった。同年、『アルファベータ』誌に、ユルゲン・ハーバーマスの「モダン、ポストモダン、新保守主義」という一文が掲載され、論争の火ぶたが切られる。リオタール自身のテクストも直後に出され(イタリアでの講演を機会として)、これはハーバーマスへの返答ではなかったのだが、そのようにも受け取られた。続いてヴァッティモとロヴァッティ(二年後の八三年に出版される『弱い思考』の編著者たち)のテクスト……こうして翌年の八二年もずっとこの「論争」は続いたのである。ハーバーマスへのリオタールの正式な返答は十か月後に『アルファベータ』誌に掲載され、これがまた問題となった。事実、リオタールはその頃、彼が認めないような傾向がポストモダンの名をかたり、秩序への回帰と「一者への還元 reductio ad unum」の欲望をあらわにしてアヴァンギャルド精神を無化していることに苛立ち、アキッレ・ボニート・オリーヴァとトランスアヴァンギャルドを厳しく批判していたのである。リオタールとハーバーマスの距離はもはや問題ではなかった。二人のあいだには重要な不一致もあったが、どちらも反資本主義的で批判的思考の思想家だった。他方でポストモダンはリオタールの意図を離れていき、これを彼はジェンクス風ポストモダンと呼んだ。そうすると、ひとつはアヴァンギャルドの実験を推し進めて統一性と主体の解体へと向かい、もうひとつはアヴァンギャルドを離れてグローバルな資本主義の折衷主義的キッチュへと進む、二つのポストモダンがあるのだろうか。リオタールに返答してチャールズ・ジェンクスは、ポストモダンに二つのヴァージョンのあることを認め、冗談めかして一方をPM、他方をPo－Moと呼ぶ。PMはインテリ向きだが、Po－Moは折衷主義的、モダンから付かず離れずそれを変質させ混ぜ合わせて再提示し、壊れやすく、純粋さの喪失をアイロニーで包んだものだと言う。では、どちらが他方を抑えてポストモダンのイメージとなったのか。その答えは同じ年に出たこの論争の結末、アヴァンギャルドの終焉と現代芸術を語ったいくつかの文章にある。巻頭におかれたジッロ・ドルフレスの言葉、一九八二年の第四十回ヴェネツィア・ビエンナーレへのコメントを見てみよう。「凡庸さの底の底にたどり着いたのだろうか。そう思われる。［……］「アートとしてのアート、作品の持続性」という国際パヴィリオンのテーマからして、漠然としている以上に、今日の芸術にあって守るべきではなかろうという部分の、まさにそこを守ろうとしているようだ」（*Alfabeta* 38/39 1982）。

さらにその論争の渦中にあったベラルディが、「ともかくわれわれにはモダンの骨董屋たちの愚行から自由になる（それを厄介払いする）必要があると思う」（*Alfabeta* 26/27 1981）と書いたのも、もっともなことだった。要するに、演劇的な折衷主義、表層を横滑りする陽気なポストモダンは受け入れられないが、すでに現実との関係を失ったスローガンに閉じこもるのは論外であり、退行的なポストモダンのロマン主義あるいはモダンへの懐古趣味を承認することもできなかった。では、何がオルタナティヴだったのだろうか。従属的で妥協的、陳腐なポストモダニズムに対して、抵抗のポストモダニズムを唱える者もいたが、ある意味でそれは、アメリカのカルチュラル・スタディーズや一九九〇年代のサイト・スペシフィック・アートの実験のなかに実現した。ペルニオーラは文化的オペレーションを通して「直接把握」を開始する。他の者たちはポストモダンの枠組み自体から抜け出し、サイバーパンクのように、新しいテクノロジーの内に新領域を切り開こうとした。あるいはまた、右翼やユダヤ＝キリスト教の文化に光を当て、批判理論を洗練させた者たちがいた。そのなかからイタリアン・セオリーが誕生したのである。あらゆる試行錯誤のなかでイタリアン・セオリーだけが成功したように思われる。それが現代社会の問題に最も接近し最も実践的だったからではない。まさに『ポテーレ・オペライオ』のように、最も理論的なかたちで現実の問題に結びついていたからである。

イタリアのポストモダンとアメリカのポストモダン

アメリカではポストモダンにいたる二つの流れがある。ひとつは国内の芸術、とりわけ建築（ジェンクス）からの流れ、もうひとつはジャック・デリダとともに受容されたフランス由来の哲学からの流れである。アメリカのアカデミズムの哲学は一九七〇・八〇年代を通してずっと分析哲学だったのであり、構造主義やポスト構造主義が入る余地はなかった。だが文学批評の世界は大きな影響を受け、大学でも比較文学の領域だけは例外だった。それゆえ、ポスト構造主義者のなかでデリダが最大の主人公となったわけだ。なぜなら構造主義の後、文学と哲学を結ぶ唯一の理論が「脱構築」だったからである。構造主義はさまざまな分野で理論的な問題を提起し、たとえば文学研究の構造主義は、マルクス主義研究や人類学研究のそれとは異なるものだった。したがって、ロラン・バルトやジェラール・ジュネット、ジャック・ラカン、ルイ・アルチュセール、クロード・レヴィ＝ストロースをひとくくりにすることはできない。けれどもポスト構造主義にはこのような領域的差異はなく、文学批評の理論として脱構築主義を受容することは、現象学、ハイデガー、存在論的差異の哲学など、関連する哲学的言説のすべてを受け入れることでもあった。比較文学が関心を寄せたデリダは、当時、フランスの知識人として誰よりも有名になった。だが当然のように文学批評の枠には収まらず、一般的な意味で哲学へと進出してゆき、こうして比較文学科の多くは大陸哲学文化の中心となる。脱構築主義とポストモダンと大陸哲学が分かちがたく絡まり、守護神デリダの名のもとに一緒くたになっていた。実際にデリダは、文学と哲学を結ぶばかりか、彼自身が継承を表明する現象学的伝統とポストモダンを接続してもいた。こうしてアメリカでは、現象学、実存主義、ドイツ解釈学の伝統が、フランスの影響のもとに（文学者であり哲学者であり、同じく比較文学科に輸入されていたサルトル以来）再発見されたのである。

イタリアの状況はまったく異なっていた。フランスの影響はたしかに決定的なものだったが、フランス一辺倒ではなかった。一般的にイタリアではドイツの影響のほうがフランスの影響よりも強く、イタリア文化はドイツの思想とつねに強い絆で結ばれてきた。だが、フランスはドイツの思想に目を向けはじめたばかりだった。そのようなわけで、たとえばアメリカ人にとって現象学はメルロ＝ポンティ経由だったが、イタリアでは断然フッサールであり、メルロ＝ポンティの研究は比較的少ない。イタリアのポストモダンに支配的なのはデリダの脱構築主義ではない。デリダは広く知られよく引用されるが、この時代を象徴する思想家とは考えられていない。支配的な思想は、イタリアのポストモダンの真の基準であるニーチェとハイデガー、そしてこの二人の思想に由来する解釈学だった。アメリカとイタリアのポストモダンを分かつもうひとつの特徴は、ニーチェとハイデガーに次ぐヴィトゲンシュタインの発見だった。それは一九七〇年代末から八〇年代はじめ、ポストモダン最初期の局面に深く刻み込まれている。まだポストモダンという言葉が使われる前、この新しい潮流はいわゆる「言語論的転回」として知られていた。そしてイタリアにはまだ欠けていたこの言語論的転回が、イギリスの分析哲学とともに取り入れられたのである。だがヴィトゲンシュタインの受容は、論理実証主義の枠を大きく超えるものだった。ともかくヴィトゲンシュタインは「ヨーロッパ大陸的」に解読され、中央ヨーロッパ文化の危機に結びつけられた。この読みを最も強く推し進めた思想家がカッチャーリである。彼はヴィトゲンシュタインから天使学へ、フランツ・ローゼンツヴァイクのユダヤ思想、アルバン・ベルクのような音楽家の表現主義詩学、アルフレート・クービンのような画家の非合理主義へと移っていく。要するに文化的背景がテーマであり、分析哲学者の解釈としてはありえないものだろう。だがこのヴィトゲンシュタイン・ルネサンスは、フランス思想、一般的に言って徐々に明確な輪郭をとりはじめたポストモダンの国際的傾向の内に共鳴するものがなかったため、長くは続かなかったのである。

ヴェルディリョーネ――八方美人的知識人から犯罪的知識人へ

最も凄まじい局面のひとつは、文化的世界がサロン的傾向に流され、哲学的厳密さを完全に放棄して不明瞭な思想の深みを仄めかすばかりとなる場合で、これがアルマンド・ヴェルディリョーネのケースだった。ヴェルディリョーネはラカンの弟子を自称していたが、まずそのラカン自身が評価を二分する存在だった。一方では精神分析を純粋な哲学の高みに持ち上げた天才と見なされ、他方ではただ単に謎めいた偽哲学の修辞を弄していると蔑まれていた。この後者の評価を下した側に、ラカンがインスピレーションを求めた知識人の一人、ハイデガーがいたのは興味深い。実際のところ、謎めいた言葉遣いをアドルノから批判されたハイデガーが、フランスの心理学者の不明瞭なバロック的言語を嘆き、「この心理学者には心理学者が必要だ」と言って切り捨てたのである。問題は、秘教的な外観を文章に与えるのにさほど才能は要らないことだ。少しでも想像力のある作家なら、登場人物にこのような言葉を語らせるのは難しくない。そうすると、哲学的厳密さや論述の首尾一貫性を離れたとき、気障なお喋りの口からの出まかせと天才のひらめきを区別できるだろうか。合理性に反旗を翻し、詩的な物言いが流行り、秘密結社的な伝統が再発見され、神秘主義が復活した一九八〇年代、これは大きな問題となった。素人の目を眩ませることは簡単だろう。だがポストモダニズムに流されていた知識人たちも対応できなかったのである。

この混乱のなかで、不可解な言説を深い真理と称して世に出ようとする破廉恥な知識人も現われる。ヴェルディリョーネはその一人だった。ラカンのような人物がフランス哲学の殿堂入りを果たしたことを利用したのである。政権党に近いところで活動し、流行の精神分析家という評判をとると、首相までも含めた政治家たちに名を売りはじめた。政権党の機関紙はヴェルディリョーネの言葉を流しつづけ、こうして彼は国家レベルの知識人ということになり、次はイタリアの外、フランスでも成功しようとする。大知識人からは追い払われたが、何人かのヌーヴォー・フィロゾーフ（ベルナール＝アンリ・レヴィやアンドレ・グリュックスマン）、さらにウジェーヌ・イヨネスコやアルゼンチンのホルヘ・ルイス・ボルヘスといった著名な作家からも好意的に迎えられた。ヴェルディリョーネは、一九七〇年代ラディカル・シックの左翼出身で、セクシュアリティ（注目を集める典型的なテーマだ）についての会議をオーガナイズしたこともある。だが政権党との関係が深まるにつれてラディカルな立場を離れ、上流階級の御婦人方のグル、ブルジョア紳士へと変貌してゆく。崇拝者、とくに女性の崇拝者が彼のまわりに群がり、文化の権威として経済的にも潤っていた。サイエントロジーの創設者ロン・ハバードに似ているだろう。けれどもそうこうするうちに、これらイタリアのエリートたちの一人が、騙されているのではないかと思い直し、彼を起訴したのである。

その頃ヴェルディリョーネは、精神分析の歴史に名を残そうとして新しい学問領域を発案する。アリストテレスの論理学にもとづく西洋の伝統をくつがえす言葉の科学、「暗号学」である。これにしたがえば、言葉は論理とは関係のない物事の暗号なのである。つまり何を言ってもかまわない。実際のところこの暗号学は、解釈学、記号学、精神分析学のカリカチュアであり、これらの学問が立ち上げる埃のなかに、何を言ってもかまわない非論理的な小屋を建てようとしたのだ。だが彼にとって残念なことに、知識人たちは罠にはまらなかった。ヴェルディリョーネの暗号学は、単なるがらくたと見なされ、学問的世界に入ることはできなかった。彼は精神分析学者、発明家、実業家、哲学者を自称し、「企業家は新しい詩人であり、銀行員は新しい文学者であり、保険業者は新しい知識人である」と言っていた。金持ちの友人たちを讃えたかったのである。彼らは『第二ルネサンス宣言』(Verdiglione 1983) で儲けさせてくれたのだった。

「詐欺罪、無能力者に対する詐欺と強奪未遂」で起訴され、一九八六年に四年二月の禁錮刑が確定し、パトロンや政治家たちにも見捨てられると、ヴェルディリョーネはメディアに向かって次のように発言した。自分はいわば左翼文化の犠牲者なのだ、詐欺のためではなく新しい起業精神を褒め讃えたがゆえに罰せられたのだ、と。だがイタリアはすでに、ソヴィエトのロシアではなく自由主義の腕のなかに飛び込んでいたのであり、少なくとも国内では相手にされなかった。ところが驚くべきことに、ヌーヴォー・フィロゾーフたちやイヨネスコ、他にも作曲家ヤニス・クセナキスのような著名な芸術家が彼の言葉を信じ、『ル・モンド』紙の一面を用いてヴェルディリョーネの釈放を呼びかけたのである。だが、時とともに彼らもヴェルディリョーネが詐欺師であることが分かり、擁護する者は一人もいなくなった。ヴェルディリョーネ氏は名を落とし政治的保護も失ったが、それまでに築き上げた財産は保つことができ、そのなかにはたとえば、服役中は差し押さえられていたセナーゴのサン・カルロ・ボッローメオ大邸宅があった。だがそこでも、障害のある労働者を用いた不透明な経営が新たな裁判沙汰を招いている。

この物語の問題は、ヴェルディリョーネの文化的詐欺（経済的詐欺はともかく）を暴露したのが、哲学的批判ではなく司法の働きだったことだ。つまり、あからさまな違法行為は犯さないので誰も制止していない文化的詐欺師が、他にもいるのではなかろうか。哲学的または人文主義的な現代思想のなかに文化的詐欺はどれほど入り込んでいるのだろう。

もうひとこと。いったいいつになったら、ヨーロッパ大陸の哲学は、おのれの伝統を無にすることも分析哲学に呑まれてしまうこともなく、シャーマンやグルや魔術師や蛇使いたちから離れる決心をするのだろうか。

ポストモダンのテーマ

ポストモダンの誕生に多くを割いたのは、それが知的な活気に満ちた時代だったからでもある。ほどなくしてポストモダンはマニエリズム化してしまい、装飾的で、スコラ的で、反復的になる（そもそも反復にもとづく哲学だった）。しっかりと立場を確保したポストモダンが、哲学的・文化的な状況を主導しはじめたが、それはかなり複雑だった。なぜなら体系的に分類することができない数多くの鍵問題を提出していたからだ。いくらかニューエイジに似ていた。ニューエイジは、ひとつの構造でも傾向でもなく、いわばさまざまな観念の星雲であり、重なり合う観念もあれば正反対の緊張関係にある観念もあり、これらの漠然としたつながりが一種の星座（ニューエイジなら「水瓶座」だが）として表現されていた。共通の方向性はあるがさまざまな観点をもつさまざまなエージェンシーのこの集まりは、自由主義に典型的な組織の形態ではある。自由主義にはつねに、いわゆる「自由市場」の浸透とともに生じる問題を解決しようとして、最も理想主義的なかたちから下劣きわまりないものまで、さまざまなレベルで干渉し合う多くのエージェンシーがある。この自由市場を構成するのは、クラブ（パリ・クラブなど）、基金（ロックフェラー基金）、研究機関（フォン・ミース・インスティテュート）、サロン（ティー・パーティなど）、準政府機関（トリラテラル・コミッションなど）、NPO（アムネスティ・インターナショナルなど）、さらに国際的な超政府機関（OPACやFMIなど）である。それらは、さまざまな局面のもとで協働する政治的なエージェンシーの星雲であり、それぞれが異なる問題または同じ問題の異なる局面に従事している。しかも同一人物がさまざまなエージェンシーに所属しているのである。

要するにポストモダンは自由主義的な気質を反映するものであり、はっきりとした構造的理由もなしに、近づいたり離れたり重なったりする研究領域やテーマの束を無秩序に組み立てては解体する。それが構造化せず準安定状態にあるのは、自由主義の秩序原理が、内的な理論にではなく外的な市場の流れのなかにあるからだ。したがってポストモダンは、自由主義の原理を取り入れたからではなく、市場や市場に連なる諸力に結びつく外的な要素に左右されるがゆえに、自由主義的なのである。だがひとつ付け加えれば、文化がポストフォーディズム化しても、伝統的な大学システムはまだ完全には解体していなかった（とりわけイタリアのように大学卒業資格が大きな意味をもつ国々では）。

ポストモダンの思想家が必ずしも自由主義あるいは新自由主義を支持しているのではない。ただ新自由主義的な力学に動かされているのだ。この力学に対して彼らは、非体系的な考え方のためかキャリアのためかナルシシズムのためか、ともかく文化的な対抗戦略を組織できなかったのである。こうして一連の現象が一九八〇年代から登場しはじめる。ニューエイジやポストモダン、現代美術の組織、出版市場の溶解など……。

このパラダイムのなかで一般的に文化は解体、溶解、散逸の過程に流されていく。これは偶然ではなく、何らかのかたちで抵抗するものを粉砕し、投資家の論理に合わせてこれを再編するという、利益蓄積の原則的行為にしたがうものだ。それゆえこのマグマへの溶解は、ただ経済的利益に向かうことである。文化に求められるのは、それが大衆的成功を収めるか、でなければまだ抵抗する文化的領域を攻撃するために有益か（イデオロギー的・プロパガンダ的手段としての役割）、そのいずれかである。それ以外の文化は単に無意味で有害なものでしかない。

このような観点からすれば、ポストモダンは知的世界の移行の局面を表現している。それは、政治的文化の党派的構造からただ単に自由になろうとした局面にはじまり、最後には文化それ自体を解体する資本主義の旋風に巻き込まれたのである。たしかに、リオタールはすでに、『ポストモダンの条件』ですべてを予見し告発してはいた。しかしながら大多数の知識人は、ポストモダンの開始をまるで祝祭、メディアに取り巻かれ映画スターのように扱われる祝祭のように生きた。しばらくのあいだ知識人は、ナルシシズム的なこの満足のために批判力を失くしていたのだ。自分たちに向けられた脚光が消えはじめてようやく、知識人たちは理性の明かりを取り戻す。メディアの陶酔から醒めると、眩しいフラッシュ・ライトで見えなくなっていた文化的荒廃が目の前にあった。

それでは、これら諸観念の星雲を分析していこう。当時脚光を浴びた観念のひとつは美学だった。さまざまな学問のなかで、外観の現われそのものを問う美学が首位に立った。第二位は美学と関連する解釈学である。美学的世界にあってはすべては解釈に委ねられ、確かなものは何もない（観念的なものであれ経験的なものであれ）。ここからさらに相対主義（解釈は解釈者によって異なるのだから）、そして厳密に哲学的な差異の概念が登場し、存在論とハイデガー主義という共通の前提が必然的に召喚される。最後にこれらすべては、ポストモダンの隠された真のドグマ、すなわちニヒリズムへと収斂する。このニヒリズムに対して均衡を保つかのように、シンボルや神話が再評価されるようになり、ニューエイジのような非合理的傾向が復活する。こうしてアカデミズム的な博識と洗練されたポップカルチャーとが接続し、サイクルが閉じるのである。

美学

ポストモダンのような哲学的現象に際立つのは、倫理のまったき欠如である。倫理の欠如は慣習的なモラルの欠如という意味ではない。ポストモダンの時代に大きく再評価され、慣習的なモラルとはもちろん無縁だったニーチェは、とりわけ倫理について考察した思想家だった。しかしながら倫理について語られるすべては、今はニヒリズムの時代であること、すなわち根本的なところで倫理はないのであり、あるとしても快楽主義やナルシシズムの倫理といったレベルでしかない。このような状況では明らかに美学が、広義の快楽主義のかたちで価値基準を構成し、倫理の欠如を埋め合わせることになる。あらゆる価値が崩れた後に、利那的な快楽、気晴らし、感覚の強度だけが残されたのであり、したがって社会的価値などは想像することもできなかった。この快楽のかたちはおよそエゴイズム、エロティシズム、ナルシシズム、そして灰色の人生を塗り替えるような経験であった。以上に加えて、メディアと視覚的コミュニケーションに支配された社会のことを考えれば、美学が中心的学問となり、倫理のほか部分的に記号学まで摂取したのも理解できるだろう。ちなみに記号学の残滓は美学と解釈学が奪い合い、解釈学は美学自体を取り込もうとしている。

イタリアのポストモダンがルイジ・パレイゾンを確固たる地位に押し上げたのも偶然ではない。パレイゾンは、一九七〇—八〇年代以前のイタリアの哲学界では目立つ存在ではなかったが、解釈学と美学の数少ない専門家の一人だった。

しかしながら一九六〇—七〇年代のイタリアの美学は、ミラノとボローニャの現象学の学派に支配されているように見えた。状況はフランスでもあまり変わらず、最も有名な美学の理論家は現象学のミケル・デュフレンヌで、デュフレンヌはミラノ現象学派のディーノ・フォルマッジョと大学を通じて密接な関係があった。フォルマッジョはパドヴァでも教鞭を執ったことがあり、そこで学んだ者にマッシモ・カッチャーリやジャンジョルジョ・パスクアロットがいる。

ボローニャの現象学派はルチャーノ・アンチェスキが創設した。フォルマッジョもアンチェスキもアントニオ・バンフィの門下であり、バンフィはフッサールと直接の関係があった。ミラノ学派を創設したバンフィはイタリアの現象学の始祖となったが、厳密な理論としては、エンツォ・パーチをはじめとする彼の弟子たちがこの流れの発展に具体的なかたちを与えたのである。

ボローニャのアンチェスキは、まだクローチェの規範に結びついていたイタリアの美学を刷新する役割を担った。アンチェスキは雑誌『美学研究』を創刊し、一九六〇年代にネオアヴァンギャルドに接近する。ポストモダンのイタリア美学を代表するレナート・バリッリは彼の弟子である。

要するに一九七〇年代半ばまで、イタリアの美学は以上の二つの学派（パドヴァを入れると三つになるが）の現象学のもとにあった。

周縁的なものとして、トリノのパレイゾン（フォルマッジョとアンチェスキよりも少しばかり年下）とローマのエミリオ・ガッローニ（さらに年下）を付け加えなくてはならないだろう。

実存主義に目を向けたパレイゾンも、ドイツ文化の影響、さらにミラノ学派の影響を受けざるをえなかったが、政治的に共産党を支持したミラノ学派とは異なり、穏健なカトリックの思想家でありつづけた。パレイゾンは広範な関心をもった思想家だが、根本的にはロマン主義者であり、シュライエルマッハーに由来する近代的解釈学の系統にあると言える。

ローマのガッローニはカント派だが、カントの『判断力批判』に典型的な美学を見ていたのではない。第三批判の理論的な読みを推し進め、美学を「非専門的な哲学」にまで拡大したのは、まさにガッローニそのひとである。異端と見なされ、ローマ大学教授という重要なポストにありながら、イタリアの美学界では目立たない存在だった。注目を浴びるようになったのは、数多くの弟子たちの働きがあったからだ。

最後に、完全に孤立した立場のエルマンノ・ミリオリーニがフィレンツェにいた。彼は分析哲学的な視点から美学を見たイタリアで唯一の者だった。デュシャンとコンセプチュアル・アートに関心を寄せ、ダントーやディッキーとは無関係に、芸術原論的な理論を打ち立てた。他にもチェーザレ・ブランディたちがいるが、おおむね芸術批評、ブランディの場合は修復理論の枠組みのなかで捉えるべきだろう。

一九七〇年代後半、状況は見る見るうちに様変わりしてしまう。突然、美学の現象学理論は消えてしまう。理論的な理由からではなく、状況が変化したのだ。フォルマッジョはゼロから出発した典型的な左翼知識人であり（労働者出身だった）、政治のおかげで大学のポストを得ていた。六〇・七〇年代の美学者たちは一般に、典型的な専門家として、スーツに身を包み眼鏡をかけ、専門外の人々を隔てる深い溝を強調するかのように、難解な言葉で話す傾向があった。専門性を堅持して権威を守っていたのだ。だがその間に抵抗運動の文化がこのようながちがちの姿を内部から崩し、権威主義的ではないフレンドリーな知識人のイメージを普及させる。あるとき事件が起こり、いわゆる「大先生」方の尊大なアカデミズムを晒し者にし、その凋落を決定的にした。それは美学・芸術の世界で起こったアメデオ・モディリアーニ偽造事件である。すでにポストモダンの咲き誇る一九八四年、これら過去の教授たちはともかく権威を保とうとねばっていた。だが、左翼文化を担う二人の理論家、専門家のなかの専門家、ジュリオ・カルロ・アルガンとチェーザレ・ブランディが、リヴォルノの若者たちの罠に落ちる。モディリアーニがパリへ発つ前に投げ捨てたとされる彫刻があり、芸術大学が運河の底を捜索していると知ったこの若者たちは、ドリルでもって石の頭像をいくつか拵え、現場に放り込んだのである。頭像が発見されると、アルガンもブランディもそれが疑いなくリヴォルノの芸術家の作品であると断言した。ここで若者たちが登場する。二人の専門家は彼らが嘘をついていると言うが、これ以上に下手な弁明の仕方はなかった。若者たちが悪戯の証拠写真を見せると二人に逃げ道はない。信用は地に落ちて全国で笑い者となった。この事件は、ただ二人の権威にとどまらず、まるで教皇のように教壇から話すタイプの教授たち全体の終焉を告げたのである。ポストモダンの知識人はみな、フレンドリーな態度をとり、押しも押されもしない偉大な専門家を気取るようなことはない。

コミュニケーションのスタイルが変わる。美学はまさに、この変化した関係を表現する特権的な場だが、明らかに美学そのものではなく知識人の美学に関してだった。美学を理解する仕方も変化し、技術的・理論的な側面は減少した。現象学の美学もカント派の美学も、理論の中心的な前提、最終的な根拠となる理論的概念から出発していた。ポストモダンの美学は、実のところ、人間の知識を超越的に制御する論理にではなく、精神、つまり文化の発展に結びつけるヘーゲルの美学を出発点にしている。新しい美学は思想の歴史、マスコミュニケーションの理論、芸術の歴史、イコノロジー、社会学、精神分析学、とりわけ存在論と解釈学を相手に対話する。

美学の再生は六八年の抵抗運動、フェミニズム、精神分析が奪回した快楽の権利の要求にも結びついていた。カトリック的中産階級の革命主義的モラルが断罪した快楽主義やエロティシズムや軽さが、解放され再評価されたのである。

ポストモダンは、美学的享受を芸術、芸術のなかでもとくに文学に限定した以前の美学とはまったく異なる言説を持ち込んだ。わずか数年のうちに美学はすっかり様変わりし、自由に思考する新しいポストモダンのシンボルとなった。このような考え方はすでにアガンベンの処女作『中味のない人間』（Agamben 1970）にもうかがえる。それは美的経験の権利を主張し、たとえば魂を打つ音楽の美的経験が、プラトンをはじめ古代の哲学者たちからいかに白眼視されつづけたかを語る。経験の力というテーマは、アガンベンの三冊目の著書『幼児期と歴史』（Agamben 1979）でも中心にあり、人間の前理性的条件である幼児期のテーマと結びつけられている。ヴァッティモとペルニオーラの出発点は、ロマン主義的基盤（シラー）の上にマルクーゼが理論化した美学の次元と、ベンヤミンのアヴァンギャルド芸術である。理論中心主義から美学を救い出すため、ニーチェもまた重要な役割を果たす。ニーチェは、どれほど洗練されようが（ヒューム風に）、居心地のよい調和的な経験ではなく、悲劇的な感情や葛藤の苦悶、あるいはディオニュソス的「溶解」のような神秘主義的融合を賞揚する。こうしてニーチェ・ルネサンスは、悲劇的でディオニュソス的な理論を持ち込み、調和にもとづく以前の原理とはまったく異なる美学を導いたが、それはまた、ニヒリズムのスペクタクル社会の現代的感覚を特徴づける過激な経験、極端な経験の強度を追求する態度にも相応しかった。もちろんメディアの美学的次元も重要であり、それは社会全体に影響を与え、美学支配の政治的問題を決定した。もうひとつ挙げなくてはならないのは、芸術作品の存在論という限定的なものだったハイデガーの美学である。美的経験の実存的性格あるいは解釈学的性格の探究が重要になる。美学的な価値判断はつねに解釈のひとつのかたちであり、美的対象がすでに担っている文化的コンテクスト、感情、意味を介入させる。ジャンニ・カルキアやステファノ・ゼッキのような哲学者は、まさにこの側面を強調し、芸術作品をハイデガー的に把握し、啓示としての真実がいかに表現されるか、美学的解釈と真実の関係を問題にした。しかしそれは、神学的または神秘的なオーラに包まれた、ロマン主義的な「真実」に回帰することだった。とりわけゼッキは、現象学の遺産を振り捨てるためではなく、批判的思考から離れて自由主義的右派へ歩み寄るために、ポストモダンを利用した知識人である。

解釈学

どうして世界の主観的知識ではなく解釈なのだろうか。どちらも昔からよく知られていた。解釈学は、アリストテレスの伝統にしたがえば、発話の理解、その意味、つまりそれが表現している事柄を問題にする。すなわち、解釈学的分析の到達点は、作者の内なる心的イメージではなく、言語的命題に表現された事物の状態である（フレーゲはそれを「意味 Bedeutung」と呼ぶだろう）。アリストテレスの問題はつねに、作者の思考に対応する真実ではなく、描写された事物の状態に対応する真実であった。けれども解釈学の伝統はキリスト教とともに新たな展開を迎える。アリストテレスの徒にとって真実は物事の対応であり表象であるが、キリスト教徒にとって真実は神の啓示である。それゆえ神が明かす真実を理解するため、聖なる書物に書かれた言葉を正しく理解することが解釈学の任務になる。さらに司法における解釈学があった。事実、裁判で勝つためには法律に精通することが決定的に重要であり、すると立法者が表現した意図を知らねばならない。最後にこのような分析は文学批評にも応用され、著者の意図を正確に理解することが目指された。そしてその対象は、事実的真実から神秘的真実、意図的真実、主観的真実へと移っていく。

他方で、知識の主観性理論も古代から存在していたのであり、プラトンの『テアイテトス』に登場するソフィストのプロタゴラスはその立場を表明し、感覚について「それだけがつねに真である」と言う（167a-b）。デカルトの革命からカントのいわゆるコペルニクス的転回にいたって、デカルトが歩みはじめた長い道のりが完結したわけだが、そこでようやく、認識論的主観主義が体系化され、ソフィストの懐疑主義的で相対主義的なニヒリズムは、認識主体の超越的構造の根本的安定性によって回避されたのである。

だがハイデガーが解釈学に持ち込んだ新しさは、解釈学の概念自体を変えてしまった。解釈はテクスト理解の理性的道具から、解釈者として周囲の事物からおのれを分かつ人間の根本的な認識活動となった。こうして突然、ハイデガーの哲学において解釈が、観念論的で現象論的なカント的伝統の知に取り替わったのである。このような転換にはさまざまな理由があるが、まずハイデガーが神学の出身であることは忘れてはならない。真実は科学的モデルに客観的に対応するのではなく「啓示」であると見なす「信徒」たちと彼は親交を結んでいた。カントが理論のすべてを最後まで推し進めたのは、ソフィスト的相対主義になりかねない心理的レベルの知識ではなく、科学的に正確で信頼できる知識（つまり真実）のために、主観を堅固にしようとしたからだ。カントにとって真実とは、知の主観的構築物に支えられた客観的真実だった。つまり、最初から反科学的なハイデガーとはまったく違う。ハイデガーにしたがえば科学は、存在がただ「そこにある」ことでしかない「形而上学的な」態度をとりつづけている。ハイデガーは、単に「そこにある」のではない存在の「オーラを帯びた」意味の再発見を目指している。もはやカント的な現象の知の図式に依拠しつづけることはできない。知覚と感覚的な知の問題は、経験主義的で実証主義的な科学に関係するが、これをすべて切り捨て、別のシステムを見つけなくてはならないのだ。

真実が実体の存在の啓示であるなら、明らかに、実体は「何であるか」との関連で問われなくてはならず、アリストテレス的なこの「何であるか」は、神学的解釈学が探究する宗教的意味と一致することになる。すなわち自然の造形による現われではなく、言語に根ざした関連が（言語には捉え切れないが）問われるのである。

けれどもニーチェの言う解釈学は、カントの現象論に取り替わるものでも反対するものでもない。ショーペンハウアーや、とりわけギリシアのソフィスト、ヘラクレイトス的相対主義を通して、カントが打ち立てた堅固な構築物を解体しながらも、この現象論を継続するものとして語られている。このような意味でニーチェもまた実証的な科学主義を問題視し、実験的な方法でさえ完全には排除できない偶然の余地が、解釈の主観性に内在することを指摘する。つねに事実の解釈にもとづく科学的結果を、まるで異論の余地のない具体的事実であるかのように提示することはできないのだ。これがすなわち「事実は存在せず、ただ解釈だけが存在する」という有名な言葉の意味、そして「これもまた解釈である」と言われる意味だろう。ギリシアの相対主義からさらに目も眩むような深淵へと後退する、解釈の無限遡行的な「入れ子構造」のことではないのである。

したがってニーチェの観点主義とハイデガーの解釈学の連続性は見かけのものにすぎず、それはまったく異なる二つの哲学的プロジェクトである。どちらも科学的知に対して不合理な思想の論理を対置させるわけだが、ハイデガーは神学的＝キリスト教的立場、ニーチェはギリシア的＝古代的立場であり、二つの観点は似ても似つかない。これは科学や技術に対する二人の態度にも反映し、ハイデガーは基本的に敵対的だが、ニーチェは好んで（だが幻想を抱かずに）対話しようとする。

この二つの流れにガダマーの理論化を追加しなくてはならない。ガダマーは解釈学を全面的に見直し、存在論的真実と科学的客観性のハイデガー的差異、前理解、したがって解釈者を内に含む解釈学的円環を強調しながら、首尾一貫したひとつの言説を再構成したのである。

さてイタリアのポストモダン、とりわけヴァッティモは、おそらくガダマーの理論の影響のもと、以上の三者をひとつに結合させようとした。それはいくらか混乱した寄せ集めであり、解釈学はあらゆる場合に適用できる万能の概念となり、それゆえ、後期のハイデガーとは無関係に、ポストモダニズムの主要な鍵概念になった。ハイデガーのいわゆる「転回」の後、解釈の概念はますます雲をつかむようなものになっていた。なぜならそれは、神に代わる存在のいわば無神論的神学の樹立に向けて、存在の言表不可能な次元に近づくために用いられたからである。これらすべてが解釈学に危険な魅力を与え、普及を促進させたが、ますます曖昧なものになった。日常の経験から想像しても、誰もが自分の観点からものを考える、つまり解釈するのだから、理解は難しくないように見えた。その頃すでにわれわれは、絶えず解釈が必要なメッセージ（表面的な意味はしばしば疑わしい）をばらまくメディアの世界に暮らしていたのだ。基盤となる哲学的構築は複雑そのものだったが、何もかも明瞭と思われた。だがしかし、解釈学は記号学と同じ道を歩むのではなかろうか。すべてに対応する限界のない学問となり、そして自らの危機に酩酊しないだろうか。

イタリアで解釈学は、他のどの国にも見られないほどポストモダニズムの特徴となった。イタリア人たちは解釈学を学ぶために、ドイツのガダマー、あるいはフランスのポール・リクールを訪れた。ところで、ガダマーもリクールもポストモダンの思想家とは見なされていないが、イタリアにも、ポストモダンの前から解釈学の伝統はあった。誰よりもまず、法哲学のエミリオ・ベッティがいた。彼はハイデガーと同世代で、ナチスに入党したハイデガーと同じくファシスト党に入党し、おそらくそれゆえイタリア国内では等閑視されつづけた。戦後、解釈学はミラノで盛んに研究され、たとえばヴァッティモの同世代にはカルロ・シーニがいた。ヴァッティモは解釈学を記号学に結びつけたわけだが、トリノではパレイゾンがすでに解釈学を講じていた。このパレイゾンが戦後イタリアの解釈学の第一人者だったのであり、弟子のヴァッティモが解釈学を大きく取り上げるのも納得できる。それは圧倒的にハイデガー寄りの特殊な解釈学だが（それが唯一の解釈学ではないのに）、ヴァッティモはそこに、おそらくレーヴィットから学んだニーチェの解釈学を結びつける。解釈学は、イタリアではおよそ不可欠のアプローチとして普及し、多かれ少なかれ直接イタリアのポストモダニズムを特徴づけた。それはポストモダニズムの中心軸となり、退行的で反動的と言えるほど過去を志向した。当時、解釈学の波はイタリアの知識人をロマン主義、後期ロマン主義、そして象徴主義へと押しやり、本当に過去を向いて折り重なるように見えた。セルジョ・ジヴォーネ、カッチャーリ、フランコ・レッラのような過去志向を代表する哲学者は、解釈学の理論家ですらないが、解釈学が開いた感受性を前提として過去の議論を読み直している。

以上のように解釈学とハイデガー主義はひじょうに保守的であり、これにイタリアのポストモダンが結びついている。ある意味で解釈学は、記号学が持ち込んだ問題を、科学ではなく「人文学研究」として再提出するものだ。それゆえ、『弱い思考』の出版に際して、解釈学の研究者の他にエーコのような記号学の研究者も参加したのである。このような意味では、マウリツィオ・フェッラーリスの解釈学に対する批判も傾聴に値する。解釈学の歴史を扱った概説のうち、ヨーロッパで刊行されたもののなかで最も守備範囲の広いその書（Ferraris 1988）でフェッラーリスは、解釈学のすべて、少なくともイタリアのポストモダニズムの解釈学をひとことで要約している。それは彼の師匠（後に敵対するが）のヴァッティモにもとりわけ大切な言葉、先に引用したニーチェの「事実は存在せず、ただ解釈だけが存在する」である。ただフェッラーリスはこの言葉をそのまま文字通りに受け取る。するとこれはニヒリズムの極致であり、最高に観念論的でもあるだろう。事実、世界をただその感覚的現われに還元するばかりか、世界が自律的に存在することも否定するのだから。フェッラーリス自身が皮肉を込めて言うように、「「事実 fatti」に替えて「猫 gatti」という言葉を入れてみよう。猫は存在せず、ただ解釈だけが存在する、と。はたしてこれが納得できるだろうか」。最近彼はこの概説書の第二版（Ferraris 2008）を出すにあたり、さらに追い打ちをかけるように付け加えている。「このフレーズが気に入るのは誰だろうか。正直者だろうか犯罪者だろうか」と。つまり解釈学は、不都合な現実との衝突を避け、すべてがすべてに適合しうる解釈のソフィスト的世界へと逃避する方法なのだ。こうして衝突は回避され、都合のよい解釈は必ず存在するのだから権力との対決も避けられる。さらに解釈学は、事実そのものから解釈の仕方へ、したがって解釈の歴史的な状況へ、個体の内的または外的なコンテクストへと注意を移す。つまり文化的状況ばかりか、その解釈のなかに偏見や不安や無意識的な欲望や感情を投影する解釈者のさまざまな主観的状況も問題にしなくてはならない。このように形づくられた現実、その読み方にしたがって簡単に歪曲されうる現実は、ボードリヤールが信じたようにはシミュレートされないだろう。すべてがこれほど柔軟であるとき、メディア的な欺瞞や韜悔の作業にエネルギーを使う必要すらない。大衆にどのような現実を見せるのか、適正な仕方で感情に訴えるだけで十分なのである。

近代の解釈学が聖書研究者フリードリヒ・シュライエルマッハーにはじまるのは、おそらく偶然ではない。解釈学が花開くのは、理性によってもデモクラシーによっても変えることのできない、明かされた真実あるいは至上命令を前にするときである。解釈がこの厳格性を穴埋めするのだ。事実的現実と司法的現実のあいだに介入して「媒介」を形成するのだから、罪人のほうに都合がよいだろう。さらに、卑しい物質的現実から離れることで、あらゆる種類の形而上学的突破口へと向かう強力な説得手段ともなる。それゆえ解釈学は魔術師、精神的グル、弁舌家のあいだで人気があった。このような考察を続けると、解釈学の理論家をみな疑うことになりそうだ。しかし、それでは現実を捉えそこなってしまうだろう。

解釈学は解釈に解釈を重ねて錯乱にいたる誇大妄想的活動に踵を接しながら、他方ではひじょうに経験主義的な何ものかを主張する。すなわち何かが起こるとき、何人かがそれを見て、自分の視点から自分の言葉で書けば、それぞれ異なる文章ができるだろう。おそらく「事実は存在せず、ただ解釈だけが存在する」というあの有名な言葉を書いたとき、ニーチェが言いたかったのはこのことではないだろうか。実際のところ、形而上学的世界の現実のために物理的世界を否定したプラトンのような哲学者を敵視し、さまざまな機会に唯物論を持ち出したニーチェが、どうして極端な観念論のために物質の存在を否定しなくてはならないだろうか。それに彼は「モノ」がないと言ったのではなく「コト、事実」がないと言ったのだ。ニーチェと実証主義者たちとの論争はよく知られている。これらの実証主義者たちは事実をもって論拠としたが、それはつねに彼らにとっての事実であった。「事実は存在せず、ただ解釈だけが存在する」という言葉の意味は、実証主義者たちが利用する事実はいずれにせよ彼らによる現実の解釈なのであり、現実そのものではない、ということではなかろうか。論述として現実を提示することはできない。現実はただ見せることができるだけで、語ることはできない。事実はこれだと言葉で示す者は君を騙そうとしているのかもしれない、とおそらくニーチェは言いたかったのだろう。ヴァッティモ自身も最近、以前の弟子との論争のなかで解釈学が欺瞞を暴くことを強調している。つまり、現実を語る者はそれに相応しく信頼しうる仕方で語っているだろうか、無邪気に信じることをせず解釈学は疑うのである、と。事実、解釈学の原理の内には罠があるかもしれないが、解釈学の否定の内に隠された罠のほうがさらに悪質かもしれない。現実を解釈しないのなら、事実が持ち込まれるとき、それはすべて真実であると信じるべきなのだろうか。すると問題は、解釈するかしないかではなく、どのような解釈をするかだろう。どのような目的があり、どのような限界があるのか。要するに、理性が解釈学の手綱を握らなくてはならず、解釈学が理性の手綱を握っていては(おそらくポストモダンはそうだった)いけないということだ。この視点からすると、ガダマーの伝統、陳腐な科学的方法と解釈学だけに拠りながら「真実」を探究する伝統は、出発点からしてすでに危ういと言える。実験が証明した科学の信頼性を、ソフィスト的な論述でもって転覆させようとするものだ。ガダマー主義は人文主義研究がおのれを守ろうとして科学に切りかかる刃であり、あらゆる新しさを退けて過去に埋没する後期ロマン主義的文化の十字軍である。このような態度は、反動的なものである以上に、すでに敗北してもいる。なぜなら、すでに納得している者を除けば誰をも納得させられないのだから。このようなポストモダンの解釈学はしばしば反改革主義的な態度を支え、イデオロギー的組織、宗教的理想を掲げた社会、要するに権威を求めようとする。ドイツではハイデガーの修辞的な解釈学、フランスではヘブライの信仰と哲学を調停しようとするユダヤ的解釈学、これが主流となった。したがって、解釈学はますます啓蒙主義的な傾向から遠ざかる。このような態度が嵩じて一九八〇年代の終わる頃には使い古され擦り切れて、いわば二流の哲学文化となり、地方の閉鎖的な環境のなか、あるいは本能的に科学に敵対するカトリック文化のなかに落ち着くことになった。

ハイデガーの影響

ポストモダンのなかでハイデガーはイデオロギー的な父の役割を果たした。しかしハイデガーの思想はひじょうに複雑な構築物なので、一面だけを捉えて単純にこれがすべてだとは言えない。要するに、どのようなハイデガーが注目され、それはなぜなのかを理解しなくてはならない。

一九八七年にヴィクトル・ファリアスはハイデガーとナチズムに関する書物を上梓し（Farias 1987）、またもや土埃が舞い上がったが、そのまますべては立ち消えになった。つまりハイデガーがナチス党員だったことはもはや公然の事実であり、その非難を擁護する必要もなくなってしまったのだ。彼はナチズムの犯罪に巻き込まれたが、賛美者は彼の思想を讃えつづけるだろう。どうしてこれほど寛容なのだろうか。たしかにハイデガーはアイヒマンではないが、自分のナチズムへの参加が倫理的・政治的にどのような意味をもつのか、完全に自覚していたのも明らかだろう。ハイデガーが倫理学を語らなかったのは、おそらく偶然ではないだろうと言う者もいる。彼のために思い出さねばならないのは、人並外れた才能をもっていたこと、自分の道を歩み、研究を続け、思想に革新をもたらした哲学者であることだ。政治的な理由で厄介払いできる哲学者ではない。ところで、ファリアスよりも重要と思えるのは、アドルノが『本来性という隠語』(Adorno 1964) に書いた異議だろう。これにしたがえば、ハイデガーは当時、哲学の域には達していない神学周辺の諸観念を寄せ集め、それを現象学によって再解釈し、実存主義に道を開いたのである。しかし実存主義は、「深遠な哲学」効果を呼び起こす高尚な言語で語られた哲学的欺瞞でしかない。したがってアドルノやドイツ・マルクス主義批判の多くにとって、ハイデガーは出来のよい高踏的な構築物でしかなく、深遠で専門的で排他的な外観をとるが、実質的には当時の反動的修辞の紋切型スタイルなのであり、ナチズムの文化的土壌、つまり「保守革命」にほかならず、その遅まきの代表者だった。このテーゼはイタリアやフランスではきっぱりと拒否されつづけたが、まったく根拠がないとは言えないだろう。ハイデガーには最初から大仰な修辞があり、謎めいた口調、死を礼賛し、思わせぶりな術語をちりばめ、ナチスのプロパガンダ美学さながらであり、戦後のドイツ知識人には古色蒼然としたものに見えた。けれどもフランス人にはエキゾティックな魅力を放っていたのだ。実際にハイデガーの哲学は、フランス人にとってドイツの哲学者から望みうる最高にドイツ的なものに見えた。その上フランス人は、「退落」や「死に=いたる=存在」など、表現主義さながらの過激なイメージとともに、ハイデガーの美文調が気に入ってもいた。予言者的な強いトーンは学生たちにも人気があった。存在論のこのサヴォナローラはたちまち聴衆を圧倒・魅了し、聴衆は彼の内に現代哲学の体現者を見出したのである。まさに彼らが待ち望んでいた通りの、霊感に浸され悪魔的でありながら技術的で厳密に見える哲学者だった。

さらに現象学の保証もあった。若い学生たちをごまかせたとしても、フッサールのような流行とは無縁の真の哲学者を惑わせることはできないだろう。また、これらの学生たちがただ単に騙されていたのなら、レーヴィット、アーレント、ヨナス、マルクーゼ、アンダースといった思想家は生まれなかったはずだ。ハイデガーが真の思想家だったことは、その狡猾で演劇的な身振りに対する正当な非難にもかかわらず否定できないのである。もっとも、ドイツではこの非難はより強く感じられ、彼の言説の力はそがれていた。ところがポストモダンは、ありとあらゆる偶像を破壊するために反教条主義と相対主義を掲げながら、ハイデガーを偶像に祭り上げたのである。ハイデガーから宗教的イメージをつくり出し、哲学者というよりは一種のシャーマン、まるで超越的世界と接触して啓示をもたらす者のように見なしたのだ。本来性のハイデガーがサルトルを魅了したのは、おそらくは共感からだったろう。サルトルもまた演劇的な才能に恵まれていた。だがポストモダンが賞揚したのはこのハイデガーではない。このハイデガーはすでに擦り切れた大衆向きのハイデガーなのだ。ポストモダンのハイデガーは、より排他的でより解釈学に重心を移した「転回」以降に集中する。驚くべきことに、最高の知識人たちが彼の理論の前に頭を垂れ、批判精神を棚上げにして、疑わしい理論ばかりかまさに信じがたい文章にいたるまで、すべてを好意的に受容したのである。ハイデガー思想の批判は本書の課題ではない。ともかく、少なくとも留保を付けざるをえない「詩作」の理論については言わないとしても、『存在と時間』(Heidegger 1927) にも多くの疑わしい側面がある。

信じがたい議論の仕方の一例として『技術への問い』(Heidegger 1953) から引用しよう。科学的思想は「機械化」と彼が呼ぶ技術の産物であると主張し、産業技術の批判から科学の批判へと移るところだが、明らかな歴史的矛盾に気づく(科学革命の二世紀後に産業革命があったのだから)。そこでたとえば産業発展の基礎を築いた科学を批判するという方向に、議論を修正することもできたろう。けれども彼は、どうせ誰も文句を言わないのだからとばかり、理論的なつぎはぎを手荒におこなうほうを選び、あえて次のような主張をする。つまり、たとえ科学革命が産業革命に二世紀も先行したとしても、これはただ単に歴史的な側面にすぎず、本質の歴史のなかでは科学よりも産業技術が先行することに変わりはないのである、と。

歴史家の年代記にしたがえば、近代科学のはじまりは十七世紀である。これに対して、機械化された技術の発展は十八世紀後半まで待たねばならない。しかし歴史家にとっては後に来るもの、つまり近代技術は、現実には、そのなかでこそそれが意味をもつ本質に対して、歴史的に先行するものなのだ。

歴史的原理と対置させられた本質的原理の観念は、中世のプラトン主義のように「個物に先立つ」本質を信じないかぎり、とまどいを引き起こすものだろう。だがこの本質が彼岸の形成物ではなく歴史のなかに生まれる言語的形成物であるなら、どのようにしてその現われの歴史的平面を切り捨てることができるのだろうか。それだけではない。ここでは、歴史的な歴史とはまさに反対に進む本質的な歴史が語られているのだ。まるでパーヴェル・フロレンスキーの転倒した時間のように。だが、それは夢の次元のなかでの話だった。このような結論を受け入れる方法はひとつしかないだろう。つまりハイデガーはいわば選ばれし者であり、彼の言葉は論述ではなく、啓示あるいは神託であると見なすこと。これがハイデガーの思想の最も危うい側面なのである。ナチズムへの加担を云々する前に、ヒトラーの思想とのつながりは明らかだろう。ヒトラーの言葉や命令は議論の対象にはならず、シュミットにしたがえば、奇跡さながら、まるで天から降り注いだもののように受け取らねばならなかった。神託的哲学は、合理的に述べられた論証の哲学ではなく、例外の哲学である。信憑性を危険にさらすことがあるのは、例外を導入するため、論理を超えた真実を語る力を示すためにちがいない。例外状況のなかでは、権力は法に由来するのではなく、逆に法が権力に由来し、合法性が権力の正統性に従属する。これと同じく、論理の合法性が、真実を語る霊感に満ちた言説の神託的あるいは啓示的な力に道を譲るのである。

すると今日受け入れがたいのは、例外の空間に居住し、合理的な基準も論証も必要とされない神託のハイデガーである。このハイデガーは「詩作」のときにはすでに決定している。ニーチェが『ツァラトゥストラ』で試みたように、彼もまた哲学から宗教へ、論証から教義への飛躍を夢見たのだ。

もうひとつのケースが例の語源学である。周知のようにハイデガーは、「真実」をギリシア語の「ア・レテイア a-letheia」に由来する「覆いを剝ぐこと」であると考える。だがギリシア研究者の誰もが知るように、「lethe」は「覆い」ではなく「忘却」を意味し、したがって「アレテイア」の文字通りの意味は「忘れないこと」である。口承文化では、真実は忘れられず、忘れられないことは真実だろう。アルカイック期のギリシアもそうだったはずだ。アルカイックな口承システムのなかで、世代から世代へと語り継がれることが珠玉の智恵となり、伝統にもとづく権威のシステムにしたがい、異論の余地なき真実となる。もちろんハイデガーも「lethe」の意味はよく知っていたのであり、ヘラクレイトスの断章に関する一九四三年の短い文章のなかで「忘却すること」と訳している。けれども彼は、動詞「letho」の用法を通して記憶的意味から強いて視覚的意味へと移る。おそらくは教父の一人アレクサンドリアのクレメンスが、視覚的に隠蔽するという意味でこの言葉を用いたことに示唆されたのだろう。しかし「letho」の第一義的な意味は、「未知のままでいる」、「知られていない」こと、まだ自覚していないことであり、忘却に近いのである。ともかく教父からの示唆は重要であり、こうしてハイデガーは、「神の光」とは二律背反的な「letho」の視覚的解釈を導き出すのである。そしてアレクサンドリアのクレメンスの神学的意味からヘラクレイトスの解釈へさかのぼり、ヘラクレイトスのキリスト教的解釈からあらゆるギリシア哲学を解釈する。ちなみにヘラクレイトスは、有名な断章「自然は隠れてあることを好む *φύσις κρύπτεσθαι φιλεῖ*」のように隠蔽を表現するときには、「kryptesthai」を用いた。それは今日も、「cripta」、「criptico」、「decriptazione」など隠蔽や覆いを示す多くの言葉に用いられている。だがハイデガーはこの重要な断章には目もくれず、まるで新たな証拠を見つけたかのようにクレメンスが引用する断章に戻っていく。この断章第十六は「決して黄昏ることのないものを人はどうして「知らないままで／隠れたままで」いられるだろうか *τὸ μὴ δῦνόν ποτε πῶς ἄν τις λάθοι*」である。ここで彼は太陽に触れているわけではないが、「lathoi」が太陽に関係するのは明らかであり（黄昏は太陽に関する言葉である）、それゆえこの動詞は「光を覆う」という視覚的意味をもつのだ、などという推論は短絡的と言うべきではないだろうか。実際、わたしが「決して黄昏ることのないものを人はどうして知らないままでいられるだろうか」と翻訳すれば、それは、わたしを照らす陽光の観念につながりはするが、「知らないままでいる」という言葉自体の内に視覚的意味がなくても認知的に問題はないのである。おそらく、「知らないままでいる」という意味を選択する理由は、太陽が象徴的な価値をもつ認知的なメタファーだからだ。このことは、ヘラクレイトスがよく用いる謎めいた語りと軌を一にしている。それは異なる使い方の言葉を組み合わせて奇妙な効果を生み出そうとするのだ。それに、一種の神もしくは存在の光に対して隠れたままでいるというのは、ヘラクレイトスの哲学を考慮すれば不適切ではなかろうか。彼はまさに生成の哲学者であり、プラトンがイデアの存在を、光としての存在のメタファーを突きつけた相手である。たしかに古代ギリシアの思想のなかには、「忘却」というその主要な意味すら排除するような「lethe」の別の意味を引き出すこともできる。しかしいずれにせよ「lethe」と「a-letheia」の意味は、忘却／非忘却の関係になるだろう。だが、この「忘れられないことの観念」はハイデガーの興味を引かなかった。ギリシア哲学のなかにキリスト教の「啓示」に似た観念を発見することが、ハイデガーの関心だったからだ。けれども「啓示」はギリシア語ではあまりいい響きの言葉ではない。それは「アポカリプシス apocalypsis」（「黙示」はこの派生語）で、文字通り「覆いを剝ぐ」という意味である（「a-po」は否定辞で「kalyptein」は「覆う、隠す」。したがってまさにハイデガーが a-letheia に求めた意味そのものだ）。こうしてハイデガーは「アレテイア」を再定義する。真実は、対話や弁証法や推論、経験的な明証性や経験的事実にもとづく論証によって到達できるものではなく、覆いを取り去って明かされるもの、啓示であり、ただ信じることしかできないのだ。真実もまた例外の次元にあるわけだ。正常性が経験であり演繹、そして推論だとすれば、啓示である真実は、正常性を超えた奇跡として、別次元への、神の力あるいは絶対的な力の次元への突破口である。

ありとあらゆる慣習と伝統を攻撃したポストモダンのような先鋭的な批判の思想が、ハイデガーをハイデガー自身が望んだように迎えたのは奇妙なことに見える。おそらくは、技術むしろ科学が支配する世界のなかで（今日、真実を主張しうるのは技術ではなく科学であり、ハイデガー思想の真の敵は科学なのである）、いわば秘密結社の一員になりたかったのだろう。

だが、このような無批判な態度はもはや受け入れがたいと宣言しても、ハイデガーを厄介払いすることは簡単ではない。真実の世界と見かけの世界を転倒させた（ニーチェにしたがえば）プラトン同様に。どちらの場合も、この強引な転倒に気づいたからといって思想の魅力が消え失せるわけではない。ともかくハイデガーは、唯物論のような単純なリアリズムに陥ることなく、超越論的主観主義を免れた唯一の哲学者だった。彼は存在が言語の内にあると主張したが、それは、現実を考える個体が存在しないという意味ではなく、現実が存在しないという意味でもない。ハイデガーが仄めかす存在は、実際に何ものかであり、「何なのか?」という疑問に対する回答が意味をもつ。この疑問に答えるための鍵は、言葉を知らない単なる現実のなかにも、個々の心のなかにもなく、言語的に物事の「何であるか」を示して思考する人間の道具、言語の内にある。これはひとつの言語的・文化的構築主義であり、そのあらゆる理論的帰結を推し進めるべきだろう。バークリー風主観主義あるいは事物は存在しないという観念にもとづく陳腐な構築主義ではない。たとえ現前していてもそれが何か分からなければ意味はないという事実にもとづく構築主義なのである。存在は、いったん掌握した領土も変化しうることはさておき、領土の構築ではなく地図の構築を可能にする。したがって物事の「何であるか」としての存在は、些細なことではない。そしてハイデガーは、この「何であるか」の「何であるか」を説明しようとするとき、言葉のカント的意味でほとんど「形而上学的」である。なぜなら、それをそのまま把握しようとすれば、意味は抜け落ちてしまうからだ。だが、彼がまるで中世の形而上学者のような執拗さで接近を試みるとき、一種の神秘主義と言える詩的言語を通して(哲学的威厳をロマン主義的に求める公衆を魅了するという詩的言語のもうひとつの使命)、到達不可能なこの「何であるか」の核心に迫っているように見える。

以上の言葉はあまりに厳し過ぎ、あまりに論争的で、偏見に満ちていると思われたかもしれない。だが以下の引用を読んでいただきたい。

ハイデガーは、近代的合理性の支配を恭しく認める同じ身振りでそれを拒否し、おのれの限界を「考慮しない」科学を呼び出し、技術を運命として受け入れる振りをしつつ断罪し、カタストロフ的な世界観をつくり上げ、無謀な地政学的テーゼを立て――アメリカニズムとボルシェヴィズムに挟まれて押しつぶされるヨーロッパ――、奪回すべき起源のギリシア＝ローマ神話を鼓吹する。彼の天才的な言語学的実験は内破し、ますますアクロバティックな、それどころか無意味な言葉の羅列になる。彼の語源学の使用は濫用と言える。真の哲学はただ古代ギリシア語かドイツ語（そしてラテン語?）でしか語れないという確信は誇張である。詩人の役割の賞揚は過大評価である。詩的思想の内におかれた希望は敬虔な幻影である。明け開けLichtungの人間学にしたがえば、人間は「存在」の牧人となるが、それは実行不可能な受け入れがたい提案である。だが何より不思議なのは、晩年のハイデガーの思想よりも、批判精神のない賞賛がその思想に捧げられたことであり、これがスコラ哲学的なものを醸し出したのである。

以上はハイデガーの敵が語った言葉でも、ハイデガーの思想を表面的にしか知らない者が垂れ流した言葉でもない。それは、イタリアにおけるハイデガー研究の第一人者で世界的にも有名だったフランコ・ヴォルピが、かつてチリのサンチャゴで開催された会議で語った言葉なのである（Volpi 2006）。新たなスコラ派を構築した無批判な賛嘆に対する煩わし気な一瞥で、この批判声明文が閉じられているのは兆候的である。まさにこのハイデガーのスコラ学がポストモダンを特徴づけたのであり、ハイデガーの言葉には、どれほど些細に見える文章にも深遠な意味が隠れていると見なされ、疑いを差し挟むことはほとんど犯罪行為にも等しかった。この道を進みつづけられないのは明らかで、ハイデガーを時代や文化的環境から隔離せずに歴史的人物として捉える時が来る。まず当時の最も重要な哲学者たちとの関係からはじめ、ナチスのプロパガンダ言語や、彼の出自である神学的・保守的環境の謎めいた修辞学との関係を洗い出し、高尚であり低俗、深遠でありキッチュでもあるハイデガーを発見しなくてはならない。でなければわれわれは、信用できないがゆえに役に立たない哲学的文献を、後の世代に残すことになるだろう。ハイデガー主義の歴史的・哲学的見直しというこの作業は、もはや先延ばしにされてはならないと思う。

結論として、ポストモダンのハイデガー主義は、近代的主観主義を乗り越えようとするとき、疑いの余地なく有用ではあるが、もっと「慎重に cum grano salis」受け取るべきだったのである。ハイデガーの興味深い理論には、がらくた同然の修辞的またはロマン主義的な雑音が混じり、わざとらしく強引な、あるいは人種差別的な言説がまとわりついている。今日、ハイデガーは排除ではなく修正すべき対象である。反動的で全体主義的な最悪の修辞、理論的には無用で美学的には陳腐な一連の要素を払い落とさなくてはならない。結論として、ポストモダンの問題のひとつは、同時代のハイデガーを、ダヌンツィオの時代のニーチェやヘーゲルの時代のカントと同じように、疑問の余地なく普遍的に正しい知識人として選択したことであり、それは一人の哲学者を正当に理解する妨げとなった。そうではなく、古びた側面と今なお刺激的な側面が区別できるように、歴史的批判を媒介にして理解することが重要なのだ。たとえば今日では誰も、ニーチェが語った「金髪の野獣」を賛美しないだろうし、カントが第三批判で語ったように芸術のシステムを考えないだろう。だからといってそれが哲学者を傷つけるわけではない。反対に彼らがなおもアクチュアルな理由のひとつになっているのだ。

ニヒリズム

存在と生成

ポストモダンの最初期、一九八〇年代のはじめに（七〇年代末から）空中を漂っていたもうひとつのテーマは存在と生成の関係である。このテーマを真正面から取り上げた書物は見当たらないが、議論や会議やテレビ番組にすら絶え間なく登場しつづけていた。

存在と生成を対置させる問題は、パルメニデスとヘラクレイトスではなく、ハイデガーとニーチェのあいだの問題である。当時のイタリアでニーチェを読むことは、ナチズムの予言者という根も葉もない神話はさておき、ニーチェのモノグラフを書いた者たち、何名か挙げるだけでも、ヤスパース、ハイデガー、フィンク、レーヴィットといった現象学的・実存主義的解釈者、さらにシェーラー、ゲーレン、ガダマーがいるが、彼らから大きな影響を受けることでもあった。これらすべての読みのなかでハイデガーが最も特殊で奇抜なものだが、誰よりも苦しみながら書いた力作という意味でも特徴的である。ハイデガーは、ニーチェを解釈するために、まずニーチェのすべてをおのれの哲学的言語のなかに移し入れ、こうして自らの哲学的領域のなかで作業したが、そこからニーチェの文章のあまり妥当でない読み方も生じた。こうした解釈の強引さにはハイデガー自身も気づいており、このディオニュソス的哲学者のために精根尽き果てたと何度も言っていた（「ニーチェがわたしを押しつぶす」）。一般に流布している説では、この複雑を極めた仕事の結果は、ハイデガーがニーチェに向けた批判のなかに込められている。すなわち、存在を実体に置き換え、一般的な存在を実体の共通の性格として捉え、こうして存在そのものとしての存在を忘却させ、西洋形而上学の究極の発展のために力の意志（創造的であり生産的であり現実化する力として）の観念という逃げ場を与えたというのである。だが、ニーチェに対するこのような批判は本当に妥当なのだろうか。これに関してコッリは、ニーチェ思想の真の中心軸である生成に注目するよう示唆している。存在の探究自体が形而上学へと向かう事実があるゆえに、これもまた形而上学批判なのだ。したがってハイデガーから見るとニーチェは形而上学者だが、ニーチェから見るとハイデガーが形而上学者である。さまざまな点からハイデガーとニーチェは鏡像関係にある。いずれも形而上学を批判し、いずれも主観を王座から引きずり下ろし、いずれもラディカルな思想家であって思考の限界まで突き進む。けれども二人はこの同じひとつの事柄を、反対とまでは言わないが、根本的に異なる仕方でおこなうのである。

ポストモダンの思想家たちがこの差異をつねに意識していたわけではない。だが存在と生成の差異はとりわけ重要であり、いかにしてニーチェとハイデガーを調停するかがしばしば大きな問題となった。この作業のポストモダン的性格は、まさにこの調停がなされる仕方にあり、可能な理論的綜合を求めるのではなく、二人を同じ理論の内に共存させようとした。ともかくこの差異について、ここで言葉を尽くして語ることはできない。しかし、時とともに片隅にしまい込まれ、十分に掘り下げられることがなかったこの古い問題について、いくつかの考察を提出しておこうと思う。

ハイデガー主義出身の哲学者の多くは、存在と無の混合物として生成を理解し、実際によく「生成中の存在」と言う。生成を生成中の存在と見なすことは、存在を時の流れの力学の内に捉えることである（今あるものは前にはなかった）。さらにそれは、状態のシークェンスとして点状の存在を考えることでもある。それぞれの状態において実体は同一であり、その属性を示すこともできる。具体例を見てみよう。存在論的観点から出発する思想家が、たとえば写真の馬を見て、それは馬であり、黒く、痩せていて、一・六メートルの背丈があるなどと理解するとして、彼が生成を見るとき、いわば一枚の写真から一種の映画的シークェンスを見ることになる。数多くの写真があるが各写真にともかく同じ特徴を読み取ることができる。だが、これは生成ではない。それぞれの瞬間(あるいはフォトグラム)に永遠に不動の馬がいるかのように考えることだ。実際のところ存在を考えるためには生成を中断させねばならない。つまり、生成を生成として理解することは、何ものも自身とは同じではなく、正確な対応関係は一切定められないと理解することなのである。

ヘラクレイトス、そしてニーチェによると、生きている世界は止まることのない流れのなかの過程的現実であり、何もかも少なくとも同じままではない。すべてが絶えず変容しているかぎり、絶対的な意味で正確な対応を語ることはできない。自然の世界、生命の世界は、この絶え間ない変化であり、生成はそれを無数の瞬間に還元するのではなく変化のなかで考えなくてはならないのだ。つまり、古代ギリシアの最初から存在と生成は決定的に異なっていた。存在は、まさに生命の恒常的変化に反対するものであるがゆえに革新的だった。自然そのものの内には見出されず、ただ観念的世界のなかにあり、生成中の存在のなかの「非存在」にも混ざらない、何か永遠のものであり、存在と生成は正反対なのである。これが、おそらくピタゴラスが最初に語り、誰よりもパルメニデスが述べ、プラトンが再び取り上げたことなのだ。実体とは、永遠で不変の、それゆえ生命のないイデアに還元された自然にほかならない。このような意味で最初から存在論は必ず観念的なのである。若い頃プラトンはヘラクレイトスの理論に関心をもつが、ここから出発して、自然の変化する世界とイデアの不変の世界は完全に異なっていると結論する。それは存在と生成が両立しないということでもあった。存在の思想の前提条件であるイデアのこの永遠不滅の不変性は、理論的なばかりか救済論的な価値ももっている。事実、ピタゴラスやパルメニデスやプラトンの教義は科学的である以上の意味をもち、まさに生成のこの変化と過程のゆえに壊れゆく地上の事物を超越して、不死への道を教義に近づく者にかいま見せる。存在の世界には変移はなく滅びゆくものはない。数は古びず死なない。死はまた別の概念であり、存在の支配下にある。死は「何であるか」は、何によって成立するのかと言い換えられる。このような質問は理論的には何に対しても可能だが、とりわけ存在自体と、存在の否定である無については、後で見るように論理的な矛盾に陥ることにもなる。

ところで存在の王国は永遠の王国であり、衰亡も死もなく、この意味で救済的である。だが、ニーチェがこの王国に差し向けた異議は、死と無常を否定すれば生も否定しなくてはならない、ということだった。真の生、鼓動する生きている生の真の現実は、花開いては滅びる生の絶えざる変容のなかにある。したがってピタゴラスとパルメニデスの古代的なプロト観念論、プラトンの最初の正真正銘の観念論は、いずれもニヒリズムの一形式である。「存在は空虚なフィクションであると言うヘラクレイトスは永遠に正しいだろう」とニーチェは言う。なぜなら実体のこのような観念化あるいは形式化を前提とする存在自体が、生きている現実としての実体を否定し、したがって生きている現実を否定しながら、諸属性の論理的な分割のなかに浮き上がるかたちとして実体を分別するからである。しかし生きている自然は総体的な現象であり、同じタイプの生きている個体を産出する事実の内に、せいぜい自然の自己個体化の自動的な力が認められるにすぎない（実際のところ産出的な類型学に関するこの知識から哲学思想が生まれるのだが、このようにして哲学はすでに区別と分類——存在論的合理主義へと導くもの——を導入している）。

したがって生成の真にディオニュソス的意味は、「個体化原理」の喪失そのものに結びつくほかはなく、不分明なカオスの深淵、「自らの内にどこまでも溶解してあふれかえる世界」とニーチェが呼ぶ深淵をのぞき見ることである。『悲劇の誕生』(Nietzsche 1872/86) の一節を引用しよう。「ショーペンハウアーは、外観の形態に対する信頼を不意に喪失するとき、理性の原理が役に立たなくなり、巨大な恐怖が人間をわしづかみにする様子を描いていた。「個体化原理」を侵犯する恍惚的忘我を――それは人間、むしろ自然の深みから湧き上がるものだが――この恐怖に追加しよう。するとわれわれはディオニュソス的な本質の内に一瞥を投げることができる」。

存在の観点からすれば、物事はまるで反対の様相を見せる。世界は身体であり、身体として不滅ではなく、むしろそれは一種の墓、必然的に死が支配する王国となる。このことは、生きてはいるが変化し腐敗し死滅する物質の価値を認めないプラトン的ニヒリズムへと導く。だがこのようなニヒリズムは、不滅で永遠の価値を主張するプラトンにとってニヒリズムではない。同様のことがすべてのプラトン的伝統に当てはまり、とりわけ新プラトン主義は、純粋な物質を「存在ではない」と見なしたのである。したがって、無が存在の反対なら、ニヒリズムは存在の反対であり、つまりヘラクレイトスが語った生成の世界、ピュシス(自然)の世界である。それゆえ存在は、生きて変化する純粋に具体的な出来事の純粋な物質とは関係がない。つまり、具体的で物質的な物理的現われは、存在と取り違えられてはならない何ものかである。要するにニヒリズムはただ純粋な物質の支配ではなく、存在と存在でないもの、「単なる現われ」として存在を否定するものとの混在である。つまりハイデガーが語るニヒリズムの意味は、文字通りの技術的なものであり、世界や価値や生命の否定ではなく、まさに存在の否定へと向けられている。事実、もし無が存在の欠如であるなら、この欠如が生じるのは、現われとして把握された実体の存在、実体に共通する属性として把握された一般的存在によって、存在としての存在が否定されるときだ。だが、これではハイデガーが存在を定義するのは難しい。存在を、現われあるいは実体あるいは実体の属性として肯定的に定義することができないのなら、「存在は……」と言うことすらできず、「存在は……」と言えないのであれば、それはない、つまり存在は無なのである。実際のところこれがハイデガーの結論であり、こうして二重のニヒリズムのあいだに宙吊りにされている。一方には存在と現われを混同する形而上学のニヒリズムがある。他方のニヒリズムは存在が存在自体を乗り越えていく神秘主義的なものだ。たとえばプロティノスの「一者」は、純粋な物質と無という対比から出発したが、還元的でも限定的でもない定義がないゆえに無と接している。こうして、何ものにも定義できないので、無でもって定義することになり、これをハイデガーは『カントと形而上学の問題』(Heidegger 1929) でおこなったのである。

このような視点に立って矛盾的ではない存在論の原理を解明し再建することが、エマヌエーレ・セヴェリーノの課題だった。パルメニデスが定めた排中律の原理に戻りながらセヴェリーノは、生成という存在の形式においても、おのれを無の内に超越しなくてはならない存在という存在の形式においても、存在と非存在は決して交錯することも共存することもできないと主張する。

要するに存在には論理的な問題があり、おのれ自身をも含むこれら全体の帰結は逆説的なものになる。ラッセルの床屋やクレタ島の嘘つきのように、自己言及のパラドクスを避けることができないのである。

たとえば、わたしが次のように言うとしよう。創造は被造物の創造者がすでに存在することが前提になる、と。それはまったく合理的で経験にも合致する言い方である、と。さらに、存在するものはすべて神によって創造されたのであると言って、最後に、神は存在するのかとあなた方に尋ねるとしよう。神が存在しないなら、明らかに何も創造できなかったわけだが、神が存在しても問題は残る。つまり神は神によって創造されたはずで、もし神によって創造されたのであれば、自分自身の創造者である者が自分自身に先行して存在する必要がある。少なくとも二人の神、創造する神と創造される神が存在するのであれば、その創造する神を創造する神も存在し、こうして神は無限に存在することになる。まさにこのような問題を避けるために、キリスト教は創造されない創造主、すなわち例外をおいたのだ。しかし存在が被造物の属性であるなら、神は存在に対しても例外をなす。神は世界を創造するが世界の一部ではありえない。もし世界の一部ならば神と世界の関係はどうなるのか、「無為な神 deus otiosus」であるほかはないだろう。このように、すべてを包摂する者にはパラドクスを避けることはできないのである。

ありとあらゆるものが存在をもつとするなら、無は無であるとか無はそれ自身に等しいと言うとき、無は存在をもち、つまり無ではない。だが無は無ではないと言えば、無は何ものかになり、無はもうそれ自身に等しいものではない。すると無について語ることはできなくなり、無は存在しないことになる。だが、無は存在しないと言うことはすべてが存在すると言うことだ。存在しないことが不可能ならすべては永遠に存在することになる。何かを創造することもできない。なぜならそれは先にはなかった、つまり無であったことを意味するのだから。あるいはまた、何かが、たとえば生命が、存在を止めること、つまり無のなかに消えることもない。さらに、無は存在しないと言うことは、無は「存在しないもの」であると言うことであれば、何ものかを暗示しており、ならば無ではないのである。

このような言い方をいつまでも続けることができるだろう。多くの場合に哲学は論理の遊戯だったわけだが、これはいわば謎解き遊びであって、哲学者の精神は別のところに見なくてはならない。

周知のようにラッセルのパラドクスは、論理学的な理論により解決されている。アルフレート・タルスキの言語レベルの理論による解決もある。すなわち、自分では髭をそらない者たちから床屋を区別し、クレタ人の話者をその他のクレタ人から区別し、したがって存在を存在者や実体から区別するというものだ。結論として、存在そのものは、すでに存在であるから、存在をもたないのである。だがこれは、存在論的に実体を超えない現実主義的な返答である。普遍を限定する単なる合理的道具としての存在論の限定的プログラムには好都合かもしれないが、ハイデガーにとっても、キリスト教徒や新プラトン派にとっても、これで十分なわけがない。絶対あるいは未知へのめくるめく上昇の可能性をかいま見た者は、論理の外へ出る危険を冒しても挑まざるをえない。合理性を乗り越え、天を突き抜けようとする衝動を抑えることはできない。制限のない超越へのその道は再びあの例外である。

明らかなことだが、いったん論理から出てこの究極の超越に入ると、排中律の原理も価値を失い、かくして存在あるいは神はもはや何の限界ももたないが、同時に何も言うことができなくなる。なぜなら、論理が無効になればロゴスにも言葉にも意味がなくなるからだ。だがこれは神秘主義的な道を通れば避けることができない結果である。ハイデガーが神秘主義的沈黙を望んだようには見えないが、詩的言語の可能性を利用して、非ロゴスの言語にいたる境界点を探ることに関心を抱いてはいた。言い換えると、天を突き抜けようとするのではなく、こちら側にとどまりながらも可能なかぎり高いところ、大気も希薄となるところに身をおこうとしたのである。

反対にニーチェは、地下の深み、すべてがそこにはじまる生ける世界のなかをのぞき見る。このような意味で二人は反対方向の限界に向かった思想家だが、どちらも神秘主義者であるとは言えないだろう。理由は異なるが、二人が共有する例外の観念は実際には真の乗り越えではないからだ。アガンベンが言ったように、まるで内部のもののように外部のものを所有する究極の試みなのである。

ニヒリズムにはさまざまなタイプがある。歴史的にさまざまな思想家に、そしてある意味では同じ思想家の思想のなかにも、さまざまな思想的立場があるからだが、それ以上に現象学的に異なるからである。

そのようなわけで、無は、超越に向かう境界にも、深遠に向かう究極の内在性にも見出される。思考可能なものとして世界は、思考不可能な二つの条件のあいだの狭い領域のなかにある。生存不可能な二つの環境に挟まれた生物圏のように。ニヒリズムは乗り越えるべきものではなく、この領域を、その外側ではなくこのあいだを評価するために、反転させるべきものなのである。

だが以上は原則的な事柄であり、ニーチェとハイデガーを基準とするポストモダンは、これにあまり興味を示していないようだ。セヴェリーノは、ポストモダンがはじまる前にニヒリズムの問題について考察を推し進め、ハイデガーの哲学的提案を批判して退けた。実際にハイデガーは、存在を現われとして捉えることによって存在の意味を忘れた西洋形而上学のニヒリズムを批判しながら、存在は無であると宣言して存在を無化したのである。したがって、ニヒリズムに対するハイデガーの態度は曖昧だった。この曖昧さを解決しようとしてセヴェリーノがガダマーにも提案した戦略がある（ガダマーは拒否したようだが）。セヴェリーノは二種類の無を区別しようとしたのだ。絶対的な無と相対的と言えるような無である。この解釈にしたがえば、実体も存在もこの「絶対的無」に対立するが、存在は現われまたは実体として把握されないために無として考えねばならない。だが、それは存在そのものに（自己否定のように）ではなく実体に対して無なのである。それゆえ「絶対的無」にはならない。セヴェリーノによると、こうして、ハイデガーのニヒリズムの問題を解決し、存在のもうひとつの次元のなかで、否定を通して存在と実体の差異の問題を解決することができる。しかし、ガダマーはこの解決を喜ばなかった。おそらくはそれが存在の除去すべきでない曖昧さを除去していたからだろう。限界の思想家を他の思想家から、たとえばセヴェリーノのような頭脳明晰な思想家から区別するのは、解決されてはならない問題があることではなかろうか。その問題は開かれたままでなければならず、ただこうして表現するしかないのだ。ともかくセヴェリーノの解決は、否定的で間接的な仕方による論理的なタイプで、二種類の無を重ねるものだが、これは二種類の存在を重ねることでもある。ニーチェに対しても同じように言うことができるだろう。ニーチェもまた曖昧な態度をとって揺れていた。一方では、限界へと進むディオニュソス的なものは、生成と否定の純粋なカオスだが、それはプラトン的存在のカオスではなく、生物学的な個体化の内に構造化された生命への生成のカオスでもあった。他方でニーチェは、人間が経験しうる世界の空間的・時間的限界についてもよく自覚していたのであり、『道徳を超越した真理と虚偽について』(Nietzsche 1873) 第一章の冒頭に次のように書いている。「無数の太陽系が広がり燃えさかる宇宙のどこか遠い片隅に、かつて、知識を発見した知的動物の住む天体があった。それは「宇宙史」のなかで最も傲慢と虚偽に満ちた瞬間だったが、ともかく一瞬にすぎなかった」。

しかしながらこれらすべての側面について、ニーチェは無に言及はしても、ニヒリズムを語らない。ニーチェがニヒリズムを語るのは、「受動的ニヒリズム」と「能動的ニヒリズム」という二つの反対の意味においてだが、前者は生の価値を否定し世界に否を突きつけることである。倒錯した力の意志の働きであり、望むものを得られないがゆえに、望まないことではなく無を望み、仏教やキリスト教のように彼岸的価値を支持する。しかし、ニーチェは「神の死」に関連して能動的ニヒリズムをも語っている。世界を否定するこのニヒリズムの果実が神にほかならず、ここから超人はおのれの世界を建設する自由を自覚し、生の価値を再確認する可能性を得るのである。したがって否定の否定は肯定になるはずだが、ニーチェはニヒリズムを転倒させるのではなく、ニヒリズムを最後まで推し進めようとする。つまり、神の死によってわれわれは自覚的なニヒリズムを受け入れざるをえない。彼が「最も影の短い時間」と呼ぶ時である。そこからあらゆる価値の転換へと移り、力の意志が倒錯する以前の「生の価値」が再建されるのだ。「最も影の短い時間」はあらゆる修辞の終わりの時間であり、物事はありのままの姿を見せ、ニヒリズムが虚無的イデオロギーを無化する時間である。それは一種のエポケー、現象学的というよりも倫理的なエポケーだ。すなわちそこで物事はその善悪の意味を失い、生成の無垢に差し戻される。物事のあるがままであり、世界を縛っていた魔法が解け、世界からゆっくりと権威を剝奪しつづけた道徳の支配が終焉するのである。

達成されたニヒリズムのこの側面をよく理解したのがヴァッティモであり、彼は「悦ばしいニヒリズム」を謳うが、それはポストモダンの正真正銘の鍵である。このような悦ばしいニヒリズムはさまざまな解釈に引き寄せられる。一方の極には、世界に何の未練もない絶望した黒死病患者の「死の舞踏」的な批判がある。他方の極では、快楽主義的な解放が世界に新たな空間を開き、ポストモダンの内に宿る雑多なスピリチュアリズムが、神聖な智恵のシンボルや古代神話、オリエント、シャーマニズムなどに新しい北極星を見出そうとする。このときニヒリズムは、伝統的な宗教や道徳の慣習的形式を解体しながら、聖なるものを何にでもなりうる準安定的な「幹細胞」にするのだ。ヴァッティモの提案はキリスト教に再接近することだろうが、それは反教義的な解釈を通して相対化され、強力なかたちではない。まるでニューエイジとカトリックの中間的なもの、ニューエイジのようなカトリック教義への帰還と見るのがよさそうだ。

ポストモダンのなかのニヒリズム

一九九八年、ボローニャの司教が、ポストモダン哲学者の言う「悦ばしいニヒリズム」が若い世代を迷わせている、と非難声明を出して大騒動になった。そして一人のジャーナリストが、ニヒリズムに関するイタリアの議論の主人公たち全員を、ひとつのテレビ番組に呼び集めることに成功する。参加したのは、エマヌエーレ・セヴェリーノとその弟子のサルヴァトーレ・ナトリ、ジャンニ・ヴァッティモ、セルジョ・ジヴォーネ、フランコ・ヴォルピである。

セヴェリーノのポジションはすでに見た通りだが、司教の真の標的だったヴァッティモが（「悦ばしいニヒリズム」という表現が彼に向けられていたのは明白である）これに正面から対立していた。実際のところセヴェリーノは、西洋形而上学の歴史のなかで首尾一貫してニヒリズムを否定した唯一の哲学者だった。ヴァッティモはニーチェが語った能動的ニヒリズムを通してより自由な悦ばしい世界の探究へと、キリスト教を拒否することもなく進んでいた。それはただポストモダンにのみ可能な綱渡りだったが、カトリックの思想家の多くは納得しなかった。そういうわけでセヴェリーノのほうがより首尾一貫したかたちで、カトリック神学のニヒリズムを告発し、結果的にそこから抜け出すことができたのである。

だがある意味でさらに興味深いのがこの番組に参加した次の二人だろう。哲学者としては中堅どころだが、まさにそれゆえ当時の哲学思想の状況をよく証言してくれる。一人はヴォルピで、『ニヒリズム』(Volpi 1996) の著者、もう一人のジヴォーネは『無の歴史』(Givone 1995) の著者である。どちらも歴史を扱うものだが独創的な視点も豊かにあり、しっかりとした優れた作品である。だが、「通常の」(クーンがよく用いた科学哲学の言葉を使えば) ポストモダン文化が陥った袋小路の息詰まるような苦しさを、この二冊以上によく表現した著作もないだろう。

ヴォルピは哲学史出身で、つねに綿密な調査をおこない、先にハイデガーの場合に見たように、証明された事柄にしたがい意見を変える勇気もある。狂信的なところはなく、広い視野と基礎体力をもった信頼しうる人物であり、あまりにもしばしば多くの人々が無知を棚に上げてニヒリズムを口にするので、この議論を明確にするためにニヒリズムの歴史を書く決心をしたのである。感情を交えずにあくまで中立的に書かれてはいるが、ヴォルピがニヒリズムに関心を抱く理由は行間から読み取れる。とりわけ現在の状況を描いた最後の部分はそうで、結論ではニヒリズムとポストモダンを結ぶあらゆる問題が提出され、ヴォルピも実質的に参加している「弱い思考」あるいはポストモダンは、出口のないニヒリズムに対する哲学的回答であり、限界であると同時に方策であることが示される。ニヒリズムが乗り越えられないのは、現実にはそれを手放したくないからでもある。もう少し詳しく見てみよう。ヴォルピはハイデガーから出発し、科学技術の王国に具現する西洋形而上学の運命としてのニヒリズムへ流れ着く。この王国がニヒリズムに結びついているのは、現われの優位性が存在の思想を否定するという「存在論的」な意味だけではなく、「神の死」、つまり倫理の終わりを告げるニーチェの「倫理的」な意味もあり、ハイデガーが言ったように、科学技術の挑戦の高みに応えられるような倫理が存在しないからだ。「ニヒリズムに支配された時代に倫理は説教の地平にとどまる」とヴォルピは書く。このフレーズは兆候的である。なぜなら、先に神の死と価値観の危機について語りながらヴォルピは、こうして倫理への渇望が生じ、この時代は倫理的提案に満ちていると主張していた。これはポストモダンに関するわれわれの見解とまさに正反対のようだ。だがそれから彼自身が、科学技術を前にしたこれらすべての倫理は説教にすぎないと修正する。この説教とはつまるところキリスト教の説教に等しい。科学技術の前で現代の倫理的提案は、何をすべきかという無意味な説教でしかなく、耳を傾ける者などいないのだ。事実、彼が先に引用していた倫理も、文化的生活にはまったく影響力をもたないものばかりだった。それは、ヨナスの責任の倫理や、アーペルやハーバーマスのコミュニケーションの倫理だが、明らかに、このような抵抗運動の倫理あるいは最低限の倫理が人々の生活規則になるわけがなかった。昔の倫理のように生活のなかに入ることのない、書物のなかのアカデミズムの倫理である。しかもポストモダンの倫理ですらなく、どう見てもモダンの倫理だった。つまりポストモダンの倫理は存在しないのであり、ポストモダンは原理や価値に根を下ろすことを拒否するがゆえに、倫理は不可能なのである。ともかくこうして、タレーランのようにおのれの原理にもとづいて行動すると言う者たちすら、信じることはできないのだ。なぜなら、そのモットーが「仮面をつけて進む larvatus prodeo」であり、これらの原理はただ信頼性を装うための外観にすぎないのだから。ここにもまた、エーコやジェンクスの言う無垢の喪失があり、日和見主義、多元主義あるいはヴェーバーの「価値の自由論」がある。おとぎ話を信じた時代に戻ることも、醒めた眼差しを放棄することも、もはやできないのである。

ニヒリズムはわれわれ現代人が根をもたず、人生、世界、歴史の多島海を目測で航海しているという自覚を与えてくれた。醒めた状態にいるわれわれには、方向を示してくれる羅針盤はなく、航路もなければ利用可能な過去の計測データもなく、あらかじめ定められた到達地点もない。好機を求めて目測で航海する迷走状態は、まさにポストモダン、なかでも弱い思考のしるしである。文章は次のように続く。

ニヒリズムは真実を蝕み宗教を弱体化させたが、教条主義を解体しイデオロギーを崩壊させ、こうして思想の理性的な冷静さ、斜に構えた醒めた思想を示してくれた。われわれは無常の海の岩礁のあいだを目測で航海し、生成の流れを渡り、ひとつの文化からもうひとつの文化へと移り、集団と集団のあいだで交渉することができるようになった。

すなわち「あまり信用しすぎないようにしながら規定にしたがって作業する」という実践的な態度なわけで、最後はこう結論される。

われわれの哲学はペネロペの哲学である。オデュッセウスが帰ってくるかどうか分からないので、織物を編んではほどくことを繰り返している。

テロスが消失したので時を稼いでいるだけだが、求婚者たちを抑えてもいる。つまり先送りにして、否定的な出来事をできるかぎり避けようとしている。これは実質的にはもうひとつのカテコーンなのだ（メシア的ではないが）。

それではジヴォーネに移ろう。彼の著書『無の歴史』は、「ニヒリズムの歴史」に似ていないこともない。なぜならニヒリズムは無についての考察なのだから。しかし二つの理由で異なってもいる。第一に、価値の破壊を議論する文化的現象としてのニヒリズムは近代の現象である。「ニヒリズム」という言葉を用いるときは、ロシアに誕生しツルゲーネフ以降に描かれた文化的現象を指すだろう（言葉自体はその前にも使われたかもしれないが内容は伴わない）。しかし「無」は、すでに古代ギリシアから思想の舞台に姿を見せる哲学概念であり、パルメニデス以来、プラトンやとりわけプロティノスにより、形而上学の発展に重要な役割を果たしてきた。この概念は中世の神秘主義、とくにエックハルトを通して近代の思想のなかに入る。以上からも分かるように、ニヒリズムの問題は倫理の領域では信仰や価値の無化に向けられているが、無の問題は存在論と神学における有無の弁証法に向けられている。第二の違いは感受性に関わるものだ。ヴォルピは正確で公正な哲学史家であり、ニヒリズムの内に懐疑主義と自由と慎重さの正当な妥協を見ていた。だが、無の思想は凄絶で不条理なラディカルな思想であり、人間を一種の崇高の経験へと導き、われわれの感情を根底から揺さぶるのである。形而上学のニヒリズムについて語るハイデガーが、先にわれわれが見たような論理的パラドクスに陥ることなく無を定義するとき、ひとつの、いや二つの感情に言及するのは偶然ではない。ひとつは深い倦怠感であり、これは具体的なあれこれの実体に対する無関心ではなく一般的な実体あるいは世界に対する無関心をもたらす。もうひとつは、こちらのほうが重要だが、不安である。ある実体の終焉の感覚だけではなく、実体一般、世界の終焉の感覚、その恐るべき無、われわれ自身の無をも覆い尽くす息詰まるような感覚である。それはジヴォーネの分析にしたがえば、深淵に投げ込まれた世界の完全な空虚、謎めいたパニックの恐怖に貫かれた、典型的にロマン主義的または象徴主義的なものだ。ジヴォーネは次のような文章で著書を締めくくっている。無に寄りかかり無のなかへ消え失せる「普遍的実存のこの驚嘆すべき恐ろしい謎」が「雲散霧消」してしまうことは、単に転倒した憂鬱なエントロピー的終末論の原因であるようには見えない。

最後に「広大無辺の空間」を埋める「裸の沈黙」と「至高の静寂」は、エントロピーの法則にしたがう宇宙の最終的現実、そのゼロ地点の単なる純粋な平板化ではない。そこにはすでに始原が内包されている。なぜなら、謎――すべてはそのなかにある――は真に謎めいており、「驚嘆すべき」、「恐るべき」ものであり、事実その光のなかで目の見える者には、世界を経験する原初の仕方で、あらゆるものが驚嘆すべき恐るべきものに参集するのが見える。

この締めくくりは本書の最後のフレーズではないが（一連の引用句が最後におかれている）、ほとんど宗教的な領域へと誘うようだ。このような宗教性は、カッチャーリとその周辺、彼らの言う始原の「恐るべきもの」の観念（生命の試練がはじまる始原、自らの消失を賭けて対峙すべき始原）と共通する。

古典文化への回帰

古典文化への回帰は一九八〇・九〇年代イタリアの文化状況を広く特徴づけている。ポストモダン一般というよりも、イタリアのポストモダニズムに典型的な局面だろう。

一九八〇年代から古典文化への関心が大きく復活し、いくつもの傾向が合流してさまざまなかたちをとった。フランスでは六〇年代から、ギリシア思想の人類学的研究が新しくはじまる。その主人公は、ジャン・ピエール・ヴェルナン、マルセル・ドゥティエンヌ、ピエール・ヴィダル＝ナケの三人で、彼らは、レヴィ＝ストロースの人類学研究が発展させたアプローチを採用し、構造主義の議論に参加し、さらに歩みを進めて哲学的に大きな意義をもつテーマをいくつも浮上させた。

中央ヨーロッパにはカール・G・ユングとカール・ケレーニイの関係に象徴される流れがあった。神話学の高名な研究者ケレーニイは、ローマで教鞭を執った宗教史家アンジェロ・ブレリッヒの師である。ハンガリー人ケレーニイやルーマニア人ミルチャ・エリアーデは、専門領域でひじょうに重要な人物だが、単なる専門家ではなく、文学や哲学にも造詣が深く幅広い教養をもっていた。とりわけケレーニイは、トーマス・マンらのいわゆる保守革命文化と密接な関係がある。

周知のようにユングは、フロイトとの診療心理学研究から、時とともに文化現象、とりわけ宗教、救済論、秘教主義、錬金術などの分析へと興味を移していった。ユングとその分析心理学をさらに展開させ、一九八〇年代のイタリア文化に大きな反響を呼んだのは、アメリカ人ジェイムズ・ヒルマンの元型心理学だった。ヒルマンは師を超えて新プラトン主義的な道を進み、元型的現実の神々について語りはじめ、最後には「新しい多神教」に到達する。彼のこのプロジェクトには、フランスのイラン研究者でハイデガーの翻訳者、「ムンドゥス・イマジナリス」という表現を考案したアンリ・コルバンも加わった。そしてさらに二人の思想家がいた。一人は、再発見された正教会の神学者、パーヴェル・フロレンスキー。古典文化の研究者ではなくキリスト教徒だが、彼の「想像界」の理論はムンドゥス・イマジナリスを間接的に支えるものだった。ムンドゥス・イマジナリスの観念は、スフラワルディーよりもフロレンスキーに適合するほどである。ではユングとヒルマン、アヴィケンナからスフラワルディーにいたるイスラムの伝統、さらにアンドレイ・ルブリョフからフロレンスキーにいたる正教会の伝統、これらに共通するものは何なのだろうか。それは新プラトン主義を母体とするもので、神々を世界の創造者ではなく「一者」からの多様な流出であると考える。それは天使たちに近い。言葉にしえない至高の神ではなく、天使的な想像的現実に近いものである。神々のレベルにも等しいこれら天使たちのレベルは、「絶対者」と人間とを仲介するレベルである。このような中間的な次元を、フーコーの友人であり古典に関する助言者だったポール・ヴェーヌが取り上げている。ギリシア人の信仰についてヴェーヌは、ギリシアの神々はまさに仲介的レベルにおかれていたと言う。ここで思い出しておこう。フーコーもまた、生政治の誕生についての講義の後、ギリシアへ、ストア派の伝統へと向かい、八〇年代に新ストア主義の流行を招いたのだった。だがフーコーの念頭にはつねにニーチェがいたことを忘れてはならない。

こうしてわれわれも第二の要素に進もうと思う。すでに検証したニーチェの伝統である。ニーチェは文献学出身の思想家であり、ディオニュソス的なもの、悲劇的なものの哲学者だった。非合理的な基盤に立ってギリシア文化を再読することはニーチェにはじまる。もっともヤーコプ・バッハオーフェンのような文化人類学者たちは、母権制やオルフェウス教を研究し、十八世紀の古典主義とは別に、「ギリシアの奇跡」解釈の基礎をすでに築いてはいた。ともかくニーチェとその同世代の者たち（たとえば、友人のエルヴィン・ローデ）のヴィジョンから、調和的でも純粋でも中庸でもない、葛藤に満ち不協和音を奏でるギリシアの新しいイメージが生まれたのである。これは悲劇的精神の眼鏡を通して見たギリシアであり、その後、エリック・ドッズら多くの研究者が、不透明で暴力的な側面に焦点を当てつつギリシアを分析することになる。

このように再発見されたギリシアは、もはや西洋のアイデンティティの源泉ではなく、ヘーゲルが語ったような古典ではない。ローマ性もまたフランス革命の共和主義的な価値に一致しない。ローマは文化的折衷主義と退廃的苦悩に満ちた文明なのである。

言い換えると、それぞれの時代は古典古代の文明のなかにおのれの文化的条件を読み込み、こうして、ローマ帝国はグローバル社会となり、スペクタクル社会の先駆者ともなったわけだ。

神話と古代のこの再発見に大きな役割を果たしながら、まだこれからというときに残念にも事故で世を去った知識人がいた。フリオ・イェージである。イェージは一九八〇年に亡くなるが、生前からカルト的な作家であり、七〇年代にはすでに十年後のテーマの大部分を先取りしていた。アガンベンやペルニオーラやナトリとほぼ同世代、カッチャーリやジヴォーネより若干年長だったイェージは、イタリアのポストモダン、そしてまたイタリアン・セオリーの主人公の一人になるはずだった。裕福な家庭に生まれ、膨大な書物に囲まれて育った彼は、とりわけ宗教史、神話、中央ヨーロッパ世界、大戦間期のドイツに関心をもち、右翼の文化にも注意を払い、同時に抵抗運動の政治活動に大きな力を注いでいた。先鋭的で明敏な人物であり、古典古代の文化人類学からドイツ文学、哲学、演劇の世界に通じ、翻訳を理論につないでいた。出版もまた彼の活動の大きな部分だった。たしかに出版社は文化の発展に決定的な役割を果たす。たとえば作家チェーザレ・パヴェーゼと人類学者エルネスト・デ・マルティーノが主宰した「コッラーナ・ヴィオラ叢書」(エイナウディ社)が有名だろう。この叢書を通して、ユング、ケレーニイ、ライク、エリアーデ、フレイザー、デュルケム、さらに法学者ケルゼンや音楽家(民族音楽の研究家として)ベラ・バルトークらが、イタリアに紹介されたのである。

おそらくこのような叢書にイェージは学んだのだろう。UTET社に呼ばれた彼は、フロベニウス、ユング、ペッタッツォーニの出版を提案し、さらにバルト、ベンヤミン、デリダを加えた。そしてマン、リルケ、バッハオーフェンを翻訳し、デュメジル、レヴィ＝ストロース、ベンヤミンの友人でタウベスの師だったゲルショム・ショーレムを研究した。アクチュアリティを重視し、ポストモダンの世界にとどまらず将来のイタリアン・セオリーの分野にも目を向けていた。イェージは神話、祝祭、象徴主義を研究し、神話や秘教主義の政治的機能を分析した論文も書いている。ケレーニイと書簡を交わしていたのは有名だが、政治的立場の相違から二人は離れることになった。

イタリアで重要な役割を担ったもう一人の「古典古代研究者」はジャンニ・カルキアである。不治の病のために五十二歳で没した死は早過ぎたが、ともかく彼はポストモダンの時代を最初から最後まで生きている。イタリアの美学について述べたところで彼の名にも触れたが、イェージと同じくカルキアも広範な関心をもった知識人である。ヴァッティモより十歳ほど若く、教職に就いたばかりのヴァッティモのもとでトリノ大学を卒業した。卒業論文の研究対象はベンヤミンだった。年齢的に近く頭脳明晰な点でも似た二人は師弟関係というより、カルキアはヴァッティモの最も若い友人だった。アガンベンやペルニオーラやカッチャーリとも同じことが言える。イェージと同じく彼もまた古典古代とドイツを結びつけたが、これはイタリアのポストモダンに典型的な組み合わせである。さらにコルバンや、レーヴィットが日本で書いたもの、プリミティヴ・アート、ルッジェーロ・サヴィニオ（アルベルト・サヴィニオの息子でアガンベンとも親交があった）のような典型的にポストモダンの現代アート、とりわけ美学を研究し、ヴィテルボやローマで美学を講じていた。ここでは次の二冊の著作が重要だろう。『オルフェウス教と悲劇』（Carchia 1979）と『古代の美学』（Carchia 1999）である。まさにポストモダンの黎明期と黄昏期、彼の哲学的仕事の最初と最後を飾るものだ。

『オルフェウス教と悲劇』は、「文学的」なアプローチをとり、それゆえ美学的考察の枠組みをとる。事実、ここでオルフェウス教はただ歴史的・宗教的な現象としてではなく、抒情的次元に特徴づけられた詩的経験の条件として考えられている。オルフェウス教は偶然選択されたテーマではない。オルフェウス教はニーチェが研究したディオニュソス教の基盤でありさらに古いものだ。それは、ヘーゲル的な理性のギリシアから、ロマン主義的で非合理的、個人主義的なギリシアへ、ギリシア世界を読み直す最初の兆候となり、バッハオーフェンらの試論とともに十九世紀後半の特権的テーマとして導入され、考古学的発見とともにますます重要性を増していた。二十世紀初頭の芸術の世界にオルフェウス教は何度も顔を出す。フランスではアポリネールのオルフェにはじまり、ロベール・ドローネーやフランティセック・クプカからのオルフィスムがあり、イタリアではたとえばディーノ・カンパーナの『オルフェウスの歌』は、カルキアの心に大きな印象を残したはずだ。オルフェウス教は個人的な救済論的地平につながる抒情的精神の内に表現される。カルキアがほとんど理想主義的に自己の内に探求した美的経験のこの次元は、ひとつのディシプリンあるいはフーコーの言う近代性の「言説」である美学としての歴史的・認識論的な考察とは別に、彼の最後の著作『古代の美学』の基礎にもなっている。この作品のなかで、美学の問題は近代よりも古代において重要な位置を占める。近代では比較的マイナーな哲学者（カントとヘーゲルを例外として）の研究対象だった美学は、古代では哲学の中心的テーマだったとカルキアは述べ、美学が誕生する以前からの美学の歴史的意味を奪回しようとする。たとえ古代の芸術が感受性ではなく知性に結びつき、善と美が一体化していたとしても、それは重要問題ではないと言う（これにはジヴォーネから正当な批判がなされた）。歴史とは無縁な経験に直結する美的次元への確信は、彼を高く評価するアガンベン（とりわけ『中味のない人間』や『幼児期と歴史』の）が共有するものである。

イェージとカルキアのあいだには根本的な相違がある。イェージはベンヤミン的な態度で、宗教思想など保守的なテーマに属するあらゆる要素をひとつの思想の内に回収し、彼の政治的ヴィジョンに合致する批判的地平に投影する。だが、カルキアには異なる感受性にもとづく新たな文化的感覚、詩的で文学的な、まるでアンティミストのような個人主義的な感覚がある。端的に言えば、イェージはまだ「プライヴェートも政治である」と言われた文化に属しているが、カルキアとともに、政治もまたプライヴェートとなる内向的な時代に入るのである。

そしてこれが、ポストモダンのさまざまな思想家たちが古典と関係するときの支配的な性格となる。分析心理学の流れもまた、個人の無意識のなかに神話を投影することでしかなかった。ユングはこの無意識を「集合的」なものと考え、それゆえ神話の社会的次元は、フロイトの超自我のような文化的構築物、表層的な構成要素の内にあるのではなく、シンボルの根である前個体的な潜勢力が支配する内的な根底にあるとする。ユングはこの内部の「神話創出」を目に見えるかたちにするため、いわゆる『赤の書』（Jung 2010）のなかに彼の無意識のコスモロジーのすべてを収め、その理解と表現から「自己」の定義に到達しようとした。このような計画をヒルマンはさらにはっきりと打ち出し、無意識の奥底に古代の神々をおき、集合的無意識に代えて新プラトン主義的なアニマ・ムンディについて語ったのである。

社会的解放と社会主義の近代的な「物語」が決定的に敗北し、古代世界の非合理主義的な解釈が、この世界を、個人的社会の自由主義的な制度にではなく、個人の内面的非合理主義の支配に委ねたのである。実際のところ、「物語」がギリシア語「ミュトス」の翻訳なのは興味深い。革命、解放、ユートピアの「大きな物語」は、本来の合理的な役割を逸脱して、非合理的な文化と結びつき、神学的、メシア的、至福千年主義的な希望を支えたのである。

近代の社会的神話が失われ、その代償として古代の神話が復活する。だがそれはもはや社会的な重みはもたず、個人にのみ関わる個人主義的なものである。神話あるいは新多神教の愛好家たちが口をそろえて、社会的に共有される神話の復活や、社会的な宗教としての多神教回帰はありえないと断言するのは偶然ではない。すべてが自分自身を理解するための空想のように、内的経験のアンティミスト的限界の内にとどまらねばならない。事実として、神話にもシンボルにも多神教にも、内面的な自己理解の他に何の口実もないのである。たしかにそれは、ポスト革命、ポストアヴァンギャルド文化のなかにある多神教的宗教の革新的再生、解放へと向かう衝動を、完全に押しつぶすわけではない。だがこれに関して知識人たちは、ヒルマンの計画に宿る多神教的な傾向を格下げし、まるで意識警察のように動いたのである。

新多神教、そして新ルネサンス的に展開したあらゆる傾向は、本質的に新キリスト教的な性格をもつことになり、キリスト教の再領域化あるいは政治の再神学化として現在アクチュアルな政治神学の言説を支えている。もはや多神教的思想に残されたものは、悲劇思想あるいは新ストア主義、新古代思想といった、以前からのロマン主義的・後期ロマン主義的な気質の表現でしかない。

なかでもジヴォーネやレモ・ボディイらの悲劇思想は、近代的、ロマン主義的、理想主義的な伝統に根ざしている。ここで悲劇的なものはニーチェのラディカリズムのように「個体化原理」ではない。それは、超越性への「救済論的」な道も閉ざされ、人類の贖罪としての解放の内在性もない、乗り越え不可能な世俗的次元なのである。ボディはヘーゲル研究、つまり批判理論から出発し、ポストモダンの時代に政治から美学へと関心を移す。要するに社会的葛藤を美学的葛藤に翻訳し、悲劇的美学の言葉を通じてその不可能な再構成を目指した。だがこの悲劇的なものの感情の裏に、無の自覚に導かれた挫折、そしてこの挫折に理性のヒロイズムを見るロマン主義的な反逆精神が隠れている。ある意味でこの立場は、ポストモダンがひとつの宣言でしかないことを冷静に見ていたのである。

ペルニオーラはもうひとつの道を選択した。それは、新古典主義やネオペイガニズム、ニューエイジ、さらにヒルマンの新多神教などとは異なり、「新＝古代」と名づけられる。

ペルニオーラのアイデアは、神話論やこれと密接に結びついたギリシア論ではなく、神話よりも儀式に比重のあるローマの伝統を見ることだった。ローマの儀式的次元のなかにペルニオーラは、クロソウスキーやドゥルーズの言う反復を見る。この反復に対する儀式的感性が、オリジナル、つまり起源や基礎の権威を失効させるシミュラクル的反復の感性につながるわけだ。儀式主義のローマ社会は、基礎が支える社会ではなく反復が支える社会、すなわち現在を生きるという（現在はそれゆえ格別な重要性を帯びる）深い内在性の次元が支える社会のモデルと言えるだろう。ペルニオーラの儀式的時間はアガンベンのメシア的時間と同様の役割を果たしているが、根本的に異なり、いかなる目的論とも無縁であり、キリスト教以前の非キリスト教的なものである（たとえカトリックのなかにも似たような儀式が認められるとしても）。

新ストア主義はイタリアでは単なる話題でしかなく、根づくことはなかった。イタリア人にとってそれは、ピエール・アドとミシェル・フーコーに結びつくひとつの傾向でしかない。

キリスト教以前の古代の感受性に近づこうとする最も真摯な試みは、サルヴァトーレ・ナトリのもので、著書『新しい異教徒』(Natoli 1995)はそのタイトルからしても一種のマニフェストである。ナトリの言うネオペイガニズムは、ニューエイジやウイッカとは何の関係もない。ペイガニズムはキリスト教的視点からの蔑称なので、どうしてナトリがこの言葉を用いるのかよく分からないが、おそらくはすでに普及した一般的な言葉として採用したのだろう。いずれにせよナトリは神殿を再び開こうとしているのではない。宗教が問題ではなく、「新しい異教徒」という表現に騙されてはいけない。古代哲学の内に、いかに生きるかについての考察を見るのである。ナトリは「神の死」から出発して、この生を生きる文化を求める。これが事実、古代の哲学の主要な課題でもあった。近代哲学は理論的考察を基盤とし、そこから哲学的省察のあらゆる領域(倫理学、美学、法哲学、政治学、歴史学、宗教哲学)へのアプローチを演繹する。ナトリの課題は有限性の倫理であり、それを以下のような言葉で定義している。

有限性の倫理が意味するのは、おのれの有限性という出発点を理解することである。キリスト教もまた有限性の倫理を公準としているが、ペイガニズムとは異なり、キリスト教にとって人間が有限なのは被造物だからである。他方で、ペイガニズムにとって人間は死すべき存在であるがゆえに有限なのである。

ところでナトリのペイガニズムの定義には問題がないわけではない。なぜなら、異教徒たちが彼岸の世界や転生や魂の不死を信じなかったというのは本当ではないからだ。むしろ、ローマ帝国末期のキリスト教徒と異教徒との論争、たとえばケルススがキリスト教徒に向けた論争で、彼は、復活を信じるキリスト教が死後にも肉体を求めると言って批判していた。すべてがまるで自明のように古典古代を語るナトリは、実際のところ漠然とした観念に依拠している。問題は、彼がギリシアを語るときにはニーチェやリルケから出発すること、つまりある種のドイツ文化が支配する同時代の議論に結びつこうとして、古典古代の世界に関する一連の紋切型を受け入れてしまったことである。細部にこだわらず、核心へと一気に向かいたい気持ちは理解できる。けれどもこの性急な態度が本書の成功を妨げることになった。まったく違った評価を受けていたはずなのだ。キリスト教とは異なり、多神教が物質主義的に死を考察したことが重要なのではない。たしかにキリスト教は地上の生に対して彼らとは異なる観念をもっていたが、キリスト教徒が地上の生を軽視したからではない。古典古代の哲学が理性的行動を通して地上の実存をよりよいものにしうると考えたのに対し、キリスト教徒はそのような役割を理性には認めず、愛の感情や神の恩寵に委ねたからだ。古典古代の理性は選択と行動の導き手である。それゆえ理性は行動の最も合理的な仕方を自ら問う必要があり、エピクロス派、ストア派、ペリパトス派、ピュロン派たちが議論を続けたのである。しかし理性がもはや中心的な位置を占めず、信仰や神の愛に席を譲ると、地上の生の合理的な統治を議論する意味はなくなる。ただ神の現実、神との関係、神の啓示を理解することだけが重要となる。こうして倫理的考察のすべては神学的考察へと変わる。その上、すべてが人間の外にある原理、つまり神によるのなら、倫理について考察する意味はなく、ある意味で倫理は消失、少なくとも以前のような機能はなくなるだろう。この地上における合理的な倫理の重要性が、近代の人文主義とともに再浮上したのは偶然ではない。だがポストモダンが倫理を蔑ろにすると、行為の自律を雲散させる原理がまた作動しているように思われ、それが議論の中心的テーマとなった。ドイツ学派の影響のもとで誰もがこの原理は技術の内にあると考えた。

ナトリもまた技術に目を向けるが、技術と倫理は両立しうると見なして「技術時代のための有限性の倫理」を提唱する。問題は技術ではない、少なくとも技術自体ではないかもしれない。たとえばわれわれに何をすべきかを言うのは、機械整備士ではなく雇用者である。圧力や詐欺や暴力的犯罪が起こるのは、家電製品を修理するときではなく、金銭問題が絡むときである。

これもまた新しいものではない。その十年ほど前まで、人間を行為の座から追い落とし主観性を抑圧する統制原理からの解放を求めて、激しい社会的闘争があった。だが、このような言葉を語ることはもうできない。それは何も解決せずに大混乱をもたらしただけであり、口にすることもできないほど軽蔑すべきものとなっていた。それはもう攻撃力を失くしたどころか合意を得ることもできなかった。そして、すべての責任はつまるところ技術に向けられたのである。このような意味で、倫理と技術は両立するというナトリの見解は、技術の怪物は実は怪物ではないと言うに等しい。同じようにナトリはポストモダンのもうひとつのドグマ、ニヒリズムを攻撃し、これをキリスト教に由来するとして生の肯定を主張している。そうしてナトリは次のように自問する。近代が終焉し、われわれがもはや観念論的主観の理論的な正統性をもたないのであれば、そして神が死んでキリスト教はもはや倫理の基準とはならず、倫理は超越的原理から解放されたのであれば、どうしてこの有限性のなかで「善き生」を求め、「生きるに値する生」として認められた生についての考察に戻らないのだろうか、と。この提案が宙に浮いてしまったのは、つまりそれが適用できなかったからであり、ポストモダンとされる状況に嘘があるのかもしれない。おそらく、神はもはや西洋の知の中心課題ではないが、ヨーロッパ文化の基底にはまだキリスト教が息づいている。進歩主義的な楽観論や、ユートピアへの憧憬、ヘーゲル＝マルクス主義的な至福千年願望は捨て去られたが、道具的理性の文化、際限のない成長と生産力の観念、そして個体的主観のイデオロギーはおそらく保持されているのである。近代は終焉したのではなく、共存不可能となった近代のこの二つの結果が熾烈な争いを繰り広げていたのだ。したがってポストモダニズムとは、敗れて踏みつけられた他方の上で凱歌をあげる近代のもう一方の側でしかないのかもしれない。近代の最も危険で猛々しい側面が、現代に勢力を伸ばして世界を支配しているのではないか、という疑いは残る。勝ち誇るこの部分にもう敵はなく、その最も有害な側面を抑制することはできず、内部からの転覆を待つしかないのかもしれない。こういった意味で、近代に内在するこのアノミー的傾向を抑える力カテコーンは、まさに社会主義的理想だったと考えることもできるだろう。それゆえ、今や近代のヒュブリスが破滅に向かうのを抑えるものは何もないのである。これでは再びキリスト教的で終末論的なカテコーン的ヴィジョンに戻ってしまうわけだが、歴史は開かれてあり、物事はまた違ったふうに進むかもしれない。いずれにせよキリスト教に関するこの言説から分かるように、現在の政治神学のキリスト教学的関心は、おそらくポストモダンの内に由来するのである。

ポストモダンの哲学者たちと神学文化

多神教文化の再生が流産した後、ポストモダンの内部で宗教問題あるいはキリスト教的テーマが復活する。これに関して三つのケースを取り上げてみたい。第一にカッチャーリ、彼が見せた華々しい展開は、哲学的視点からも大きな意義をもつものだった。そして先に触れたヴァッティモとペルニオーラである。

教会とカトリック神学の状況

ポストモダンは一種の対抗宗教改革であり、最後には誰もが「母なる教会」に集うことになった、と言えるのだろうか。それはヨーロッパ史の保守反動の力の神殿へと導く「秩序への呼びかけ」だったのだろうか。近代の教会はつねに、いわゆる「進歩」に対抗するすべての保守勢力の本拠地だった。反改革や反革命はつねに教皇のしるしを帯びていた。そしてまさにこれこそが、ドノソ・コルテスやカール・シュミットが求めた教会の役割だった。だが状況はそれほど単純ではない。教会は神とともに死ぬどころか、一九六〇年代のはじめ、文化的にきわめて精彩のある出来事があった。第二回ヴァチカン公会議である。それは、ひじょうに実験的でラディカルな立場をとり、同時代の構造主義をはじめ当時の哲学的議論の顔色を失わせたほどだった。異なる宗教と対話し、多神教や新プラトン主義のような神秘の観念を探求し、神の死の神学、解放の神学を語った。多種多様な観念が噴出し、厳格な宗教儀礼の裏、僧服の下に隠れて、さまざまな事柄を見ていた人間がどれほどいたかが明らかになった（もちろん進歩的な者ばかりではなく、保守的な、超保守的な立場の者たちもいた）。そして七〇年代の終わり、イタリアで学生運動が盛り上がり、赤軍派がアルド・モーロ首相を拉致した年、教会の歴史にも空前絶後の事件があった。つまり、絶対的に新しい人物が教皇に選出されたのだ。この教皇は、一時代前なら異端の罪でなくとも破門の罰は受けたであろう事柄を、微笑みを浮かべながら軽やかに語った。たとえば、教会は貧しくなくてはならず教会財産は処分すべきだ、あるいは、愛のイメージに母よりも相応しいものはないのだから神は母である、などと。彼の優しさ、彼の軽やかな陽気さは、まるで聖フランチェスコの再来のように見え、どれほど危険なテーマにも恩寵のなかの無垢な純粋さでもって踏み込んだ。しかしこの教皇は選出後わずか三十三日で亡くなる。もちろん陰謀説が囁かれたが、それはともかく、ここで重要なのは、第二回ヴァチカン公会議と最後のイタリア人教皇ルチアーニが、カトリック教会に新しい光を投げかけたことである。たしかに彼の短い在位期間の後、断固とした路線変更があった。そしてその変わり方は、新自由主義的政治の到来とともにヨーロッパの政治文化に生じた変化と軌を一にしていた。後を継いだ教皇もまた新しいタイプの人物だが、その傾向は反対だった。外国人の教皇、現実の社会主義国から来た「反主流派」の教皇ヴォイティワである。その国は独立自主管理労働組合「連帯」の反乱によろめく危機の渦中にあり、つまりひじょうに政治的な臭いのする選択だった。反共産主義、反ソヴィエト連邦である以上に、動揺するポーランド人民共和国を陥落させる決定打となる、まさに政治的な行為だった。ソヴィエト圏の国々を転覆させるような連鎖反応、ドミノ効果を狙い、冷戦に勝利しようとしたのである。国民の過半数がカトリック教徒のポーランドでは、無神論の権力は民衆の支持を得られず、かつてハンガリーやチェコスロヴァキアがそうであった以上に弱い鎖の輪だった。それゆえ、アメリカにとってカトリック教会との同盟関係は冷戦を終了させるための鍵だった。いったん鉄のカーテンに裂け目が開くと、システムはなす術もなく崩れていくはずだ。アメリカ政府が理解したように、ロシアを打ち破るために必要なのはナポレオンやヒトラーの英雄的行為ではなく（核兵器がそれを妨げてもいた）、スターリンが築いた帝国的権力のシステムを突き崩すことだった。

この大雑把な歴史的要約は、世俗の知識人、時にはポストモダンの無神論者と、教皇ヨハネ・パウロ二世のカトリック教会との複雑な関係を理解するために役立つだろう。彼ら知識人が知っていたのは、教会の内部にはさまざまな傾向、進歩的なものも保守的なものもあること、そして教会もまたイタリアと同じく、レーガンやサッチャーの新自由主義的な文化へ移行したことだった。言い換えると、ポストモダンの知識人はカトリックの神学者が多かれ少なかれ自分たちと似たような状況にあることを理解していたのである。

さらにもうひとつ付け加えよう。あの頃よく研究されていたドイツ＝オーストリア文化の多くが、宗教的世界、つまりユダヤ思想、カトリックやプロテスタントの神学の思想と関係していた。思想家の名を挙げれば、たとえばショーレム、ブーバー、ローゼンツヴァイク、バルト、ボンヘッファー、フォン・バルタサルらである。

以上で比較のための共通の土壌を整えたつもりだが、あらゆる言説のなかで基準としての役割を果たしたのは、ベンヤミンの思想だった。ベンヤミンはポストモダンにとってもイタリアン・セオリーにとっても精神的な父の一人である。イェージやカルキアやアガンベンの思想の中心にベンヤミンがいることはすでに見た。ベンヤミンの思想はさらに、マルクス主義（異端的な）から出発して完全に独自の思想を展開したカッチャーリの歩みの鍵でもある。

カッチャーリの展開

カッチャーリはオペライズモ出身で、その分析の専門的な調子からいわゆる「教授連」と呼ばれた一人だったが、彼自身はまだほとんど学生だった。ともかくラディカルな左翼の知的エリートであり、マルクス主義からさらに他の思想を求めてさまざまな領域を渉猟していた。こうしてカッチャーリは革命の目的からますます遠ざかり、帝国後のヴィーンの中央ヨーロッパ文化の森に迷い込んだようだった。マルクスとレーニン、ニーチェ、ヴィトゲンシュタイン、ハイデガーを交錯させるこの移行過程が、彼の最初の哲学的著作『クライシス』（Cacciari 1976）に描かれているが、カッチャーリは、ドイツ語の術語を用いて専門用語をちりばめた、いかにも専門家的な晦渋な文章に魅せられていく。だが、このような傾向はカッチャーリ一人のものではない。当時、たとえばヴェネツィアの漫画家ウーゴ・プラットのポップカルチャーをはじめ、一種の「文化リヴァイヴァル」があった。プラットの漫画に詰め込まれたものは、ヨーロッパからロシアやオリエントの秘教主義、グノーシス主義的テーマ、さらには教父哲学、カバラ、中央ヨーロッパのさまざまな非合理主義にまでいたる。すなわち、理性の危機に結びついた文化的傾向であり、魅力的な神秘を湛えた考古学や文献学を背景に、非合理的、神秘哲学的、神智学的、スピリチュアルなものに開かれた感受性である。この秘教主義的な神秘哲学的傾向は新しい美学ではない。イェージが右翼文化の基底に見出し、部分的には惹かれながらも峻別したものだ。これらは洗練されたものであり、錬金術や聖杯といった荒唐無稽なエヴォラ風右翼文化とは違う。これらの言説すべての中心軸となったのはリルケの詩学でありベンヤミンの哲学でありクレーの絵画だった。ベンヤミンはまさにマルクス主義から神学へと続く道となり、カッチャーリもまたこの道を通ったのである。

カッチャーリがマルクス主義と批判的思考から遠ざかり、非合理主義的美学へ接近あるいは没入するという、この険しい道のりを踏破するのは、一九七六年の『クライシス』から『死後に生きる者たち』(Cacciari 1980) にいたる四年という短い期間である。この四年のあいだにカッチャーリが出版した著作は、フランクフルト学派に捧げられた『否定の思考と合理化』(Cacciari 1977a)、そして『フーコーの装置』(Cacciari 1977b)、『政治の批判と弁証法』(Cacciari 1978)、『ヴァルター・ラーテナウとその環境』(Cacciari 1979)、『時の決断性』(Cacciari, et al. 1980) である。彼はマルクス主義だけでなく政治社会の問題自体から離れ、それはもう直截簡明には語られず、危機の思想とその関連性の内部で掘り下げられる。言い換えると、危機の魂、その観念、その気分、その感情を問いながら、政治的言説を追いかけていく。これが『死後に生きる者たち』であり、二十世紀最初の四半世紀の退廃的かつ前衛的なヴィーンの主人公たちが分析される。第一次世界大戦の敗北によって帝国を失い、一方では広大な帝国の首都に集中していた抜群の文化的力を保ちつつ、他方ではこの歴史的状況のなかでありとあらゆる脆弱さをさらけ出している、まさに苦境のヴィーンである。ここで危機の自覚が、文化のなか、最も先鋭的な思想から最も伝統的なものにいたる文化の洗練のなかで、危機そのものとなる。いったんこの迷宮に入り込んだカッチャーリは、その魔力にとらえられたのかもう二度と外には出られず、ますます内部に沈潜してゆき、重要な一冊『必要なる天使』(Cacciari 1986) にいたる一連の作品が書かれた。日常のなかで政治への関心はなくならないが、マルクス主義はもはや遠い記憶でしかないようだった。ムンドゥス・イマジナリスへの一線は明らかに踏み越えられたのであり、そのなかで彼は少なくとも理論的には政治よりも神学のテーマに近い。政治にはときおり戻ってくるのだが、実践的に有能な政治家であろうとすればするほど、彼の思想の中心がもはや政治ではないことが分かる。ともかく彼は一九九〇年代にヴェネツィア市長となり、その任務を立派に果たしている。政治家として全国的に名をなして以来、イタリアの政治と関わりつづけるが、その政治的立場は次第に中道になり、今日カトリック世界で最も人気のある政治家になった。

『死後に生きる者たち』の後、哲学、文学批評、神学の混交がはじまり、もはや一時代の文化を描き出すためではなく、これを出発点の背景として、哲学的考察が進められる。『法のイコン』(Cacciari 1985) の出発点はローゼンツヴァイクだった。ローゼンツヴァイクはアドルノがいわゆる「本来性という隠語」の発明者の一人として指摘した宗教思想家で、ハイデガーにも影響を与えている。天使に関する文章で閉じた『法のイコン』から『必要なる天使』が書かれる頃までに、カッチャーリの哲学的言説は決定的に神学化した。天使はもはや、たとえばコルバンのように、歴史的・文化的な研究の対象ではない。イスラムの神智学やユダヤ思想あるいはギリシア正教の神学を理解するためではなく、彼自身の神学理論を提出することが目的なのだ。カッチャーリ自身は信徒ではないと公言している。それではいったい、これは何なのだろうか。無内容な修辞的文章、隠喩の構築物なのだろうか。いずれにせよ神学理論の美学的現象学や歴史が、表面上はそのように見えたとしても、目的でないことは明らかだ。すると特定の神学的立場をとることに意味はあるのだろうか。この書物が書かれる数年前から美学的な形象としての天使が流行していた。それはヴィム・ヴェンダースの映画『ベルリン天使の詩』（一九八七年公開、同じくリルケに感化されている）で頂点に達したわけだが、天使学を前面に出すことは読者の気を引くための餌に見える。本当の中心はどこにあるのだろう。実際のところ「必要なる天使」とは誰だろう。必要性・必然性のさまざまな解釈、詩的な言及の限りを尽くして、カッチャーリがどれほど豊かに膨らませても、反逆天使ルシファーに収斂してゆくのは明らかだ。この形象に対置させられるのが、然るべく変更されたグノーシス主義の古い理論であり、これによると悪は神の計画の一部あるいは神自身の一部分なのである。必要性・必然性の問題を導入した後、カッチャーリは天使を必然性に結びつける。「「終末」もまた必然性の次元に見える」、そしてさらに「それゆえ堕天使がその次元のなかで石化し硬直した悪魔として表象されることには深い必然性がある」と続けている。その破壊にまでいたる創造の全体を覆う神学ドラマの運命的な必然性によって、堕天使は最終的に神の統一を再現するための分離・分割を担う要素なのである。堕天使はノモス（神の法）にしたがって罰せられねばならないが、パルーシアとアポカタスタシスにより「一者」が再構成されるとき、「恩寵」と「愛」は「ノモス」を超越するはずだ。「したがって悪魔自身が、堕天使自身が、パルーシアのなかで変容する。なぜなら「終末」が原初の統一を再生させず、罪による不都合な分離を解消しないとは考えがたいからだ」。こうして「「ノモス」（つまり罰）の時代とは対照的な「慈愛」と「アレテイア」の時代を宣言する「新しい契約」とともに、新しい「時代」が開くのである。「終末」のこの運命的理論をカテコーンの理論に対比させるなら、カッチャーリは信徒ではないのかもしれないが、「終末」に向かう神学的・メシア的な歴史哲学を信じているようだ。その歴史の終局で、人間の自立を神から奪回するという悪（つまり自由主義的人文思想や社会主義）は失墜し、人間は神の無限の「恩寵」によって神に帰還する。その後の著作、『はじまりについて』（Cacciari 1990）や『最後のものについて』（Cacciari 2004）でカッチャーリは、根源の問題を掘り下げ、思考しうるものの限界まで進もうとし、こうして彼もハイデガーやニーチェのように限界の思想家になる。だがわれわれの課題はカッチャーリの思想のパラドクスではなく、ポストモダンの文化を検討することだった。実際のところ哲学的な折衷主義（美学史、神学、宗教哲学、文学批評）は、さまざまな分野のパスティーシュを容認するポストモダンにしか通用しないだろう。しかしながら、二元性に引き裂かれた一者の必然的な再統一をめぐるメッセージやテーマは、多種多様な複数主義の共存というポストモダンの思想のまさに対極にある。晦渋なグノーシス主義的テーマの召喚は、危機のテーマを発展させた結果だろう。だがそれは、キリスト教神学と出会うところでつねに同じタイプの結論にいたるような、プラトン的枠組みの哲学のトポスでもある。

ヴァッティモとペルニオーラ

第二の千年紀のはじまりを告げた二〇〇〇年、教皇は聖年を宣言した。この国際的な一大イベントはイタリアのあらゆる文化世界を揺り動かし、しばらく前からキリスト教が大きな話題となっていた。このような状況に結びつくかたちで、イタリアでは神学的なテーマについて多くの哲学的書物が現れた。なかでも大きな反響があったのはヴァッティモの『信じていると信じること』（Vattimo 1996）

で、教会との和解を探ったものだ。実は、若い頃に所属していたカトリック世界をヴァッティモが再発見したのは、聖年が機会だったのではなく、別の個人的理由、彼を打ちのめした喪失、つまりエイズによる友の死を通してだった(ヴァッティモはホモセクシュアルを公言していた)。このときヴァッティモと電話で話していた司祭がこう尋ねる。「あなたは信じていらっしゃるのですか」と。彼は口ごもりながら「はい……信じていると信じています」と答えたのである。「信仰をもつ」でも「そう思う」でもある「信じる」という言葉の曖昧さのなかに、本書のタイトルの鍵、ある意味で本書全体の鍵が隠されている。このような仕方で宗教が、教義的真理の言葉ではなく、解釈学的解釈によって仲介され、それは真理としては少し疑わしいように見える。けれどもヴァッティモは哲学者として重要な選択をしたのだ。聖アウグスティヌスの『告白』のように一人称で語られた文章からは、知的遊戯ではなく心の奥底からの声が聞こえてくる。

ヴァッティモは、かつては彼も信じたカトリックと訣別するのではなく、ポストモダンとカトリックの両立を模索する。彼はアウグスティヌスのように人生を振り返り、カトリック行動隊の一員だった青春時代を回想する。そして、ニーチェとハイデガーを深く研究した後、技術・科学の支配に抗して聖なるものへ帰還する条件が整ったと言うのである。教条主義的で権威主義的なキリスト教に戻ることはもちろんできないが、解釈学に仲介されアクチュアルな世界に開かれた「弱い」キリスト教があるだろう。ヴァッティモはこれを弱い存在論に支えられた友好的キリスト教と呼ぶ。それに弱さはまさにケノーシス、つまり神の受肉・空無化により召喚されている。このような意味で彼はルネ・ジラールを参照し、聖なるものを支える犠牲の観念を指し示す。だがイエスは犠牲として神に捧げられたのではなく、聖なるものの装置を明らかにするために現われ、それゆえイエスの後にはもはや犠牲の暴力の必要はないのである。要するに、聖パウロが言うような「慈愛」にもとづくキリスト教である。このキリスト教は、世俗化のなかで不信仰へと押し流されているわれわれに、信じる可能性を与えてくれる。つまり本書のタイトルにあるように「信じていると信じる」可能性を。

その数年後に刊行された『カトリック信徒であること』（Perniola 2001）のペルニオーラは、ヴァッティモとはまさに対照的と言える。ヴァッティモは感情を込めて一人称で語っていた。本書のなかでペルニオーラは、グイッチャルディーニやロヨラとともに遠くから、状況に応じて変化する思想や言葉の二重の壁の向こうから話しかけてくる。話者の真意を隠蔽する嗜好がある。そして、ヴァッティモが友好的な神を召喚するとき、ペルニオーラは宗教儀礼による教会の仲介を主張する。宗教のなかで制度は不可欠な仲介の役割を果たし、キリストのメッセージとともに儀礼は反復を確定させる。ペルニオーラはプロテスタントの家系に生まれてはいるが（あるいはおそらくそれゆえに）、彼のキリスト教ははっきりと反プロテスタントである。ペルニオーラは、個人的・内面的な宗教ではなく、社会的・文化的な宗教に関わるローマ的伝統、対抗宗教改革とイエズス会のアプローチを評価する。ポストモダンの彼にとって、聖なるものの外面化は問題ではなく、反復を特徴とする儀礼主義も問題にはならないのである。

フェミニズムの思想

第二次世界大戦以降の出来事として、西洋文化の全歴史のなかでも重要な変化のひとつは、女性の境遇が変わったことである。イタリアの女性は昔から、カトリックの家族であれば、家庭の女王であり名誉ある妻だが、結婚の義務にしたがわねばならないかぎり（性的な意味も含めて）夫の奴隷でもあった。彼女たちは奥様女中となり、家庭のなかで女主人ともなった。「女が君臨し、男が統治する」とカントが言ったように（だが本当はその反対、つまり男が君臨し、女が統治するほうが普通だった）。したがって、伝統的な社会のなかで女性に権力がなかったわけではない。ただ、その力は表には現われず、何ものにも保障されず、力があるとしても二人の配偶者関係においてであり、権利ではなく人間的な強さによって男に勝つことができたのだ。だがこの闘いでは明らかに男のほうが有利だった。第一に法律や世間の慣習が男の側に立ち、第二に多くの場合まさに力ずくで女を屈服させることができたからだ（どのような場合でも、ともかく腕力こそが支配を決定する手段だった）。プライヴェートの領域は、ルイザ・ムラーロによると、国家が独占する暴力の例外として、男が暴力を行使することを保障していた。この観点からすると、ブルジョアのプライヴェート空間は最初から暴力的権力の空間であり、制約から免れ、それゆえある程度権利からも免れた君主の権力の縮小版なのだ。女性は家長、つまりまず父親、それから夫に従属し、決して自立できない。家族のくびきから逃れようとすると、不道徳な女であると評され、悪くすると魔女、よくても行かず後家（つまり男から見放された女）と後ろ指をさされることになる。このような境遇が何世紀も続き、女性たちはいわば倒錯的な戦略を採用する。家庭における女性の「捕囚」システムを利用したのだ。要するに、「名誉」、「誇り」、「卑怯」、「男らしさ」といった単純な鍵語を通して男たちを教育し、リモートコントロール可能ないわば闘鶏用の鶏にしてしまうこと。このように言葉巧みに男たちを操ると同時に、自分の権力欲のすべてをそこに投影するのである。操作されやすい傲慢な男たちは、前近代的な男性社会の典型的な結果と言える。このような戦略はたしかに権力へのチャンスを女にもたらしたが、その反面、女性を真に解放するためには逆効果となり、悪循環の内に家父長的権力システムを永続化させていた。だからといって男たちが責任逃れをすることはできない。この状況から彼らも可能なかぎり自分たちの利益を引き出そうとしたのだ。ただ、愚かにもこのシステムは彼らにとってひじょうに高くつき、自分の「男らしさ」を見せつけるため、「男の義務」を果たすために戦場へ出かけたり、稼ぎを家に持ち帰るために必死で働かねばならなくなった。孤児たちは形式的に「家長」とされ、したがって家族を支えなくてはならず、工場へ働きに出た。十歳の子供に、どれほど自己決定能力があり、どれほど男性的力を示すことができたのか、言うまでもないだろう。それゆえこの性差別システムは、女たちを卑しめ、傲慢で暴力的で愚鈍な男たちを不幸にするだけの悲惨きわまりないシステムだった。

イタリアのフェミニズムは、十九世紀末からゆっくりと現われはじめた。教育を受けた女性の特権としてはじまり、それから革命や解放を求める左翼運動のなかで、曖昧なかたちのまま発展していった。ファシズムは状況を最悪の保守主義にまで落としたが、対するパルチザンの抵抗運動のなかで、女性たちは政治的な地位を獲得し、将来の政治的意味を予告することになった。選挙目的のためにカトリックの世界でも変化が見られた。実際のところ、もし大戦直後にファシズム以前の古いシステムで選挙がおこなわれていたら、男だけが選挙権をもっていたので、社会党と共産党とを合わせた人民戦線が圧倒的に勝利したはずだった。だが、日常的に教会に出入りしていた女たちは（男たちは特別な機会のあるときにしか教会へは行かなかった）、より強くカトリック的伝統に結ばれていて、カトリックのプロパガンダを受け入れやすかった。反共産主義のキリスト教民主党は、女性の権利とその選挙権を求め、こうして予想された選挙結果はくつがえり、親アメリカの中道右派が勝利したのである。

このようなわけで戦後の女性運動には二つの流れがあった。ひとつは抵抗運動に由来するイタリア女性連合、もうひとつは穏健なカトリック勢力のイタリア女性センターである。

イタリアで穏健保守派のカトリック政党が政権を獲得すると、その社会的な影響が現われ、ときおり息苦しいまでの外面的道徳主義が、一九五〇年代から六〇年代はじめにかけての特徴となる。六八年の運動とともにフェミニズムの問題が再浮上するが、それが大きく開花したのは七〇年代に入ってからで、社会のなかに広く浸透した大衆的なフェミニズム運動になる。ロッコ法のようにファシズムの崩壊を生き延びた古い法律によって、女性が法律的には男性に従属する状況があった。それゆえフェミニストたちは、「わたしはわたしのものである」、そして「プライヴェートは政治である」という二つのスローガンを掲げたのである。第一のスローガンは成人に達した以上は父親や夫の庇護に入る必要はないという女性の自立（少なくとも男性と同程度の）を宣言し、第二のスローガンはある意味でこの宣言を補完するものだ。なぜなら、女性の抑圧の場は家庭であるから、まさに家族生活の内奥に政治の弁証法を持ち込み、アンチテーゼ（この場合は「家長」）と対決しなくてはならなかった。また次の二つの出来事も重要だった。ひとつは強姦が反道徳的な悪事（ロッコ法に記されているように）から人格に対する犯罪となったこと、もうひとつは妊娠中絶の権利である。こうして法案百九十四号が議会で可決された。イタリア人の大多数がカトリック教徒だと確信していた教会は、その廃案を求めて国民投票に訴える。ところがヴァチカンの指示にしたがった有権者はわずか三十パーセントにすぎず、教会は手痛い敗北を負ったのである。イタリア人の過半数はもはや信徒ではなく、この世俗文化は女性解放の味方だった。

しかし女性解放の問題はまだ解決にはほど遠く、女性の自立は普遍的に受け入れられてはいない。その最も無残な例が女性に対するいわゆる「情痴殺人」の惨劇で、今日もなお終わることなく続いている。これは見かけ以上に深い問題を孕んでおり、捨てられたり裏切られたりして傷ついた名誉とか自尊心のなせる業というよりも、たいていの場合、離婚の後に子供との関係が絶たれた父親の逆上が問題なのだ。そもそもこのような暴力的な態度が離婚の原因なわけだが、こうして最後には暴力の頂点に達するのである。明らかに男たちを教育しなくてはならないが、これは母親としての女たちにも関係する。なぜなら彼女たちは、自分の息子が他の女性に害をなしうることを必ずしも気にかけてはいないからだ。これもまた簡単には消えそうもない伝統的な家父長文化のしるしであり、そこで女性は母親として男を教育しつつ男尊女卑社会の不穏な共謀者になっている。その上、今日もまだ、女性議員を擁しながらも、フェミニズムに反対し、学校のジェンダー教育を妨害しようとする政党がある。

フェミニズム文化が女性たちの感受性を呼び覚まそうとすれば、かつていわゆる「階級意識」を浸透させようとした社会的解放勢力が直面した問題（フェミニズムの場合はジェンダー意識なわけだが）

にぶつかるだろう。こうしてとりわけ一九七〇年代、数多くのフェミニズム・グループやセンターが誕生した。女性たちが自分たちの問題を語り合い、意見を述べ、議論し、まさに哲学的なテーマに触れることもしばしばだった。

最初に現われたのはカルラ・ロンツィの二つの著作、なかでも哲学的なのは『ヘーゲルに唾しよう』(Lonzi 1970)だった。まるでパンクさながらの文章、ここではじめて堰を切ったように、伝統的なヘーゲル＝マルクスの流れからもジェンダー問題があふれ出たのである。ロンツィにしたがえば、男性との平等が問題ではなく(それは男性の論理に女性が同調することになる)、男性的解放の文化を取り込むのでもない(男性的な思考原理が女性の自覚を操作することになる)。女性に対して社会や政治ではなく家庭の役割を与えたヘーゲルの家父長的思考に反対し、さらにマルクスにも反対する。マルクスはブルジョア的生産システムの批判を家族の組織にまで拡張したが、少なくとも二つの理由でまだ不十分だとロンツィは言う。第一に、家父長的家族を批判したマルクス自身、私生活においては典型的な家長であり、ブルジョアの最も下賤な紋切型通り女中を妊娠させることまでしている(フェミニストはマルクスよりもエンゲルスを好むようだ)。第二に、女性は男性の介入なくして立ち上がりたいのであり、女性を反抗へと促す男は必要ではない。この第二の理由はとりわけ重要である。なぜならそれが一般的に意味するのは、「解放者」は存在しない、あるいは人は自らおのれを解放しなくては真の解放はないということである。それにまた解放者には別の目的があるかもしれないのだ。これらすべての帰結は、男性と同じではなく異なることを明確にして女性としての道を求め、女であるアイデンティティの意味を理解しなくてはならないということである。

もうひとつの作品は『クリトリス的女性とヴァギナ的女性』(Lonzi 1971)である。ヴァギナ的オーガズムが神話なのは今日では周知の事実だろう。つまり女が絶頂に達するのはただ男の「力強い」ペニスに貫かれるときである、と男に信じさせるための神話なわけだが、たとえ経験的には矛盾していても女性自身をも納得させようとする。女性が性交中にオーガズムに達するのは、この機能に優れた唯一の器官、クリトリスをともかく刺激することになるからだ。したがって成熟した女性の性的に「正常」な唯一のかたちとして、フロイトのような啓蒙的研究者もまた主張したヴァギナ・オーガズムをもち上げる神話は、「自然」に対するイデオロギー的な欺瞞であり転倒である。ロンツィによると、このような欺瞞行為のなかには、両性の性器の形状の差からしても女の性を男の性に必要な補完物と見る、ある種の「哲学」も関係している。

激しく論争的なロンツィの後、よりアカデミックで哲学的な考察の時代が続いたが、そこには、言語とシンボルの差に関わるまさに哲学的なかたちでジェンダーの差の問題を導入したリュス・イリガライやジュリア・クリステヴァ、エレーヌ・シクスーら、フランスからの影響が大きかった。この思想家たちにしたがえば、いわゆる「父親の象徴的秩序」(たとえば、クリステヴァはこれに「記号学的秩序」を対置させる)に内在する男根中心主義を批判しなくてはならないのだ。

この流れで格別の重要性をもつのがヴェローナに設立されたディオティマと呼ばれる女性哲学共同体で、今日もまだこの名のもとに出版が続けられている。

ディオティマ共同体は、ジェンダーの差とその文化的・哲学的意味について正真正銘の考察をおこなったグループであり、そこからは、国内のみならず国際的にも第一線に立つ二人の哲学者、アドリアーナ・カヴァレーロとルイザ・ムラーロが出ている。

カヴァレーロはディオティマ出身であるばかりか、その経験の内に閉じてもいる。ロンツィは哲学的傾向のある美術批評家だったが、カヴァレーロは大学でプラトンをはじめとする古典的な哲学を研究していた。たとえば、まさにプラトンの哲学言語の内に、男性的言語を見出し、フランスの差異派フェミニズムの研究に共鳴する。女性の言語はまだこれから構築されねばならないのだ。そして認識、つまり普遍的なものの科学が、個々の身体としてのアイデンティティの特殊性を否定する、という哲学的問題へ目を向ける。この具体的な唯一性はただ関係性のなかでしか現われないだろう。たとえば、恋人たちが互いに相手について語るときに。有性的に具現した唯一の存在である他者だけが、わたしの有性的に具現した唯一の存在を語ることができるのである。

その後、ポストモダンからイタリアン・セオリーへの変化に合わせるかのように、カヴァレーロが上梓した『オロリズモ』（Cavarero 2007）は、「女性的に」考えつづけながらも、はじめてジェンダーではなく、「戦慄《オローレ》 orrore（ホラー）」の問題をテーマに取り上げ、差異派哲学の他にアガンベン、とりわけその強制収容所に関する言説を参照している。実際にアガンベンは『アウシュヴィッツの残りのもの』（Agamben 1998）のなかで、「ムスリム」の戦慄について語り、これをゴルゴンのように石化させる戦慄と比較する。ここからカヴァレーロは神話的形象の上に戦慄の言説を紡いでいく。彼女は「オロリズモ orrorismo」と「テロリズモ terrorismo」を区別して、後者が震え上がらせ逃げ出させるものだとすれば、前者は毛を逆立てたまま身動きできないようにさせるものだと言う。このように考えながらカヴァレーロはカミカゼ自爆攻撃をおこなう身体を分析しようとする。それから、最新作の『傾向』（Cavarero 2014）もいわゆる女性の現象学だ。「好み」や「態度」である一方、主体の自制心を奪うほどの「不均衡」をも意味する「傾向」の概念によって考察を進めている。その哲学的な系譜学を作成した後、カヴァレーロは「傾向」の問題と女性を関係づけ、レオナルドの絵にその隠喩を発見する。そこには聖母と聖アンナ、幼子イエス、天使が描かれ、聖母は幼子のほうへ向かって構図的にも精神的にも身体を傾けている。幼子とはすなわち彼女が命を与えた存在である。この命のほうへ、今にも均衡を失いかねないほど身体をぐいと乗り出した聖母の様子に、その「傾向的」な性格があるとカヴァレーロは言う。

ムラーロは、国際的にはそれほど知られていないが、イタリアのフェミニズム思想のなかで最も重要な一人である。彼女は、言語学と脱構築主義の基盤の上に差異の哲学がイタリアに輸入されたときから、その独自の判断と思想のオリジナリティによって際立っていた。事実、カヴァレーロともフランスのフェミニズム思想とも異なり、ムラーロは言語を男根中心主義とは見なさず、ラカンを援用しながら言語自身はすでに女性的であると言う。実際にわれわれは母語を話すだけではなく、言語は女性によって伝えられるのだから、それは母性的なのである。このように考えることでムラーロはイリガライとは異なる仕方で象徴的秩序に関する言説を展開した。二元性と対置からではなく、母親のものである唯一の象徴的秩序から出発する。それを男たちが奪い取ったわけだが、女性は生命の産出と継続の絆を通して奪回することができる。女性性のこの系譜のなかへ参加することは、過去をさかのぼり綿々と続く母親たちの流れに連なることであり、身体と象徴からなる産出を通してそこに属している意味を理解することである。

二〇一二年に刊行された小著『神は暴力的である』(Muraro 2012) のなかで、ムラーロは暴力の問題を取り上げる。善き感情の名のもとに一括して退けることのできない暴力があるのだ。彼女の分析はアーレントを継承している。女性は本質的に暴力的ではないなどという決まり文句を吹き飛ばす、きわめて明快な論述である。

複雑系の科学認識論

一九八〇年代、中央ヨーロッパ文化のまた別の側面がイタリアで話題となった。二〇年代のヴィーンは、第一次世界大戦の手痛い敗北と帝国の喪失にもかかわらず、豊かな文化に彩られたヨーロッパの大都市として、先に見たように、危機の文化を形成していた(カッチャーリが描いたように)。このクライシスの文化には、さまざまな歪みはあるけれども革新的な動きもあった。そこで二人の若い科学者が出会う。一人はスイス人ジャン・ピアジェ、もう一人はヴィーン人ルートヴィヒ・フォン・ベルタランフィである。どちらもまだ二十代だったが、二人とも後にそれぞれの分野で展開することになる新しい考えをもっていた。少年時代から抱いていた軟体動物への関心を失くしたピアジェは、軟体動物学で学んだ科学的観察の厳密な技術を用いて、自分の子供たちを対象に幼児期の発達心理学を研究していた。ベルタランフィのほうは、美術史学を研究し、ニーチェ、シュペングラー、エックハルトのような神秘主義者、リッケルトやジンメルのような生の哲学者の著作を読んでいた。彼よりも五歳年長のピアジェが、子供の発達を観察した成果を語りはじめた頃、ベルタランフィは大学で生物学の研究を続けようと決心する。だが彼は生物学の研究のなかに、ホーリズムに関心を寄せていたゲーテさながら、人文主義的で芸術的ですらあるアプローチを持ち込む。忘れてはならないが、ドイツの自然学研究の伝統は、まだロマン主義的・後期ロマン主義的な「自然哲学」の影響を受けていた。ベルタランフィが生物に対する新しい体系的アプローチを成熟させた一九三〇年代末、ヴィーン学団に出入りしていた頃だが、彼の理論を打ち出した最初の著作『生命の構造』(Bertalanffy 1937) が出版された。シュリックが暗殺され学団が消滅しつつあった時期である。当時ベルタランフィはピアジェの発達理論に深く影響されていたが、その後、ベルタランフィがシステムの理論を提唱すると、今度は逆にピアジェのほうが影響を受けることになる。第二次世界大戦が終わるとベルタランフィはアメリカ合衆国へ移り、彼の考え方はサイバネティックスや情報工学の発展を促す。他方でピアジェは、神経科学の父の一人となり、ヨーロッパの構造主義を代表する権威となった。

要するにピアジェとベルタランフィは、複雑系の認識論が誕生する基盤、その理論的な基準となった。実際のところ、複雑系について語るとき、システム理論が発展させた複雑系の観念が第一に参照される。それは開かれたシステムであり、インプット/アウトプットの関係を通して環境に適応しながら内的均衡を保ち、それゆえホメオスタシスのシステムと呼ばれる。ここから、ウンベルト・マトゥラーナとフランシスコ・バレーラが提唱したオートポイエーシスのシステムなど、他の生物学理論が展開した。それは均衡を保とうとするだけでなく、システムの統一的結束を維持し、何よりも重要なことに自己を再生産しようとするのである(オートポイエーシスは自己産出を意味する)。

このように革新的かつ有望な研究をイタリアに普及させたのは二人の若い科学史家、ジャンルーカ・ボッキとマウロ・チェルーティだった。同世代の二人が結びついたのは、おそらくピアジェへの共通の関心からだ。チェルーティはルドヴィーコ・ジェイモナトのもとでピアジェを研究して学位を取得し、ボッキは一九八〇年代初頭、ピアジェの哲学的遺産が色濃く残るジュネーヴへ渡る。そして二人は、システム理論を採用したフランスの社会学者、システムと複雑系の理論をめぐる認識論に関心を寄せていたエドガール・モランの友人となる。物理学者ハインツ・フォン・フェルシュターや生物物理学者アンリ・アトランらのいわゆる「第二のサイバネティックス」以来、モランはその議論のすべてを熱心に追っていたのだ。二人の研究のもうひとつの側面は、ロシアの生物学者イリヤ・プリゴジンが展開した時間の問題だった。それからさらに、カオスの理論、ダグラス・ホフスタッター、ダニエル・デネット、マーヴィン・ミンスキーら認知科学の初期の研究、最後に、ナイルズ・エルドリッジやスティーヴン・ジェイ・グールドの断続平衡説、そしてネオダーウィニズムの研究があった。

以上のすべては、イタリアでは専門家の狭い世界でしか知られていなかった。それゆえ二人の登場は一九八〇年代のイタリア文化に大きな反響を呼び、科学的研究への道を開いたのである。それは専門分野に特化した白衣の実証主義的科学者のイメージとはかけ離れた、ダイナミックで生き生きとした探究の世界だった。哲学にも関心をもつこれらの科学者は、自分たちの研究をもとに、意識、全体性、複雑系といったテーマについて哲学に問いかけたのである。

さらにモランは、人文科学的な複雑系の思想モデルに関するテレビ番組を収録し、たとえばドイツでのルーマンの同種の試みよりも大きな成功を収めた。こうしてボッキ、チェルーティ、モランのおかげで、またプリゴジンのような科学者の協力もあり、ポストモダンの現代哲学と科学認識論との対話が開かれる。シグマ＝タウ基金が主宰する集まりに、科学者、科学的啓蒙書の著者、そしてヴァッティモたちポストモダンの哲学者が顔を合わせる機会が何度もあった。

イタリアのルネサンスの時代に、科学、哲学、人文学研究が対話を試みたように、これは重要な実験だった。そして「複雑系」という鍵概念自体、類似物を関連させる以上に多くの異なる実体の相互作用を問うものだった。

インテルメッツォ II

地方とメディア

第二のインテルメッツォでは、ポストモダンとイタリアン・セオリーから少し離れたところを見てみよう。歴史的事情からイタリアの状況はつねにさまざまな地方文化に特徴づけられてきた。これは時には全国的な影響力をもち、世界に広がることもあった。たとえばルネサンス美術を眺めれば、ヴェネト派、トスカーナ派、ウンブリア派などという言い方を見かけるだろう。先に見たように、ポストモダンはトリノのパレイゾン一派に根を下ろし、エーコ、ヴァッティモ、ペルニオーラ、ジヴォーネらが輩出した。イタリアン・セオリーにはエスポジトを代表とするナポリ学派があった。またすでに触れたようにミラノは、歴史的にもアルプス以北のヨーロッパにつながり、さまざまな国際的活動の中心となった。忘れてはならない重要な例として、さらにボローニャとヴェネト州、とりわけヴェネツィアがある。この章のタイトルに挙げた「地方とメディア」だが、何よりもメディアとの関係の仕方がさまざまである。ボローニャの状況にはまず大学の伝統が大きく、知識人グループが旺盛な活動力をもち、それぞれが協力したり競合したり激しく対立することもある。何度となく言われたように、ボローニャはイタリアの小さなパリに喩えられる。多くの学生たちが都市にあふれ、創造的な活動に影響し、文化的な議論が大学の枠を超える。そういうわけで一九七〇・八〇年代のボローニャでは、たとえば喫茶店で学生や芸術家や読書家が哲学談義をしていたものだ。ボローニャは文化への欲望、議論への欲求をもち、つねにコンサートや演劇や映画などに彩られ、二十四時間眠らない都市である。それゆえボローニャは新しいもの、とくにパリからの文化に好意的だった。ボローニャ大学では実験的なDAMS、すなわち学際的アプローチによるコミュニケーションと芸術のための学部が、記号学の理論的指導のもとに開設された。エーコがすべてを統率し、彼は当時のボローニャの絶対的な主人公だった。エーコほど目立ちはしなかったが、記号論のパオロ・ファッブリがもう一方に立っていた。ファッブリは、この学問領域のなかで、系統からしても枠組みからしても異なるアプローチを代表する。事実、ファッブリはソシュールの流れに連なるフランス記号論のロラン・バルトの弟子、エーコはアメリカのパースやモリスの記号学に近かった(ここにセミオロジーとセミオティックスの違いがある〔本書では前者を記号論、後者を記号学と訳した〕)。さらに、近年再発見された思想家エンツォ・メランドリ、そしてロベルト・ディオニジにも触れておきたい。これらの思想家はみな、エーコを例外として、口から口へと伝えられるか、書物や雑誌あるいはボローニャのもう一人の主人公Bifoのように自由ラジオを通して、文化的議論の渦中を動いていた。

ボローニャはトリノ学派の一人を中心軸としたが、ヴェネツィアの場合はエマヌエーレ・セヴェリーノだった。この哲学者は、ミラノのカトリック大学、つまりイタリアのカトリック最大の理論的拠点から、ヴェネツィア大学カ・フォスカリへ移ってきた。ヴェネツィアでセヴェリーノはカッチャーリやウンベルト・ガリンベルティと親しく交わっていたが、同じくヴェネツィアにいたアガンベンは建築大学で教鞭を執り、この三人組から少し離れていた。だが、アガンベンもヴェネツィア思想に典型的な特徴を備えてはいる。つまりキリスト教、とくにカトリック神学への関心、古典古代思想への眼差し、存在論的視点、技術の断罪などである。

カ・フォスカリ三人組に特徴的なのは、テレビのようなマスメディアとの関係だろう。まさにテレビ放送によって彼らは全国的に有名な哲学スターになる。ともかくこの関係は三者三様であり、セヴェリーノは著作を啓蒙的なものと専門的なものの二つに分け、前者はリッツォーリ社から、後者はアデルフィ社から刊行する。カッチャーリは、難解きわまりないテクストをアデルフィ社に託しながら、オピニオン・メーカーとしてテレビに出演する。ガリンベルティは、フランクフルト学派のエーリヒ・フロムのように、啓蒙的で親しみやすい大衆哲学者の道を選択した。ガリンベルティは分析心理学にも強い関心を抱き、哲学者としても心理学者としても登場している。

最後に、マンリオ・ズガランブロについて述べる。彼はシチリアの哲学者だが、カッチャーリたちヴェネツィアの哲学者によって再発見された。大学の教壇には近づかなかったが、マスコミュニケーション、とりわけ映画界・演劇界との結びつきは他の者たちと共通している。

エンツォ・メランドリ

ジェノヴァに生まれたエンツォ・メランドリの信じがたいほど先行していた思想にとって、活発な理論的知性が息づいていた一九六〇年代のボローニャは理想的な環境だった。ボローニャ大学を卒業したメランドリは、六二年に教職を得て再びボローニャ大学に戻っている。したがって彼の主著となる『直線と円』(Melandri 1968)が仕上げられたのはボローニャ時代だった。この頃の有名な写真に、フーコーとエーコが彼を挟んで写っているが、それはある意味で象徴的でもある。なぜならメランドリの思想はフーコー、とりわけ『言葉と物』のフーコーとエーコのあいだに位置するからだ。メランドリはよくイタリアのドゥルーズと呼ばれるが、実際のところイタリアのフーコーと言うべきだろう。フーコーであれドゥルーズであれどちらに似ていようが、メランドリが最高の知性であることに変わりはなく、しっかりとした再評価が待たれる。

メランドリの思想はすべてただ一冊の書物に込められている。まさにこの『直線と円』だが、他に何も書かれなかったわけではない。しかしこれほどの知性と論理を備えた大作は、彼自身も二度と書かなかったばかりか、戦後のイタリアに比較できるような作品はない。アガンベンはこの書物が二十世紀で最も重要な哲学書の一冊であると言った。これを単なる誇張と見なす者は多いだろうが、よく吟味すれば納得しないわけにはいかない。

それはひじょうに濃密な八百ページもの書物である。美学、解釈学、記号学、論理学、認識論、科学哲学、サイバネティックスにまで言及され、しかも大著にはありがちな曖昧さと繰り返しに陥ることはない。いたるところに深い観察と鋭い着想が埋め込まれていて、本書を要約するのは至難の業だろう。

一般に本書はアナロジー研究として、哲学者から嫌われ論理学者から排斥されるこのテーマに、哲学的な威信を奪回させたと言われている。たしかに、さまざまな言語の豊富な引用が自在に織り込まれたこの大著の目的は、制度的に強いテクストのアナロジーを供給することなのかもしれない。将来の発展のための基礎、いわばアナロジーの聖書である。

それゆえ、テクストはきっちりと分節化され、大学の論文に典型的な論理的構築物のかたちをとる。

能だろう。

だがこれはほとんど偽装と言えるほどで、本書の唯一の読み方ではなさそうだ。さまざまな読みが可

少なくとも三通りの読みがある。第一は最大限の読み方で、作品全体の一般的所産を把握しようとするもの。この読みとしては、本書の序文でただアガンベンだけが推し進め、数少ない書評はいずれもこの問題を避けている。第二はノーマルな読みで、テクストの構成を跡づけ、著者が表明するテーゼを拾い上げる。だがこれはたいていの場合、書物のあわただしい要約でしかない。だが悪意なく言わせてもらえば、このような桁外れの書物の要約は、性急なものか、ともかく実用的な理由に合わせた単純化以外の何ものでもない。掘り下げのない最低限の要約でも百ページほどの本になってしまうはずだ。したがってわれわれもいくつかのポイントを見ることしかできない。最後に第三は選択的な読み方で、作品の構成はあまり気にせず、テクストを満たす秀逸な観念の数々を通して、いわば一般的なメランドリ哲学の探究へと向かうことである。ここでもまたアガンベンの名を出すことができる。アガンベンはメランドリから多くの着想を得ているが、有名なものから二つ例を挙げよう。ひとつは『ホモ・サケル』で包摂的排除の構造について語るとき、もうひとつは解釈学と記号学が連結する次元として、フーコー的意味の認識に関わる「しるしづけ」について語るときである。

それではこの三つの読み方に少しばかり触れ、メランドリの作品と思想の詳細については、然るべき扱いをする機会まで、それがあることを願うしかないが、先送りすることにする。

最大限の読みの問題からはじめよう。そこでは、テクストの本当の狙いは隠れてしまうように思われる。すなわち通常の評価では、メランドリはアナロジー研究の哲学的威信を奪回しようとした思想家とされている。アナロジーの機能の有機的な枠組みは、思想の歴史のなかですでにアリストテレス

の頃から失われていた。著者はこの問題を哲学的に考察したのである、と。

だが、そこがポイントではないだろう。メランドリはラディカルな意図をもった思想家だが、拒否を恐れて過激さを偽装しようとする。したがって、哲学思想史のなかでメランドリの真にラディカルなところは、デカルト的明晰判明には決して表現されず、要するにつねにアンダーステイトメントなのである。この点はおそらく次のように単純化することができるだろう。論理にもとづく確実さは存在しない。概念の使用に理想的な合理的基礎は存在しない。なぜなら、概念の基盤には(言葉と事物の関係における言語にも、実践に適用される論理にも、抽象的前提における数学にも)つねに乗り越え不可能な精神と現実とのアナロジーがあるからだ。要するに、どのような理論的構築物も、どれほど厳密なものであれ、アナロジーの不確かな基盤の上にあるのだ。

アガンベンはこのような前提を、分析哲学の言語論的転回に対する根本的な批判と見なす。われわれの見るところ、それは哲学思想が要求するあらゆる確実さに向けられた一般的なテーゼである。だがメランドリはここで相対主義の誘惑を退け、「何に対しても何も言えない」という懐疑論には陥らない。まさにそれゆえアナロジーのメカニズムの内部に突き進み、哲学思想の深く弁証法的な意味を再建しようとするのだ。

論理学を否定することなく、その基底にアナロジーの構成要素を浮かび上がらせること。このような観点からすると、メランドリの位置は、分析的思想の対極ではなく、『言葉と物』や『知の考古学』のフーコーに近い。彼は分析哲学の発見以来(一九六〇年代以前のイタリアやフランスでは分析哲学についてほとんど何も知られていなかった)その伝統と対話を続けていた。メランドリが属していたのは、ヴィトゲンシュタインとその周辺の思想家たちを発見し、プラグマティズム以外のアメリカの新しい伝統を見出した世代だった。彼が熱心に読んでいたのは、イギリスではラッセル、ホワイトヘッド、エイヤー、ライル、アメリカではクワイン、ストローソン、グッドマン、言語学のチョムスキーとヤコブソン、サイバネティックスのアシュビー、ウィーナー、ノイマンたちだった。したがってメランドリの言説は、分析哲学／大陸哲学の対立項におくべきではない。それは、哲学はただひとつであり、大陸の傾向と英米の傾向は共存しうるのであり、実り豊かな対話は可能であると信じていたヨーロッパの表現なのだ。

ロベルト・ディオニジ

メランドリに日の当たることはなかった。あるいはアガンベンが言うように、彼を拒絶した大学の世界から「合意の上の排除 conventio ad exludendum」に断罪されていた。だが、ロベルト・ディオニジには同じ運命がさらに厳しく降りかかる。彼は専門家のあいだでも知られておらず、ボローニャの地方的環境（そこではカルト的作家と見なされている）の外では沈黙に埋もれたままである。ボローニャでは彼の全集が刊行されているが、全国的な関心を喚起することはできなかった。わたしは何度か彼の授業に出席することができたが、修辞を排した厳格そのものの論理、怜悧な批判的分析に打たれたものだ。彼の弟子たちが感服する所以でもある。ディオニジはフランスの六八年にもボローニャの七七年にも参加している。アルチュセールの影響のもとで哲学をはじめ、構造主義的な考え方から出発して英米の分析哲学へと向かうが、大陸哲学の発展にも注目していた。しかしながらこの二つの流れがさらに分離したポストモダンの夜明けに、彼の試みが幸運をつかむことはなかった。ディオニジは哲学的言語の内に、分析哲学的アプローチを具体化させる。したがって彼の哲学は新しい概念を導入するのではなく、哲学思想の組織をそこで用いられる言語を通して展開し、哲学をメタ言説にするのである。厳格な分析家として彼は、重要と思われる他者の作品を掘り下げていく。独自の思想は持ち込まないが、まさにこの分析的理性の内にオリジナリティがあると言える。この点で彼は他のヨーロッパ大陸哲学の思想家とも、たとえば友人のカッチャーリとも異なり、同時に英米の分析哲学の思想家とも違っている。事実、これら英米分析哲学の思想家は、ニーチェやハイデガーら大陸哲学の思想家について語るのを好まなかったばかりか、語ったとしてもまったく異なる仕方だった。たとえば、ニーチェについてダントーが書いたものを見ればいいだろう（『哲学者としてのニーチェ』[Danto 1980]）。そしてディオニジの傑作と（正当にも）考えられている『ニーチェの二重頭脳』（Dionigi 1982）と比較すればよい。ダントーは非合理的解釈からニーチェを奪回しようとし、その思想のなかに合理的な哲学的言説を見ようとする。他方でディオニジは、ニーチェの思想の両方の側面を正しく照らし出そうとする。なぜならこの相互関係から出発してこそニーチェ哲学を理解することができるのだから。だが、彼はさらに進んでゆく。ニーチェは哲学的言説の典型例となる。それは哲学的構想の乗り越え不可能な限界と力の一般的表明なのである。いずれにも還元されない二つの頭脳（ひとつは物事を理解するため、もうひとつは世界内存在である幻滅のため）が必要とされるわけだ。次の著書『困難な描写』（Dionigi 1998）でディオニジは哲学のこの一般的テーマを再び取り上げ、それはプラトン以来の「言語学的濫用」に由来し、分析哲学はこれを解決しようとしたが、おそらくは哲学自体を廃棄しなくては完全には取り除くことのできない問題なのだと言う。すると、ニーチェの二重頭脳の深い意味は、この頑強な濫用にも弁証法的役割を認めることなのだろう。それは哲学的構想が隅々まで引き裂かれていることを意味し、それゆえディオニジは最後の悲劇的思想家と見なされている。もちろん、分析的、つまり描写的な哲学を標榜するディオニジ自身は、そう表明するわけにはいかないが。だがこれは彼の哲学の二重の作法からも推論される。すなわち一方では大学の授業での明晰で厳格な姿があり、他方ではボローニャの喫茶店での親密で気さくな姿がある。ちなみに後者は、彼に捧げられたドキュメント映画、ルイザ・グロッソの『カクテル・ディオニジ、哲学者の生活』(二〇〇七)に見ることができる。ディオニジの内にわれわれは、メランドリにはじまり一時期のエーコも関係したボローニャの哲学的環境の「賭け金」だったもの、分析哲学へのイタリアの道もしくは第三の試みの集大成を見ることもできる。だがその第三の道は、このドキュメント映画のなかでカッチャーリも仄めかしているように、当時の大学の政治的状況のなかで発展の芽を摘み取られてしまったのである。

「セヴェリーノ」のケース

エマヌエーレ・セヴェリーノは、彼の批判者の一人アルフォンソ・ベラルディネッリが言うように、まさにひとつのケースだろう。もちろんこの言葉の否定的な意味で言われているわけだが(「臨床的ケース」のように)、肯定的な使い方もないわけではない(「例外的ケース」のように)。いずれにせよ彼はひとつの「ケース」と言える。なぜなら、イタリア全国を眺めても善かれ悪しかれ他にはないひじょうに特殊な哲学者なのだから。このようなわけで世論は熱狂的な賞賛と厳しい批判に二分される。彼がユニークなのは、さらに、その活動期間が戦後から今日まで続いており、したがってセヴェリーノのテーゼはわれわれが検証している全期間にわたって（それ以前からも）存在することである。彼はポストモダンに真正面から反対するが、イタリアン・セオリーからも明確に区別される。最後に、メランドリはただ一冊の書物の人間だったが、セヴェリーノには実に多くの著書がある。だが中心的なテーマはつねに同じであり、まったく同じ文章も散見する。くどいと非難され偏執狂的であるとさえ言われる。セヴェリーノはイタリアの哲学学会では高い地位にあるが、国外での反響はなく、研究も翻訳もされていない。その理由を、彼の礼賛者が書いたウィキペディアの記事はイタリアの思想全体に対する国際的な関心の低さの表われとしているが、われわれが見てきたようにそれは本当ではない。それにセヴェリーノの名が国外へ出る機会がなかったわけでもない。ウンベルト・ガリンベルティは一九六〇年代に出版されたばかりの『パルメニデスへの帰還』（Severino 1964）（おそらくセヴェリーノの最も重要なテクスト）を翻訳し、ヤスパースに手渡したことがあり、それなりの評価を得たと語っている。ガリンベルティはまた、ハイデガーがセヴェリーノを「超存在的」と定義したことも覚えている。つまりハイデガーもセヴェリーノを読んだわけだが、「超存在論的」ではない形容が興味深い。ハイデガーは「存在的」という言葉で、存在の意味にではなく、経験的で具体的な実体に言及する。要するにハイデガーは、実体の多かれ少なかれ現象学的な変容形態としての想念にではなく、具体的現実の存在に根ざしたセヴェリーノの「実体論的」言説をすぐに理解したのである。事実、このような意味でセヴェリーノはトマス・アクィナスからアリストテレス、さらにパルメニデスにさかのぼる。だが、ハイデガーはフッサールの超越論を乗り越え、存在論のさらなる次元に向かおうとしていたのだ。それは、厳密にアリストテレス的な観点からすれば、ただ単に無を意味するだろうし、実際にハイデガー自身、存在と無を同一視することになる。セヴェリーノはハイデガーの思想のまさにこの側面に関心をもち、これをガダマーにも語っているが、ガダマーは興味を示さなかったようだ。いずれにせよセヴェリーノはハイデガーにもヤスパースにも読まれ、ガダマーと対話したのであるから、国際的な評価を獲得しなかったのは、何か不運な出来事のためではなく、彼の哲学の内容自体に原因があったと考えるべきだろう。七〇年代、彼はイタリアの議論の中心にいたが、カトリック勢力（クインツィオ、バジェット＝ボッツォ）からも、左翼（ジャンナントーニ）からも、自由民主主義的中道（パオロ・ロッシ）からも批判され、そしてポストモダン、とりわけヴァッティモ（彼のセヴェリーノ評価は最低だった）からも拒絶されていた。だが、たとえばカッチャーリは彼を賞賛し、ヴォルピやジヴォーネは彼に大きな敬意を払い、ナトリやガリンベルティは彼の弟子だったのである。ともかくセヴェリーノとポストモダニズムの対立は、理論的なものであり覆い隠すことができないものだ。ポストモダンに一致する唯一のポイントは、『時の住人』（Severino 1978）に見られるように、セヴェリーノが七〇年代からいわゆる「不変」の終焉を語っていたことだろう。これはおよそリオタールの「大きな物語」の終焉に対応する。だがセヴェリーノにとってその原因は、近代のパラダイムの歴史的危機に求められるのではなく、ただ存在論的意味でニヒリズムに対応できなかったからなのである。

それではセヴェリーノの思想の要点をまとめてみよう。彼は最初、ミラノのカトリック大学で、イタリアの新スコラ哲学の権威だったグスターヴォ・ボンタディーニに師事する。ボンタディーニは生成、つまり有と無の混合物の批判を試みていた。事実、生成のなかで事物は創造され破壊され、したがって無から有へ、有から無へと移行する。しかし、あるものが「ある」なら、それが「ない」と言うのは矛盾している（パルメニデスへの言及）。同じひとつのものが「あり」そして「ない」ということになる。時間の流れのなかの存在と非存在のこの矛盾的混合物に対し、ボンタディーニは超越的で

「不変」の神を召喚する。したがってボンタディーニにとって、一方には存在論的に矛盾する不安定な生成の世界があり、他方にはつねに存在する不変の神がいるのである。しかしながら真にパルメニデスに帰ることとは、有と無の交代としての生成を「現実」の世界でも理論的に承認せず、そのあらゆる帰結を徹底して引き受けなくてはならない、とセヴェリーノは主張する。つまり、「存在するもの」全体は永遠に存在し、なくならないというだけではなく、「存在するもの」全体は「ひとつ」なのである。でなければ、時間の流れのなかの無を否定しながらその無を空間的に導入することになるからだ。このような意味で、セヴェリーノ＝パルメニデスの不滅の存在の永遠の世界は、差異や儚さを持ち上げるポストモダンとはまったく異なっている。セヴェリーノはハイデガーの思想を評価しながらも離れる。西洋の歴史の問題、技術の問題は、「メスキルヒの魔術師」の告発とは異なり、存在の現実に対して欺瞞でしかない「不変」の文化を構築し、同時にこの存在と無の交代を基盤にして技術（それを用いて人間が無から有をつくり出し、さらに無へと打ち砕くことができる）の思想を構築したことなのである。実体を無化しうるというこの可能性のなかに、セヴェリーノは技術の思想と暴力、戦争や政治の暴力との関係を読もうとする。彼によれば、暴力が技術、すなわち生成の思想を通して西洋文明の根底にあるかぎり、西洋の権力から暴力を消し去ることは不可能である。ここから彼は、この同じ思想体系の政治経済的結果であり、今や全世界に定着した資本主義を批判する。セヴェリーノの反資本主義は、このようにマルクス主義とは何の関係もなく、彼はマルクス主義にも同様の批判を向ける。世界的文化となった西洋文化の危機から脱出するには、一般的な存在論のレベルで永遠の存在をしっかりと受容しなくてはならないのだ。けれども危機は、真の意味での「無化」ではないとしても「無」の欲望（ニヒリズム）に惹かれ、宿命的にカタストロフへと傾いていく。セヴェリーノの西洋文明批判はニヒリズムに集中するだろう。このテーマをさまざまな方向へ発展させ、他の思想家たちとも向き合う。たとえばニーチェの永劫回帰を取り上げてニヒリズムとの類似性（だがその差異も）を語り、レオパルディを語るのだが、彼の批判者を苛立たせるのは、いつも同じ問題が繰り返されるからである。このようにして、必然性をギリシア的意味に理解し、とりわけ超越的「不変」として神を攻撃する彼は、カトリックの思想家から遠ざけられ、技術や法治国家を信じる自由主義者から嫌われ、さらに、進歩や解放の観念、「不変」の形式である歴史的決定論、史的唯物論の観念を持ち出すマルクス主義者からも嫌われる。残るのは右翼勢力だが、彼はファシストや反動的右翼に対しても辛辣な言葉を投げつける。したがって、セヴェリーノが国際的な名声を得られなかった理由のひとつは、まさにその政治的に孤立した立場、いくらか自己中心的な非政治的曖昧さに求められるだろう。だがそれは彼の批判者には誇大妄想的に見えるのである。要するに、セヴェリーノの思想や知識人としての人物像を正当に判断するのは簡単ではなく、彼はひとつのケースなのだ。いずれにせよ、セヴェリーノはただ単に切り捨てることのできない人物だが、政治的あるいは宗教的な暴力や技術の問題をパルメニデスの存在論的問題へ還元しようとする彼の大量の文章を読みつづけるわけにもいかない。しかしながら、彼が独創的な哲学者であることは否定できない。スコラ的意味で弁証をおこなう思索家として抜群の才能があり、彼の批判的観察の多くは実に鋭いものだ。結論として、批判的かつ選択的な眼差しのもとに横断的に読むのがよさそうである。著者には気に入らないかもしれないが、そうしてはじめて国際的な評価を受ける可能性も開かれるだろう。

ウンベルト・ガリンベルティ

ウンベルト・ガリンベルティは、カッチャーリ、セヴェリーノとともに、われわれが少し冗談めかして「ヴェネト学派」と呼ぶ三人組の一人で、他の二名と同じく彼もまたマスメディアの人物である。おそらく偶然の一致にすぎないのだろうが、メディアへのこの露出度は、今や国際的な劇場となった今日のヴェネツィアの現実にあまりにも似つかわしい。ディズニーランドになぞらえてヴェニスランドという言葉があるほどだ（ディズニーランドでは企画として本当に取り上げられた）。今日のヴェネツィアにはもう、たとえば十八世紀にルソーが描いたようなサロンや文学サークルはない。都市は完全に外向きの表層としての外観になり、皮を一枚めくれば過去の栄光の記憶に埋もれた小都市があるばかりだ。ガリンベルティは、立派な経歴と広範な教養をもち、弁舌さわやかである。ヴェネツィアではなくミラノ近郊で生まれ、セヴェリーノのもとでミラノのカトリック大学を卒業した。卒業後はドイツでカール・ヤスパースに師事し、哲学と心理学の接点に関心を抱く。セヴェリーノの文章を翻訳してヤスパースに見せたのはこのときである。イタリアに帰国すると高校で教鞭を執る（若い世代とのつきあい方を学んだはずだ）。それから恩師セヴェリーノのいるヴェネツィア大学に招かれ、はじめは文化人類学の講座を担当したが、その後ようやく心理学や歴史哲学へと落ち着いたのである。ガリンベルティは明快な言葉で哲学概念を説明し、学生からも大きな評価を得ていた。だが、このコミュニケーションの才能のほか、哲学者としての実質はどうなのだろうか。ガリンベルティの思想の根本的な枠組みは、彼独自の理論にもとづくものではなく、ヤスパースとセヴェリーノという二人の師から受け継いだテーゼを発展させたものだ。一九七〇年代末の著書『精神医学と現象学』(Galimberti 1979) でガリンベルティは、身体と精神を分割する心理学を批判したヤスパースのテーマを展開する。だが八〇年世代、つまりポストモダン世代（彼はポストモダンやフランス哲学とはほとんど無関係だが）の哲学者として知られるようになるのは、次の著作『身体』(Galimberti 1983) からである。ガリンベルティはポストモダンの時代に別の流れのなかにいた。非合理主義、ユング、ネオヒューマニズム、新古典主義である。魂と身体の関係については、アリストテレスの思想に立ち、プラトン的伝統を断固として排除する。デカルトの機械のように物象化され客観化された身体の観念を厳しく批判し、神経科学者ダマシオやＰＮＥＩ（精神・神経・内分泌・免疫学研究会）の立場を先取りしている。ＰＮＥＩに関する初期の書物の一冊を腫瘍学のエンツォ・ソレージが書いているのは、ガリンベルティの要請だった。こういった意味で、反二元論の立場を現象学から最新医学へと移したのは彼の功績である。問題は、ガリンベルティがときおり、たとえばハイデガーの現象学とユングの心理学を混同するようなことがあるからだ。モンツァ生まれのこの哲学者のよく知られた悪癖のひとつは、以前のテクストの一部分を抜き出して、新しいテクストのために再利用することだが、以下にその一例を挙げよう。ほとんど同じ文章の名前だけが置き換えられている。

> われわれの言語活動の貧しさと限界を嘆きつつ、ハイデガーは沈黙の空間を駆け抜けるようにと誘う。彼の表現が求めているのは、西洋的論理から導かれる関係を超えた関係が開かれることであり、その論理の表象の内に直ちに溶解しないよう、「もの」に自らを開かせようとする。
> (Galimberti 1975)

「われわれの言語活動の貧しさと限界［……］」を嘆き、「新しい言語の創造［……］」を召喚し、ユングは沈黙の空間を駆け抜けるようにと誘う。彼の表現が求めているのは、理性の言語から導かれる関係を超えた関係が開かれることであり、理性の表象の内に直ちに溶解しないよう、「もの」に自らを開かせようとする。（Galimberti 1984）

要するに「ハイデガー」が「ユング」に、「西洋的論理」が「理性」に替えられただけであり、このような操作は、無差別的な混合へ向かうのではないかという危惧を抱かせる。

さらに付け加えれば、最近の彼の本は、哲学探究の批判的口調ではなく、哲学顧問の慰めに近いような、心理哲学的性格の言説になりつつある。たしかにフランクフルト学派的な感触をもった批判が、彼のテーマをすべて詰め込んだ主著『プシケとテクネ』（Galimberti 1999）で試みられてはいる。けれども、彼の思想の集大成となるこの作品からも分かるように、ガリンベルティは二人の師の理論から離れられないのである。二人の思想を混ぜ合わせ発展させ、ヤスパース風の心理学のすべてがセヴェリーノ風の技術論に結びつけられる。この大著のなかには他にも多くの考察があり、たとえばハイデガー派の技術批判のすべてが持ち込まれ（ハイデガー自身から弟子のヨナスやアンダースたちまで）、ドイツの哲学的人間学（とりわけゲーレン）の発見が追加され、最後に疎外論や大衆社会の均質化論などフランクフルト学派が援用され、まるで二〇〇〇年のエーリヒ・フロムさながらである。だがフランクフルト学派とは異なり、ガリンベルティは、現代社会の批判からマルクス主義的で政治経済的な色彩を洗い落とし、人間の条件を転覆させた技術に対して攻撃を集中する。このような意味で、第二のインテルメッツォは第一のインテルメッツォとは対照的である。前者はテクノロジーの変化のなかにすべての罪を負う魔物を見たが、後者はこれを新しい考察の好機として捉えたのであった。

アウトサイダー——マンリオ・ズガランブロの場合

メディアに登場する哲学者として、最後に、マンリオ・ズガランブロに触れておこう。彼は独学者であり専門的哲学者ではなく、哲学者という肩書を嫌い、自分では哲学について物を書く人間と言っているが、それにもかかわらず、また法学部出身であり柑橘類畑の経営で生計を立てているにもかかわらず、哲学者以外の何ものでもない。でなければ、学生としてあるいは教師として、哲学の試験をすることはありえないからだ。気晴らしではなく仕事として哲学に関わることもありえない。要するに、彼はサヴィニオの言う意味で貴族的な「偉大なディレッタント」であり、ズガランブロにとって哲学は、利益とは無縁な趣味、消費、無償の行為なのである。ともかく彼によると、中学生の頃から哲学に親しみ、習熟したテクストをまた大学で勉強し直す意味はないと考えたのである。

この早熟な研究にもかかわらず、アデルフィ社に著作を持ち込んだ一九八〇年代のはじめ、ズガランブロの年齢はほとんど六十に達していた。とはいえタイミングはよかったのであり、アデルフィ社は、彼が言及する思想家たち、ショーペンハウアーや二十世紀初頭のドイツ文化の著作家の著書を出版しつつあった。この処女作『太陽の死』(Sgalambro 1982) は、おそらく長い時間をかけて何度も推敲されたひじょうに密度の高いもので、彼の代表作と見なされている。ズガランブロの名が人々に知られるようになったのは、哲学者としては異例のいきさつ、つまり同じく風変わりなロックスター、フランコ・バッティアートとの出会いからだった。バッティアートは、ポップスと現代音楽の境界上で活動するシンガーソングライターで、イタリアで大きな人気がある。二人が出会ったときズガランブロはすでに七十歳、いきなりピンク・フロイドやニルヴァーナの世界へ案内され、最初はいささか当惑したものの、作詞家としての役割を引き受けることになる。『奇妙な日々』(一九九六)やとりわけ『キュア』(一九九七)のような大ヒット作品はズガランブロのものである。

ズガランブロはシチリアのレンティーニ生まれ、プラトンも語った有名なソフィスト、ゴルギアスと同郷であり、彼もある意味で「ギリシア人」と言えそうだ。彼は哲学のギリシア的伝統を引き継いでいるように見える。とりわけ哲学におけるパニック的恐れ、彼の言う「恐怖」との関係がそうだ。考えることは恐怖に結びついている。サロンの会話ではなく苦行に近いわけだが、物質世界を超越しようというキリスト教的な苦行ではなく、いわば思想の修行であって、ドイツ的な論理的厳格さとも違う。日常のヴィジョンや倫理によって身体を律することではなく、どのような荒々しさも和らげず、どれほど不都合な真実もまっすぐに見る厳しい思想である。実質的には遠慮会釈のない剝き出しの仕方で真実を探求するための訓練である。この「苦行」は、自分自身の(そして一般的に人間の)物質性・身体性を片時も忘れさせない。読者には食事や排泄等を伴う生活をいつも思い出させるが(もちろん度を越してではないが)、それは彼の思考が、思考する人間あるいは思考の対象である人間の仮借ない描写を含むからなのだ。このような意味でズガランブロは人間嫌いであり、自分でもそう称しながら、一切の虚飾を取り払った人間を見ようとする。ズガランブロはまさにショーペンハウアー的であり、ニーチェ派というよりもショーペンハウアー派としてニーチェに寄り添い、ショーペンハウアーとは異なる道を同じ頑固さで進んでいく。あらゆる価値の破壊を望むわけではないが、それらの価値の実現ほどにはその危機を嘆きもしない。人間の憐れな状況を偽るヒューマニズムや解放の言説に不信を示し、社会や政治を軽蔑する。このテーマに関する彼の本の冒頭には、「『わたし』が統治されなくてはならないとは。ここに政治のスキャンダルがはじまるのだ」と書かれている（Sgalambro 1994）。ズガランブロは国家に対して権力のどのような譲渡も疎外も認めず、一切の社会契約に同意せず、それに縛られているとは考えない。社会のなかにいるのは危惧のためだが、事実、自然の社会よりも文明の社会を危惧している。国王や政治家に保護を願い出たことはない。政治家は公僕としての機能を果たすのだから、女中がするように隠れて盗みを働くのは当然であると言う。法にしたがわなくてはならない土地、自分の「家」にさえも縛られていないと感じている。さらに彼は慣習のほとんどを認めない。ただ欲望にのみしたがう愛人関係は自然だが、結婚は自然に反する結びつきだと主張する。

ズガランブロはポストモダンについて公には語らないが、彼がどう考えているのか、著作のあちらこちらに見られる一連の言葉からうかがうことはできる。何よりも彼は、真実、「つねに攻撃にさらされる瀕死の真実」（Sgalambro 1994）のための闘いから、「市民的会話の形式」（たとえば「わたしは神を信じますが、あなたはどうですか」）への移行を軽蔑している。この感覚はドノソ・コルテスと同じだが、ここではまさに哲学の自由主義的概念が語られていることに注意しよう。実際のところ、哲学も含めたすべてを会話の材料にしてしまうのが自由主義者である。このようなわけで、ズガランブロから見れば、ポストモダニズムは哲学的な討論や対話に取り替わる市民的会話なのである。

第三部　アカデミズムの哲学

イタリアのアカデミズムの状況

イタリアン・セオリーの成功にもかかわらず、イタリアの大学での哲学は厳しい状況にある。その原因はさまざまだが主要なものから述べよう。第一に、イタリアの大学は基本的に国立だが、あらゆる分野の公的機関と協力関係にあるアメリカの私学とは異なり、予算は毎年のように削減されるばかりであり、無数の改革によって一般の機関としての重要性も徐々に失い、旧態依然とした組織に支配され、すでに低賃金の研究員を非正規雇用で働かせている。これは、全般的な大学制度、権力と市場の論理しか認めない社会における大学の問題だが、この問題の原因も複雑なのでここでは述べられない。ともかく右翼政権も左翼政権も同じ方向へ進むのだから、イタリア文化全体に関わる政治的理由があるはずだ。政府はまるで無知蒙昧な昔のイタリアに戻りたいかのようだ。このような状況のなか、卒業後の可能性を考えれば、人文系学部は他のどんな学部よりも無駄の多い部分であると、政府ばかりか世間もそう見なしている。なかでも哲学科がどこよりも縮小の対象となるのは明らかだろう。

さらに付け加えなくてはならないのが、いわゆる国際基準、英米の基準に適合させることで、人文系の学科にとっては大問題だった。二十年前、イタリアの文系高校を卒業すれば、人文系の分野ではアメリカの大学卒業の平均レベルを超えていた。つまり、アメリカの基準に合わせることは（実際に今イタリアの高校や大学で進行中だが）、イタリアの文系教育を実質的に貧困化させることになる。

もうひとつの問題は組織に関係する。今の大学はネットワーク、国際化、著名な国際的雑誌への論文掲載を重視している。しかし、大学内で研究を続けた者の基準はそれとは異なり、何よりも自分の研究分野の権威になることを考える。したがって二つの大学モデルは一致しない。それから大学内部の問題がある。大学の哲学教育はますます領域別の専門化へと進んでいる。それぞれ断片的知識をもった専門家ばかりなので、これらモザイクの断片で全体をオーガナイズする必要がある。しかしすでに触れた理由でそれはできないし、ばらばらの専門的断片はただ虚空のなかを漂うばかりで、外から眺めると無駄にしか見えないのである。専門的な能力を身につけた若い研究者は、イタリアでそれを活かすことができず、将来を国外に求めて流出する。最後にこのような断片化・専門化は、知を共有すべき諸大学の関係を脆弱なものにし、別のタイプの関心を優先させる。そして大学は自閉症的に閉じこもり、学内人事もまた不透明になり、教育は講師それぞれの熱意にのみ委ねられる。

以上のようなわけでまさに内憂外患、哲学はまるで強大なかぎ爪のなかにとらわれて身動きができないのだ。その上、知識のオーガナイズに関して言えば、大学の哲学文化と社会の隔たりはますます大きくなり、ヘーゲル派、カント派、新トマス主義、歴史主義など、かつての分類はもはや有効なものではなくなった。

哲学の探究ではなく哲学史の探究に明け暮れ、新しい哲学理論を出すこともなく、せいぜいが過去の哲学的議論やテクストの新しい解釈でしかないような旧態依然の学派は、この数十年のあいだにすっかり鳴りを潜めてしまった。その象徴的な例が歴史主義で、戦後すぐはまだイタリア哲学の中心だったのが、今日では実質的に消滅し、ジェンナーロ・サッソのような年老いた教授がわずかに生き残るばかりである。もうひとつのケースはヘーゲル派一般で、マルクス主義のおかげで一九七〇年代まで栄華を誇ったが、十年ほどで萎んでしまった。イタリアのカント派は、これまで一度も大勢力になったことはないが、よく持ちこたえている。カント派・新カント派のテクスト解釈が専門化するのは避けがたいが、カント研究学会は今日も活動を続けている。だが実際には、カントとほとんど関係がないのにカントの名を持ち出す曖昧な活動もある。端的に言えば、今日のイタリアにカントの思想は存在しない。おそらくは、カント研究学会を創設した三名、エミリオ・ガッローニ、シルヴェストロ・マルクッチ、フランコ・ビアンコ、彼らが最後だった。ところで現象学はこれらとは異なり、今も大きな学派であり、議論も盛んだ。最近そこに、たとえば「受動的綜合」に関するカント派の言説も加わった。これはひじょうにフッサール的な概念だが、カント周辺の言説の内にも類似するものが見出されるのである。

現象学とハイデガー

ミラノの現象学派

二十世紀最初の四半世紀、イタリアはまだクローチェの歴史主義とジェンティーレの行動主義が支配的で、ドイツ哲学との強い結びつきにもかかわらず、エトムント・フッサールの現象学の入る余地はなかった。フッサールは何度もイタリアを訪れているが、講演のためでも学術的な会合のためでもなく、いつも私的な滞在であったし、生前に著作がイタリア語に翻訳・刊行されることもなかった。一度、フィレンツェに暮らしていたフランツ・ブレンターノを訪ねたことがあった。ブレンターノの友人にはイタリアの哲学者もおり、その一人フランチェスコ・デ・サルロは、おそらくブレンターノに勧められてフッサールの著作を何冊か読んでいる。フッサールの名が少しは知られていたのは、イタリアの哲学者たちの大半がドイツ語を読み、ドイツの状況を追っていたからだが、フッサールは当時の十把一絡げ的な哲学者にすぎず、特別な重要性を見た者はいなかった。要するにイタリアではフッサールは存在しなかったも同然で、『デカルト的省察』（Husserl 1931）の登場によってフランスで沸騰したような議論は、イタリアにはなかったのである。

フッサールの哲学を正面から取り上げた最初の論文はアントニオ・バンフィが一九二三年に書いたもので、『イタリア哲学レヴュー』に掲載された「現代のドイツ哲学における記号論理学的傾向とエトムント・フッサールの「論理学研究」」だった。バンフィはその年の内にさらに、「E・フッサールの純粋現象学と理論的領域の理想的自律」という論文を書いている。一九二八年に出たジュリオ・グラッセッリの論文にはハイデガーへの言及もある。その翌年にはエルネスト・グラッシが現象学について書く。グラッシはフライブルクにも赴き、ハイデガーの助手の一人となって講義にも出席していた。問題はイタリアに純粋論理学への関心が欠如していたことで、それは不毛な形式主義と見なされていたのだ。したがって、最初はフッサールに対してどんな反響もなかった。論理学は、フレーゲやヴィトゲンシュタインとともに、しばらくして国際的な名声の高くなったラッセルから翻訳がはじまるわけだ。だがまさに論理主義から遠かったハイデガーの思想はすぐに受け入れられる。ファシスト政権にも好意的に迎えられ、三六年、ハイデガーはイタリアに招かれてローマで講演をおこなっている（当時まだ存命中だったフッサールが呼ばれたことは一度もなかった）。グラッシはイタリアの観念論（クローチェとジェンティーレ）とドイツの現象学（フッサールとハイデガー）を接続しようと努力したが実らなかった。三〇年代、フッサールがフランスのカトリックに人気のあることに刺激され、イタリアの新スコラ主義カトリックの一部が興味を示しはじめる。グイド・デ・ルッジェーロのような歴史家は、現代の哲学シーンを特徴づけるものとして、現象学の運動を取り上げた。カトリック周辺ではカルロ・マッツァンティーニやソフィア・ヴァンニ・ロヴィーギが現象学について書き、ヴァンニ・ロヴィーギはフッサールの思想に関する最初のモノグラフを、三〇年代末、フッサールが没した直後に出版した（Vanni Rovighi 1938）。こうしてファシズムが崩壊する頃には、カトリックに適合すると見なされたフッサール、シェーラー、ハイデガーの三人の思想を中心に、現象学と実存主義への関心が浮上する。フッサールは改宗ユダヤ人だがプロテスタントである。けれどもフランスのカトリックは彼のなかに、経験主義的で超越論的で観念論的な主観から出て、存在論的・実体論的態度へと向かう哲学を見た。「事象そのものへ」の言説は、ある意味でトマス・アクィナスの伝統に近いと言えた。この点は重要だろう。なぜなら今日もなおイタリアのカトリック文化は、現象学の牙城である。そしてカトリックのこの傾向がひとつの理由となり、戦後のナチズム断罪の後もハイデガーの理論は好意的に迎えられたのかもしれない。

当時のイタリア文化を牽引した新しい著作家たちのなかにも、現象学に関心を寄せる者が現われた。ノルベルト・ボッビオ（後に見るように穏健な政治理論家）やエウジェニオ・ガレン（著名なルネサンス哲学史家）、とりわけエンツォ・パーチがいた。パーチはパヴィア大学で古典古代哲学の研究をはじめたが、国際的な議論（実存主義、ニーチェ、フッサールなど）をイタリアに紹介していた革新的な哲学者、バンフィの講義に出席するためミラノへ移る。ともかく古典古代をテーマにして卒業し、さまざまな雑誌に寄稿するうちにニコラ・アッバニャーノに出会い、彼とともにイタリアの実存主義を推進させるが、戦争がはじまる。ファシスト政権が倒れたときは士官収容所でドイツ軍の捕虜となっていた。そこでポール・リクールと知り合い、現象学研究について学んだのである。戦後、共産主義者となったバンフィのもとを離れたパーチは、一九五一年に雑誌『アウト・アウト』を創刊する。この雑誌は芸術の分野も守備範囲としていた（ジッロ・ドルフレスの協力が大きかった）。当時パーチは、とりわけ『時間と関係』（Paci 1954）や『実存主義から関係主義へ』（Paci 1957）のなかで「関係主義」

を提唱していた。関係主義とは個人からその文化的生に関わる全環境へと哲学的探究を拡大させる傾向のことだ。このような意味で関係主義は、歴史主義と現象学（メルロ＝ポンティのフランス現象学）を続けながら、英米圏のホワイトヘッドやデューイにも目を向けていた。まだ四十代のパーチが（『ジャーナル・オブ・フィロソフィー』は彼を「若き哲学者」と紹介していた）、自己の哲学を探りつつ雑誌を拠点に精力的な活動をしていた時期だった。パーチにとっては不幸なことに、哲学理論よりも雑誌のほうが成功し、彼の理論は忘れ去られ、彼自身もまた時事問題ばかりを語っていた。晩年の七〇年代、パーチは現象学に帰還し、『現象学と弁証法』（Paci 1974）でマルクス主義にも出会っている。

アッバニャーノはパーチより十歳ほど年上で、ボッビオやジェイモナトとともに新啓蒙主義の運動に参加していた。二十世紀後半の政治思想と科学哲学の主人公だったボッビオとジェイモナトについては後に述べるとして、アッバニャーノの哲学は実存主義的ではあるが反ニヒリズムを標榜していた。実際のところニヒリズムは、一九四〇年代から五〇年代にかけて、ドイツでもイタリアでも広範な議論を引き起こしたテーマだった。ニヒリズムからの脱出、その超克あるいは反動の動きは、イタリア文化のなかにもしっかりと存在していた（まさにここがエマヌエーレ・セヴェリーノの出発点だったが、実存主義的存在論に付随する虚無的結果に対して、肯定への反動に動いたのは彼が最初ではない）。このような意味では、ポストモダン哲学の存在論もまたそれほどポストモダンなわけではなく、以前からのイタリア哲学の伝統から切れてはいないのである。

まだ存命中の次の世代はどうだろう。ミラノの現象学派を率いたのはカルロ・シーニである。サルヴァトーレ・ヴェーカは一九七〇年代にマルクス主義的な傾向を代表し、ピエル・アルド・ロヴァッティはポストモダンへと続いている。先に見たように、ロヴァッティはヴァッティモとともに「弱い思考」を打ち出していた。ヴェーカはイタリアのマルクス主義の項で見ることにして、まずシーニについて述べる。

パーチの弟子だったシーニが、駆け出しの一九六〇年代、ホワイトヘッドに惹かれたことは理解できる。それから関心をパースへ移したが、まさにこの頃、構造主義の後、記号学をめぐる議論が盛んだった。かくしてシーニは現象学と記号学を融合させ、七〇年代末、彼の著作のなかで最も有名な『記号学と哲学』(Sini 1990)を刊行する。だがその後は、ポストモダンの議論に入っていくことができない。何冊も本を出し、さまざまな雑誌にどれほど寄稿しても、注目を集めることはなかった。言語の哲学に強い関心を示し、広い視野をもっていたが、最後は現象学派の重鎮として大学のなかに閉じこもることになった。

もう一人のパーチの弟子、ジョヴァンニ・ピアーナは、フッサールの思想を掘り下げる。フッサールの未発表稿にいたるまで研究し、知覚、とりわけ音楽の知覚に関心を寄せた。ミラノ現象学派の今の世代、エリオ・フランツィーニ、パオロ・スピニッチ、ヴィンチェンツォ・コスタたちはピアーナの教えに多くを負っている。コスタはミラノで学んでいるが、シチリアに生まれ、モリーゼ州で教鞭を執る。その彼が三人のなかで最も厳密にフッサール的な現象学者となった。他の二人は美学にも関心を寄せ、さまざまな理論へ手を広げていく。だがそこには、コスタだけが現代ヨーロッパの現象学復興の立役者となったダン・ザハヴィやジョスリン・ブノアらと親交がある、という理由もあるのかもしれない。

受動的綜合

現代イタリアの現象学で最新のテーマは受動的綜合に関する議論、それから神経現象学である。

受動的綜合は何も新しいテーマではない。受動性の問題はフッサールの探究に何度も登場したが、とりわけ受動的綜合に関する講義が重要視された。この問題が再浮上した理由はおそらく、いわゆる主観の前自我的活動と身体の再評価につながる二つの新しい刺激に求められるだろう。そのひとつは、神経科学であり、精神と器官の関係を探る実験的な分析である。もうひとつは、ジェンダー学あるいはフェミニズムの後に生まれた思想で、身体性を問い直し、つねに男性をモデルとした哲学的主体の中立性を否定する。受動的綜合は、現象学の言葉で言えば、観念現象（物質に言及して）の前命題的綜合（原初的、前反省的）であり、観念連合と情念によって動き、原初の身体的次元を構造化する。言い換えれば、身体と志向的意識の境界を問題にする。つまり、たとえば目の前にある特定の形状と機能を備えたものが、即座にカップとスプーンであると分かる物事の本質の自覚がある。この概念的自覚を得る前に、わたしはすでに自分の意志にかかわらずその事物に出会い、それゆえ対象は客観的であり（でなければ自分勝手な想像のままに世界を見ることを禁じるものはないのだから）、その関係が自動的であるという意味で、受動的に物事と関係しているのである。この受動的知覚は、期待を裏切りもするが、われわれを現実に向かわせる。したがってこの原初的装置は、われわれの外にある事物、身体も含めて外にあるものの現実にわれわれを「つなぎとめる」ために不可欠なのだ。前意識的なわれわれの自我を説明不可能な前提としておくこと。この視点からすると本能や情動もまた受動的綜合のレベルで動くことになり、こうして精神分析や無意識との結びつきも議論のテーマになったのである。

神経現象学と鏡ニューロン

神経現象学と鏡ニューロンは、異なるものだが関係する二つの物語で、前者はチリ、後者はイタリアで誕生した。

戦後のチリは近代化を強力に推し進め、情報、技術、科学が突出して発展した。生物学者フランシスコ・バレーラが大学を卒業したのは一九七〇年。しばらくしてチリの状況は急転し、アジェンデ政権がクーデタでくつがえり、ピノチェト将軍の軍事独裁体制が生まれた。バレーラは家族と合衆国へ逃げ、そこで七〇年代アメリカの科学と文化に出会う。ヒッピーの時代で、彼は仏教と東洋に近づいた。チリに帰ると、大学で教鞭を執りつつ研究を再開し、師とともにオートポイエーシスの理論を発展させた。ベルタランフィの「開かれたシステム」の理論を乗り越えるこの研究から、認知科学の問題を通じて、いわゆる神経科学の方向へ進む。バレーラは、アメリカの同僚がしばしば粗雑な科学主義に走り、「人文主義研究」に偏見をもち、現象学のような哲学的アプローチに敵対する（デネットの批判のように表面的な捉え方で）のを見てパリへ赴き、神経科学と哲学の生産的な関係を求めた。そしてまだ仏教の影響が強い『身体化された心』（Varela, Thompson, & Rosch 1991）を著した後、彼は神経現象学を提唱する。

バレーラが現象学を語るときはフッサールだけではない。「純粋経験」の概念に関しては、日本の西田幾多郎やアメリカのジェイムズのような、類似した同時代の研究にも触れる。バレーラによれば、神経科学はいわゆる「第三のアプローチ」に還元されるものではない。「第三のアプローチ」は意識を外的な対象のように自然科学的方法で研究するが、「一人称」的アプローチもまた必要なのだ（デネットのようにヴント心理学の内観と混同してはならない）。神経科学は意識を対象に集中させるのではなく、心的プロセスという経験そのものの源泉に注意を向ける。この「一人称」、研究者が主観的に試みる客観的知の基盤がなくてはならないという、単純な理由からもこのアプローチを等閑視することはできない。バレーラは次のように結論する。「このようなプログラムは、経験が開いた諸現象と認知科学が構築した諸現象のつながりを研究する。これを「神経現象学」と名づけよう」（Varela 1996）。

したがって、神経現象学はアメリカ合衆国で花開いた実証主義的な神経科学に対する大陸哲学の応答であり、現象学的テーマ、なかでも身体と意識のインターフェイスの問題に焦点を当てている。つまり主観感覚、受動的綜合、共感の問題だが、しばしば研究は神経科学的というより伝統的な現象学に近い。ヴィットリオ・ガッレーゼはバレーラのように実験科学出身の神経現象学者で、神経科学の分野で近年、最もセンセーショナルな発見をしたジャコモ・リッツォラッティのチームにも参加していた。もちろん鏡ニューロンのことだが、認知論的にも現象学的にも複雑な仕方で扱われていた問題を単純かつ直截的に解決するその発見は、認知科学にとっても現象学自体にとっても衝撃的だった。それはただ単に以前は見逃されていた機能の生理学的な発見ではない。ひとつの領域に集中しない多機能のニューロンを隔離することは困難だった。したがって鏡ニューロンに対しては、それを削除して、欠損した状態から何が生じるかを観察し、その機能を理解するという、伝統的な戦略を用いることができなかったのだ。鏡ニューロンを含めたまま、選択的方法によりその振る舞いが明らかになる状況をつくる必要があった。

ともかく、これは何なのか。先に間主観に関する現象学の研究について見たが、主観が対象とではなく他の主観と関係するとはどういうことなのか。かつての理論にしたがえば、主観はさまざまな特徴的行動の概念的比較を通して「他我 alter ego」としての他者を認知するために、まずおのれの意識のなかで根源的主観となる自己自身を構成しなくてはならない。要するに、目の前に自分と同じような他人がいるのを理解する前に、多くの推論、長い演繹の過程を経なくてはならないのだ。けれどもわれわれの日常的な経験では、すべては直接的で「受動的」あるいは自動的に起こるように思われる。ひとつ例を挙げれば、実験室にいる猿の脳髄のなかでは、実験者が餌を取るために腕を伸ばすと、猿が同じ動きをするために使うはずのニューロンが活性化する。まるで反響のように。しかしニューロンは、つねにではなく、ただある状況においてのみ「撃つ」(医学ジャーゴンを使えば)。たとえば、食べるというような生存のために重要な行為のとき、ニューロンは撃つわけだ。このように特定のインプットにあらかじめ設定された感受性以外に、ニューロンを活性化させた経験の記憶とも関係がある。すなわち心は、まず自己を表象し、その表象にもとづいて結論を引き出すのではなく、他者が現われると同時に活性化するのであり、結果に向かうのではなく行為の源泉へとさかのぼり、同様の状況ならば自分も採用したはずの行為に結びつける。他者は複雑な思考過程を経て認められるのではない。なぜなら主観はその「生成」の時点から構造的に、他者の前に現われるように機能し、つまりおのれと同様の主観を瞬時に直観するのであり、複雑な思考過程を経て他者を導くのではないのだ。そういうわけで、異なる主観のあいだに直接生じるインターニューロンの関係が発見され、個人主義的な主観から間主観的な網状組織へと、まさに真のパラダイム転換がもたらされた。実際のところ、鏡ニューロンを発見したのがアメリカ人ではなくイタリア人だったのは偶然ではない。なぜなら、あらゆる研究をひとつのモナドとして把握された個人から出発して考える個人主義的態度は、認識論的な障害となるからである。そうではなく、ここでは、個人主義的な偏見を前提とせずに、人間は社会的動物として捉えられる。人間の心は、行為と経験の社会化のネットワークのなかで、鎖の輪のひとつとして働くのである。他の社会的動物の多くと同じく、われわれは他の心との結びつきのなかで機能するように生まれついている。かつてアントニオ・ダマシオのような研究者が直観したように、同じ状況がわれわれの内の同じ構造を活性化させ、さまざまな主観の感情的状況を直接に結びつける何かがあるはずだった。ダマシオもまたラテン文化の人間である。彼は感情がまさに直接的な社会的コミュニケーションの機能をもち、社会の接着剤となることを理解していた。この「直接的」という言葉について注意しておきたい。以前はつねに本能と学習を対置させる過ちを犯していたが、本能は経験や文化と無関係なものではない。経験は敏感になりうる。経験あるいはプロセスの理解もまた、鏡ニューロンの反応を強化し洗練させる。ギターを弾くロックスターを見て、彼の音楽が気に入れば知らないうちに手が動き、おおよその所作を真似ることはすぐにできる。だからといって彼と同じ音が出せるわけではない。けれども学習に励み経験を積めば、より細かい反応が可能になりその音が出せるようにもなるだろう。実質的に鏡ニューロンは、相互的な模倣の強力なインターフェイスだが、それ自体が関連づけられ特殊化されることもある。このことが重要になるのは、言語の発達の問題に関して、身振り起源論を補強し、音声学や言語学の一連の問題を解決するからでもある。近年ではガッレーゼ自身が、乳幼児発達心理学から、ヴィジュアル・スタディーズ、パフォーマンス・アーツ、いわゆる神経美学まで、さまざまな分野に鏡ニューロンの研究を応用している。そしてこの言説はこれからもさらに大きく広がるだろう。

イタリアの分析哲学

周知のように分析哲学は、ドイツとイギリスの論理学的・言語学的思想のいくつかの流れに由来するが、イタリアの分析哲学の歴史は、信じがたいほど政治的出来事に結びついている。

分析哲学が現われたのは、二十世紀初頭のイギリス、一九一一年にジョージ・エドワード・ムーアがケンブリッジの教授になり、日常言語を論理的に解き明かす分析的・還元主義的アプローチを美学に応用する学派を形成しはじめたときだった。ケンブリッジにはまさにその頃、ゴットロープ・フレーゲの助言にしたがってバートランド・ラッセルの講義を受けにきたらしいヴィトゲンシュタインも滞在していた。それから戦争が勃発し、ヴィトゲンシュタインは兵士としてイタリアに渡る。この戦いの年月のなかで『論理哲学論考』が書かれ、それはラッセルの序文のおかげで出版される。そして、論理学の根本的な問題をすべて解決したと考えたヴィトゲンシュタインは、私生活のなかに引き下がったのである。その間に『論理哲学論考』の諸テーゼは、一九二八年にモーリッツ・シュリックが創設した論理学と科学を研究する知識人サークルの話題となっていた。同じ頃にヴィトゲンシュタインは『論理哲学論考』がすべての問題を解決したわけではないと思い直し、ラッセルのもとに戻る決心をする。『論理哲学論考』は一九二二年、イタリアでは二十年にわたるファシズム体制がまさに開始した年に出版された。イタリアの大学では論理学は人気がなく、『論理哲学論考』もあまり読まれなかった。ヴィーン学団の誕生はナチズム台頭の時期と一致するが、独裁主義とは反りの合わない自由主義者の集まりだった。学団に対するナチスの敵意はますます大きくなり、ついには一人のナチス学生が一九三六年、シュリックをピストルで殺害する。ナチスの圧迫を感じてメンバーの幾人かはすでに亡命していた。

二十年に及ぶファシズムの時代、イタリアの知識人がヴィーン学団に接触する状況はなかったのであり、当然ながら彼らの著作が翻訳されることもなかった。ともかく最初の出版物と言えるものは、反ファシストのルドヴィーコ・ジェイモナトが一九三五年に上梓した『オーストリア哲学の新傾向』(Geymonat 1935) だろう。最初の翻訳は戦後の四〇年代末に現われたラッセルと思われる。五〇年代になってようやく、ヴィトゲンシュタインの著作集が刊行され、そして、フランチェスコ・バローネの作品が同じ年に三冊出版される。そのなかの一冊、『新論理実証主義』(Barone 1953a) はイタリアにおけるこの理論の研究の里程標となった大著である。他の二冊は『未刊のヴィトゲンシュタイン』(Barone 1953b) と『ルドルフ・カルナップ』(Barone 1953c) である。

したがって、ハイデガーの哲学が政治的に認められたおかげで早々と輸入され、ハイデガー自身も一九三〇年代にはローマへ講演に招かれたが、まさに同じ政治的な理由によって、ヴィーン学団もヴィトゲンシュタインのオックスフォード学派もイタリアから遠ざけられていたのである。

一九六〇年代から、新論理実証主義、ヴィトゲンシュタインやラッセルやムーアの著作が広く議論されるようになるが、「分析哲学」ではなくオックスフォード学派として分類されていた。

そうこうするうちに、これら新実証主義者の多くがアメリカへ移り、彼らはオックスフォードのヴィトゲンシュタインの名声にも助けられて歓迎される。この時点までアメリカにはいわゆる大陸哲学に対する偏見は存在せず、プラグマティズムのようなアメリカの哲学的傾向と同じように観念論も歴史主義も研究されていた。ところが、新実証主義者たちは、形而上学的あるいは観念論的なお喋りは似非哲学でしかなく、これを完全に排除した自分たちの厳密な哲学こそが、信頼に値する唯一の真の哲学だと主張したのである。アメリカの大学はこの主張を受け入れた。こうして、ムーアの思想と一体化したヴィトゲンシュタイン学派のもと、分析哲学と呼ばれるこの哲学が、まさにアメリカの哲学となったのである。

したがって、分析哲学という言い方、その方法論的・教育論的な構造の全体は、イタリアにはなかなか入ってこなかった。マルクス主義が危機を迎え、イタリアの知識人たちがアメリカ哲学に関心を寄せ、実際に彼の地へ渡る。そこではじめて分析哲学と大陸哲学がきっぱりと区別されていることを発見したのだ。こうして近年になってようやく、つまりフランカ・ダゴスティーニの『分析哲学と大陸哲学』(D'Agostini 1997)の出版以来、この分類がイタリアの哲学界でも広く知られるようになった。

言い換えると、ヨーロッパの思想家は知られていたがアメリカの思想家はそうではなく、とりわけヨーロッパとは異なる議論と教育の方法のあることが知られていなかった。分析哲学の全体像が見出されなくてはならなかった。カール・ポパーやリヒャルト・フォン・ミーゼスやフリードリヒ・ハイエクといったヴィーン学団に近い自由主義の理論家たちは、まさに自由主義が覇権を握ったポストモダンの時代に、ようやくイタリアで知られるようになったのである。けれどもアメリカの分析哲学がすべて自由主義あるいは新自由主義なのではなく、ヒラリー・パトナムのような左翼の人間も存在していた。

繰り返して言えば、イタリアでは、分析哲学と大陸哲学という一刀両断的な分類は知られていなかった。それゆえ「分析的」思想家が「大陸的」著作のなかでも平気で引用される。先に見たように、一九七〇年代末から八〇年代初頭、ヴィトゲンシュタインはひじょうな人気を得て、イタリアのポストモダン哲学者にも愛され、ローティが「言語論的転回」と呼んだ言語学への視点にもとづき、ハイデガーとも結びつけられた。イタリアの哲学界ではヴィトゲンシュタインの他にアルフレッド・エイヤーも人気を博していた。哲学的に対立する陣営への越境行為とは思わず、ジョン・サールやピーター・フレデリック・ストローソンやウィラード・ヴァン・オーマン・クワインが引き合いに出されたのである。

その後、このように哲学の全体的なヴィジョンと方法を分断する考え方が、アメリカからイタリアにもたらされる。ともかくイタリアで先駆的な分析哲学者、バローネやガルガーニやペリッシノットは、ヴィトゲンシュタインや新論理実証主義やオックスフォード学派の哲学を専門とする研究者ではなかった。

最初の真の分析哲学者はアメリカで思考様式を形成した者たちである。実際のところ分析哲学のシステムは、ヨーロッパの近代哲学よりもスコラ哲学に似ている。中心におかれるのは問題であり思想家ではない。ヨーロッパではどの哲学者もおのれの思想の様式とその語り口をもち、それが刻印となって影響関係が定められる。正当にも分析哲学者はこのような極度の個人主義を非科学的なものと考える。しかし分析哲学の問題は、逆の側面を強調し過ぎることだろう。つまり、あらかじめ定められた手続き、所定の公理や規約に締めつけられ、思想の自由が萎えてしまう。さらに、いわば「不断の議論」の問題がある。それは一方では、議論の修辞性や弱点を照らし出し、哲学者に自己の内へ没入することを禁じるけれども、他方では、思想家を永遠に査定のもとにおく監察機械、標準化原理として機能する。

したがって、偏在する大学共同体の環境のなかでつねに居場所を確保しつつ進むように教育を受けた彼らの考え方、思考様式から、真の分析哲学者であるかどうかが分かる。言い換えると、分析哲学はゲームの規則にもとづいたチーム・ゲームなのであり、そのゲームのなかで動く者たちが分析哲学の真の思想家なのである。つまり、ヴィトゲンシュタインやライルやクワインやダメットについてアガンベンが詳しく述べたとしても、アガンベンを分析哲学者と呼ぶことはできない。したがってまた、われわれの世代は、思想形成期に神経科学や認知科学に親しみ、かつてのハイデガー的現象学に根強い科学への敵意はないが、だからといって分析哲学の徒となるわけではない。

要するにイタリアの分析哲学はごく最近のものであり、その大部分はアメリカ合衆国で形成された。アキッレ・ヴァルツィが典型的な例だろう。彼はトロント大学で博士号を取得しコロンビア大学で教鞭を執った。ニコラ・ヴァッサッロも同様にキングズ・カレッジの大学院を修了している。分析哲学のもうひとつの典型的な特徴を言えば、イタリアにはこの学問養成のための大学機関が存在しないので、分析哲学に関心のある思想家は、英米圏で分析哲学者として認められようと思うなら、国外のまさに分析哲学系の大学へ行かねばならないことだ。ヴァルツィより若い世代の者たちにとっても、分析哲学系の英米の大学でマスターや博士号を取得することが必要だった。

それゆえイタリアでの分析哲学の活動は、さしあたり、イタリアにこの学問を移植させること、あるいは同一基準を定着させることで、たとえばその計画の一部はすでに、ピサのスクオーラ・ノルマーレで実現している。共産主義が凋落し、批判的思考、一般に人文主義的モデルの思想が危機を迎えると、イタリアの哲学者の多くは、分析哲学へと目を向けた。そして大勢の若者が、合衆国のモデルに合わせることを通してのみ、イタリアの文化を向上させることができると信じたのである。だがまさしくその頃、アメリカの文化は分析哲学の限界に気づき、ヨーロッパの哲学、イタリアの哲学にも注目しはじめていた。

今日さまざまな方面で、およそ互いの哲学的進展を知らない先入観に由来するこの対立を乗り越えようという動きがある。さらに、この分裂をもたらした歴史的状況はもはや過去のものであり、グローバル化した社会のなかで哲学は、より大きな包容力をもたねばならない。非西洋的な伝統の思想にも注意を払い、比較哲学の講座を充実させる必要もあるだろう。

最後にひとこと言えば、イタリア分析哲学の個々の思想家にこだわる意味はあまりない。なぜなら彼らが属する分析哲学部門へと必然的に先送りされるからで、したがってヴァルツィなら分析的存在論、ヴァッサッロなら認識論の特定領域に入らざるをえない。だがこの認識論は、知の哲学の英米的意味で理解されなくてはならず、それはイタリアでの通常の理解とは異なるのである。

新実在論

以上のようなわけで、イタリアの大学の哲学科で分析哲学の影響力が増大したが、それを象徴するような哲学者がいる。彼はイタリアのポストモダンを代表し、解釈学の研究者として有名だったが、ポストモダンや解釈学、つまりヨーロッパ大陸の哲学者としての過去をすべて捨て去り、分析哲学の現実主義的なポジションに近づき、一種の実在論を唱えるようになった。
その哲学者はマウリツィオ・フェッラーリスだが、彼の転換は、雑誌などを通して広まった議論とは無関係に、完全にアカデミズムの世界の内部で起こったのである。

ポストモダンは芸術から政治まで文化の全体を巻き込んだ現象だった。これに対して新実在論は、現象論の終わりを告げて哲学の大転換を掲げたが、フェッラーリスが主導するごく狭い領域に限られていた。新実在論は、カントに見られる現象論、より一般的な意味ではデカルトからポストモダンまで四世紀に及ぶ哲学のすべてを特徴づけたこの現象論の終焉を宣言し、哲学の新世紀を開幕しようとした。新実在論にしたがえば、今日まで続く近代の根本的特徴のひとつは知覚主義なのである。

事実、デカルトのコギト以来、世界の実在を疑う「懐疑」は、知覚する主観なしに世界は存在しないという前提を立て、主観と知覚活動を切り離しがたく結びつけた。この原則から導かれる結論をすべて引き出すのは簡単ではなく、デカルトはおのれの考察の革命的な核心をまだ完全に自覚してはいない。だがそれは、経験主義的な意味ではジョージ・バークリーにいたる伝統、合理主義的な意味ではライプニッツのモナドと表象の関係のなかに現われる。周知のように、この二つの伝統の結合から観念論の基盤となるカントの現象論が生まれた。ショーペンハウアーとニーチェの観念論批判にも、現象論的主観の表象関係は維持され、ただこの観念的構築物の神学的過剰のみが否定された。ショーペンハウアーは明らかにカント的現象論へ帰還し、ニーチェはこれを解釈学的観点主義に変容させている。フッサールの現象学的超越論もハイデガーの解釈学も、表象としての世界というこの根本的前提を受け入れている。結果として、主観の思想を打ち倒し乗り越えるというポストモダンはその目的を果たすことなく、現象の観念あるいは解釈者または表象する主観が問題になる観点的解釈の観念から自由ではない。そういうわけで論理的に言えば、ポストモダンは近代思想の枠のなかへ戻されなくてはならないだろう。すでにナトリに関して述べた事柄に重なるわけだが、繰り返せば、ポストモダンはそれほど十分にポストモダンではなく、現実には何かを隠しているか、さらなる転身を待ち受けているのか、どちらかなのである。

要するに、ポストモダンは近代の主観主義の終焉を告げるものではない。個人がおのれの世界を構成するために絶え間なく解釈しつづける必要があるなら、主観を廃棄することは不可能だろう。ポストモダンと呼ばれたものはモダンの終焉ではなく、たとえ内部においてさまざまな要素の配置が替わり重心が移動しても、モダンの基本的前提はまだ有効なのである。たしかに主観＝個人の存在や価値はもはや中心的な問題ではないように思われた。だが要するにそれは、一方は解放的かつ弁証法的で、他方は自由主義的な、二つの魂をもつモダン自体の内的葛藤の終焉だったのだ。一方はモダンのパラダイムの限界を打ち破ろうとしたが、構成主義にとどまり、解釈する主観の意味を諸個人から文化や文明全体にまで広げていた。他方は、個的主観と道具的合理性を唯一の現実として、その行為のテーゼを支持していた。しかし、ポストモダンはこの第二のテーゼとは表面的にしか関わらず、より本質的には第一の傾向に与していた。したがってポストモダンは、自由主義的・個人主義的合理主義の勝利を体現しているのではない。その勝利を、自由主義や個人主義の側からではなく、構成主義の側から表現しているのだ。端的に言おう。ポストモダンは歴史的敗北を喫してその解放の要求を内に隠したモダンの偽装なのである。

この敗北について、モダンの思想に勝利したのはポストモダンの思想ではなく、近代の問題をすべてひとくくりに偽問題であるとして切り捨てた分析哲学だった。

ポストモダンは敗北した批判的思考の生き残りを賭けた偽装であり、おのれの弱体化した側面をさらしつつ、あらゆる近代の終焉という仮説を指し示して注意を逸らそうとした。それゆえ、批判的思考の再生だったイタリアン・セオリーが、まさにポストモダンの霧のなかから現われたのである。

以上のように考えれば、真の「ポストモダン」はフェッラーリスかもしれない。主観と知覚表象にもとづくモダンの根本をきっぱりと捨て、物との本質的関係を追究する。その関係のなかで物は自らの内に書かれたアイデンティティとともに、すでに分割され統一されたかたちで現われる。だが、ここには理論的かつ政治的に疑わしいところがある。理論的に疑わしいというのは、反構成主義のフェッラーリスは、実在一般は存在するという唯物論的テーゼにとどまらず、物の内にはすでにそのアイデンティティが書き込まれていて、心はただそれを受け取るだけなのだと言う。これは、普遍は個物のなかに存在するという、ギヨーム・ド・シャンポーの実在論とほとんど同じ考え方だ。すると、ますます分析的になる勝利者に寄り添うのが、フェッラーリスの「真の」ポストモダニズムだと考えざるをえない。

だが、状況はかなり複雑なので結論を急いではいけないだろう。ポストモダンは観念論、解放の理論、ロマン主義由来の理論に隠れ家を提供していたが、いったんポストモダンが制度となり、大学の現実として確立すると、保守的な立場が強くなる。他方で実在論のなかには、形而上学的に飛翔する観念論を具体的な歴史的現実につなぎとめる唯物論の伝統もまた生きている。そのようなわけで、たしかに実在論には支配的思想になびく傾向はあるが、ばっさりと切り捨てられるものではない。実在論もまた批判的思考になりうる。このとき、フェッラーリスの実在論とヴァッティモの解釈学は、対極的というよりも近接した二つの立場の対比になるだろう。だがその均衡と調整の内部を見れば、両者はところどころ正反対の構造をもち、それゆえ近接してはいても根本的に異なるものだ。

ヴァッティモもフェッラーリスも、大学制度や国際的な哲学学会のなかに確固とした足場をもち、アウトサイダー対インサイダー、あるいは主人対奴隷というような対立関係ではない。フェッラーリスはヴァッティモの高弟の一人だった。それゆえ、互いの思想を知り抜いた父と息子の葛藤のようにも見える。そして出版やメディアの用い方、一般大衆に対しても、よく似た態度をとっている。メディアのなかの二人は、保守や反動ではなく、おのれの理論の批判力を示す知識人として現われる。フェッラーリスは言う。すべてが解釈ならばすべては意見にすぎず、虚偽を見破るために必要な原則はどこにも存在しない。実際の状況、物事の現状に注意を向けるためには実在の原則が必要なのだ、と。けれどもヴァッティモによれば、まさに解釈こそが、メディアの条件づけやその唯一の思考回路を離れて、世間で語られる真実に疑問を突きつけさせるのである。まるで現代の政治の二大政党が、右でも左でもない票を奪い合うときに陥る典型的なジレンマのようだ。中道右派政党の左翼あるいは中道左派政党の右翼のいずれが、より進歩的（あるいはより保守的）なのだろうか。

科学史と認識論

イタリアにおける科学哲学は一九七〇年代から今日までの期間に限定される。なぜなら、およそ近代科学の揺籃の地だったイタリアでは、科学者や発明家の活動が縮小するばかりで、偉大な物理学者エンリコ・フェルミがアメリカへ移住して以来（弟子たちも彼に続いた）、国際的舞台に立つことはほとんどなかったからである。イタリアから科学者が消えたのではなく、研究のための十分な資金が見つからなくなったのだ。イタリアの科学あるいは発明が歴史を刻んだ時代、科学は「職人的」次元を保っていた。だが、安価に調達できる機械装置ではもう先へ進むことはできない。職人技から工業へと変化した科学研究は莫大な資金を必要とし、イタリアは取り残されはじめ、いわゆる先進諸国から遅れてしまった。

それゆえイタリアの最良の科学者たちは、しばしば国外で研究を続けることになる。行く先はアメリカ合衆国がよく選択されるが、事実、アメリカの外国人科学者で最も多いのがイタリア人なのである。そして、もちろん優秀なイタリア人科学者も存在する。たとえばレナート・ドゥルベッコ（ノーベル医学賞、一九七五年）、カルロ・ルッビア（ノーベル物理学賞、一九八四年）、リータ・レヴィ＝モンタルチーニ（ノーベル生理学賞、一九八六年）、リッカルド・ジャッコーニ（ノーベル物理学賞、二〇〇二年）、マリオ・カペッキ（ノーベル医学賞、二〇〇七年）など。だが最後の二人はすでに長年アメリカで暮らし、実質的にアメリカ人と言えるだろう。ドゥルベッコは九十七年の生涯をアメリカで終え、遺伝学のルイジ・カヴァッリ＝スフォルツァも九十の齢を超えてアメリカに住んでいる。

したがって、イタリアに科学の土壌はもはや存在しないか、まだもちこたえているごく少数も、科学研究に多大な投資をおこなう日本や韓国や中国のような国々との競争に敗れ、消え去るしかないようだ。

研究の中心の欠如について言うなら、たとえば有名なイタリアの企業オリヴェッティのことがある。オリヴェッティのコンピュータ部門は、情報科学の列車で最初の乗客だった。だがその列車から降りてしまい、ＩＢＭとマッキントッシュに次ぐ企業だったのが、移動電話のオペレーターになってしまった。こういったこともまた、科学的・認識論的な議論の弱体化と関係があるのだ。当時のイタリアは並外れた研究と発見の歴史をもっていたが、すべてはもはや単なる歴史でしかない。

一九七〇年代のイタリアで最も重要な科学史家は、疑問の余地なくルドヴィーコ・ジェイモナトである。トリノ大学数学科の助手だったジェイモナトは、ファシスト入党を拒否して職を失い、ピエロ・マルティネッティに接触する。ジェイモナトによると、入党を拒否した十一人の教授の一人がマルティネッティだったからだ（実際には十九人だったが、哲学の分野では彼しかいなかった）。だが、マルティネッティはインド哲学の研究者だった。マルティネッティは青年ジェイモナトの数理哲学への関心を見て、彼をヴィーン学団に送り出す。こうしてジェイモナトは『オーストリア哲学の新傾向』（Geymonat 1935）を書いた。イタリアに帰国すると非合法組織の共産党に入り、パルチザンとしてレジスタンスに参加する。

戦後、ジェイモナトの関心はやはり新論理実証主義にあった。だがその分野の支配的な傾向が自由主義（時には超自由主義）であるのに反して、マルクス主義的に解釈した。この頃からイタリアの文化は、あらゆる関係、哲学思想のあらゆる領域が、国内政治の対立図式に強く影響され、息苦しいまでに政治的になる。すでにわれわれは現象学の政治化について見たが、これから科学哲学の政治化について見よう。

こういった意味で、彼のガリレオに関する著作『ガリレオ・ガリレイ』（Geymonat 1957）には二重の方向性がある。つまり一方で、ガリレオは二十世紀にブレヒトも再発見したように独裁制に対する自由思想のシンボルだった。他方でジェイモナトが科学の専門家となることから離れたのは、科学がもはや自由思想のシンボルとは言えなかったからだ。つまりこの著作の特徴は、歴史的・認識論的なところにあり、数学の正当な役割をガリレオの思想の発展のなかに、正真正銘の科学思想の発展のなかに位置づける。この科学思想は、すべての変数を計量可能にする観察の数値化がなければ、どれほど経験的に詳細になろうと、それ以上先へは進めなかったはずだ。ジェイモナトはまた、戦後のイタリアで、科学的読み物の最初の偉大な普及者になった。彼の名で呼ばれる科学思想史の百科事典を知らない者はいないだろう。

これを受けて科学認識論の研究者が何人か現われはじめたが、実際には本当の認識論学者あるいは科学史家ではなく普及者である。ピエロ・アンジェラなど科学好きのテレビタレントは除外するとして、ジュリオ・ジョレッロやピエルジョルジョ・オディフレッディがいる。

ジェイモナトの後に登場した真の科学史家としてパオロ・ロッシを忘れるわけにはいかない。ジェイモナトとともにロッシもまた科学の黎明期、いわゆる科学革命の時代に注目し、フランスのアレクサンドル・コイレと同様のテーマを対象とする。フランシス・ベーコンを研究した後（Rossi 1957）、『哲学者と機械』（Rossi 1962）で広く認められるようになった。そのなかで彼は機械論の誕生を論じ、機械、つまりメカニズムが果たした役割を分析している。

ロッシはまた、ポストモダニズムに対する批判でも知られている。宗教的色彩の強い歴史研究が支配するイタリアには、科学的な文化がより必要とされているが、ポストモダンはロマン主義的反科学主義を復活させた、と彼は言う。先に見た政治神学に関する議論からしてもロッシの意見は正しいだろう。著書『モダンとポストモダンの比較』（Rossi 1989）で、老年のロッシはイタリアのポストモダンの限界と弊害を明快に分析している。第一の問題は、あまりにも無批判なハイデガー主義の過剰だが、ハイデガーを批判するときに、ファリアスのように政治的に攻撃しても（新しい証拠の有無にかかわらず）無益であり、ハイデガーの弟子だったレーヴィットの批判に耳を傾けたほうがよいと言う。もうひとつは真実の問題である。真実はもはや物事に即応せず、真実は伝達能力にのみ依拠する何ものかになった。ロッシは言う。真実はその「即応」の価値を失い、「意味の地平」の「表明」になっている。したがってもはや客観的真実は存在せず、まさに正真正銘の真実というものは根本的に不可能となった。このような状況で、「命令を受け入れる構え」が生まれるのだ、と。

そしてハイデガーの思想とヘルメス主義的伝統を比較するが、これは恣意的なものではない。ハイデガーが参照する保守的右翼文化は、ルネサンスに根をもつロマン主義的伝統に由来するからである。ロッシは次のように書く（Rossi 1989）。

ヘルメス主義的伝統とハイデガー主義には、少なくとも五つの共通点があるとわたしには思われる。(1) 隠された原初的な叡智の神話。(2) 陰謀史観。(3) 知識のエリート主義的で貴族的な捉え方。(4) 精神的指導者のカリスマ的経験やパトスへの親近性、またその逆に、懐疑、知識人的透明性、「常識」からの疎遠。(5) 明快性ではなく晦渋性への嗜好。

以上が、エヴォラやゾッラのような極右的思想家たちとハイデガーが共有する特徴とされるが、これについてさらに見ていこう。

ロッシはセヴェリーノ（例によって高圧的な調子で乱暴に反論していた）と激しい論争を展開することになる。セヴェリーノは、ハイデガーのテーマの大部分を追認するだけでなく、存在のパルメニデス的実証性（全西洋形而上学がこれを否定したが）をどこまでも膨らませ、さらに新スコラ主義とジェンティーレの行動主義をハイデガー主義に混ぜ合わせた。そしてどのような批判もただ表面的にしか異ならないと見る唯一の立場から、すべての批判をひとまとめに押しつぶすという典型的に行動主義的な強弁を用いる。するとロッシは、あらゆるものをひとつに溶かし込むのは、民主主義的な仕方ではなく全体主義的であると批判する。この言葉に反撃してセヴェリーノは、ロッシが典型的な共産党知識人でありながら、哲学的にはアイザイア・バーリンを引用する自由主義者で、青年期には自由＝社会主義政党の行動党に属していたと言い、攻撃の矛先を完全に間違えていると非難する。その上イタリアの科学哲学は、マルクス主義的ではなく自由主義的であって、新論理実証主義と分析哲学、つまり英米哲学の影響下に成長したと述べるのだった。

この最後の点に関して興味深い例はロベルト・コルデスキである。彼は情報理論、人工知能、サイバネティックスの誕生を導いたあらゆる理論を研究した。コルデスキらの監修した『ロボットの哲学』(Cordeschi & Vitlorio 1994)は、ボッキやチェルーティの前にITに関する問題を提起し、イタリアの科学認識論的な議論を刷新させた重要なアンソロジーである。

この分野では他にヴィットリオ・パリージの研究がある。彼はローマ大学で心理言語学の講座を担当した後、CNR(イタリア学術会議)の研究員となり、コネクショニズムの理論、ニューラルネットワーク、セルラ・オートマトンに関して、イタリアにおける権威の一人となった。

以上すべての議論は、とりわけ一九九〇年代初頭、『ゴーレム』誌上で展開したものである。

古代哲学

ギリシア＝ローマの古典古代世界との文化的結びつきの強いイタリアでは、古代哲学はとりわけ重要な研究分野である。古代ギリシア哲学にとって重要なイタリア植民地がいくつも存在した。ピタゴラスはサモス島の出身だが、現カラブリア州のクロトンに来て、そこに彼の教団を設立した。イオニア海岸の都市はいずれもピタゴラス哲学の強い影響を受け、捕縛され奴隷にされたプラトンを解放したのもピタゴラス派のアルキュタスだった。アルキメデスもまたピタゴラス派の一人でシラクサに暮らしていた。このシラクサには、理想国家の実現を期待したプラトン自身が二度も滞在している。もうひとつ重要な都市としてエレアがあり（その遺跡はカンパニア州サレルノから少し南の海岸沿いに見られる）、そこでパルメニデスがエレア学派を創設した。さらに、素晴らしい神殿の遺跡が今も残るシチリアのアグリジェントにはエンペドクレスがいた。おそらくイタリアのギリシア植民地は一時期、時代の流行を今日に伝える数々の小像からも知られるように、オイクメネーのなかで最も人口が多く、どこよりも豊かな都市文化が花開いた地域だった。

要するに、イタリアと言えばすぐに古代ローマと結びつける傾向には注意したい。サルヴァトーレ・ナトリやマンリオ・ズガランブロのような哲学者は、ギリシアの記憶をとどめたシチリアの出身だった。ナポリもまたギリシア都市だ。とはいえ、現代のギリシア研究者の大半は北イタリア出身である。かつてのギリシア植民都市からは、カルロ・ディアーノとフランチェスコ・アドルノ、まったく性格の異なる二人の古代哲学研究者が出ている。

アドルノは純粋な哲学史家であり、古代哲学に関する歴史的アプローチの哲学的問題を研究した。はじめはクローチェの歴史主義に学び、そして多くの知識人と同じくマルクス主義歴史学を取り入れ、最後に構造主義的言語学分析の影響を受けた。

ディアーノは独自の思想をもつ哲学者だが、古代哲学の研究にも重要な貢献を果たした。ディアーノは圧力と脅迫にもかかわらずファシスト入党を拒否したごく少数のイタリア人教授の一人である。ともかく彼はジェンティーレをひじょうに尊敬していて、おそらくはそれゆえ、職を追われることはなかった。ディアーノは共産党のパルチザンからも激しい非難を受けたが動じていない。このような逸話からもうかがえるように、思想家としての理論と生き方をつねに一致させていた。ディアーノの生涯はまさに一冊の本の値打ちがあるだろう。今触れたようなモラルの高さに加え、思想の豊かさは、哲学や歴史に限らず、人類学、宗教史、芸術、文学にも及び、エリアーデやケレーニイ、ベレンソンやアルガンとも交流があった。だが、ディアーノは単なる多趣味の知識人ではない。ルネサンス人的なメンタリティをもち、哲学や詩、音楽、絵画、彫刻の内に表現を求めたのだが、ここでその詳細に踏み込むことはできない。彼の最も有名な著作としては、『形式と出来事』（Diano 1952）、『ギリシア哲学における歴史の概念』（Diano 1954）（後に『アナクシマンドロスからストア派にいたるギリシア思想』［Diano 2007］として再刊）がある。ディアーノが端的に示す形式と出来事の相違について言えば、それは要するに二つの現象学的カテゴリーなのだ。出来事は「テュケー」だが、何かが起こるという単なる事実ではなく、わたしにとって、わたしの意識に対して起こることとである。それは時空の綜合である。他方で形式は、物事や出来事をそれと認めうる有意な統一性の内に「閉じ込める」仕方である。たとえば儀式自体は出来事だが、出来事の儀式化は形式へ閉じ込めることだ。つまり、形式と出来事は古代ギリシアのみならず一般人類学的な意味で「文化」を理解するための二つの座標軸なのである。

もう一人の古代哲学研究者は、彼もまたディアーノのように断固とした反ファシストだったが、先にニーチェ・ルネサンスの項で触れたジョルジョ・コッリである。コッリは、ニーチェ全集の監修者として一般に知られ、ただ単にニーチェ派の哲学者と思われもするが、実際のところ彼がニーチェに関心をもったのは、ニーチェが彼のようにギリシア思想の研究者だったからである。独自の研究を続けながら、カント派哲学者にも相応しい優れた翻訳『純粋理性批判』を上梓したコッリは、つねに古代思想の文献学者であり歴史家であった。彼のモラルに関して言えば、コッリはファシスト入党を拒否して、衝突を避けるためにスイスへ避難し、にもかかわらず当時はナチズムのイデオローグと見なされたニーチェに関心をもち、ニーチェの思想をナチス的解釈から救い出そうとした。コッリはアリストテレスの重要な翻訳者でもあり、『オルガノン』を新しく翻訳し、「解釈」という訳語を「表現」に置き換えている。ここはコッリの思想の核心部分でもあり、著作のなかで最も興味深い『表現の哲学』(Colli 1969) は、この概念を中心に構築され、言語が何かをどのように意味するのか（解釈学的問題）ではなく、言語がその対象をどのように表現するのかを問題にした。アリストテレスの思想は主観（「自我」の近代的意味で）に向けられた思想ではなく、実体、つまり古代的意味での基体に向けられている。要するに、コッリはアリストテレスとカントを接続しようとする。世界を能動的に解釈する超越的主観はなく、先に見たようにアガンベンも語っていた心的過程が強制するあの捨象のおかげで、「現在」の（あるいは過ぎたばかりの）記憶として意識に提供されるものの表現、これを映し出す一種の記憶表面があるのだ。それから、ギリシア研究として彼の最後の仕事となった三巻本、『ギリシアの知識』（Colli 1977-80a）を忘れてはならない。ソクラテス以前の哲学者たちの新訳と再解釈だが、ニーチェとコッリが好んだ賢者、ヘラクレイトスの章で閉じられている。

アドルノのような哲学史家と、ディアーノやコッリのような哲学者でもある古代研究者のあいだに、ガブリエーレ・ジャンナントーニがいる。ジャンナントーニは古代哲学史を研究しているが、現代の諸問題についても介入し、とりわけ一九七〇年代はマルクス主義哲学の議論に参加した。ソクラテス以前の哲学者たちの断片の翻訳、キュレネ派やエピクロス派に関する彼の著作は、イタリアの古代哲学研究の基本文献と見なされている。マルクス主義者の彼は、マルクスが研究した古代の哲学者たちへの注意を喚起し、ソクラテスのような弁証法的批判思想、キュレネ派のような内在論の思想に眼差しを向ける。ジャンナントーニはまた、アリストテレス解釈におけるカトリックのヘゲモニーを問題視して、『形而上学』を翻訳する。コッリは『オルガノン』をただ個人的な哲学的関心から翻訳したが、実際のところ今もなお、重要な基本文献のイタリア語訳の多くは、カトリック知識人の手になるものだ。さらにジャンナントーニは、ヘーゲル＝マルクス主義的な哲学史の概説を書き（Giannantoni 1969）、これは七〇年代に広く普及した。

ここでアリストテレスの思想に対するカトリックのヘゲモニーについて説明しよう。まず、アリストテレスへのこれほどの関心の理由を読者に伝えなくてはならない。

かつてアリストテレス主義は疑いの目で見られ、何度も攻撃にさらされたが、聖トマス・アクィナスのおかげでアリストテレスは神学の基準になった。だが、誰もが賛成したわけではない。とりわけフランチェスコ会は中世の新プラトン主義に近い立場だった。しかしルネサンス以来、パドヴァ大学のような世俗の大学でも、『神学大全』を基本文献とするサラマンカ大学のような宗教大学でも、アリストテレスは確固とした立場を築くようになる。カトリック大学に『神学大全』が受け入れられ、時とともに聖トマスが告解神学の基準となる。実際にトマスの哲学は今もなお、新トマス主義あるいは新スコラ学という名で登場し、主観的方向への展開、デカルトからカントにいたる観念論に対立した。あらゆるタイプの現象論に対して堅固な実在論を主張し、今日ではポストモダン解釈学に敵対している。

それゆえ、トマス神学の基礎となるアリストテレスを研究することが、カトリック神学の形成に欠かせないのだ。アリストテレス思想の最も優れた研究者の大多数は現在もカトリックであり、アリストテレスやトマスの解釈に関わる微に入り細を穿つような議論を、カトリックの雑誌に発見することがある。

現在この分野で最大の専門家の一人がエンリコ・ベルティである。ベルティは国際的な古代哲学研究の権威だが、とりわけ国内では押しも押されもしない地位にある。一九六二年の処女作（Berti 1962）は青年アリストテレスに関するものだったが、それ以来アリストテレスの全作品を対象に研究を続けている。

もう一人の重要なカトリック思想家はジョヴァンニ・レアーレである。プラトンとプラトン主義も守備範囲とする彼は、ある意味でベルティ以上に重要かもしれない。レアーレは広く普及し大学の講座でも用いられている『形而上学』その他のアリストテレス校訂版の校訂者でもある（Reale 1961）。

さらにダリオ・アンティセリとともに高校生向けの哲学史を書いている（Reale & Antiseri 1983）。ある意味で彼は反ジャンナントーニと言える。レアーレの『形而上学』はジャンナントーニの『形而上学』を駆逐し、哲学教科書は一九八〇年代にジャンナントーニ版に置き換わる。ジャンナントーニ版にはイデオロギー的な削除や改竄があるとされ、ソクラテス以前の哲学者たちの翻訳も再刊される。要するにレアーレは、冷戦の時代にジャンナントーニがマルクス主義的方向に脱領域化したすべてを、カトリックの方向に再領域化しようとしたのである。

レアーレの活動のなかで、最も興味深い反面、最も問題の多いもののひとつは、プラトンのいわゆる「書かれなかった教義」に関してである。言い換えると、レアーレはドイツのチュービンゲン学派に由来する理論を展開しているのだが、イタリアにそれを根づかせることはできていない。

プラトンは古代の思想家でありながら例外的に著作がすべて現存する。文献学はあらゆる原典を参照しうるわけだから、プラトンの思想は隅々まで照らし出されているはずだ。しかしプラトンは一行も書かなかった哲学者の弟子だったのであり、書かれたもの以上に対話での伝達を重視しただろう。そしてプラトンにはまた、秘教的な面あるいは側近の弟子たちにのみ語られた救済論的メッセージがある。このテーマを支持する者たちが持ち出す証拠のひとつが、次に引用するプラトンの『第七書簡』の一節である。

こういったことについてわたしが書いたものはないし、これからもあるまい。実際に真実の知識をその他の知識のように伝達することはできないのだ。このテーマについて数々の議論をおこない、共に暮らした後で、突然、火花が発して灯りが点るように、それは魂から生まれ、それ自身

を糧に育つのである。（341C5–D2）

さらに周知のように、アカデメイアは議論の場であり、そこではまさに対話が最も重要な伝達手段だった。ニーチェもまた、プラトンの理論のすべてが知られているわけではなく、まだ他にもあるのではないかと考えていた。数学に限定はしていたが、ガダマーもそのように思っていた。だがもしそうだとして、その理論の内容は何なのか、われわれは知ることができるのだろうか。ハンズ・クラマーやトーマス・スレサック、レアーレにしたがえば、はっきりと書かれた文章はないけれども、間接的な証言や、一般的なプラトン主義とりわけ新プラトン主義の伝統の内にその痕跡を発見することができる。一者の問題や二元論の問題あるいはプロティノスの教義は、書かれていない伝統に由来するのかもしれない。いずれにせよそれは、プラトンをより精神主義的で宗教的な、おそらくは神秘主義的な姿において見ることになるだろう。レアーレのような宗教的な研究者には大きな関心があるはずだ。レアーレにしたがえば、書かれていない教義を知ることは、プラトンに対するわれわれの知識を補完する以上に、新しい観点を見出し、新しいパラダイムさえも手に入れることだ。だが、それは方法論的観点からすれば新たな危険でもある。なぜなら確実なデータなくしてすべてが適合するという感覚をもつとき、幸福な直観の内にあるのかもしれないが、おそらくはただ単に自らの偏見（歴史的な偏見でもイデオロギー的な偏見でもありうる）に寄り添った解決を前にしているのである。

それでは世俗の世界に戻り、古代の歴史的人間学を見ることにしよう。ディアーノもまた神話を研究したが、その対象は特定の著作家であるか普遍的哲学のカテゴリーだった。他方でマリオ・ヴェジェッティは、ギリシア社会のなかのギリシア哲学を研究している。ヴェジェッティの出発点はジェイモナトのもとでの科学史研究であり、特定の科学的知見をそれが現われた時代の社会関係や文化のなかに探ろうとする。ヴェジェッティとマウリツィオ・ベッティーニ、この二人のもうひとつの特徴は、ポストモダンの哲学的運動には参加していないが、ポストモダンと文化的風土を共有することである。ヴェジェッティは、ジャンナントーニ（彼の師のジェイモナトもそうだが）のようにマルクス主義文化の出身だが、共産党知識人とは一線を画している。たとえば、一連の論文の編者となった彼の最初の出版物がある（Vegetti 1977）。そのなかで、最初に出会うのがロシアの古代学者セルゲイ・リヴォーヴィチ・ウトチェンコの論文である。出版の少し前に没したが有名なそのテクスト「キケロとその時代」（Utčenko 1975）は、典型的にマルクス主義的なもので、キケロの知的・政治的経験をローマ共和国の階級関係のなかに描いている。古代の奴隷制のマルクス主義的分析が翻訳されたのは偶然ではないだろう。

次に登場するのがトムソン、もう一人のマルクス主義的古代学者だが、ケンブリッジの研究者でカール・ポランニーの弟子である。ポランニーは古代学者ではなく、典型的なマルクス主義者でもなく、市場の自動制御機能の観念を批判した経済学史の傑作『大転換』（Polanyi 1944）によって近年再発見された、ある意味ではフランクフルト学派に近いイレギュラーな人物である。

それから、やはりフランクフルト学派の立場に近いアメリカの有名な古代学者で、当時の奴隷制を研究したモーセス・フィンリー。次にマルクス主義エジプト学者のシャルル・パラン、そしてジャン・ピエール・ヴェルナン、ピエール・ヴィダル＝ナケ、ミシェル・オースタンの三人組、そのなかの二人はすでに見たが、三人目は『古代ギリシアの経済と社会』（Vidal-Naquet & Austin 1972）のような経済がテーマの場合によく登場するヴィダル＝ナケの協力者である。最後を締めくくるのは、ヴェジェッティがディエゴ・ランツァとともに書いた論文である。ランツァはギリシア文学の研究者で、ヴェルナンのグループの方法論に近く、とりわけ『僭主とその民衆』(Lanza 1977)で有名だ。以上のように、このアンソロジーは政治的な一九七〇年代を大きく反映しているが、批判的思考の書でもあり、共産党の文化政策に寄り添うことなく、後に表面化する傾向を先取りしていたのであり、実際のところ、正統派マルクス主義から厳しい批判を受けていた。時代の変わり目だった。ヴェジェッティの処女作『ナイフとペン』(Vegetti 1979)は、ポストモダンの書物として一九七九年に刊行された。マルクス主義研究としても伝統的歴史哲学研究としてもひじょうに奇妙なタイトルであり、さらに「動物、奴隷、野蛮人、女性、科学的合理性の起源へ」という長大な副題も付けられていた。アリストテレスの自然研究に関する著作なのだが、アリストテレスの名がタイトルに記されていないように、内容的にもアリストテレスが中心ではない。実際のところヴェジェッティは、アリストテレスの研究を利用して、古代文化のなかで人間と動物が、いかに分割=接合され、重なり混合するかを調査したのである。したがってアリストテレスの分析ではなく、ギリシア社会から出発して、アリストテレス以外にもガレノスやその他の著作家を用いた、ギリシア文化の人類学的な分析である。まさにヴェルナン、ドゥティエンヌ、ヴィダル=ナケたちの古典古代時代の人類学と軌を一にしていたわけだ。

だがヴェジェッティは哲学史家に立ち返ってもう一冊、ひじょうに高く評価され今日もよく参照されている著作、『古代人の倫理学』(Vegetti 1989)を書き、アカデミズムの方向へ進んでいく。『プラトンの薬』(Vegetti 1995)の出版でポストモダンの領域へ戻ったように見えたが、実際は一九六〇年代に雑誌『哲学史レヴュー』に掲載し、しばしばプラトンがタイトルに登場した一連の文章を再録したものだ。このようにヴェジェッティは、フランスの影響を受けて進展するイタリアの状況の最も明らかな兆候を示していた。だがこの認識論的な飛躍に対してアカデミズムの世界はまだ準備ができていなかったのである。いずれにせよヴェジェッティは、ジャンナントーニ的な局面を乗り越えて、ジョヴァンニ・レアーレの反共操作に対抗するポストモダンの新しい試みだった。高校生向きの哲学史に関しても、レアーレとアンティセリの参考書が出版された頃、ヴェジェッティ、アレッシオ、パーピは、当時まだ五十歳そこそこのデリダやハーバーマスにも触れた『哲学と社会』(Vegetti, Alessio, & Papi 1975) という概説書を出し、まさに現代に焦点を合わせていた。

しかし要するに、ヴェルナンたちフランス人とともに、この展開を最後まで推し進めることはできなかった。フランス人の後、彼らの作業モデルがイタリアのアカデミズムにも十分に受け入れられてから、それはようやく可能となったのだ。これがマウリツィオ・ベッティーニの場合で、一九八〇年代後半の彼はまだ周縁的存在だったが、九〇年代に入ると大出版社から、『愛人の肖像』(Bettini 1992) のような古代人類学研究を刊行する。ヴェジェッティの『ナイフとペン』からすでに十年以上も経つわけだ。だがこのような人類学的アプローチがギリシア研究の領域で再び浮上することはなかった。ドイツやフランスのローマ研究は細々と続けられた。しかし重心は、強力な歴史的・哲学的な枠組みから、文化的な枠組みへ移行したのではなく、文化的に展開する顕著に歴史的な研究から、歴史的に展開する顕著に文化的な研究へと移行したのである。

アカデミズムの政治哲学

パルチザン闘争を経てファシズムが倒され戦争が終わると、イタリアは民主主義にもとづく政治の新たな次元を考え直さねばならなかった。

問題はもはや体制の選択（自由民主主義、ファシズム、プロレタリア独裁）ではなく、体制のなかでの選択、つまりいかにして民主主義国家の内部を統治するかだった。このとき中心的立場を代表していたのは政治的・イデオロギー的な結合ではなく、とりわけ中道穏健派の政治的リアリズムに表現される統治性の理論の問題だった。

以下にまず、政治的立場として現実にはつねに穏やかだったわけではないが、いわゆる「穏健な」政治理論を扱う。次に左翼の理論、そして最後に超反動主義やポストファシストまたはネオファシストの右翼理論を見よう。

はじめに言っておかねばならないのは、二十年間のファシズム時代を経て、ファシズム以前からのファシズムに非妥協的な知識人階級は、もはや存在していなかったことだ。それはまた大学の哲学教授の誰も、マルティネッティやディアーノたち若い哲学者を除いて、政治哲学の研究者ではなかったからでもある。したがって声をあげたのはまだ若い元ファシストたちで、彼らは体制が崩壊する前にファシズムを離れたのである。たとえばノルベルト・ボッビオの場合もそうだが、彼は一九四二年に地下組織だった行動党（左翼自由主義、民主主義的で進歩主義的）に参加する。ボッビオは国際的な経験のある（ドイツのヤスパースにも師事した）若い教授であり、現象学に代表される最新の哲学的傾向を受け入れていた。そして反ファシズム活動のために三か月投獄され、レジスタンスに参加し、要するに新生イタリア共和国の比較的新しい人物だった。彼には現実主義的な傾向があるが（つまりマキャヴェッリ風の政治的リアリズム）、国益を最優先するマッツァリーノのようなリアリストではなかった。リアリストではあるが、行動の内にも追求すべき正義と自由の理想がなくてはならないと考えていた。彼の政治的ヴィジョンは、社会問題に敏感な中道左派あるいは左翼穏健派と見なしうる。こういった意味でボッビオは、戦後の政治的階級、知識人たちの平均的ヴィジョンを代表していた。

しかし彼はすぐに、民主主義体制もファシズムと同じくあらゆる面で腐敗しはじめたことに気づく。そして、権力が爆弾テロの季節を演出すると、抵抗勢力に加担してローマ大学政治科学学部を再興させた。

哲学的方面では、ボッビオは現象学と実存主義の世界にいたが、戦後は分析哲学にも関心を示し、民主主義的自由主義の英米文化に近づく。イタリアに根強い共産主義の影響も受け、現実的に可能なかぎりブルジョアの富を労働者階級に移さなくてはならないと主張していたが、軍事的クーデタのような革命や反革命には断固として反対していた。それからボッビオは、過去の政治哲学者に関する歴史的批判、ほとんど教科書的とも言える歴史的整理という観点から、重要な著作を書いている（Bobbio 1965a）。

純粋な自由主義者としては、ブルーノ・レオーニとジョヴァンニ・サルトーリを忘れてはならない。レオーニはむしろ孤立したケースで、生前はほとんど知られていなかったが、死後、遅まきながら有名になった。レオーニは今日、新自由主義と呼ばれている理論のイタリアではひじょうに数少ない理論家の一人だった。彼はとりわけ、かつてヴィーン学団周辺に集まった知識人たちの政治的側面と接触があった。還元主義、論理化、数学化、体系的思想が、政治経済の分野そして政治自体に持ち込まれた要素である。経済理論の観点からはルートヴィヒ・フォン・ミーゼスが、十八世紀後半のアダム・スミスへの回帰を唱え、より厳格に演繹的な考え方を適用して単純化を図った。この単純化は、認識論的な意味でも機能的な意味でも、経済学の自立の探究として理解しなければならない。経済学はただ経済の原理によって研究されなくてはならず、そこから次のことが引き出される。つまり自由市場のシステムは、たとえば国家からの外的な介入を必要とせず、ホメオスタシスとして均衡の条件を自ら探りつつ動くことができる。このテーゼはヴィーン学派の基本となり、とりわけミーゼスの十歳以上年下の友人ハイエクによって展開される。ミーゼスに比べてハイエクは、オピニオンリーダーとして活動し、チリの独裁政権との結びつきなど問題的な場合も含め、政治に直接関わろうとする。政治活動を経済的考察に関係させるのは新自由主義の特徴だが、自由主義政策が市場の経済理論の道具となって自律性を失う危険がある。レオーニはこの世界、とりわけモンペルラン・ソサイエティ（悲劇的な事件で殺害されるまで彼はその会長を務めてもいた）のなかで高い地位を得ていた。モンペルラン・ソサイエティは、いくつもある自由主義者協会やシンクタンクの単なるひとつではなく、その頂点にある最も重要な協会である。創設したのはハイエクで、ミーゼスやポパー、ポランニー、フリードマンといった重要な理論家も参加していたばかりか、レーガンやサッチャーの政権ともつながっていた（もっともそれはレオーニの死後のことではある）。レオーニは一九六七年に協力者の一人によって殺される。イタリアではブルーノ・レオーニ研究所が創設され、ヴィーン学派やシカゴ学派の新自由主義理論を研究する者たちの拠点となった。レオーニの考え方には、無政府主義的・自由主義的な傾向のなかで成熟した過激な部分もある。彼はどのようなサーヴィスも民間のほうが国家よりも有効に提供しうると確信し、国家の機能をすべて（防衛、司法組織、警察にいたるまで）、市民と契約関係を結ぶ民間組織に委ねることを主張していた。

もっと穏健で民主的伝統にある自由主義者、つまり国家装置の存在に根拠と正当性を認め、啓蒙主義に由来する権利の国家を擁護するのは、サルトーリである。サルトーリは、経済自由主義あるいは新自由主義とは反対に、政治の自由主義と経済の自由主義を明確に区別し、自由主義政策は「レッセ・フェール（放任）」ではないと言う。なぜなら自由主義は、否定的自由と代議制を前提として、権力を抑制する理論であり技術なのだ。したがってサルトーリにとって、市民の政治的権利を守る政治的自由または民主主義なくして、経済的自由は正当化しえない。だがハイエクやフリードマンにとっては、私有財産の権利を守ることが重要なのであり、市民を守ることではない。それゆえ独裁制のなかでも経済的自由化はありうるのである。民主主義改革は先延ばしできるわけだ。こういった意味で新自由主義者にとって民主主義体制はほとんど上部構造的性格のものであり、市場が国家のあらゆる機能を果たすところで民主主義が最初から否定されていることもある。新自由主義はいわば反転したマルクス主義なのだ。実際にマルクス主義にとっても民主主義は望ましいものだが、不可欠ではなく上部構造にすぎない。そしてマルクスもまた、共同体が自ら十分な機能を果たす段階にいたれば国家は消滅すると期待していた。それはおそらく彼も同様に、批判的なかたちではあれ、いわゆる古典理論のテーゼを最後まで推し進めたからだろう。ボッビオからサルトーリにつながる路線はまさに、プロレタリア独裁の名のもとに動く国家の濫用や、市民を政治的権利のない単なる顧客と見なす市場の法則の濫用、この二方向の極論を避けようとする自由＝民主主義的思想を代表しているのである。

いずれとも異なる立場としてアウグスト・デル・ノーチェのカトリック保守主義がある。いくつかの側面でデル・ノーチェのカトリック保守主義はドイツの保守革命を思わせる。デル・ノーチェは頭脳明晰な論争家で、党の路線にこだわらず自らの論理をまっすぐに進む。だがシュミットやその周辺の思想家たちとは根本的に異なり、政治的な思想とは無縁で、マキャヴェッリ的伝統から完全に外れている。君主制や独裁制や民主主義や至上権、支配、友や敵、正統性や合法性については語らない。デル・ノーチェは、政治的問題はもはや完全にいわゆるイデオロギー問題に一致するという前提から出発し、その歴史的・理論的著作を通して、つねにただイデオロギー的性質を暴くために文化的状況を取り上げる。すなわち彼のテーマは、イデオロギーの歴史的分析であり、それぞれのイデオロギーの理論的核心もそこから導き出されるのである。

たとえば彼は、イタリアのファシズムの本質的要素は何だったのかと自問し、それをムッソリーニの政策に関連するジェンティーレの思想の発展の内に見る。同様に、グラムシの思想を共産党の政策との関係において分析する。それから、キリスト教民主党を悩ませる「イデオロギー的」問題に移る。すなわち近代との関係、近代化と世俗化、要するにあらゆる種類の無神論との関係である。

このようにデル・ノーチェは、彼が属する政党（キリスト教民主党）に広く普及した態度をよく表現している。つまり彼らは、およそ四十年間も政権の座にありながら、政府の形態と方法について理論的レベルで自問しなかった。国家がどのように組織されるべきかを語らず、民主主義や複数主義や選挙システムや政治的自由について明快に話さない。こういったことすべてはいつも表には現われず、閣僚たちの故意に不可解で曖昧なメッセージは、ジャーナリストや反対勢力の質問を体系的にすり抜ける。この言語は「政治語」と呼ばれる。たとえば、アルド・モーロが語った「平行的収斂」や「前衛的均衡」などだ。またチリアコ・デ・ミータは、たとえば次のような言葉でもって、不条理演劇さながらのレベルに到達した。「われわれは長いあいだ会談の可能性を探ってきた。これまで会談がおこなわれなかったのは、これを望まない者がいたからだ。もし有益なイニシャティヴにより会談の可能性があるなら、われわれは会談をもちたい。しかしこの儀式がただ単に危機をさらに危機的なものにするばかりなら、有益なイニシャティヴなどありえないと思われる」（*Il Giornale* 5/12 2009）。このように秘教的で逆説的で滑稽きわまる不透明な言葉遣いによって、政治はリアリズムとして理論化することすらできない極端なリアリズムの支配に委ねられる。このようなリアリズムのなかでは、権力はどのような理論も理想も示せず、たとえばジュリオ・アンドレオッティやデ・ミータたちが、反対勢力を利するような戦略を用いるとき、本当に何を考えているのか誰にも分からない。この不透明なリアリズムは、誰もが誰とでも見境なく何でも交渉するという口に出せない行為にまみれた政治を、表沙汰にしないために役立つのである。

そのとき理論的活動は、個々の事例や問題ではなく、共産主義とかファシズムとか進歩主義などのいわゆる「大体系」について議論するしかないだろう。したがってデル・ノーチェの考察もこの枠組みのなかに収まるわけだが、要するにその外へ出ることは、彼の所属政党の立場として許されなかったのである。しかしながら一九七〇年代、カトリック中道と共産主義左翼の歴史的妥協の可能性が現実味を帯びはじめ、自由主義的民主主義の原則にしたがって交互に政権が替わることになると、デル・ノーチェはためらいを捨て、所属政党の左派に対しても直接に論争を挑み、このような選択を支持した知識人たちを攻撃しはじめる。最初はここでもまた、マルクス主義がその無神論的性質のために信仰とは絶対に両立しないことを述べていた。だがマルクスの無神論＝唯物論は周知のことであり、これを証明するために言葉を費やす必要はない。本当の目的は内部に打診することだったが、期待した成果は得られず、あからさまな攻撃に移るしかなかったのである。

最後に、比較的最近のマウリツィオ・ヴィローリに触れよう。ヴィローリはマキャヴェッリの専門家だが、十九世紀の「フィレンツェ共和国秘書官」再評価以来、あまたの研究がなされたイタリアでは、とりわけて珍しい存在ではない。ヴィローリ独自の特徴とは何だろうか。ともかく彼もまた、マキャヴェッリの思想を読む鍵を提出するわけだが、それはおそらく最も寛大なもので、マキャヴェッリは「自由の哲学者」とされる。ただ単に政治的自由あるいは外国支配のない状態という、マキャヴェッリの自由の観念のためではない。問題はこの観念が何に結びついているかである。それは英米政治思想の三大潮流、共和主義と自由主義と共同体主義のなかで、共和主義が推し進めた自由への言説に結びついているのだ。共和主義の特筆に値するところは、自由主義とは異なる仕方で自由に根本的な価値を認めることだ。一九七〇年代からこのテーマに関して多くが語られ、新共和主義が出現し、どこよりもダムナティオ・メモリアエに断罪されていた英米圏で、ついにマキャヴェッリの思想が再発見されたのである。J・G・A・ポーコックが「マキャヴェッリの時代」（Pocock 1975）と語るほど、マキャヴェッリへの関心が高くなり、政治の自律と「国家」をはじめて唱えたマキャヴェッリは、近代の共和主義の創始者でもあると評価された。要するにヴィローリは、このときまで英米圏に限られていた議論をイタリアに紹介したのである。

マルクス主義

本書のはじめにオペライズモのマルクス主義について見たが、それはたとえば「有機的知識人」から冷遇されることもある少数派だった。有機的知識人というのはグラムシの表現で、共産党と構造的につながりその政策に結びついた知識人のことである。

共産党はローマ大学教授職のような重要なポストに影響力があった。そしてローマ大学には、ガルヴァーノ・デッラ・ヴォルペの二人の弟子、ニコラオ・メルケル、そしてとりわけルーチョ・コッレッティがいた。

デッラ・ヴォルペからコッレッティが受け継いだのは、マルクスの非歴史的解釈だった。いわばマルクスをまるでガリレオのような科学者、社会の科学者と見なしたのである。したがって彼は弁証法的唯物論（いわゆるDIAMAT）から距離をおき、非ヘーゲル的なマルクス主義を支持していた。だがその後ヘーゲルを評価し直し、今度はありとあらゆるマルクス主義的構築物を疑いはじめる。新プラトン主義的・ヘーゲル的ヴィジョンの前に、マルクス主義は土台から崩れていく。このような考察をおこなった一九七〇年代にコッレッティは共産党から離れ、クラクシの社会党へと舵を切る。だがそのクラクシはすでに社会的解放の計画を何もかも捨て去り、新自由主義者になっていた。政治的に腐敗しきったクラクシが汚職事件で断罪され国外へ逃亡すると、コッレッティは、狂信的な反共主義者でクラクシ風の政府システムを推し進めたメディア王、シルヴィオ・ベルルスコーニの片棒を担ぐ。いったいどうして、これほどラディカルな変身が可能だったのだろうか。どこから見ても裏切り行為にしか見えない転向を、考え方が変わったからと正当化できるだろうか。たとえば、ガリレオが占星術を信じていたことを発見するとして、このこと自体は微笑ましく、彼の思想にはまだ前科学的なところがあると分かるが、だからといって、ガリレオの科学のすべてを否定し去ることはできない。マルクスのなかに形而上学的概念を発見したからといって、かつて彼自身もあれほど語った搾取など存在しないかのように、資本主義の全面的な受容へと移るコッレッティには唖然とするしかない。見方を変える必要がありそうだ。すなわち、何かを、哲学的な探究の結果ではなく啓示のように信仰のように受け入れたのであれば、小さな亀裂のためにすべてが崩壊してしまうこともあるだろう。そして、信仰を失くした後はただ時の勝ち馬に乗るという選択肢が残るばかり。このように考えれば彼の転身も理解できるかもしれない。

問題は、同様の転身をした知識人がコッレッティだけではなかったことだ。自由主義へと電撃的な転身をおこなった脱走者は多かった。しかし忘れてはいけないが、ファシズム崩壊の時代にも同じことがあった。最後までムッソリーニの能力を信じると宣言していたファシスト知識人たちは、どこへ消えたのだろうか。突然誰もが共和主義者になり、民主主義者になり、社会主義者や共産主義者にすらなった。イタリアの文化的伝統のなかには、政治的妥協主義への癒しがたい傾向が存在するのだろうか。間違いに気づいても考え方を変えてはいけないなどと言いたいわけではない。ただ単なる日和見主義から動いた者たちがどれほどいたかと思う。

それでは、自由主義あるいはともかくアメリカに目を向けた知識人たち、唐突に転身したのではなく、それほど確信もしていないが、拒絶もしなかった者たち、いずれにせよ批判的な態度を保ちつづけた者たちについて述べる。

その一人はサルヴァトーレ・ヴェーカで、マルクス主義からロールズの契約論的正義論へと移り、新自由主義には敵対する。もう一人はパオロ・フローレス・ダルカイスで、進歩主義的なアメリカ哲学に関心を寄せ、いわゆる「リベラルな」穏健的進歩主義者となった。

ところで次の二人の教授の場合はまた異なり、逆風にもかかわらず自らの理念に忠実でありつづけた。コスタンツォ・プレーヴェとドメニコ・ロズルドである。ポストモダン文化のヘゲモニーのもと、マルクス主義は、フランスのポスト構造主義思想あるいはアメリカのカルチュラル・スタディーズを介して「ポストモダン的」理論に進むことができたが、これを拒否した彼らは二十年ほど日陰にいた。しかしベルルスコーニ政権末期の政治的危機の時代、学生たちの不満が大きくなりマルクス主義への関心が復活すると、再起の機会が訪れたのである。実際のところ、マルクス主義全盛の時代をまったく知らない世代は、マルクスについても何も知らず、これほど重要視されるマルクスの資本主義批判に興味を抱いたわけだ。

かくして二人のマルクス主義歴史家、プレーヴェとロズルドの再浮上は、イタリアン・セオリーとは無縁だが補完的な関係にある。もっともロズルドは、イタリアン・セオリーの歴史批判的な分析をテーマとして、新しいスタイルに接近しようとはした。たとえば彼の『自由主義の反歴史』（Losurdo 2005）は、ネグリやアガンベンではないが、ハーヴェイのようなイギリスのマルクス主義と同レベルのものを目指していた。しかしながら確実な資料と調査に裏づけられたロズルドの著作は、まるで最初のシーンを見るだけで最後が分かるアメリカ映画のようだった。ロズルドの議論の進め方は、アガンベンやカッチャーリとは反対に、線的というかまさに直線的なのである。

プレーヴェは、パリでイポリットのもとでヘーゲル主義、次にサルトルのもとで実存主義、そしてアルチュセールのもとでマルクス主義を研究した。イタリアに帰国すると、六八年の学生運動から生まれたプロレタリア民主党に入党し、後には党とともに共産主義再建党に合流する。ビデオも含めて無数に残されたインタヴューのなかで彼は、イタリアのマルクス主義思想家として、ロズルドと自分だけがフランスやドイツでも知られていると誇らしげに語っている。だがプレーヴェは、とりわけその晩年、ヘーゲル的観念論の内部でマルクスを哲学的に読み、マルクスの政治的性格も『資本論』の「科学的」経済分析も等閑にしたとして、他の潮流のマルクス主義者たちから非難を受ける。だがそれ以上に、イタリア左翼の世界で終生孤立するほど批判されたのは、新自由主義に対する共同戦線の名において右翼の院外党員と対話をはじめたことだった。それゆえ出版社からも遠ざけられ、最後には小さな極右出版社から本を出し、イメージをさらに傷つけることになった。こうして一種のポストファシストのマルクス主義者となり、アラン・ド・ブノアのようなフランスのポストファシスト右翼の知識人たちとも協力したのである。

続けてイタリアのポストファシストについて見ていこう。ウーゴ・スピリトは、共産主義に接近したファシストとして、ある意味でプレーヴェの鏡像と言える興味深い人物である。

超保守主義と秘教主義

ウーゴ・スピリト——コーポラティズムからプロブレマティシズムへ

シュミットは例外状態によって法律を部分的に宙吊りにし、そして独裁制へと移行する体制変容の基礎理論を築いた。イタリアで鍵概念となるのは、ジェンティーレがヘーゲルに依拠して展開した

「倫理的国家」、そして同じくヘーゲルの『法哲学要綱』を出典とするコーポラティズムの観念である。『法哲学要綱』第三部で国家論へと移る前に、ヘーゲルは国家の機能を解明する予備的考察として、社会的編成の二つの形式、家族とコーポレーションについて書いている。この二つの形式の上に国家が成立するのだ。さて、ムッソリーニは彼なりの仕方でマキャヴェッリ主義者であり、イタリアが堅固なひとつの国家になるには一人の君主(ムッソリーニ自身)が支配しなくてはならず、真の国家的精神に染まらない軟弱な人々を鉄の意志でもって動かさなくてはならないと考えた。したがって、免除の機能をもつ否定的自由を保持した市民社会を想定することなく、国家に属する市民の政治的現象のすべてが現われる地平としての全体主義国家を支持していた。つまりヘーゲルのヴィジョンは、イタリアで支配的だった哲学文化に一致していたばかりか、ムッソリーニの目的にも完全に一致していた。国家主義的機能においてマキャヴェッリを再発見したのは、まさに観念論だったのである。

ヘーゲルが「家族に対してコーポレーションは、市民社会に根ざした基盤、国家の第二の「倫理的」基盤を構成する」と書いたように、コーポレーションは倫理的国家に結びついている。すなわち、国家が家族とコーポレーションの上に成立するなら、市民社会は国家の権力からある程度自律的な「私的」領域を形成する必要はなく、ただ国家の内部でおのれの組織力を使い尽くすわけだ。こうして個人的幸福の追求と集団的幸福の追求が一致するのである。ヘーゲルは『法哲学要綱』のなかで次のように書いている。

コーポレーションの目的は[……]それ自体で普遍的な目的の内に、そしてそのような目的の絶対的な実現の内に、その固有の真実をもつ。同様にこの真実性は、外的な警察制度のなかの分裂についても、この制度の相対的同一性についても言える。市民社会の領域は、それゆえ、国家の内に入っていくのである。(§256本文)

警察制度の話はわきにおいておこう。なぜなら、まさにこの頃から警察は監視の意味に変わるが(社会の軍事的な管理よりもファシズム的だ)、ここではまだ政治的組織の十八世紀的意味で「警察」に触れているのだから。だが根本的な観念は、市民社会の経済的刺激を、国家を制限する力から国家の力に変換し、国家の内部に包摂する観念である。コーポレーションは国家の外部にいかなる自律的組織も存在しないように社会的諸力を組み込む〔コーポレートする〕のである。個人の目的が国家の利益から乖離しないように、国家は個人の自由の最後の地平でなくてはならない。だがヘーゲルは「国家の自由主義的概念に不備のあること」にも触れている。

国家が市民社会と取り違えられ、したがってその目的が安全と財産と私的自由の保護にあるとされるなら、諸個人の利益がまさに人々を団結させる最終目的となり、また同時に、国家の構成員であることは個々の気まぐれにもとづくことになる。(§258注)

したがって、コーポレーションは市民社会の合体〔コーポレート〕ではあるが、政治的権威、つまり「上位の機能である国家警察の監視」に従属しなくてはならない。それゆえこの原則に由来するファシズムの政策は、本質的に「国家主義的」なのだ。

このような言説を哲学的に行き着くところまで進めたのがウーゴ・スピリトである。彼は国家のコーポレート的形態の発展を理論の中心においたジェンティーレの弟子だった。この路線を歩みつづけたスピリトは、党内でも高い地位を得ていた。彼の理論にしたがえば、労働者は雇用者とともに生産的コーポレーションに参加し、政府の管理のもとで国益に寄与しなくてはならない。スピリトにとってそれはコーポレーションの論理の首尾一貫した展開であり、労働者を単に働く歯車のひとつにはしない。労働者の参加はある意味でシステマティックなものである。だがこの理論によって、風変わりな共産主義者＝ファシストと見なされた彼は、昇進の道を断たれてしまう。ムッソリーニの後ろ盾にもかかわらず、スピリトはますます影響力を失い、彼の日記によると「排斥された」のである。もっとも、今日の歴史家は正真正銘の排斥があったとは考えていない。決定の場から外されたという個人的な印象を無視することはできないが、スピリトは多くの重要な機会に登場しつづけた。ともかくスピリトがファシズムから離れようとしたことはない。それどころかベルリンと東京との鉄の枢軸（三国の首都のイニシャルを並べて、「ロベルト Ro-Ber-To」と呼ばれた）を熱烈に支持していた。

戦争が終わるとスピリトは、最後まで党に忠実だったファシズムの理論家の一人として起訴されるが、まさにファシズムの理論家として成功しなかったことが幸いし、無罪放免される。しかもスピリトの哲学的歩みは止まらない。ジェンティーレの行動主義を捨て、プロブレマティシズムを唱えはじめるのだ。これはポストモダンの祖先あるいは一種の先駆的ポストモダニズムと見なせるかもしれない。事実、スピリトはポストモダンの主人公たちと同じく、政治のシステムや理論のシステム、信仰はもちろんあらゆる確かさが崩れていくのを目の前にした。スピリトにとって、崩壊した最大のシステムはヘーゲルの観念論（ジェンティーレの行動主義経由だが）であり、ファシズム国家の政治計画に連なるあらゆる政治的信念であった。したがってスピリトは、解釈学的相対主義ではなく、いわばソクラテス主義にもとづく一種の「弱い思考」に向かう。つまり、最終的真実に達することはできないのだ。既成の解決に満足せず、どのような議論もつねに開かれていることを自覚し、ただ真実を探究する精神を堅固に保つこと。最終的なものではない単なる仮の真実、われわれが「弱い」と定義しうる真実だけが存在する。スピリトは悲劇的な態度を軽蔑し、かりそめの真実を探究する哲学的分析の肯定的側面を見るようにと言う。バンフィもまたプロブレマティシズムに賛同し、一時はまるで戦後イタリア哲学の最大の潮流になったかのようだった。だが、バンフィはこのプロブレマティシズムを超越論的でマルクス主義的な枠組みにはめ込もうとする。他方でスピリトは反体系的で反形而上学的、つまりプロトポストモダンなのだ。結局のところプロブレマティシズムは、哲学理論として足場を固めることはできなかった。イタリアは、マルクス主義が圧倒的な勢力を誇る一方で、ハイデガーとサルトルの実存主義が浮上しつつあり、同時に現象学、そして構造主義が現われ、時代は一九六〇年代に突入していくのである。

ともかくスピリトはイタリアの哲学界で活動を続け、哲学百科事典の出版事業を監修し、反ファシストの哲学者とも友好的関係を築いた。「風変わりな」知識人である彼は、自由民主主義に対しては終生敵意を抱き、それよりはいわゆる共産主義体制を好むと晩年になって宣言し、毛沢東の中国を偏愛していた。

ユリウス・エヴォラと伝統

ほとんど一九八〇年代まで生き延びたもう一人のファシスト知識人はユリウス・エヴォラである。エヴォラは若くしてダダ運動に関わり、フーゴ・バルの友人となり、トリスタン・ツァラとはもっと深い友情で結ばれていた。彼がツァラと共有していた思いは、第一次世界大戦の大殺戮のなかで難破したあらゆる価値を破壊すること、そして新しい別次元の価値あるいは秘密のメッセージに隠された価値を発見することである。すなわちエヴォラはダダ的ニヒリズムから出発し、伝統的ブルジョアのあらゆる価値をあざ笑い、それから、「秩序への呼びかけ」とともに、ニヒリズムを出て新グノーシス派的秘教主義へと進み、伝統の秘教的価値の探究に向かった。この時点でおそらくエヴォラは、保守革命から神話や神秘へと足を踏み入れた運動を代表する唯一のイタリア人だった。その上彼は、エリアーデやユンガーのように、文明の逆向きの発展、つまり科学から哲学へ、それから宗教、つまり秘教的宗教へ発展するという考えをもっていた。エヴォラは、西洋の伝統の主流(哲学、キリスト教、科学)を離れて、西洋の隠れた伝統へ、さらに東洋の伝統の再発見へと向かう。第一の伝統に関して錬金術の秘儀的意味について書いた文章は、ユングにも引用された。第二の伝統では、仏教のいくつかの局面を掘り下げ、信頼できる誠実な研究者としての名声すら得たのであった。ともかくこの仏教研究はかなり特異なもので、仏教の教義が一般にヨーロッパで言われるように受動性と諦観にあるのではなく、まさにその反対の性格をもつことを証明しようとしている。

それから彼の研究は、テンプル騎士団や聖杯伝説なども含めて、ありとあらゆる秘教的伝統の大海に沈んでいき、エヴォラは登山への情熱とともに右翼イメージの一典型になる。最後の皇帝派を自称し、ダンテが『帝政論』で描いた路線を継承すると言う。ダンテによると、皇帝は神学的に教皇と同じく他の仲介なくして神の承認を受けているのだった。

エヴォラはジェンティーレの行動主義と個人主義から、「絶対的個人」の概念(おそらくジェンティーレの思想を定義するための造語)を発展させるが、ニーチェの「超人」の影響を受けてもいる。

彼の最も重要な著作は『近代世界に対する反逆』(Evola 1934) だろう。これはヨーロッパの極右の古典的文献となった。実際に反逆の理論が語られるわけではなく、伝統的世界と現在の世界のシステムが対置される。第一部で彼は伝統的世界のあらゆる側面を取り上げる。なかでも特筆に値するのはセクシュアリティについてだろう。オットー・ヴァイニンガーの賛美者でその『性と性格』(Weininger 1903) を翻訳したエヴォラは、タントリズムのように性に精神的価値を認め、著書『性の形而上学』(Evola 1958) では、神秘主義的活動としての性、そして哲学的メタファーとしての性を語っている。

第二部では、歴史のなかで人間はおのれの条件を改善していくのではなく、ただ黄金時代から遠ざかるばかりだと述べ、反進歩主義的で反ダーウィン主義的な一種の歴史哲学に進む。それゆえ、彼の有名な表現によると、まず「廃墟のなかに立つ」必要がある。これは一種のスローガンとなり、エヴォラの言葉のなかに頻繁に現われるが、二つ例を挙げよう。「ただこれだけに専念すること、つまり廃墟の世界に立ちつづけること」(Evola 1934)。「重要かつ本質的なことは、新しい人間、抵抗する人間、廃墟に立つ人間の観念を実現するエリートを形成することである」(Evola 1950)。アメリカ自由主義の消費社会やソヴィエト共産主義の唯物論的世界の脅威から、ヨーロッパの伝統的アイデンティティを防衛しなくてはならないのである。

エヴォラは神秘主義的戦士の理想像として、ファシズムよりも右、戦後のヨーロッパで最右翼の知識人と見なされた。だが晩年になって秘教主義的な局面は終焉したと言い、自分の人種主義への非難は大きな歪曲と誤解に満ちていたと語る。彼自身はただ思想的な追究をおこなったにすぎないと言うのだが、イタリアの極右活動を政治的に支えたことも確かである。このためエヴォラはナチズムとの関係ばかりかテロリズムとの関係も疑われたが、政治的なテロ活動に直接関わったとは思えない。

エレミーレ・ゾッラの神秘主義

イェージが「右翼の」と定義する文化の知識人、エレミーレ・ゾッラは、政治的には右翼の人間ではなく、ファシストだったこともなく、とくに反民主主義者だったこともない。イタリアに暮らしたイギリス人芸術家の息子で、英語とイタリア語を母語とし、つねにコスモポリタンだった。とりわけ神秘主義、なかでも東洋の神秘主義に関心を抱き、シャーマンの文化から、禅、タントリズム、イスラムのスーフィズムまで、数多くの現象を研究した。彼もまたエリアーデの理論を愛し、いくつかの点でエヴォラと同じ文化的関心をもっていた。ゾッラは洗練された文化人であり、ローマ大学でイギリス文学の講座を担当していたが、本当に興味があったのはグノーシス派の哲学と東洋の宗教だった。またいかにもゾッラらしいが、驚くほど開かれた心をもち、ヒッピーなど若者たちの運動にも関心を寄せた。この点で彼は英米圏の神秘主義的文化のグルたちと似ている。晩年には、「世界から出る」経験をするためにテクノロジーにも近づき、ティモシー・リアリーのようなカウンターカルチャーの人物にも同調した。このようにゾッラは、秘教主義を愛好する多くの者とは異なり、技術に対する偏見もなく、より一般的な歴史的・文化的プロセスの考察に心を向けていた。

右翼思想

それでは「哲学的」な右翼思想の特徴は何だろうか。何よりもまず、すでに存在し、武力により保持される、階層的な秩序の観念がある。だが同時に、伝統主義者の観念にしたがえば、武力が権力の本質ではなく、その本質は神聖で象徴的な、魔術的とすら言えるまた別の権力に由来する。歴史のなかでこの神聖で魔術的な権力は、ただ下へと流れ落ちる源泉から噴き出している。その水はかつて澄み切っていたが、海に近づくほど濁っていく。したがって歴史は時の経つほどに悪化するのであり、「力」はますます弱くなるのである。この源泉の記憶はごく少数のエリートにしか守ることができない。するとエリート主義と階層社会には、ただ秩序を守るだけではなく、それ以上に力へとつながる伝統を継承する秘伝継承的な側面がある。この象徴的次元において、ひとつの権力、力は、歴史的性格をもたない。それは歴史のなかを通るが、それ自体は歴史的なものではなく、あらゆる瞬間に発見しうるものだ。しかし、歴史的時間が流れるにつれて堕落していき、時が経つほど見出すのは困難になる。そしてまた、高貴な精神的力に満たされていなければ、剣は真に強く有効なものとはならないだろう。この力そのものは死よりも強く、犠牲を厭わない。献身と勇気をもって死に対峙することが力の証明となるのだ。自己犠牲の精神が失われた文明は、もはや救いようもなく、破滅の道を歩むしかないのである。

このように「伝統主義的」な右翼思想を、引用も註釈もないが、彼らの傾向に注意しながら簡潔にまとめてみた。とりわけエリート主義があり、それゆえ大衆から遊離している。大衆は単なる働き手と見なされるか、あるいは低俗な目的しかもたない卑しい存在として軽蔑される。人々の日々の暮しの小さな物質的欲望しか見ないのであれば、大衆社会になって時の流れとともに堕落すると感じるのも理解できる。このままでは、どのような高貴な目的も達成できず、獲得できるものがあるとすれば、ただ低俗すれすれの平準化だけだろう。さらに、いわゆる死の宗教、通過儀礼による秘儀的な知、そして非歴史的で神秘的な次元（近づくには精神の修練が必要だ）の観念がある。

以下のことも付け加えなくてはならない。これらの観念はたしかに社会学的観点から見て荒唐無稽なものではない。構成員が共有する理想や社会的エトスがなければ、武力だけでは、巨大な帝国を治めることはできないだろう。実際のところローマ帝国は、軍隊は見事に組織されていたが、理想として共有する原理を失ったとき異民族に敗れはじめたのである。また大衆化が文化の低俗化を進めたのは本当であり、政策も商人と生産者の目的にしたがうばかりで、最後には金銭以外の価値は何も残らなくなってしまった。

しかし、同じ右翼の文化もこのような低俗化と無関係ではない。事実、右翼文化の「神話」の多くは低劣なファンタジー小説と変わらない。「黒い太陽」を崇拝するヒムラーの親衛隊がヴェヴェルスブルク城に設置した黒魔術のクラブのようなものが、気高く崇高な理想に参入する通過儀礼の形式になるはずがないだろう。光の騎士団やら「無敵の太陽」戦士やら。最後に、二十世紀の右翼体制が、高貴な理想の息吹に満たされ、全世界のために文明の灯台になったかと言えば、まさにその反対に野蛮の淵に沈んだわけで、明るく寛大な文明を築くどころか、無防備な人々を卑劣な仕方で迫害し、何百万ものユダヤ人を虐殺し、人類の歴史に最大の汚点を残したのである。

たとえば、犯罪者が素晴らしい着想を抱くこともあるだろう。犯罪者だからといってその思想をすべて無効にする道理はない。けれども犯罪者の思想のすべてを認めると、彼の観点から眺めるわけなので、その犯罪をも正当化することになる。したがって、比喩ではなく、ハイデガーやシュミットも含めてこれら右翼の思想家たちも興味深い思想をもちうるし、その思想を理解し発展させることも正当だろうが、その思想の全体を正しいと考えることはできない。あのような選択へと向かったのだから、そのなかには明らかに正しくないことがあったのだ。シュミットについては、現代の批評はつねに慎重な取捨選択をおこなってきたし、カルロ・ガッリのようなシュミット研究者もそうだった。しかしハイデガーに対しては異なり、誰もが無批判に受け入れてきたのである。イタリア思想、一般に大陸思想のこの数十年ほどの状況のなかで、これは真の不条理と言える。

最後にまさに政治哲学に戻れば、イタリアン・セオリーは、経済自由主義に反対するラディカル左翼のなかで、右翼保守主義の哲学を復活させているのではなかろうか。右翼思想にとってこれ以上に素晴らしい隠れ家はないだろう。すると、続いて浮上する疑問はこうである。イタリアン・セオリーにもひとつの疑問を突きつけざるをえない。イタリアン・セオリーが人気を博したのは、英米圏、とりわけマルクス主義には伝統的に厳しいアメリカだったが、それはまさにこのようにして、最新の流行哲学という口実のもとに、反動的哲学の内容に近づくことが可能となったからではなかろうか。以上の疑問に対してさまざまな答え方があるだろう。ここではひとつの喩え話をして、それなりに納得できそうな説明をしておこう。菓子業界でイタリアは、ヘーゼルナッツをくるんだチョコレートで有名である。このお菓子はどこがいいのだろう。どうしてこれほど売れるのだろう。われわれはチョコレートが好きだが、ヘーゼルナッツはチョコレートの風味に変化をつけるためなのだろうか。それとも反対に、われわれはヘーゼルナッツが好きで、チョコレートのおかげでヘーゼルナッツの味わいが変化するのが嬉しいのだろうか。あるいはチョコレートとヘーゼルナッツの組み合わせの効果が好きなのだろうか。魅惑的な抱擁と不意の拒絶の舞踊の内に赤と黒を結合させる、エキゾティックで心揺さぶる類まれな組み合わせというわけだろうか。さてそういうわけで、本書の言葉は、対立と融合の戯れにしか見えない舞踊に、何か変化を添えることができただろうか。これらすべての錯綜した状況を理性的に考察していただけたらと思う。

あとがき

本書はRoberto Terrosi, *Filosofia italiana contemporanea. Un'introduzione critica*, 2015を全訳したものである、といつもの翻訳書なら書きはじめるのだが、今回は少し事情が異なっている。本書はロベルト・テッロージ氏の書き下ろしである。イタリアではすでに何冊も著書のある氏だが（『ポストヒューマンの哲学』、『アートの概念史』、『東洋の美』など）、日本では本書が「処女作」となる。しばらく前から日本に在住している著者が、イタリアの思想的状況の現在を日本の読者に直接語りかけたものだ。いったいどのような本なのだろうと訝りながらこの「あとがき」のページを開いた方は、最初に戻って「はじめに」に目を通していただきたい。そこには本書のいわば方法論が記されてあり、どのような本であるのかも分かるはずだ。だが、ひとことだけ言い添えておこう。イタリアの諸事情はただそれだけでも興味深いが、仏独英米と交差するイタリアはどこか日本と似ている。つまりイタリアを媒介することによって、日本に暮らすぼくたちの状況もよりはっきりと把握できるのである。なお本書はその性格上、註はなく書誌情報のみが掲げられている（引用文献のタイトルは邦訳書に合わせたが、訳文は基本的に著者にしたがったことをお断わりしておく）。著者の意図通りの興味深い「読物」になったかどうか、これはひとえに訳者の責任である。では、本来のあとがきに譲ろう。（柱本元彦）

本書は二〇一五年までを守備範囲にしているが、それからいくらも経たないうちにイタリアの政治的・文化的状況はさらに大きく変わってきた。ここで現状にいたる流れを簡単に整理しつつ目下の動向に触れようと思う。

＊

世界に衝撃を与えたイタリア哲学、イタリアン・セオリーは、政治の哲学である。いわゆる「文明の衝突」する地政学的危機の時代、イタリアン・セオリーが批判の矛先を向けたのは、新自由主義とグローバリゼーションのイデオロギーに浸された権力のテクノロジーだった。時代の大きな枠組みを言えば、社会主義が歴史的な敗北を喫した後、イスラムのテロリズムと東洋の専制に挟まれながら、リベラル・デモクラシーと唯一機能する資本主義システムを移植する試みが続けられていた。しかし、一九八〇年代から君臨していた新自由主義は、二〇〇八年の世界的な経済危機によって大きな打撃を受ける。イタリアのような国は十年後の今もなお危機的状態を脱していないが、まさにそれゆえにイタリアン・セオリーが注目を集め、たとえばウォール・ストリート占拠の若者たちにも影響を与えたのだった。

けれども危機が招いたのはトマトソースの批判理論ばかりではない。SNSやYouTubeのようなメディアを通して、怪しげな理論が際限なく増殖しはじめた。いくつかの哲学概念、たとえば「主権／至上権」などは、デジタル・ミキサーを通過すると、以前とは似ても似つかない姿で再登場する。実際のところ、シュミット、ベンヤミン、アガンベン、ナンシーらの政治理論の術語だった主権／至上権は、国際金融市場の干渉を嫌うノー・グローバルの合言葉になり、最後にはナショナリズムを語るための新しい言葉、逆説的にもネオファシストの言葉になってしまった。

イタリアだけではない。フランスやイギリスやアメリカなど、西洋世界のあらゆる国でこのように展開したのであり、ドナルド・トランプが大統領となったアメリカでは、グローバリゼーションに反対する保護主義的な政策もとられはじめた。だがイタリアはこの方面でも関心を集めている。イタリアを国際的な右翼ポピュリズムの牙城と見なしている知識人のなかには、たとえば、一方にはトランプ大統領の元上級顧問官でオルタナ右翼のリーダー、スティーヴン・バノンがおり、他方にはウラジーミル・プーチン大統領の顧問を務める政治理論家、アレクサンドル・ドゥーギンがいる。この二人はまた、本書の最後で紹介したイタリア右翼過激派の精神的指導者、ユリウス・エヴォラの賛美者でもあった。

新自由主義の黎明期にリオタールは、『ポストモダンの条件』でこう書いていた。イデオロギー（大きな物語）が危機に瀕しても、いずれにせよ政治の世界を支配するのは、大企業と同じくマーケティングを通して合意を操作する大政党である、と。であれば、選挙の過程はコミュニケーションとイメージのキャンペーンを通して販売される商品と何ら変わりはない。政党は広告塔的候補者とエリートを区別しながら動いているわけだ。このような経営主義的で虚無主義的な政党観が既成政党の弱体化を招き、ポピュリズムを後押ししたのである。ポピュリズムの運動は、この歴史的局面のシンボルとなったプーチンのような強力なリーダー（いわゆるストロング・マン）に支えられ、もはや政党的な構造をもってはいない。

したがって、新自由主義的楽観論の危機、つまり自動制御する市場の凋落、イデオロギーの危機に続いた政党の危機、戦前のようなカリスマ的権力の再登場、人権の名を掲げた多様性推進政策（低賃金の労働者を獲得するためでもある）に対して外国人排斥に動く人種主義的右翼の復活、こうしたことが歴史的な断絶を決定づけたのである。まさに新自由主義の時代の終焉を告げているように見えた。けれども世界的レベルの経済関係は、自由貿易に対するアメリカの拒否、そしてアメリカと中国の貿易戦争を例外として、以前からさほど変化しているわけではない。もちろん、保護主義と中国政府主導のアフリカ発展政策のために、グローバリゼーションが決定的に転覆することもありうるのだが。

このような歴史的な転回期に、ほんの少し前まで予言者のように語っていたイタリアン・セオリーの主人公たちは、なぜかほとんど口を閉ざしてしまった。政治的な変化を先導していたのがイタリアだったことを考えれば、実に奇妙なことだ。もはや彼らには言いたいことがないのだろうか。そうとは思えない。だがインターネットの文化が、いわゆるハイ・カルチャーのすべてに軽蔑の眼差しを向けると、突然、聴衆もまた変わってしまったのである。本書のなかで「ラディカル・シック」について述べたが、この言葉はアメリカの作家でジャーナリストのトム・ウルフが用いた造語だった（Tom Wolfe, *Radical Chic & Mau-Mauing the Flak Catchers*, 1970）。しかし近年、左翼知識人とそのシンパに対するポピュリストの攻撃を象徴する言葉となった。そして、高度な知識への批判は人文学だけでなく科学に対しても向けられる。ネットに蔓延するオルタナティヴ理論は科学的な根拠に欠けてはいるが、科学者の見解と権力の結びつきを仄めかして科学の信用を失墜させた。たとえば、子供に予防接種をさせない親がずいぶんと増えたが、彼らの多くは製薬会社と癒着した免疫学者がワクチンの危険性を隠していると考えている。

知に対する不信は、ハイ・カルチャーと読者のコミュニケーションの危機（ポストモダン時代の反動とも言える）を反映してもいるが、このような危機のなかでイタリアの哲学には現在二つの状況がある。一方には、ポピュラー音楽のスターを誕生させるのと同じように、若い哲学者をスカウトして出版市場に引き出そうとするメディア産業がある。ポピュラー音楽の場合でもどうかと思うが、これが哲学の分野になるとグロテスク以外の何ものでもなく、このようなポップ哲学者の名は本書でも挙げていない。他方には、アカデミズムの外にいる研究者の動きがある。実際のところ、不透明かつ技術主義的な運営方針のために、大学にいるのは凡人でなければ専門家ばかり、時代の問題に対峙しようとする者はいなくなった。鋭敏な才能に大学は門戸を閉ざしたのだ。彼らは芸術系の大学へと流れたが、そこもいっぱいになると今度は高等学校の教師になった。今日、イタリア哲学の最もクリエイティヴな場はおそらく高等学校にある。たしかにその大半は類型的な研究なのだろうが、これが重要なバックグラウンドとなって活発な議論が繰り広げられている。雑誌『アルファベータ2』（本書でも触れた『アルファベータ』の後継誌）には、このような若い思想家たちのテクストを専門に取り上げるコーナーもあるのだ。要するに、イタリアは眠っているわけではない。不安定だが注目に値するような動きが都度絶え間なく生まれ、生まれては消えていく。思想史、政治理論、社会科学の研究者が、この万華鏡から目を逸らすことはできそうにないのである。

最後に謝辞を述べておきたい。まずは、この大部の厄介至極な仕事を快く引き受けてくれた翻訳者の柱本元彦氏、そして、単なる紹介ではなく、イタリア現代思想を批判的に概観・検討する本書の執筆を促し、大量の原稿をしっかりと本にしてくれた編集者の松井純氏に感謝したい。また、水野千依教授（青山学院大学）の援助と理解がなければ、そもそも本書が存在することはなかったはずだ。イタリア現代思想に造詣の深い岡田温司教授（京都大学大学院）からも多大な示唆を得た。ポストモダンやイタリアン・セオリーについてよく語り合ったものだが、事実、岡田教授のおかげで、わたしはアガンベンやエスポジトといった思想家を「再発見」したのである。同様に、ニューヨーク州立大学ストーニーブルック校の故ヒュー・シルヴァーマン教授からは、イタリアの思想家がアメリカでどれほど評価されているかを教えていただいた。フランコ・ベラルディ（Bifo）氏からの助言もありがたく、それは第一部に多く反映されている。

今年一月に亡くなったマリオ・ペルニオーラ氏には特別の感謝と深い哀悼の意を捧げたい。かけがえのない友人でもあったこの恩師の教えに、生意気な不肖の弟子が負うところはあまりにも大きい。本書にも彼の影響は現われている。テーマを掘り下げて哲学的探究をおこなうだけではなく、認知的な作業が必要なことを教えてくれたのもペルニオーラ氏である。氏自身、実験的な哲学書を発表するかたわら、『現代美学』（Mario Perniola, *Estetica contemporanea*, Bologna: Il Mulino, 2011）のような正真正銘の手引、つまり歴史的認知の書物を著し、最後には『現代のイタリア美学』（Id., *Estetica italiana contemporanea*, Milano: Bompiani, 2017）を遺したのだった。

二〇一八年十一月　京都

ロベルト・テッロージ

人名索引

ア行

アイヒマン，アドルフ・オットー　Adolf Otto Eichmann (1906–62)　236, 290
アインシュタイン，アルバート　Albert Einstein (1879–1955)　206
アヴィケンナ（イブン・スィーナー）　Avicenna (Abū 'Alī al-Husayn ibn Abdullāh ibn Sīnā al-Bukhārī) (980–1037)　318
アヴェロエス（イブン・ルシュド）　Averroes (Abū al-Walīd Muḥammad ibn 'Aḥmad ibn Rušd) (1126–98)　137, 217
アウグスティヌス，アウレリウス　Aurelius Augustinus (354–430)　337
アガンベン，ジョルジョ　Giorgio Agamben (1942–)　9, 16-18, 20, 23, 33, 36-39, 50, 53, 54, 74-91, 97-99, 105-112, 119, 120, 125, 129-131, 137, 142-144, 152, 157, 163, 168-171, 175, 178, 179, 181, 186, 187, 191-194, 197-209, 212-215, 218, 231, 232, 238, 247, 281, 308, 319, 320, 322, 324, 332, 345, 353, 355-358, 390, 405, 421
アクィナス，トマス　Thomas Aquinas (c.1225–74)　199, 361, 377, 405
アシュビー，ウィリアム・ロス　William Ross Ashby (1903–72)　358
アスマン，アライダ　Aleida Assmann (1947–)　183
アスマン，ヤン　Jan Assmann (1938–)　180, 181, 183, 185
アソル・ローザ，アルベルト　Alberto Asor Rosa (1933–)　32
アッバニャーノ，ニコラ　Nicola Abbagnano (1901–90)　377, 378
アド，ピエール　Pierre Hadot (1922–2010)　324
アトラン，アンリ　Henri Atlan (1931–)　349
アドルノ，テオドール　Theodor Ludwig Adorno-Wiesengrund (1903–69)　53, 250, 271, 291, 334
アドルノ，フランチェスコ　Francesco Adorno (1921–2010)　403, 405
アーペル，カール＝オットー　Karl-Otto Apel (1922–2017)　115, 313
アポリネール，ギヨーム　Guillaume Apollinaire (1880–1918)　153, 154, 321
アマルリック　Amalrico di Bène (?–c.1206)　107, 109
アモローソ，レオナルド　Leonardo Amoroso (1952–)　255
アリギ，ジョヴァンニ　Giovanni Arrighi (1937–2009)　253
アリストテレス　Aristotelēs (384–322B.C.)　82, 95, 108, 137, 143, 164, 272, 282, 284, 356, 361, 366, 404-406, 410
アルガン，ジュリオ・カルロ　Giulio Carlo Argan (1909–92)　280, 403
アルキメデス　Archimedes (c.287–212B.C.)　402

アルキュタス　Archytas (428-347B.C.)　402
アルチュセール，ルイ　Louis Pierre Althusser (1918-90)　19, 34, 251, 268, 358, 422
アルファーノ・ミリエッティ，フランチェスカ　Francesca Alfano Miglietti (1957-)　231, 233
アレッシオ，フランコ　Franco Alessio (1925-99)　411
アーレント，ハンナ　Hannah Arendt (1906-75)　16, 77, 79, 83, 191, 237, 247, 291, 346
アンダース，ギュンター　Günther Anders (1902-92)　236, 247, 291, 357, 367
アンチェスキ，ルチャーノ　Luciano Anceschi (1911-95)　278
アンティセリ，ダリオ　Dario Antiseri (1940-)　407, 411
アンドレオッティ，ジュリオ　Giulio Andreotti (1919-2013)　417
イェージ，フリオ　Furio Jesi (1941-80)　319, 320, 322, 332, 333, 429
イポリット，ジャン　Jean Hyppolite (1907-68)　17, 421
イヨネスコ，ウジェーヌ　Eugène Ionesco (1909-94)　271, 273
イリガライ，リュス　Luce Irigaray (1930-)　344, 346
イル・マニフィコ，ロレンツォ　Lorenzo (il Magnifico) de' Medici (1449-92)　255
インファンテ，カルロ　Carlo Infante (1955-)　232
ヴァイニンガー，オットー　Otto Weininger (1880-1903)　428
ヴァイラーティ，ジョヴァンニ　Giovanni Vailati (1863-1909)　28
ヴァッサッロ，ニコラ　Nicola Vassallo (1963-)　390, 391
ヴァッティモ，ジャンニ　Gianni Vattimo (1936-)　24, 36, 215, 241, 246-250, 252, 254, 255, 259, 261, 262, 266, 281, 285-289, 310, 311, 320, 329, 336-338, 349, 352, 362, 378, 394, 395
ヴァルツィ，アキッレ　Achille Varzi (1958-)　390, 391
ヴィーコ，ジャンバッティスタ　Giambattista Vico (1668-1744)　21, 210, 348, 387, 397
ヴィダル＝ナケ，ピエール　Pierre Vidal-Naquet (1930-2006)　317, 409, 410
ヴィターレ，ナンド　Nando Vitale (1953-)　230, 232
ヴィティエッロ，ヴィンチェンツォ　Vincenzo Vitiello (1935-)　221
ヴィトゲンシュタイン，ルートヴィヒ　Ludwig Josef Johann Wittgenstein (1889-1951)　244, 269, 270, 332, 357, 376, 386-390
ウィーナー，ノーバート　Norbert Wiener (1894-1964)　358
ウィルソン，エドワード・オズボーン　Edward Osborne Wilson (1929-)　144
ヴィルノ，パオロ　Paolo Virno (1952-)　10, 23, 38, 39, 86, 109, 128, 133-138, 143, 218-221
ヴィローリ，マウリツィオ　Maurizio Viroli (1952-)　418
ヴェイユ，シモーヌ　Simone Weil (1909-43)　18, 112, 123, 125
ヴェーカ，サルヴァトーレ　Salvatore Veca (1943-)　378, 379, 421
ヴェジェッティ，マリオ　Mario Vegetti (1937-2018)　408-411

ヴェーヌ，ポール　Paul-Marie Veyne (1930-)　318
ヴェーバー，マックス　Max Weber (1864–1920)　313
ヴェルディリョーネ，アルマンド　Armando Verdiglione (1944-)　270-273
ヴェルナン，ジャン＝ピエール　Jean-Pierre Vernant (1914–2007)　317, 409-411
ヴェンダース，ヴィム　Wim Wenders (1945-)　335
ヴォイティワ（教皇ヨハネ・パウロ２世）　Karol Józef Wojtyła (1920–2005)　331
ヴォルピ，フランコ　Franco Volpi (1952–2009)　298, 311-313, 315, 362
ヴォルフ，クリスティアン　Christian Wolff (1679–1754)　21
ウトチェンコ，セルゲイ・リヴォーヴィチ　Sergei Lvovich Utchenko (1908–76)　409
ヴント，ヴィルヘルム　Wilhelm Maximilian Wundt (1832–1920)　382
エイヤー，アルフレッド　Alfred Jules Ayer (1910–89)　358, 389
エヴォラ，ユリウス　Julius Evola (1898–1974)　333, 400, 426-429, 435
エーコ，ウンベルト　Umberto Eco (1932–2016)　24, 241, 254, 258, 261, 286, 313, 352, 353, 355, 360
エスポジト，ロベルト　Roberto Esposito (1950-)　10, 17, 18, 21-23, 38, 41, 54, 77, 86-91, 99, 112-128, 131, 135, 157, 163, 173-178, 181, 186, 187, 189, 191, 210, 213, 215-217, 221, 222, 237, 256, 259, 352
エックハルト　Meister Eckhart (c.1260–c.1328)　315, 347
エリアーデ，ミルチャ　Mircea Eliade (1907–86)　317, 319, 403, 427, 429
エルドリッジ，ナイルズ　Niles Eldredge (1943-)　349
エンゲルス，フリードリヒ　Friedrich Engels (1820–95)　343
エンペドクレス　Empedocles (c.494–c.434B.C.)　402
押井守 (1951-)　227
オースタン，ミシェル　Michel Austin (1943-)　409
オッカム（のウィリアム）　William of Ockham (1285–1347)　22
オディフレッディ，ピエルジョルジョ　Piergiorgio Odifreddi (1950-)　398

カ行

カイヨワ，ロジェ　Roger Caillois (1913–78)　112
カヴァッリ＝スフォルツァ，ルイジ　Luigi Cavalli-Sforza (1922–2018)　397
カヴァーニ，リリアーナ　Liliana Cavani (1933-)　246, 247
カヴァレーロ，アドリアーナ　Adriana Cavarero (1947-)　344-346
カスパル，フィリップ　Philippe Caspar (1953-)　121, 125
ガダマー，ハンス＝ゲオルク　Hans-Georg Gadamer (1900–2002)　20, 248, 285, 286, 289, 300, 308, 309, 362, 408
ガタリ，フェリックス　Pierre-Félix Guattari (1930–92)　34, 50, 56, 218
カッチャーリ，マッシモ　Massimo Cacciari (1944-)　10, 23, 24, 32, 35, 53, 54, 131, 157,

169, 171-174, 178, 181, 186, 187, 218, 242, 246, 247, 254, 270, 278, 286, 316, 319, 320, 329, 332-336, 347, 353, 354, 359, 360, 362, 365, 421
ガッリ，カルロ　Carlo Galli (1950-)　158, 432
ガッレーゼ，ヴィットリオ　Vittorio Gallese (1959-)　382, 384
ガッローニ，エミリオ　Emilio Garroni (1925-2005)　278, 279, 374
カネヴァッチ，マッシモ　Massimo Canevacci (1942-)　232
カプッチ，ピエル・ルイジ　Pier Luigi Capucci (1955-)　231, 233
カペッキ，マリオ　Mario Capecchi (1937-)　397
カミュ，アルベール　Albert Camus (1913-60)　30
ガリレイ，ガリレオ　Galileo Galilei (1564-1642)　205, 398
ガリンベルティ，ウンベルト　Umberto Galimberti (1942-)　353, 354, 361, 362, 365-368
ガルガーニ，アルド　Aldo Giorgio Gargani (1933-2009)　243, 244, 389
カルキア，ジャンニ　Gianni Carchia (1947-2000)　254, 282, 320-322, 332
カルデローニ，マリオ　Mario Calderoni (1879-1914)　28
ガレノス　Claudius Galenus (c.129-c.200)　410
ガレン，エウジェニオ　Eugenio Garin (1909-2004)　377
カロニア，アントニオ　Antonio Caronia (1944-2013)　227, 231
カンギレム，ジョルジュ　Georges Canguilhem (1904-95)　42, 43, 89
カンティモーリ，デリオ　Delio Cantimori (1904-66)　157
カント，イマヌエル　Immanuel Kant (1724-1804)　11, 20-22, 28, 113, 117, 151, 195, 216, 244, 279, 280, 283, 284, 297, 299, 305, 321, 339, 374, 392, 404, 406
カントーロヴィチ，エルンスト　Ernst Kantorowicz (1895-1963)　216
カンパーナ，ディーノ　Dino Campana (1885-1932)　321
カンパネッラ，トンマーゾ　Tommaso Campanella (1568-1639)　18
キケロ，マルクス・トゥッリウス　Marcus Tullius Cicero (106-43B.C.)　116, 119, 409
キッシンジャー，ヘンリー　Henry Alfred Kissinger (1923-)　14, 145, 175
ギブソン，ウィリアム　William Ford Gibson (1948-)　226
キャラヴェッタ，ピーター　Peter Carravetta (1951-)　266
ギヨーム，ギュスターヴ　Gustave Guillaume (1883-1960)　206, 207
ギヨーム・ド・シャンポー　Guillaume de Champeaux (c.1070-1121)　394
キルヒナー，エルンスト・ルートヴィヒ　Ernst Ludwig Kirchner (1880-1938)　153
ギレルム，アラン　Alain Guillerme (1955-)　220
キング，スティーヴン　Stephen Edwin King (1947-)　131, 226, 227, 390
グァルネーリ，エルマンノ（ゴンマ）　Ermanno Guarneri (Gomma) (1961-)　230
グイッチャルディーニ，フランチェスコ　Francesco Guicciardini (1483-1540)　338

クジナート，グイド　Guido Cusinato (生年不詳)　237
クセナキス，ヤニス　Iannis Xenakis (1922–2001)　273
グッドマン，ネルソン　Nelson Goodman (1906–98)　358
クノー，レーモン　Raymond Queneau (1903–76)　97
クービン，アルフレート　Alfred Kubin (1877–1959)　270
クプカ，フランティセック　František Kupka (1871–1957)　321
クラウゼヴィッツ，カール・フォン　Carl Philipp Gottlieb von Clausewitz (1780–1831) 164
クラクシ，ベッティーノ　Bettino Craxi (1934–2000)　177, 419
グラッシ，エルネスト　Ernesto Grassi (1902–91)　376
グラッセッリ，ジュリオ　Giulio Grasselli (1902–92)　376
クラマー，ハンズ　Hans Krämer (1929–2015)　408
グラムシ，アントニオ　Antonio Gramsci (1891–1937)　28-30, 51, 263, 416, 419
クリステヴァ，ジュリア　Julia Kristeva (1941–)　103, 344
グリュックスマン，アンドレ　André Glucksmann (1937–2015)　271
グールド，スティーヴン・ジェイ　Stephen Jay Gould (1941–2002)　137, 349
クレー，パウル　Paul Klee (1879–1940)　333
クレスピ，フランコ　Franco Crespi (1930–)　255
クレメンス（アレクサンドリアの）　Titus Flavius Clemens (c.150–c.215)　294, 295
クロソウスキー，ピエール　Pierre Klossowski (1905–2001)　246, 324
クローチェ，ベネデット　Benedetto Croce (1866–1952)　20, 28, 29, 245, 278, 375, 376, 403
グロッソ，ルイザ　Luisa Grosso (1965–)　360
クローネンバーグ，デヴィッド　David Paul Cronenberg (1943–)　226
クロムウェル，オリバー　Oliver Cromwell (1599–1658)　139
クワイン，ウィラード・ヴァン・オーマン　Willard van Orman Quine (1908–2000) 358, 389, 390
クーン，トーマス　Thomas Samuel Kuhn (1922–96)　312
ゲーテ，ヨハン・ヴォルフガング・フォン　Johann Wolfgang von Goethe (1749–1832) 347
ケルスス，アウルス・コルネリウス　Aulus Cornelius Celsus (c.25B.C.–c.50A.D.)　325
ケルゼン，ハンス　Hans Kelsen (1881–1973)　81, 87, 151, 319
ケレーニイ，カール　Karl Kerenyi (1897–1973)　317, 319, 320, 403
ゲーレン，アルノルト　Arnold Gehlen (1904–76)　15, 87, 122, 137, 156, 235-237, 300, 367
コイレ，アレクサンドル　Alexandre Koyré (1892–1964)　399
コジェーヴ，アレクサンドル　Alexandre Kojève (1902–68)　97, 104, 215

コスタ，ヴィンチェンツォ　Vincenzo Costa (1964-)　379
コスタ，フィリッポ　Filippo Costa (生年不詳)　255
コスタ，マリオ　Mario Costa (1936-)　221
コッリ，ジョルジョ　Giorgio Colli (1917-79)　245, 246, 301, 404, 405
コッレッティ，ルーチョ　Lucio Colletti (1924-2001)　419, 420
コモッリ，ジャンピエロ　Giampiero Comolli (1950-)　255
ゴルギアス　Gorgias (487-376B.C.)　369
コルデスキ，ロベルト　Roberto Cordeschi (1946-2014)　400, 401
コルバン，アンリ　Henry Corbin (1903-78)　317, 320, 334
今敏 (1963-2010)　227

サ行

サヴィニー，フリードリヒ・カール・フォン　Friedrich Carl von Savigny (1779-1861) 216
サヴィニオ，アルベルト　Alberto Savinio (1891-1952)　320, 368
サヴィニオ，ルッジェーロ　Ruggero Savinio (1934-)　320
サヴォナローラ，ジロラモ　Girolamo Savonarola (1452-98)　291
サッソ，ジェンナーロ　Gennaro Sasso (1928-)　374
サッチャー，マーガレット　Margaret Hilda Thatcher (1925-2013)　156, 252, 331
ザハヴィ，ダン　Dan Zahavi (1967-)　379
サール，ジョン　John Rogers Searle (1932-)　389
サルヴァトーレス，ガブリエーレ　Gabriele Salvatores (1950-)　227
サルトーリ，ジョヴァンニ　Giovanni Sartori (1924-2017)　414-416
サルトル，ジャン＝ポール　Jean-Paul Charles Aymard Sartre (1905-80)　22, 30, 34, 43, 247, 254, 269, 292, 421, 426
ザロメ，ルー　Lou Andreas-Salomé (1861-1937)　247
ジヴォーネ，セルジョ　Sergio Givone (1944-)　241, 286, 311, 312, 315, 316, 319, 321, 323, 352, 362
ジェイムズ，ウィリアム　William James (1842-1910)　21, 317
ジェイモナト，ルドヴィーコ　Ludovico Geymonat (1908-91)　348, 378, 387, 397, 398, 409
シェーラー，マックス　Max Scheler (1874-1928)　122, 236, 237, 300, 377
シェリング，フリードリヒ　Friedrich Wilhelm Joseph von Schelling (1775-1854)　217
シェルシ，ラッファエーレ（ラフ・ヴァルヴォラ）　Raffaele Scelsi (Raf Valvola) (1957-) 227, 230
ジェンクス，チャールズ　Charles Alexander Jencks (1939-)　266-268, 313
ジェンティーレ，ジョヴァンニ　Giovanni Gentile (1875-1944)　20, 21, 28, 29, 375,

376, 400, 403, 416, 422, 425, 427
シクスー，エレーヌ　Hélène Cixous (1937-)　344
シーニ，カルロ　Carlo Sini (1933-)　286, 378, 379
シモンドン，ジルベール　Gilbert Simondon (1924-89)　89, 90, 109, 121, 137
ジャッコーニ，リッカルド　Riccardo Giacconi (1931-2018)　397
シャボー，フェデリーコ　Federico Chabod (1901-60)　17
ジャンケレヴィッチ，ウラジミール　Vladimir Jankélévitch (1903-85)　215
ジャンナントーニ，ガブリエーレ　Gabriele Giannantoni (1932-98)　362, 405, 407, 409, 411
ジュネット，ジェラール　Gérard Genette (1930-2018)　268
シュペングラー，オスヴァルト　Oswald Arnold Gottfried Spengler (1880-1936)　347
シュミット，カール　Carl Schmitt (1888-1985)　15, 37, 39, 81, 87, 103, 122, 145, 148-165, 167-169, 171, 174-176, 178-182, 184, 185, 187-189, 197, 199, 212, 260, 293, 329, 416, 422, 431, 432
シュライエルマッハー，フリードリヒ　Friedrich Daniel Ernst Schleiermacher (1768-1834)　279, 288
シュリック，モーリツ　Moritz Schlick (1882-1936)　348, 386, 387
シュンペーター，ヨーゼフ　Joseph Alois Schumpeter (1883-1950)　169
ショーペンハウアー，アルトゥル　Arthur Schopenhauer (1788-1860)　284, 304, 368, 369, 392
ジョレッロ，ジュリオ　Giulio Giorello (1945-)　398
ショーレム，ゲルショム　Gershom Gerhard Scholem (1897-1982)　320, 331
ジラール，ルネ　René Girard (1923-2015)　91, 123, 126, 127, 337
ジンメル，ゲオルク　Georg Simmel (1858-1918)　347
ズガランブロ，マンリオ　Manlio Sgalambro (1924-2014)　26, 354, 368-370, 403
スターリン，ヨシフ　Joseph Stalin (1878-1953)　101, 331
スターリング，ブルース　Michael Bruce Sterling (1954-)　226, 230
ストローソン，ピーター・フレデリック　Peter Frederick Strawson (1919-2006)　358, 389
スピニッチ，パオロ　Paolo Spinicci (1958-)　379
スピノザ，バルーフ　Baruch De Spinoza (1632-77)　37, 68, 128, 131, 132, 134, 135, 158, 159, 217
スピリト，ウーゴ　Ugo Spirito (1896-1979)　422-426
スフラワルディー，シャハーブッディーン　Shahāb al-Dīn Suhrawardī (1155-91)　318
スミス，アダム　Adam Smith (1723-90)　47, 100, 414
スレザック，トーマス　Thomas Szlezák (1940-)　408
セヴェリーノ，エマヌエーレ　Emanuele Severino (1929-)　305, 308, 309, 311, 353,

354, 360-365, 367, 378, 400
ゼッキ，ステファノ　Stefano Zecchi (1945-)　282
セリーヌ，ルイ＝フェルディナン　Louis-Ferdinand Céline (1894-1961)　15
ソクラテス　Socrates (c.469-399B.C.)　405, 407
ソシュール，フェルディナン・ド　Ferdinand de Saussure (1857-1913)　353
ゾック，アンドレア　Andrea Zhok (1967-)　237
ゾッラ，エレミーレ　Elémire Zolla (1926-2002)　400, 429
ソフリ，アドリアーノ　Adriano Sofri (1942-)　32
ソレージ，エンツォ　Enzo Soresi (1938-)　366

タ行

タウベス，ヤーコプ　Jacob Taubes (1923-87)　180-182, 187-189, 193, 194, 197, 199, 320
ダゴスティーニ，フランカ　Franca D'Agostini (1952-)　388
ダヌンツィオ，ガブリエーレ　Gabriele D'Annunzio (1863-1938)　299
ダマシオ，アントニオ　Antonio Damasio (1944-)　366, 384
ダメット，マイケル　Michael Anthony Eardley Dummett (1925-2011)　390
ダルカイス，パオロ・フローレス　Paolo Flores d'Arcais (1944-)　421
タルスキ，アルフレート　Alfred Tarski (1901-83)　307
ダル・ラーゴ，アレッサンドロ　Alessandro dal Lago (1947-)　254
ダンテ・アリギエーリ　Dante Alighieri (1265-1321)　173, 427
ダントー，アーサー　Arthur Coleman Danto (1924-2013)　279, 359
チェルーティ，マウロ　Mauro Ceruti (1953-)　348, 349, 401
チョムスキー，ノーム　Avram Noam Chomsky (1928-)　358
ツァラ，トリスタン　Tristan Tzara (1896-1963)　426, 427
ツルゲーネフ，イワン・セルゲーエヴィチ　Ivan Sergeevich Turgenev (1818-83)　315
ディアーノ，カルロ　Carlo Alberto Diano (1902-74)　403-405, 408, 412
ディオニジ，ロベルト　Roberto Dionigi (1941-98)　246, 353, 358-360
ディッキー，ジョージ　George Dickie (1926-)　279
ディック，フィリップ・K.　Philip Kindred Dick (1928-82)　226
ディディ＝ユベルマン，ジョルジュ　Georges Didi-Huberman (1953-)　193
デカルト，ルネ　René Descartes (1596-1650)　21, 249, 283, 357, 366, 392, 406
デ・キリコ，ジョルジョ　Giorgio de Chirico (1888-1978)　205
デ・サルロ，フランチェスコ　Francesco de Sarlo (1864-1937)　375
デッラ・ヴォルペ，ガルヴァーノ　Galvano della Volpe (1895-1968)　419
テッラノーヴァ，ティツィアーナ　Tiziana Terranova (1967-)　237
テッロージ，カルロ　Carlo Terrosi (1962-)　231
デネット，ダニエル　Daniel Clement Dennett III (1942-)　349, 381, 382

デ・マルティーノ，エルネスト　Ernesto de Martino (1908-65)　319
デ・ミータ，チリアコ　Luigi Ciriaco De Mita (1928-)　417
デューイ，ジョン　John Dewey (1859-1952)　378
デュシャン，マルセル　Marcel Duchamp (1887-1968)　279
デュフレンヌ，ミケル　Mikel Dufrenne (1910-95)　278
デュメジル，ジョルジュ　Georges Dumézil (1898-1986)　320
デュラス，マルグリット　Marguerite Duras (1914-96)　102
デュルケム，エミール　Émile Durkheim (1858-1917)　319
デリダ，ジャック　Jacques Derrida (1930-2004)　11, 17, 19, 92, 98, 209, 268, 269, 320, 411
デ・ルッジェーロ，グイド　Guido De Ruggiero (1888-1948)　376
デル・ノーチェ，アウグスト　Augusto del Noce (1910-89)　416, 417
テンニース，フェルディナント　Ferdinand Tönnies (1855-1936)　115, 118, 120, 143
ドゥティエンヌ，マルセル　Marcel Detienne (1935-)　317, 410
ドゥボール，ギー　Guy Debord (1931-94)　19, 232, 261, 262, 264
ドゥルーズ，ジル　Gilles Deleuze (1925-95)　17, 19, 20, 34, 50-52, 54, 56-63, 68, 69, 75, 77, 89-92, 98, 214, 216, 237, 246, 251, 259, 264, 324, 355
ドゥルベッコ，レナート　Renato Dulbecco (1914-2012)　396, 397
ドゥンス・スコトゥス，ヨハネス　Johannes Duns Scotus (c.1266-1308)　102
ドッズ，エリック　Eric Robertson Dodds (1893-1979)　318
トッツィ，トンマーゾ　Tommaso Tozzi (1960-)　227
ドノソ・コルテス，フアン　Juan Francisco María de la Salud Donoso Cortés y Fernández Canedo (1809-53)　159, 329, 370
トムソン，ジョージ　George Derwent Thomson (1903-87)　409
ドラーギ，マリオ　Mario Draghi (1947-)　220
ドルフレス，ジッロ　Gillo Dorfles (1910-2018)　267, 377
トルベツコイ，ニコライ　Nikolai Sergeievich Trubetzkoi (1890-1938)　209
トロツキー，レフ　Lev Davidovich Trotsky (1879-1940)　101
ドローネー，ロベール　Robert Delaunay (1885-1941)　321
トロンティ，マリオ　Mario Tronti (1931-)　24, 31, 32, 157

ナ行

ナトリ，サルヴァトーレ　Salvatore Natoli (1942-)　311, 319, 324-327, 362, 393, 402
ナポレオン・ボナパルト　Napoléon Bonaparte (1769-1821)　154, 179, 331
ナンシー，ジャン＝リュック　Jean-Luc Nancy (1940-)　22, 37, 93-100, 102, 105, 108, 110-112, 115, 118, 120, 137, 143, 144, 163, 178, 179, 191, 193, 203, 208
ニコリーニ，レナート　Renato Nicolini (1942-2012)　262

西田幾多郎 (1870-1945) 382
ニーチェ，フリードリヒ Friedrich Wilhelm Nietzsche (1844-1900) 24, 28, 45, 77, 79, 88, 112, 182, 189, 217, 245, 246-250, 253, 259, 269, 277, 281, 284-289, 294, 296, 299, 300-304, 307-312, 318, 321, 323, 326, 332, 336, 337, 347, 359, 364, 369, 377, 392, 404, 405, 408, 427
ネグリ，アントニオ（トニ） Antonio "Toni" Negri (1933-) 9, 15-17, 20, 23, 24, 32-35, 37-39, 50-74, 77, 86, 87, 90, 91, 106, 120, 128-143, 152, 175, 213, 217-221, 248, 263, 264, 421
ネグロポンテ，ニコラス Nicholas Negroponte (1943-) 228
ノイマン，ジョン・フォン John von Neumann (1903-57) 358

ハ行

ハイエク，フリードリヒ Friedrich August von Hayek (1899-1992) 70, 388, 414, 415
パイク，ナム・ジュン（白南準） Nam June Paik (1932-2006) 251
ハイデガー，マルティン Martin Heidegger (1889-1976) 15, 16, 20, 21, 24, 39, 77, 89, 94, 95, 100, 106, 108, 111-114, 118, 120, 136, 148-150, 155, 156, 169, 202, 216, 236, 245, 247-250, 262, 269, 271, 276, 281-286, 290-301, 304, 305, 307-309, 312, 315, 317, 332, 334, 336, 337, 359, 361-363, 366, 367, 375-385, 387, 389, 390, 392, 399, 400, 426, 431, 432
ハーヴェイ，デヴィッド David Harvey (1935-) 35, 421
パヴェーゼ，チェーザレ Cesare Pavese (1908-50) 319
バウマン，ジグムント Zygmunt Bauman (1925-2017) 65
パウロ Paulos (?-c.65) 168, 169, 182, 188, 189, 193, 194, 199, 200-203, 208, 338
バクーニン，ミハイル Mikhail Alexandrovich Bakunin (1814-76) 159, 162
バークリー，ジョージ George Berkeley (1685-1753) 297, 392
バジェット＝ボッツォ，ジャンニ Gianni Baget-Bozzo (1925-2009) 362
パース，チャールズ・サンダース Charles Sanders Peirce (1839-1914) 353, 379
パスクアロット，ジャンジョルジョ Giangiorgio Pasqualotto (1946-) 278
パゾリーニ，ピエル・パオロ Pier Paolo Pasolini (1922-75) 240
パーソンズ，タルコット Talcott Parsons (1902-79) 114
バタイユ，ジョルジュ Georges Albert Maurice Victor Bataille (1897-1962) 16, 93-95, 97-99, 101, 104, 112, 113, 120, 245
パターソン，エリック Erik Peterson (1890-1960) 180, 182, 184, 187, 190
パーチ，エンツォ Enzo Paci (1911-76) 278, 377-379
パツィエンツァ，アンドレア Andrea Pazienza (1956-88) 34, 220
バッツィカルーポ，ラウラ Laura Bazzicalupo (1955?-) 222
バッティアート，フランコ Francesco Battiato (1945-) 369

バッハオーフェン，ヤーコプ　Johann Jakob Bachofen (1815–87)　318, 320, 321
ハート，マイケル　Michael Hardt (1960–)　37, 38, 62, 129, 133
パトナム，ヒラリー　Hilary Whitehall Putnam (1926–2016)　388
ハバード，ロン　Lafayette Ronald Hubbard (1911–86)　272
ハーバーマス，ユルゲン　Jürgen Habermas (1929–)　178, 266, 313, 411
パーピ，フルヴィオ　Fulvio Papi (1930–)　411
パピーニ，ジョヴァンニ　Giovanni Papini (1881–1956)　28, 35
バラード，ジェームズ　James Graham Ballard (1930–2009)　226
パラン，シャルル　Charles Parain (1893–1984)　409
パリージ，ヴィットリオ　Vittorio Parisi (1957–)　401
バリッリ，レナート　Renato Barilli (1935–)　278
バーリン，アイザイア　Isaiah Berlin (1909–97)　400
バル，フーゴ　Hugo Ball (1886–1927)　153, 154, 426
バルタサル，ハンス・ウルス・フォン　Hans Urs von Balthasar (1905–88)　331
バルト，カール　Karl Barth (1886–1968)　192, 331
バルト，ロラン　Roland Barthes (1915–80)　268, 320, 353
バルトーク，ベラ　Bartók Béla Viktor János (1881–1945)　319
パルメニデス　Parmenidēs (C.6–C.5B.C.)　300, 302, 303, 305, 315, 361-364, 400, 402
パレイゾン，ルイジ　Luigi Pareyson (1918–91)　241, 248, 261, 277-279, 286, 352
バレストリーニ，ナンニ　Nanni Balestrini (1935–)　265
バレーラ，フランシスコ　Francisco Javier Varela Garcia (1946–2001)　348, 381, 382
バローネ，フランチェスコ　Francesco Barone (1923–2001)　387, 389
パンツィエーリ，ラニエーロ　Raniero Panzieri (1921–64)　31
バンディーニ，ミレッラ　Mirella Bandini (1928–2009)　231
バンフィ，アントニオ　Antonio Banfi (1886–1957)　278, 376, 377, 426
ピアジェ，ジャン　Jean Piaget (1896–1980)　347-349
ピアーナ，ジョヴァンニ　Giovanni Piana (1940–)　379
ビアンコ，フランコ　Franco Bianco (1932–2006)　374
ピタゴラス　Pythagoras (c.570–c.495B.C.)　302, 303, 402
ヒトラー，アドルフ　Adolf Hitler (1889–1945)　149, 152, 154, 182, 185, 293, 331
ヒムラー，ハインリヒ　Heinrich Luitpold Himmler (1900–45)　431
ヒルマン，ジェイムズ　James Hillman (1926–2011)　317, 318, 322-324
ファッブリ，パオロ　Paolo Fabbri (1939–)　353
ファディーニ，ウバルド　Ubaldo Fadini (1954–)　237
ファノン，フランツ　Frantz Omar Fanon (1925–61)　141
ファリアス，ヴィクトル　Víctor Ernesto Farías Soto (1940–)　290, 399
ブイ，ロベルト　Roberto Bui (1971–)　231

フィーニ，ジャンフランコ　Gianfranco Fini (1952-)　18
フィミアーニ，マリアパオラ　Mariapaola Fimiani (1942-)　222
フィンク，オイゲン　Eugen Fink (1905-75)　246, 300
フィンリー，モーゼス　Moses I. Finley (1912-86)　409
フェッラーリス，マウリツィオ　Maurizio Ferraris (1956-)　22, 254, 287, 392, 394, 395
フェルシュター，ハインツ・フォン　Heinz von Foerster (1911-2002)　349
フェルミ，エンリコ　Enrico Fermi (1901-54)　396
フォルマッジョ，ディーノ　Dino Formaggio (1914-2008)　278, 279
フォンターナ，アレッサンドロ　Alessandro Fontana (1939-2013)　50
フーコー，ミシェル　Michel Foucault (1926-84)　11, 17, 18, 20, 23, 34, 37, 39, 41-51, 54, 56-60, 62-73, 75-78, 82, 84, 85, 87-92, 110, 111, 195, 211, 212, 214, 216, 217, 222, 234, 246, 249, 251, 252, 318, 321, 324, 333, 355-357
フッサール，エトムント　Edmund Husserl (1859-1938)　12, 21, 22, 149, 214, 269, 278, 291, 361, 374-377, 379-381, 392
ブノア，アラン・ド　Alain de Benoist (1943-)　422
ブノア，ジョスリン　Jocelyn Benois (1968-)　379
ブーバー，マルティン　Martin Buber (1878-1965)　331
ブライドッティ，ロージー　Rosi Braidotti (1954-)　236
ブラゾーネ，ピーノ　Pino Blasone (生年不詳)　227
プラット，ウーゴ　Hugo Eugenio Pratt (1927-95)　332
プラトン　Platon (c.427-c.347B.C.)　64, 152, 184, 244, 264, 281, 283, 288, 293, 295, 296, 302-304, 307, 309, 315, 317, 318, 322, 330, 336, 345, 359, 366, 369, 402, 406-408, 410, 419
フランコ，フランシスコ　Francisco Franco Bahamonde (1892-1975)　151, 156
ブランショ，モーリス　Maurice Blanchot (1907-2003)　97, 98, 102, 103, 120, 216
フランチェスコ（アッシジの）　Francesco d'Assisi (1182-1226)　111
フランツィーニ，エリオ　Elio Franzini (1956-)　379
ブランディ，チェーザレ　Cesare Brandi (1906-88)　279, 280
プリゴジン，イリヤ　Ilya Prigogine (1917-2003)　349
プルードン，ピエール・ジョゼフ　Pierre Joseph Proudhon (1809-65)　165
フレイザー，ジェームズ　James George Frazer (1854-1941)　319
プレーヴェ，コスタンツォ　Costanzo Preve (1943-2013)　421, 422
フレーゲ，ゴットロープ　Friedrich Ludwig Gottlob Frege (1848-1925)　282, 376, 386
プレスナー，ヘルムート　Helmuth Plessner (1892-1985)　236, 237
ブレリッヒ，アンジェロ　Angelo Brelich (1913-77)　317
ブレンターノ，フランツ　Franz Brentano (1838-1917)　375
フロイト，ジークムント　Sigmund Freud (1856-1939)　100, 183, 214, 215, 250, 317, 322,

344
プロタゴラス　Protagoras (c.490-c.420B.C.)　283
ブロッホ，エルンスト　Ernst Simon Bloch (1885-1977)　196
プロティノス　Plotinus (c.205-270)　305, 315, 408
フロベニウス，レオ　Leo Frobenius (1873-1938)　320
フロム，エーリヒ　Erich Seligmann Fromm (1900-80)　354, 367
フロレンスキー，パーヴェル　Pavel Alexandrovich Florensky (1882-1937)　293, 317, 318
ヘイルズ，キャサリン　Katherine Hayles (1943-)　233-235
ヘーゲル，ゲオルク・ヴィルヘルム・フリードリヒ　Georg Wilhelm Friedrich Hegel (1770-1831)　21, 22, 28, 95, 104, 120, 121, 130, 161, 196, 208, 209, 217, 246, 249, 252, 280, 299, 319, 321, 324, 327, 343, 373, 405, 419, 421-425
ベーコン，フランシス　Francis Bacon (1561-1626)　399
ベッカー，ゲーリー　Gary Stanley Becker (1930-2014)　106
ペッタッツォーニ，ラッファエーレ　Raffaele Pettazzoni (1883-1959)　320
ベッティ，エミリオ　Emilio Betti (1890-1968)　286, 409, 411
ベッティーニ，マウリツィオ　Maurizio Bettini (1947-)　409, 411
ペッパーエル，ロバート　Robert Pepperell (1963-)　234, 235
ヘラクレイトス　Hērakleitos (c.540-c.480B.C.)　284, 294, 295, 300, 302-304, 405
ベラルディ，フランコ（Bifo）　Franco “Bifo” Berardi (1948-)　10, 23, 24, 32, 34, 38, 86, 105, 213, 218, 219-221, 231, 267, 360
ベラルディネッリ，アルフォンソ　Alfonso Berardinelli (1943-)　360
ペリッシノット，ルイジ　Luigi Perissinotto (生年不詳)　389
ベルク，アルバン　Alban Maria Johannes Berg (1885-1935)　270
ベルクソン，アンリ　Henri-Louis Bergson (1859-1941)　21, 28, 205, 217
ベルタランフィ，ルートヴィヒ・フォン　Ludwig von Bertalanffy (1901-72)　347, 348, 381
ベルティ，エンリコ　Enrico Berti (1935-)　406
ペルニオーラ，マリオ　Mario Perniola (1941-2018)　24, 36, 215, 231-233, 241, 255, 261, 262, 267, 281, 319, 320, 324, 329, 336, 338, 352
ベルルスコーニ，シルヴィオ　Silvio Berlusconi (1936-)　212, 229, 255, 257, 419, 421
ベレンソン，バーナード　Bernard G. Berenson (1865-1959)　403
ベンヤミン，ヴァルター　Walter Bendix Schoenflies Benjamin (1892-1940)　53, 54, 74, 77, 79-81, 123, 125, 126, 150-152, 191, 260, 261, 281, 320, 322, 332, 333
ポーコック，J. G. A.　John Greville Agard Pocock (1924-)　418
ボダン，ジャン　Jean Bodin (1530-96)　159, 160
ボッキ，ジャンルーカ　Gianluca Bocchi (1954-)　348, 349, 401

ボッビオ，ノルベルト　Norberto Bobbio (1909–2004)　157, 377, 378, 413, 416
ホッブズ，トマス　Thomas Hobbes (1588–1679)　51, 88, 113, 117, 130, 134, 135, 160, 168, 170, 171, 175, 187, 216
ボデイ，レモ　Remo Bodei (1938–)　323, 324
ボテロ，ジョヴァンニ　Giovanni Botero (c.1544–1617)　18
ボードリヤール，ジャン　Jean Baudrillard (1929–2007)　11, 20, 36, 230, 261, 262, 287
ボニート・オリーヴァ，アキッレ　Achille Bonito Oliva (1939–)　266
ポパー，カール　Karl Raimund Popper (1902–94)　388, 414
ホフスタッター，ダグラス　Douglas Richard Hofstadter (1945–)　349
ポランニー，カール　Karl Polanyi (1886–1964)　252, 409, 414
ホルクハイマー，マックス　Max Horkheimer (1895–1973)　250
ボルヘス，ホルヘ・ルイス　Jorge Francisco Isidoro Luis Borges Acevedo (1899–1986) 271
ボローニャ，セルジョ　Sergio Bologna (1937–)　31-34, 103, 104, 218, 230, 231, 278, 311, 352-354, 358, 360
ホワイトヘッド，アルフレッド・ノース　Alfred North Whitehead (1861–1947)　358, 378, 379
ボンタディーニ，グスターヴォ　Gustavo Bontadini (1903–90)　362, 363
ボンヘッファー，ディートリヒ　Dietrich Bonhoeffer (1906–45)　331

マ行

マキャヴェッリ，ニコロ　Niccolò Machiavelli (1469–1527)　17, 18, 64, 130, 139, 140, 143, 149-151, 161, 164, 264, 413, 416, 418, 423
マクリ，テレーザ　Teresa Macrì (1960–)　232, 233
マッツァリーノ，アントニオ・マリオ　Antonio Mario Mazzarrino (1925–2015)　413
マッツァンティーニ，カルロ　Carlo Mazzantini (1895–1971)　376
マッツィーニ，ジュゼッペ　Giuseppe Mazzini (1805–72)　159
マッラマオ，ジャコモ　Giacomo Marramao (1946–)　157, 178
マトゥラーナ，ウンベルト　Humberto Maturana (1928–)　348
マラッツィ，クリスティアン　Christian Marazzi (1951–)　23, 218
マリネッティ，フィリッポ・トンマーゾ　Filippo Tommaso Marinetti (1876–1944) 153, 154
マルクス，カール　Karl Heinrich Marx (1818–83)　19, 28, 37, 61, 96, 131, 133, 137, 150, 171, 196, 245, 250, 263, 332, 343, 405, 415, 418-422
マルクス・アウレリウス・アントニヌス　Marcus Aurelius Antoninus (121–180)　29
マルクーゼ，ヘルベルト　Herbert Marcuse (1898–1979)　215, 250, 281, 291
マルクッチ，シルヴェストロ　Silvestro Marcucci (1931–2005)　374

マルケジーニ，ロベルト　Roberto Marchesini (1959-)　233, 235
マルコーニ，ディエゴ　Diego Marconi (1947-)　255
マルシリウス（パドヴァの）　Marsilius Patavinus (c.1275-c.1342)　18
マルティネッティ，ピエロ　Piero Martinetti (1872-1943)　397, 412
マン，トーマス　Paul Thomas Mann (1875-1955)　175, 176, 317, 320
三島由紀夫 (1925-70)　15
ミーゼス，リヒャルト・フォン　Richard von Mises (1883-1953)　388
ミーゼス，ルートヴィヒ・フォン　Ludwig Heinrich Edler von Mises (1881-1973)　414
ミリオ，ジャンフランコ　Gianfranco Miglio (1918-2001)　157, 175, 278, 279, 286, 374
ミリオリーニ，エルマーノ　Ermanno Migliorini (1924-99)　279
ミンスキー，マーヴィン　Marvin Minsky (1927-2016)　349
ムーア，ジョージ・エドワード　George Edward Moore (1873-1958)　386-388
ムッソリーニ，ベニート　Benito Amilcare Andrea Mussolini (1883-1945)　154, 416, 420, 423, 425
ムラーロ，ルイザ　Luisa Muraro (1940-)　339, 344, 346
メッザードラ，サンドロ　Sandro Mezzadra (1963-)　218
メッツ，ヨハン・バプティスト　Johann Baptist Metz (1928-)　180, 181
メッツガー，パウル　Paul Metzger (1944-)　168
メランドリ，エンツォ　Enzo Melandri (1926-93)　353-358, 360, 361
メルケル，ニコラオ　Nicolao Merker (1931-2016)　419
メルロ＝ポンティ，モーリス　Maurice Merleau-Ponty (1908-61)　22, 89, 210, 269, 378
メンゲレ，ヨーゼフ　Josef Mengele (1911-79)　88
モース，マルセル　Marcel Mauss (1872-1950)　116, 122, 222
モディリアーニ，アメデオ　Amedeo Clemente Modigliani (1884-1920)　280
モーラー，アルミン　Armin Mohler (1920-2003)　148
モラン，エドガール　Edgar Morin (1921-)　349
モリス，チャールズ・W.　Charles W. Morris (1903-79)　353
モーロ，アルド　Aldo Moro (1916-78)　330, 417
モンティナーリ，マッツィーノ　Mazzino Montinari (1928-86)　245

ヤ行

ヤコブソン，ロマン　Roman Osipovich Jakobson (1896-1982)　209, 358
ヤスパース，カール　Karl Theodor Jaspers (1883-1969)　246, 300, 361, 362, 365-367, 413
ユンガー，エルンスト　Ernst Jünger (1895-1998)　112, 149, 155, 169, 427
ユング，カール・G.　Carl Gustav Jung (1875-1961)　317-320, 322, 366, 367, 427

ヨナス，ハンス　Hans Jonas (1903–93)　169, 236, 247, 291, 313, 367

ラ行

ライク，テオドール　Theodor Reik (1888–1969)　319
ライプニッツ，ゴットフリート　Gottfried Wilhelm Leibniz (1646–1716)　21, 161, 392
ライル，ギルバート　Gilbert Ryle (1900–76)　358, 390
ラカン，ジャック　Jacques-Marie-Émile Lacan (1901–81)　17, 19, 98, 251, 268, 270, 271, 346
ラクー＝ラバルト，フィリップ　Philippe Lacoue-Labarthe (1940–2007)　92, 191
ラッセル，バートランド　Bertrand Arthur William Russell (1872–1970)　305, 307, 358, 376, 386, 387
ラッツァラート，マウリツィオ　Maurizio Lazzarato (1955–)　86, 218
ラッツィンガー（教皇ベネディクトゥス16世）　Joseph Alois Ratzinger (1927–)　173
ラファルグ，ポール　Paul Lafargue (1842–1911)　104
ランツァ，ディエゴ　Diego Lanza (1937–2018)　410
リアリー，ティモシー　Timothy Francis Leary (1920–96)　429
リヴァル，ピエール　Pierre Rival (1953–)　220
リオタール，ジャン＝フランソワ　Jean-François Lyotard (1924–98)　11, 92, 248, 249, 252, 266, 267, 276, 362
リクール，ポール　Paul Ricœur (1913–2005)　286, 377
リッケルト，ハインリヒ　Heinrich John Rickert (1863–1936)　347
リッツォラッティ，ジャコモ　Giacomo Rizzolatti (1937–)　382
リルケ，ライナー・マリア　Rainer Maria Rilke (1875–1926)　320, 326, 333, 335
ルクセンブルク，ローザ　Rosa Luxemburg (1871–1919)　131
ルソー，ジャン＝ジャック　Jean-Jacques Rousseau (1712–78)　113, 117, 130, 162, 176, 365
ルター，マルティン　Martin Luther (1483–1546)　53, 141, 169, 201, 208, 209, 333
ルチアーニ（教皇ヨハネ・パウロ１世）　Albino Luciani (1912–78)　330
ルッビア，カルロ　Carlo Rubbia (1934–)　396
ルブリョフ，アンドレイ　Andrei Rublev (c.1360–1430)　318
ルーマン，ニクラス　Niklas Luhmann (1927–98)　72, 114, 121, 123, 126, 127, 349
レー，パウル　Paul Ludwig Carl Heinrich Rée (1849–1901)　247
レアーレ，ジョヴァンニ　Giovanni Reale (1931–2014)　406-408, 411
レーヴィ，プリモ　Primo Michele Levi (1919–87)　191
レヴィ，ベルナール＝アンリ　Bernard-Henri Lévy (1948–)　271
レヴィ＝ストロース，クロード　Claude Lévi-Strauss (1908–2009)　209, 268, 317, 320
レーヴィット，カール　Karl Löwith (1897–1973)　20, 246, 248, 286, 291, 300, 320, 399

レヴィ＝ブリュル，リュシアン　Lucien Lévy-Bruhl (1857–1939)　222
レヴィ＝モンタルチーニ，リータ　Rita Levi-Montalcini (1909–2012)　396
レオーニ，ブルーノ　Bruno Leoni (1913–67)　414, 415
レオパルディ，ジャコモ　Giacomo Leopardi (1798–1837)　364
レーガン，ロナルド　Ronald Wilson Reagan (1911–2004)　252, 331, 414
レッラ，フランコ　Franco Rella (1944–)　231, 286
レーニン，ウラジーミル　Vladimir Lenin (1870–1924)　19, 332
レンシ，ジュゼッペ　Giuseppe Rensi (1871–1941)　256
ロヴァッティ，ピエル・アルド　Pier Aldo Rovatti (1942–)　24, 254, 266, 378
ロヴィーギ，ソフィア・ヴァンニ　Sofia Vanni Rovighi (1908–90)　376
ロズルド，ドメニコ　Domenico Losurdo (1941–2018)　421, 422
ローゼンツヴァイク，フランツ　Franz Rosenzweig (1886–1929)　270, 331, 334
ロック，ジョン　John Locke (1632–1704)　216
ロッシ，パオロ　Paolo Rossi (1923–2012)　362, 398, 399, 400
ローデ，エルヴィン　Erwin Rohde (1845–98)　318
ロヨラ，イグナチオ・デ　Ignacio López de Loyola (1491–1556)　338
ローレンツ，コンラート　Konrad Zacharias Lorenz (1903–89)　15
ロンゴ，ジュゼッペ　Giuseppe O. Longo (1941–)　233, 235, 236
ロンツィ，カルラ　Carla Lonzi (1931–82)　343, 344

引照・参考文献一覧

Adorno, Francesco 1961–65 *La filosofia antica*, 2 volls., Milano: Feltrinelli.

Adorno, Francesco, Valerio Verra, & Tullio Gregory 1998 *Manuale di storia della filosofia. Per le scuole superiori*, Roma: Club degli editori.

Adorno, Theodor W. 1964 *Jargon der Eigentlichkeit. Zur deutschen Ideologie*; tr. it., *Il gergo dell'autenticità. Sull'ideologia tedesca,* Torino: Bollati Boringhieri, 1988〔テオドール・W. アドルノ『本来性という隠語――ドイツ的なイデオロギーについて』笠原賢介訳，未來社，1992年〕.

Agamben, Giorgio 1970 *L'uomo senza contenuto*, Milano: Rizzoli〔ジョルジョ・アガンベン『中味のない人間』岡田温司・岡部宗吉・多賀健太郎訳，人文書院，2002年〕.

Agamben, Giorgio 1977 *Stanze. La parola e il fantasma nella cultura occidentale*, Torino: Einaudi〔ジョルジョ・アガンベン『スタンツェ――西洋文化における言葉とイメージ』岡田温司訳，ちくま学芸文庫，2008年〕.

Agamben, Giorgio 1979 *Infanzia e storia. Distruzione dell'esperienza e origine della storia,* Torino: Einaudi〔ジョルジョ・アガンベン『幼児期と歴史――経験の破壊と歴史の起源』上村忠男訳，岩波書店，2017年〕.

Agamben, Giorgio 1990 *La comunità che viene*, Torino: Einaudi〔ジョルジョ・アガンベン『到来する共同体』（新装版）上村忠男訳，月曜社，2015年〕.

Agamben, Giorgio 1995 *Homo sacer. Il potere sovrano e la nuda vita,* Torino: Einaudi〔ジョルジョ・アガンベン『ホモ・サケル――主権権力と剝き出しの生』高桑和巳訳，以文社，2003年〕.

Agamben, Giorgio 1998 *Quel che resta di Auschwitz. L'archivio e il testimone. Homo sacer. III,* Torino: Bollati Boringhieri〔ジョルジョ・アガンベン『アウシュヴィッツの残りのもの――アルシーヴと証人』上村忠男・廣石正和訳，月曜社，2001年〕.

Agamben, Giorgio 2000 *Il tempo che resta. Un commento alla « Lettera ai romani »*, Torino: Bollati Boringhieri〔ジョルジョ・アガンベン『残りの時――パウロ講義』上村忠男訳，岩波書店，2015年〕.

Agamben, Giorgio 2002 *L'aperto. L'uomo e l'animale*, Torino: Bollati Boringhieri〔ジョルジョ・アガンベン『開かれ――人間と動物』岡田温司・多賀健太郎訳，平凡社ライブラリー，2011年〕.

Agamben, Giorgio 2003 *Stato di Eccezione. Homo sacer II, 1,* Torino: Bollati Boringhieri〔ジョルジョ・アガンベン『例外状態』上村忠男・中村勝己訳，未來社，2007年〕.

Agamben, Giorgio 2006 *Che cos'è un dispositivo?*, Roma: Nottetempo.

Agamben, Giorgio 2007 *Il regno e la gloria. Per una genealogia teologica dell'economia e del governo. Homo sacer II, 2,* Vicenza: Neri Pozza〔ジョルジョ・アガンベン『王国と栄光――オイコノミアと統治の神学的系譜学のために』高桑和巳訳，青土社，2010年〕.

Agamben, Giorgio 2008 *Signatura rerum. Sul Metodo,* Torino: Bollati Boringhieri〔ジョルジョ・アガンベン『事物のしるし――方法について』岡田温司・岡本源太訳，筑摩書房，2011年〕.

Agamben, Giorgio 2011 *Altissima povertà. Regole monastiche e forma di vita. Homo sacer IV, 1,* Vicenza: Neri Pozza〔ジョルジョ・アガンベン『いと高き貧しさ――修道院規則と生の形式』上村忠男・太田綾子訳，みすず書房，2014年〕.

Agamben, Giorgio 2014 *L'uso dei corpi. Homo sacer IV, 2,* Vicenza: Neri Pozza〔ジョルジョ・アガンベン『身体の使用――脱構成的可能態の理論のために』上村忠男訳，みすず書房，2016年〕.

Agamben, Giorgio 2015 *Stasis. La guerra civile come paradigma politico. Homo sacer II, 2,* Torino: Bollati Boringhieri〔ジョルジョ・アガンベン『スタシス――政治的パラダイムとしての内戦』高桑和巳訳，青土社，2016年〕.

Alfano-Miglietti, Francesca (FAM) 1997 *Identità mutanti. Dalla piega alla piaga. Esseri delle contaminazioni contemporanee,* Genova: Costa & Nolan.

Ammaniti, Massimo & Vittorio Gallese 2014 *La nascita della intersoggettività. Lo sviluppo del sé tra psicodinamica e neurobiologia,* Milano: Raffaello Cortina.

Anceschi, Luciano 1959 *Autonomia e eteronomia dell'arte. Saggio di fenomenologia delle poetiche,* Firenze: Vallecchi.

Anders, Günther 1956 *Die Antiquiertheit des Menschen*; tr. it., *L'uomo è antiquato. Considerazioni sull'anima nell'epoca della seconda rivoluzione industriale,* Torino: Bollati Boringhieri, 2003〔ギュンター・アンダース『時代おくれの人間』（上・下，新装版）青木隆嘉訳，法政大学出版局，2016年〕.

Arendt, Hannah 1958 *The Human Condition*; ed. it., *Vita activa. La condizione umana,* Milano: Bompiani, 1989〔ハンナ・アレント『人間の条件』志水速雄訳，ちくま学芸文庫，1994年〕.

Argan, Giulio Carlo 1970 *L'arte moderna 1770–1970,* Firenze: Sansoni.

Arrighi, Giovanni 1996 *Il lungo XX secolo. Denaro, potere e le origini del nostro tempo,* Milano: Il Saggiatore〔ジョヴァンニ・アリギ『長い20世紀――資本，権力，そして現代の系譜』土佐弘之監訳，柄谷利恵子・境井孝行・永田尚見訳，作品社，2009年〕.

Asor Rosa, Alberto 1965 *Scrittori e popolo. Il populismo nella letteratura italiana contemporanea,* Roma: Samonà e Savelli.

Assmann, Jan 2003 *Die Mosaische Unterscheidung oder Der Preis des Monotheismus*; tr. it., *Dio e gli dei. Egitto. Israele e la nascita del monoteismo,* Bologna: Il

Mulino, 2009.

Bachofen, Johann Jakob 1861 *Das Mutterrecht. Eine Untersuchung über die Gynaikokratie der alten Welt nach ihrer religiösen und rechtlichen Natur*; tr. it., *Il matriarcato. Ricerca sulla ginecocrazia del mondo antico nei suoi aspetti religiosi e giuridici*, 2 volls., Torino: Einaudi, 1988〔J. J. バッハオーフェン『母権論――序論・リュキア・クレタ』佐藤信行・佐々木充・三浦淳・桑原聡訳，三元社，1992年〕.

Bakunin, Mikhail 1960 *La teologia politica di Mazzini e l'Internazionale* (1871), Bergamo: Novecento Grafico.

Banfi, Antonio 1950 *L'uomo copernicano*, Milano: Mondadori.

Barilli, Renato 1974 *Tra presenza e assenza. Due modelli culturali in conflitto*, Milano: Bompiani.

Barilli, Renato 1991 *Scienza della cultura e fenomenologia degli stili*, Bologna: Il Mulino.

Barilli, Renato 2005 *Bergson. Il filosofo del software*, Milano: Raffaello Cortina.

Barilli, Renato 2013 *Tutto sul postmoderno*, Rimini: Guaraldi.

Barone, Francesco 1953a *Il neopositivismo logico*, Torino: Edizioni di Filosofia.

Barone, Francesco 1953b *Wittgenstein inedito*, Torino: Edizioni di Filosofia.

Barone, Francesco 1953c *Rudolf Carnap*, Torino: Edizioni di Filosofia.

Bataille, Georges 1945 *Sur Nietzsche. Volonté de chance*; tr. it., *Su Nietzsche*, introduzione di Roberto Dionigi, Bologna: Cappelli, 1980〔ジョルジュ・バタイユ『ニーチェについて――好運への意志』酒井健訳，現代思潮新社，1992年〕.

Bataille, Georges 1953-54 *La Souveraineté*; tr. it., *La sovranità*, Bologna: Il Mulino, 1990〔ジョルジュ・バタイユ『至高性――呪われた部分』湯浅博雄・中地義和・酒井健訳，人文書院，1990年〕.

Bazzicalupo, Laura 2010 *Biopolitica. Una mappa concettuale*, Roma: Carocci.

Benjamin, Walter 1920-21 *Zur Kritik der Gewalt*; tr. it., *Per la critica della violenza*, Roma: Alegre, 2010〔ヴァルター・ベンヤミン「暴力批判論」『暴力批判論　他十篇』野村修編訳，岩波文庫，1994年〕.

Benjamin, Walter 1928 *Ursprung des deutschen Trauerspiels*; ed. it., *Il dramma barocco tedesco*, introduzione di Giulio Schiavoni, Torino: Einaudi, 1999〔ヴァルター・ベンヤミン『ドイツ悲劇の根源』（上・下）浅井健二郎訳，ちくま学芸文庫，1999年〕.

Berardi, Franco (Bifo) 1994 *Lavoro zero*, Roma: Castelvecchi.

Berardi, Franco (Bifo) 1995 *Neuromagma. Lavoro cognitivo e infoproduzione*, Roma: Castelvecchi.

Berardi, Franco (Bifo) 2015 *Heroes-Suicidio e omicidi di massa*, Milano: Baldini & Castoldi〔フランコ・ベラルディ（ビフォ）『大量殺人の"ダークヒーロー"――なぜ若者は，銃乱射や自爆テロに走るのか？』杉村昌昭訳，作品社，2017年〕.

Bertalanffy, Ludwig von 1937 *Das Gefüge des Lebens*, Leipzig: Teubner.

Bertalanffy, Ludwig von 1968 *General System Theory. Foundations, Development, Applications*; ed. it., *Teoria generale dei sistemi. Fondamenti, sviluppo, applicazioni*, Milano: Mondadori, 2004〔ルートヴィヒ・フォン・ベルタランフィ『一般システム理論——その基礎・発展・応用』長野敬・太田邦昌訳，みすず書房，1973年〕.

Bertalanffy, Ludwig von 1971 *Il sistema uomo. La psicologia nel mondo moderno*, Milano: ILI.

Berti, Enrico 1962 *La filosofia del primo Aristotele*, Padova; Cedam.

Bettini, Maurizio 1992 *Il ritratto dell'amante*, Torino: Einaudi.

Bettini, Maurizio 2000 *Le orecchie di Hermes. Studi di antropologia e letterature classiche*, Torino: Einaudi.

Bettini, Maurizio 2014 *Elogio del politeismo. Quello che possiamo imparare dalle religioni antiche*, Bologna: Il Mulino.

Bianco, Franco 1998 *Introduzione all'ermeneutica*, Roma-Bari: Laterza.

Blanchot, Maurice 1983 *La communauté inavouable*, Paris: Minuit〔モーリス・ブランショ『明かしえぬ共同体』西谷修訳，ちくま学芸文庫，1997年〕.

Blissett, Luther 1995 *Mind invaders. Come fottere i media: Manuale di guerriglia e sabotaggio culturale*, Roma: Castelvecchi.

Bobbio, Norberto 1934 *L'indirizzo fenomenologico nella filosofia sociale e giuridica*, Torino: Istituto giuridico della R. Università.

Bobbio, Norberto 1965a *Da Hobbes a Marx*, Napoli: Morano.

Bobbio, Norberto 1965b *Giusnaturalismo e positivismo giuridico*, Milano: Edizioni di Comunità.

Bobbio, Norberto 1976 *Quale socialismo. Discussione di un'alternativa*, Torino: Einaudi.

Bobbio, Norberto 1997 *Né con Marx né contro Marx*, Roma: Riuniti.

Bocchi, Gianluca & Mauro Ceruti (ed.) 1985 *La sfida della complessità*, Milano: Feltrinelli.

Bocchi, Gianluca & Mauro Ceruti 1993 *Origini di storie*, Milano: Feltrinelli.

Bologna, Sergio, Paolo Carpignano, & Antonio Negri 1974 *Crisi e organizzazione operaia*, Milano: Feltrinelli.

Bologna, Sergio & Dario Banfi 2011 *Vita da freelance. I lavoratori della conoscenza e il loro futuro*, Milano: Feltrinelli.

Bonito Oliva, Achille 1980a *La Transavanguardia italiana*, Milano: Politi.

Bonito Oliva, Achille (a cura di) 1980b *Autonomia e creatività della critica*, Cosenza: Lerici.

Bontadini, Gustavo 1938 *Saggio di una metafisica dell'esperienza*, Milano: Vita e

Pensiero.

Bontadini, Gustavo 1975 *Metafisica e deellenizzazione*, Milano: Vita e Pensiero.

Braidotti, Rosi 2013 *The Posthuman*; tr. it., *Il postumano. La vita oltre l'individuo, oltre la specie, oltre la morte,* Roma: DeriveApprodi, 2014.

Brandi, Cesare 1963 *Teoria del restauro*, Torino: Einaudi〔チェーザレ・ブランディ『修復の理論』小佐野重利監訳，池上英洋・大竹秀実訳，三元社，2005年〕.

Brandi, Cesare 1974 *Teoria generale della critica,* Torino: Einaudi.

Bucci, Francesco 2011 *Umberto Galimberti e la mistificazione intellettuale. Teoria e pratica di "copia e incolla" filosofico: Un clamoroso caso di clonazione libraria,* Roma: Coniglio.

Cacciari, Massimo 1976 *Krisis. Saggio sulla crisi del pensiero negativo da Nietzsche a Wittgenstein,* Milano: Feltrinelli.

Cacciari, Massimo 1977a *Pensiero negativo e razionalizzazione*, Venezia: Marsilio.

Cacciari, Massimo 1977b *Il dispositivo Foucault*, Venezia: Cluva.

Cacciari, Massimo 1978 *Dialettica e critica del politico. Saggio su Hegel*, Milano: Feltrinelli.

Cacciari, Massimo 1979 *Walther Rathenau e il suo ambiente*, Bari: De Donato.

Cacciari, Massimo 1980 *Dallo Steinhof. Prospettive viennesi del primo Novecento*, Milano: Adelphi〔マッシモ・カッチャーリ『死後に生きる者たち――〈オーストリア終焉〉前後のウィーン展望』上村忠男訳，みすず書房，2013年〕.

Cacciari, Massimo, Michele Bertaggia, Giorgio Franck, & Giangio Pasqualotto 1980 *Crucialità del tempo. Saggi sulla concezione nietzschiana del tempo*, Napoli: Liguori.

Cacciari, Massimo 1985 *Icone della legge*, Milano: Adelphi.

Cacciari, Massimo 1986 *L'Angelo necessario*, Milano: Adelphi〔マッシモ・カッチャーリ『必要なる天使』柱本元彦訳，人文書院，2002年〕.

Cacciari, Massimo 1990 *Dell'Inizio*, Milano: Adelphi.

Cacciari, Massimo 2004 *Della cosa ultima*, Milano: Adelphi.

Cacciari, Massimo 2012 *Doppio ritratto. San Francesco in Dante e Giotto*, Milano: Adelphi.

Cacciari, Massimo 2013 *Il potere che frena*, Milano: Adelphi〔マッシモ・カッチャーリ『抑止する力――政治神学論』上村忠男訳，月曜社，2016年〕.

Calderoni, Mario 2007 *Scritti sul pragmatismo*, Roma: Bonanno.

Canevacci, Massimo 2001 *Antropologia della comunicazione visuale. Feticci, merci, pubblicità, cinema, corpi, videoscape*, Roma: Meltemi.

Canguilhem, Georges 1943 *Essai sur quelques problèmes concernant le normal et le pathologique*; tr. it., *Il normale e il patologico. Norme sociali e comportamenti*

patologici nella storia della medicina, Torino: Einaudi, 1998.
Canguilhem, Georges 1952 *La connaissance de la vie*; tr. it., *La conoscenza della vita*, Bologna: Il Mulino, 1976〔ジョルジュ・カンギレム『生命の認識』杉山吉弘訳，法政大学出版局，2002年〕.
Cantimori, Delio (a cura di) 1936 *Principi politici del nazionalsocialismo*, Firenze: Sansoni.
Capucci, Pier Luigi (a cura di) 1994 *Il corpo tecnologico. L'influenza delle tecnologie sul corpo e sulle sue facoltá*, Bologna: Baskerville.
Carchia, Gianni 1979 *Orfismo e tragedia. Il mito trasfigurato*, Milano: Celuc.
Carchia, Gianni 1999 *L'estetica antica*, Roma-Bari: Laterza.
Caronia, Antonio 1985 *Il cyborg. Saggio sull'uomo artificiale*, Roma-Napoli: Theoria.
Carravetta, Peter 2009 *Del postmoderno. Crisi e cultura in America all'alba del Duemila*, Milano: Bompiani.
Caspar, Philippe 1985 *L'individuation des êtres. Aristote, Leibniz et l'immunologie contemporaine*, Paris: Léthielleux.
Cavarero, Adriana & Franco Restaino 1999 *Le filosofie femministe*, Torino: Paravia Scriptorium.
Cavarero, Adriana 2003 *A più voci. Filosofia dell'espressione vocale*, Milano: Feltrinelli.
Cavarero, Adriana 2007 *Orrorismo. Ovvero della violenza sull'inerme*, Milano: Feltrinelli.
Cavarero, Adriana 2014 *Inclinazioni. Critica della rettitudine*, Milano: Raffaello Cortina Editore.
Ceruti Mauro 1986 *Il vincolo e la possibilità*, Milano: Feltrinelli.
Ceruti, Mauro 1995 *Evoluzione senza fondamenti*, Roma-Bari: Laterza.
Cicero, Marcus Tullius 2008 *La Repubblica*, Milano: BUR〔キケロー「国家について」『キケロー選集８――哲学Ｉ』岡道男編，岩波書店，1999年〕.
Colletti, Lucio 1969 *Ideologia e società*, Bari: Laterza.
Colletti, Lucio 1980 *Tramonto dell'ideologia. Le ideologie dal '68 ad Oggi. Dialettica e non-contraddizione: Kelsen e il marxismo*, Roma-Bari: Laterza.
Colli, Giorgio 1969 *Filosofia dell'espressione*, Milano: Adelphi.
Colli, Giorgio 1974 *Dopo Nietzsche*, Milano: Adelphi.
Colli, Giorgio 1975 *La nascita della filosofia*, Milano: Adelphi.
Colli, Giorgio 1977 *La sapienza greca I-Dioniso, Apollo, Eleusi, Orfeo, Museo, Iperborei, Enigma*, Milano: Adelphi.
Colli, Giorgio 1978 *La sapienza greca II-Epimenide, Ferecide, Talete, Anassimandro, Anassimene, Onomacrito*, Milano: Adelphi.

Colli, Giorgio 1980a *La sapienza greca III-Eraclito*, Milano: Adelphi.

Colli, Giorgio 1980b *Scritti su Nietzsche*, Milano: Adelphi.

Corbin, Henry 1958 *L'Imagination créatrice dans le soufisme d'Ibn'Arabî*; tr. it., *L'immaginazione creatrice. Le radici del Sufismo*, Roma-Bari: Laterza, 2005.

Cordeschi, Roberto & Vitlorio Somenzi (a cura di) 1994 *La filosofia degli automi. Origini dell'intelligenza artificiale*, Torino: Bollati Boringhieri.

Costa, Mario 1999 *L'estetica dei media. Avanguardie e tecnologia*, Roma: Castelvecchi.

Costa, Mario 2015 *Dopo la tecnica. Dal chopper alle similcose*, Napoli: Liguori.

Costa, Vincenzo 2009 *Husserl*, Roma: Carocci.

Costa, Vincenzo, Elio Franzini, & Paolo Spinicci 2014 *La fenomenologia*, Torino: Einaudi.

Cusinato, Guido 2008 *La totalità incompiuta. Antropologia filosofica e ontologia della persona*, Milano: Franco Angeli.

D'Agostini, Franca 1997 *Analitici e continentali. Guida alla filosofia degli ultimi trent'anni*, Milano: Raffaello Cortina.

Damasio, Antonio R. 1995 *L'errore di Cartesio. Emozione. Ragione e cervello umano*, Milano: Adelphi〔アントニオ・R. ダマシオ『デカルトの誤り——情動，理性，人間の脳』田中三彦訳，ちくま学芸文庫，2010年〕.

Danto, Arthur C. 1965 *Nietzsche as Philosopher*, New York: Columbia University Press〔アーサー・C. ダント『哲学者としてのニーチェ』眞田収一郎訳，風濤社，2014年〕.

Danto, Arthur C. 1981 *The Transfiguration of the Commonplace. A Philosophy of Art*; ed. it., *La trasfigurazione del banale. Una filosofia dell'arte*, Roma-Bari: Laterza, 2008〔アーサー・C. ダントー『ありふれたものの変容——芸術の哲学』松尾大訳，慶應義塾大学出版会，2017年〕.

Danto, Arthur C. 1986 *The Philosophical Disenfranchisement of Art*; ed. it., *La destituzione filosofica dell'arte*, Palermo: Aesthetica, 2008.

Debord, Guy 1967 *La société du spectacle*; ed. it., *La società dello spettacolo*, Firenze: Vallecchi, 1979〔ギー・ドゥボール『スペクタクルの社会』木下誠訳，ちくま学芸文庫，2003年〕.

Del Noce, Augusto 1978 *Il suicidio della rivoluzione*, Milano: Rusconi.

Del Noce, Augusto 2007 *Verità e ragione nella storia. Antologia di scritti*, Milano: Rizzoli.

Deleuze, Gilles 1962 *Nietzsche et la philosophie*; ed. it., *Nietzsche e la filosofia*, Milano: Feltrinelli, 1992〔ジル・ドゥルーズ『ニーチェと哲学』江川隆男訳，河出文庫，2008年〕.

Deleuze, Gilles 1968 *Différence et répétition*; ed. it., *Differenza e ripetizione*, Milano: Raffaello Cortina, 1997〔ジル・ドゥルーズ『差異と反復』（上・下）財津理訳，河出文

庫，2007年〕.

Deleuze, Gilles 1969 *Logique du sens*; ed. it., *Logica del senso*, Milano: Feltrinelli, 1976〔ジル・ドゥルーズ『意味の論理学』（上・下）小泉義之訳，河出文庫，2007年〕.

Deleuze, Gilles & Félix Guattari 1972 *L'Anti-Œdipe. Capitalisme et schizophrénie*; ed. it., *L'Anti-Edipo. Capitalismo e schizofrenia*, Torino: Einaudi, 1975〔ジル・ドゥルーズ&フェリックス・ガタリ『アンチ・オイディプス——資本主義と分裂症』（上・下）宇野邦一訳，河出文庫，2006年〕.

Deleuze, Gilles & Félix Guattari 1980 *Mille plateaux. Capitalisme et schizophrénie 2*; ed. it., *Mille piani. Capitalismo e schizofrenia 2*, Roma: Castelvecchi 2006〔ジル・ドゥルーズ&フェリックス・ガタリ『千のプラトー——資本主義と分裂症』（上・中・下）宇野邦一・小沢秋広・田中敏彦・豊崎光一・宮林寛・守中高明訳，河出文庫，2010年〕.

Deleuze, Gilles 1990 "Post-scriptum sur les sociétés de contrôle", in *L'autre journal*, no. 1, maggio.

Deleuze, Gilles & Giorgio Agamben 1993 *Bartleby. La formula della creazione*, Macerata: Quodlibet〔ジル・ドゥルーズ「バートルビー，または決まり文句」『批評と臨床』守中高明・谷昌親訳，河出文庫，2010年／ジョルジョ・アガンベン『バートルビー——偶然性について』高桑和巳訳，月曜社，2005年〕.

Detienne, Marcel 1967 *Les Maîtres de vérité dans la Grèce archaïque*; tr. it., *I maestri di verità nella Grecia arcaica*, Bari-Roma: Laterza, 1977.

Diano, Carlo 1952 *Forma ed evento. Principi per una interpretazione del mondo greco*, Venezia: Neri Pozza.

Diano, Carlo 1954 *Il concetto della storia nella filosofia dei greci*, in: *Grande antologia filosofica*, vol. 2, Milano: Marzorati.

Diano, Carlo 2007 *Il pensiero greco da Anassimandro agli stoici*, Torino: Bollati Boringhieri.

Dickie, George 1974 *Art and the Aesthetic. An Institutional Analysis*, Ithaca: Cornell University Press.

Didi-Huberman, Georges 2003 *Images malgré tout*, Paris: Minuit; tr. it. *Immagini malgrado tutto*, Milano: Raffaello Cortina, 2005〔ジョルジュ・ディディ＝ユベルマン『イメージ，それでもなお——アウシュヴィッツからもぎ取られた四枚の写真』橋本一径訳，平凡社，2006年〕.

Dionigi, Roberto 1982 *Il doppio cervello di Nietzsche*, Bologna: Cappelli.

Dionigi, Roberto 1998 *La fatica di descrivere. Itinerario di Wittgenstein nel linguaggio della filosofia*, Firenze: Vallecchi.

Dionigi, Roberto 2001 *Opere Complete*, 5 volls., Macerata: Quodlibet.

Diotima 1987 *Il pensiero della differenza sessuale*, Milano: La Tartaruga.

Diotima 1994 *Oltre l'uguaglianza. Le radici femminili dell'autorità*, Napoli: Liguori.

Dodds, Eric Robertson 1951 *The Greeks and the Irrational*; tr. it., *I Greci e l'irrazionale*, Firenze: La Nuova Italia, 1997〔エリック・R. ドッズ『ギリシァ人と非理性』岩田靖夫・水野一訳，みすず書房，1972年〕.

Dorfles, Gillo 1965 *Nuovi riti, nuovi miti*, Torino: Einaudi.

Dorfles, Gillo 1977 *Fatti e fattoidi. Gli pseudoeventi nell'arte e nella società*, Vicenza: Neri Pozza.

Dufrenne, Mikel 1953 *Phénoménologie de l'expérience esthétique*; tr. it., *Fenomenologia dell'esperienza estetica*, Firenze: Lerici, 1968.

Eco, Umberto 1956 *Il problema estetico in San Tommaso*, Torino: Edizioni di Filosofia.

Eco, Umberto 1962 *Opera aperta. Forma e indeterminazione nelle poetiche contemporanee*, Milano: Bompiani〔ウンベルト・エーコ『開かれた作品』（新・新装版）篠原資明・和田忠彦訳，青土社，2011年〕.

Eco, Umberto 1964 *Apocalittici e integrati. Comunicazioni di massa e teorie della cultura di massa*, Milano: Bompiani.

Eco, Umberto 1968 *La struttura assente. La ricerca semiotica e il metodo strutturale*, Milano: Bompiani.

Eco, Umberto (a cura di) 1969 *L'industria della cultura*, Milano: Bompiani.

Eco, Umberto 1970 *Il problema estetico in Tommaso d'Aquino*, Milano: Bompiani.

Eco, Umberto 1975 *Trattato di semiotica generale*, Bologna: Il Mulino〔ウンベルト・エーコ『記号論』（I・II）池上嘉彦訳，講談社学術文庫，2013年〕.

Eco, Umberto 1990 *I limiti dell'interpretazione*, Milano: Bompiani.

Eco, Umberto 1997 *Kant e l'ornitorinco*, Milano: Bompiani〔ウンベルト・エーコ『カントとカモノハシ』（上・下）和田忠彦監訳，柱本元彦・橋本勝雄・中山悦子・土肥秀行訳，岩波書店，2003年〕.

Eco, Umberto 2003 *Dire quasi la stessa cosa. Esperienze di traduzione*, Milano: Bompiani.

Esposito, Roberto 1988 *Categorie dell'impolitico*, Bologna: Il Mulino.

Esposito, Roberto 1998 *Communitas. Origine e destino della comunità*, Roma-Bari: Laterza.

Esposito, Roberto 2002 *Immunitas. Protezione e negazione della vita*, Roma-Bari: Laterza.

Esposito, Roberto 2004 *Bios. Biopolitica e filosofia*, Roma-Bari: Laterza.

Esposito, Roberto 2007 *Terza persona. Politica della vita e filosofia dell'impersonale*, Torino: Einaudi〔ロベルト・エスポジト『三人称の哲学——生の政治と非人称の思想』岡田温司監訳，佐藤真理恵・長友文史・武田宙也訳，講談社選書メチエ，2011年〕.

Esposito, Roberto 2010 *Pensiero vivente. Origine e attualità della filosofia italiana*,

Torino: Einaudi.
Esposito, Roberto 2011 *Dieci pensieri sulla politica*, Bologna: Il Mulino.
Esposito, Roberto 2013 *Due. La macchina della teologia politica e il posto del pensiero*, Milano: Einaudi.
Evola, Julius 1934 *Rivolta contro il mondo moderno*, Milano: Hoepli.
Evola, Julius 1950 *Orientamenti*, Roma: Imperium.
Evola, Julius 1958 *Metafisica del sesso*, Todi-Roma: Atanòr.
Evola, Julius 1963 *Il cammino del cinabro*, Milano: Vanni Scheiwiller.
Fabbri, Paolo 1998 *La svolta semiotica*, Roma-Bari: Laterza.
Fadini, Ubaldo 1991 *Configurazioni antropologiche. Esperienze e metamorfosi della soggettività moderna*, Napoli: Liguori.
Fadini, Ubaldo 1999 *Principio metamorfosi. Verso un'antropologia dell'artificiale*, Milano: Mimesis.
Farias, Victor 1987 *Heidegger et le nazisme*; tr. it., *Heidegger e il Nazismo*, Torino: Bollati Boringhieri, 1988〔ヴィクトル・ファリアス『ハイデガーとナチズム』山本尤訳, 名古屋大学出版会, 1990年〕.
Faye, Emmanuel 2005 *Heidegger, l'introduction du nazisme dans la philosophie*; tr. it., *Heidegger, l'introduzione del nazismo nella filosofia*, Roma: L'Asino d'oro, 2012.
Ferraris, Maurizio 1981 *Differenze. La filosofia francese dopo lo strutturalismo*, Milano: Multhipla.
Ferraris, Maurizio 1988 *Storia dell'ermeneutica*, Milano: Bompiani.
Ferraris, Maurizio 1997 *Estetica razionale*, Milano: Raffaello Cortina.
Ferraris, Maurizio 2001 *Una Ikea di università*, Milano: Raffaello Cortina.
Ferraris, Maurizio 2004 *Goodbye Kant! Cosa resta oggi della critica della ragion pura*, Milano: Bompiani.
Ferraris, Maurizio 2007 *La fidanzata automatica*, Milano: Bompiani.
Ferraris, Maurizio 2012 *Manifesto del nuovo realismo*, Roma-Bari: Laterza.
Fimiani, Mariapaola 1997 *Foucault e Kant. Critica, clinica, etica*, Napoli: La città del sole: Istituto italiano per gli studi filosofici.
Fink, Eugen 1960 *Nietzsches Philosophie*; tr. it., *La filosofia di Nietzsche*, Padova: Marsilio, 1973〔オイゲン・フィンク『ニーチェ全集別巻　ニーチェの哲学』吉澤傳三郎訳, 理想社, 1963年〕.
Florenskij, Pavel 1977 *Le porte regali. Saggio sull'icona*, Milano: Adelphi.
Flores d'Arcais, Paolo 1991 *La rimozione permanente. Il futuro della sinistra e la critica del comunismo: Scritti 1971-1991*, Genova: Marietti.
Formaggio, Dino 1973 *L'arte*, Milano: ISEDI.

Foucault, Michel 1963 *Naissance de la clinique. Une archéologie du regard médical*; tr. it., *Nascita della clinica. Una archeologia dello sguardo medico*, Torino: Einaudi, 1998〔ミシェル・フーコー『臨床医学の誕生』神谷美恵子訳，みすず書房，1969年〕.

Foucault, Michel 1964 *Histoire de la folie à l'âge classique*; tr. it., *Storia della follia nell'età classica*, Milano Rizzoli, 1976〔ミシェル・フーコー『狂気の歴史――古典主義時代における』田村俶訳，新潮社，1975年〕.

Foucault, Michel 1966 *Les mots et les choses. Une archéologie des sciences humaines*; tr. it., *Le parole e le cose. Un'archeologia delle scienze umane*, Milano: Rizzoli, 1978〔ミシェル・フーコー『言葉と物――人文科学の考古学』渡辺一民・佐々木明訳，新潮社，1974年〕.

Foucault Michel 1969 *L'archéologie du savoir*; tr. it., *L'archeologia del sapere. Una metodologia per storia della cultura*, Milano: Rizzoli, 1980〔ミシェル・フーコー『知の考古学』慎改康之訳，河出文庫，2012年〕.

Foucault, Michel 1971 *L'ordre du discours*; tr. it., *L'ordine del discorso*, Torino: Einaudi, 1972〔ミシェル・フーコー『言語表現の秩序』（新装版）中村雄二郎訳，河出書房新社，1995年〕.

Foucault, Michel 1975 *Surveiller et punir. Naissance de la prison*; tr. it., *Sorvegliare e punire. Nascita della prigione*, Torino: Einaudi, 1976〔ミシェル・フーコー『監獄の誕生――監視と処罰』田村俶訳，新潮社，1977年〕.

Foucault, Michel 1976 *La volonté de savoir*; tr. it., *La volontà di sapere*, Milano: Feltrinelli, 1978〔ミシェル・フーコー『知への意志（性の歴史Ⅰ）』渡辺守章訳，新潮社，1986年〕.

Foucault, Michel 1977 *Microfisica del potere. Interventi politici*, Torino: Einaudi.

Foucault, Michel 1982 "The Subject and Power", in *Critical Inquiry*, vol. 8, pp. 777-795, Chicago: The University of Chicago Press.

Foucault, Michel 1997 *Il faut défendre la société*, AA 1975-1976; tr. it., *Bisogna difendere la società*, Firenze: Ponte alle Grazie, 1990〔ミシェル・フーコー『ミシェル・フーコー講義集成6　1975-1976　社会は防衛しなければならない』石田英敬・小野正嗣訳，筑摩書房，2007年〕.

Foucault, Michel 2004a *Sécurité, territoire, population*, AA 1977-1978; tr. it., *Sicurezza, territorio, popolazione. Corso al Collège de France 1977-1978*, Milano: Feltrinelli, 2007〔ミシェル・フーコー『ミシェル・フーコー講義集成7　1977-1978　安全・領土・人口』高桑和巳訳，筑摩書房，2007年〕.

Foucault, Michel 2004b *Naissance de la biopolitique*, AA 1978-1979; ed. it., *Nascita della biopolitica. Corso al Collège de France, 1978-1979*, Milano: Feltrinelli, 2005〔ミシェル・フーコー『ミシェル・フーコー講義集成8　1978-1979　生政治の誕生』慎改康之訳，筑摩書房，2008年〕.

Franzini, Elio 1999 *Estetica e filosofia dell'arte*, Milano: Guerini.

Franzini, Elio 2001 *Fenomenologia dell'invisibile. Al di là dell'immagine*, Milano: Raffaell Cortina.

Frege, Gottlob 1892 *Über Sinn und Bedeutung*; trad. it., *Senso e significato*, in "Logica e aritmetica" a cura di Corrado Mangione, Torino: Bollati Boringhieri 1965, pp. 374-404〔ゴットロープ・フレーゲ「意義と意味について」『フレーゲ著作集4　哲学論集』黒田亘・野本和幸編，勁草書房，1999年〕.

Furio Jesi 1973 *Il mito*, Milano: ISEDI.

Furio Jesi 1977 *La festa. Antropologia etnologia folklore*, Torino: Rosenberg & Sellier.

Furio Jesi 1979 *Cultura di destra*, Milano: Garzanti.

Gadamer, Hans-Georg 1960 *Wahrheit und Methode. Grundzüge einer philosophischen Hermeneutik*; tr. it., *Verità e metodo*, a cura di Gianni. Vattimo, Milano: Fabbri, 1972〔ハンス＝ゲオルク・ガダマー『真理と方法』（I・II・III）轡田収・麻生健・三島憲一・北川東子・我田広之・大石紀一郎・巻田悦郎・三浦國泰訳，法政大学出版局，1986-2012年〕。

Galilei, Galileo 1996 *Dialogo dei massimi sistemi* (1632), a cura di Ferdinando Flora, Milano: A. Mondadori〔ガリレオ・ガリレイ『天文対話』（上・下）青木靖三訳，岩波文庫，1959-61年〕.

Galimberti, Umberto 1975 *Heidegger, Jaspers e il tramonto dell'Occidente*, Genova: Marietti.

Galimberti, Umberto 1979 *Psichiatria e fenomenologia*, Milano: Feltrinelli.

Galimberti, Umberto 1983 *Il corpo. Antropologia, psicoanalisi, fenomenologia*, Milano: Feltrinelli.

Galimberti, Umberto 1984 *La terra senza il male. Jung: Dall'inconscio al simbolo*, Milano: Feltrinelli.

Galimberti, Umberto 1999 *Psiche e techne. L'uomo nell'età della tecnica*, Milano: Feltrinelli.

Galimberti, Umberto 2000 *Orme del sacro. Il cristianesimo e la desacralizzazione del sacro*, Milano: Feltrinelli.

Galli, Carlo 1996 *Genealogia della politica. Carl Schmitt e la crisi del pensiero politico moderno*, Bologna: Il Mulino.

Gargani, Aldo 1975 *Il sapere senza fondamenti. La condotta intellettuale come strutturazione dell'esperienza comune*, Torino: Einaudi.

Garin, Eugenio 1964 *La cultura del rinascimento*, Milano: Il Saggiatore〔エウジェニオ・ガレン『ルネサンス文化史——ある史的肖像』澤井繁男訳，平凡社ライブラリー，2011年〕.

Garroni, Emilio 1976 *Estetica ed epistemologia. Riflessioni sulla "Critica del Giudizio"*,

Roma: Bulzoni.

Garroni, Emilio 1986 *Senso e paradosso. L'estetica, filosofia non speciale*, Roma-Bari: Laterza.

Gehlen, Arnold 1940 *Der Mensch. Seine Natur und seine Stellung in der Welt*; tr. it., *L'uomo. La sua natura e il suo posto nel mondo*, Milano: Mimesis, 2010〔アーノルト・ゲーレン『人間――その性質と世界の中の位置』池井望訳，世界思想社，2008年〕.

Gehlen, Arnold 1957 *Die Seele im technischen Zeitalter. Sozialpsychologische Probleme in der industriellen Gesellschaft*; tr. it., *L'uomo nell'era della tecnica. Problemi socio-psicologici della civiltà industriale*, Roma: Armando, 2003〔アルノルト・ゲーレン『技術時代の魂の危機――産業社会における人間学的診断』平野具男訳，法政大学出版局，1986年〕.

Gentile, Giovanni 1916 *Teoria generale dello spirito come atto puro*, Firenze: Le Lettere.

Geymonat, Ludovico 1935 "Nuovi indirizzi della filosofia austriaca", *Rivista di Filosofia*, vol. 26, no. 2, pp. 146–175.

Geymonat, Ludovico 1957 *Galileo Galilei*, Torino: Einaudi.

Geymonat, Ludovico 1970–76 *Storia del pensiero filosofico e scientifico*, 7 volls., Milano: Garzanti.

Giannantoni, Gabriele 1958 *I Cirenaici. Raccolta delle fonti antiche*, Firenze: Sansoni.

Giannantoni, Gabriele (ed.) 1969 *I presocratici. Testimonianze e frammenti*, Bari: Laterza.

Giannantoni, Gabriele 1969 *Profilo di storia della filosofia. Per le Scuole superiori*, 3 volls., Torino: Loescher.

Giannantoni, Gabriele (ed.) 1973 *Aristotele. Opere*, Roma-Bari: Laterza.

Giannantoni, Gabriele 1981 *La ricerca filosofica. Storia e testi*. vol. 1: *Le forme classiche*, Torino: Loescher.

Giorello, Giulio 1992 *Filosofia della scienza*, Milano: Jaca Book.

Givone, Sergio 1995 *Storia del nulla*, Roma-Bari: Laterza.

Gnoli, Antonio & Franco Volpi 2006 *L'ultimo sciamano. Conversazioni su Heidegger*, Milano: Bompiani.

Gramsci, Antonio 1975 *Quaderni del carcere*, 3 volls., Torino: Einaudi〔アントニオ・グラムシ『グラムシ選集』(全6巻) 山崎功監修，代久二・藤沢道郎編，合同出版社，1961-65年〕.

Guattari, Félix 1992 *Chaosmose*; tr. it., *Caosmosi*, Genova: Costa & Nolan, 1996〔フェリックス・ガタリ『カオスモーズ』(新装版) 宮林寛・小沢秋広訳，河出書房新社，2017年〕.

Harvey, David 2005 *A Brief History of Neoliberalism*; tr. it., *Breve storia del neoliberismo*, Milano: Il Saggiatore, 2007〔デヴィッド・ハーヴェイ『新自由主義――その歴史的展

開と現在』渡辺治監訳，森田成也・木下ちがや・大屋定晴・中村好孝訳，作品社，2007年〕.

Hayles, Katherine 1999 *How We Became Posthuman. Virtual Bodies in Cybernetics, Literature, and Informatics*, Chicago: The University of Chicago Press.

Hebermas, Jürgen 1985 *Der philosophische Diskurs der Moderne. Zwölf Vorlesungen*; tr. it., *Il discorso filosofico della modernità. Dodici lezioni*, Roma-Bari: Laterza, 1997〔ユルゲン・ハーバマス『近代の哲学的ディスクルス』（I・II）三島憲一・轡田収・木前利秋・大貫敦子訳，岩波書店，1990年〕.

Hegel, Georg W. F. 1821 *Grundlinien der Philosophie*; tr. it., *Lineamenti di filosofia del diritto. Diritto naturale e scienza dello Stato in compendio*, Roma-Bari: Laterza, 1991〔G. W. F. ヘーゲル『法権利の哲学——あるいは自然的法権利および国家学の基本スケッチ』三浦和男〔ほか〕訳，未知谷，1991年〕.

Heidegger, Martin 1927 *Sein und Zeit*; tr. it., *Essere e tempo*, Torino: UTET, 1969〔マルティン・ハイデガー『存在と時間』（全4巻）熊野純彦訳，岩波文庫，2013年〕.

Heidegger, Martin 1929a *Was ist Metaphysik?*; tr. it., *Che cos'è metafisica?*, Milano: Adelphi, 2001〔マルティン・ハイデッガー『ハイデッガー選集1　形而上学とは何か』大江精志郎訳，理想社，1954年〕.

Heidegger, Martin 1929b *Kant und das Problem der Metaphysik*; tr. it., *Kant e il problema della metafisica*, Roma-Bari: Laterza, 1989〔マルティン・ハイデッガー『ハイデッガー選集19　カントと形而上学の問題』木場深定訳，理想社，1967年〕.

Heidegger, Martin 1935/36 *Der Ursprung des Kunstwerkes*; tr. it., *L'origine dell'opera d'arte*, Milano: Marinotti, 2000〔マルティン・ハイデッガー『芸術作品の根源』関口浩訳，平凡社ライブラリー，2008年〕.

Heidegger, Martin 1936–46 *Nietzsche*; tr. it., *Nietzsche*, Milano: Adelphi, 1994〔マルティン・ハイデッガー『ニーチェ』（I・II）細谷貞雄監訳，輪田稔・杉田泰一・加藤登之男・船橋弘訳，平凡社ライブラリー，1997年〕.

Heidegger, Martin 1949 *Die Frage nach der Technik*; tr. it., *La questione della tecnica*, Firenze: goWare, 2017〔マルティン・ハイデッガー『技術への問い』関口浩訳，平凡社ライブラリー，2013年〕.

Heidegger, Martin 1950 *Holzwege*; tr. it., *Sentieri interrotti*, Firenze: La Nuova Italia, 1997〔マルティン・ハイデッガー『ハイデッガー全集5　杣径』茅野良男・ハンス ブロッカルト訳，創文社，1988年〕.

Hobbes, Thomas 2011 *Leviatano* (1651), Milano: Rizzoli, 2011〔トマス・ホッブズ『リヴァイアサン』（全4巻）水田洋訳，岩波文庫，1992-96年〕.

Hofstadter, Douglas 1979 *Gödel, Escher, Bach. An Eternal Golden Braid*; tr. it *Gödel, Escher, Bach-Un'eterna ghirlanda brillante*, Milano: Adelphi, 1984〔ダグラス・R. ホフスタッター『ゲーデル，エッシャー，バッハ——あるいは不思議の環』（20周年記念版）野崎昭弘・はやし はじめ・柳瀬尚紀訳，白揚社，2005年〕.

Husserl, Edmund 1931 *Méditations cartésiennes. Introduction à la phénoménologie*, Paris: Armand Colin〔エトムント・フッサール『デカルト的省察』浜渦辰二訳，岩波文庫，2001年〕.

Jankélévitch, Vladimir 1957 *Le Je-ne-sais-quoi et le presque-rien*; tr. it., *Il non-so-che e il quasi niente*, Genova: Marietti, 1987.

Jonas, Hans 1979 *Das Prinzip Verantwortung. Versuch einer Ethik für die technologische Zivilisation*; tr. it., *Il principio responsabilità. Un'etica per la civiltà tecnologica*, Torino: Einaudi, 1990〔ハンス・ヨナス『責任という原理――科学技術文明のための倫理学の試み』（新装版）加藤尚武監訳，東信堂，2010年〕.

Jung, Carl Gustav 2010 *Il Libro Rosso*, Torino: Bollati Boringhieri〔C. G. ユング『赤の書』（テキスト版）河合俊雄監訳，田中康裕・高月玲子・猪股剛訳，創元社，2014年〕.

Kantorowicz, Ernst Hartwig 1957 *The King's Two Bodies. A Study in Mediaeval Political Theology*, Princeton: Princeton University Press〔エルンスト・H. カントーロヴィチ『王の二つの身体――中世政治神学研究』小林公訳，平凡社，1992年〕.

Kelsen, Hans 1934 *Reine Rechtslehre. Einleitung in die rechtswissenschaftliche Problematik*; tr. it., *Lineamenti di dottrina pura del diritto*, Torino: Einaudi, 1970〔ハンス・ケルゼン『純粋法学』（第二版）長尾龍一訳，岩波書店，2014年〕.

Kissinger, Henry 2014 *World order*, Penguin Press〔ヘンリー・キッシンジャー『国際秩序』伏見威蕃訳，日本経済新聞出版社，2016年〕.

Kristeva, Julia 1996 *La Révolte intime. Pouvoirs et limites de la psychanalyse*, Paris: Fayard.

Klossowski, Pierre 1969 *Nietzsche et le cercle vicieux*; tr. it., *Nietzsche e il circolo vizioso*, Milano: Adelphi, 1981〔ピエール・クロソウスキー『ニーチェと悪循環』兼子正勝訳，ちくま学芸文庫，2004年〕.

Lacoue-Labarthe, Philippe & Jean-Luc Nancy 1991 *Le Mythe Nazi*, Paris: Éditions de l'Aube〔フィリップ・ラクー＝ラバルト＆ジャン＝リュック・ナンシー『ナチ神話』守中高明訳，松籟社，2002年〕.

Lanza, Diego 1977 *Il tiranno e il suo pubblico*, Torino: Einaudi.

Lazzarato, Maurizio 2012 *La fabbrica dell'uomo indebitato. Saggio sulla condizione neoliberista*, Roma: DeriveApprodi〔マウリツィオ・ラッツァラート『〈借金人間〉製造工場――"負債"の政治経済学』杉村昌昭訳，作品社，2012年〕.

Lazzarato, Maurizio 2013 *Il governo dell'uomo indebitato. Saggio sulla condizione neoliberista*, Roma: DeriveApprodi.

Leoni, Bruno 1961 *Freedom and the Law*; ed. it., *La libertà e la legge*, Macerata: Liberilibri, 1995.

Leoni, Bruno (ed.) 1967 *Mont Pelerin society-31 papers presented at the special meeting in Tokyo, Japan, September 5-10, 1966*, Torino: Mont Pelerin Society.

Leoni, Bruno 2004 *Il diritto come pretesa*, Macerata: Liberilibri.

Longo, Giuseppe O. 1980 *Teoria dell'informazione*, Torino: Bollati, Boringhieri.

Longo, Giuseppe O. 2001 *Homo technologicus*, Roma: Meltemi.

Longo, Giuseppe O. 2003 *Il simbionte. Prove di umanità futura*, Roma: Meltemi.

Lonzi, Carla 1970 *Sputiamo su Hegel*, Roma: Editoriale grafica.

Lonzi, Carla 1971 *La donna clitoridea e la donna vaginale e altri scritti*, Roma: Editoriale grafica.

Losurdo, Domenico 2005 *Controstoria del liberalismo*, Roma-Bari: Laterza.

Losurdo, Domenico 2007 *Il linguaggio dell'impero. Lessico dell'ideologia americana*, Roma-Bari: Laterza.

Löwith, Karl 1935 *Nietzsches Philosophie der ewigen Wiederkehr des Gleichen*; tr. it., *Nietzsche e l'eterno ritorno*, Roma-Bari: Laterza, 2003〔カール・レーヴィット『ニーチェの哲学』柴田治三郎訳，岩波書店，1960年〕.

Luhmann, Niklas 1975 *Macht*; tr. it., *Potere e complessità sociale,* Milano: Il Saggiatore, 1979.

Luhmann, Niklas 1984 *Soziale Systeme. Grundriß einer allgemeinen Theorie*; tr. it., *Sistemi sociali. Fondamenti di una teoria generale*, Bologna: Il Mulino, 1990〔ニクラス・ルーマン『社会システム理論』（上・下）佐藤勉監訳，恒星社厚生閣，1993–95年〕.

Lyotard, Jean-François 1979 *La condition postmoderne. Rapport sur le savoir*; ed. it., *La condizione postmoderna. Rapporto sul sapere*, Milano: Feltrinelli, 1981〔ジャン＝フランソワ・リオタール『ポスト・モダンの条件――知・社会・言語ゲーム』小林康夫訳，書肆風の薔薇，1986年〕.

Macrì, Teresa 1996 *Il corpo postorganico. Sconfinamenti della performance*, Genova: Costa & Nolan.

Mann, Thomas 1918 *Betrachtungen eines Unpolitischen*; tr. it., *Considerazioni di un impolitico*, Milano: Adelphi, 1997〔トーマス・マン『非政治的人間の考察』（上・中・下）前田敬作・山口知三訳，筑摩書房，1968–71年〕.

Marazzi, Christian 1999 *Il posto dei calzini. La svolta linguistica dell'economia e i suoi effetti sulla politica*, Torino: Bollati Boringhieri〔クリスティアン・マラッツィ『現代経済の大転換――コミュニケーションが仕事になるとき』多賀健太郎訳，青土社，2009年〕.

Marchesini, Roberto 2002 *Post-human. Verso nuovi modelli di esistenza*, Torino: Bollati Boringhieri.

Marco Aurelio Antonino 2015 *Ricordi,* Torino: Einaudi〔マルクス・アウレーリウス『自省録』（改版）神谷美恵子訳，岩波文庫，2007年〕.

Marcucci, Silvestro 1997 *Guida alla lettura della « Critica della ragion pura » di Kant*, Roma-Bari: Laterza.

Marramao, Giacomo 1979 *Il politico e le trasformazioni. Critica del capitalismo e ideologie della crisi tra anni Venti e anni Trenta*, Bari: De Donato.

Marx, Karl 1939 *Grundrisse*; tr. it., *Lineamenti fondamentali di critica dell'economia politica. Grundrisse*, Roma: Manifestolibri, 2012〔カール・マルクス『経済学批判要綱（草案）』（全5巻）高木幸二郎監訳，大月書店，1958-65年〕.

Maturana, Humberto & Francisco Varela 1984 *El árbol del conocimiento*; ed. it., *L'albero della conoscenza*, Milano: Garzanti, 1987〔ウンベルト・マトゥラーナ&フランシスコ・バレーラ『知恵の樹——生きている世界はどのようにして生まれるのか』管啓次郎訳，ちくま学芸文庫，1997年〕.

Maturana, Humberto & Francisco Varela 1985 *Autopoiesi e cognizione. La realizzazione del vivente*, Padova: Marsilio〔H. R. マトゥラーナ&F. J. ヴァレラ『オートポイエーシス——生命システムとはなにか』河本英夫訳，国文社，1991年〕.

Mazzantini, Carlo 1969 *Il tempo e quattro saggi su Heidegger*, Parma: Studium Parmense.

Melandri, Enzo 1968 *La linea e il circolo. Studio logico-filosofico sull'analogia*, Macerata: Quodlibet.

Melandri, Enzo 1989 *Contro il simbolico. Dieci lezioni di filosofia*, Macerata: Quodlibet.

Metz, Johann Baptist 1997 *Zum Begriff der neuen Politischen Theologie 1967-1997*; tr. it., *Una nuova teologia politica*, Assisi: Cittadella, 1971.

Mezzadra, Sandro 2006 *Diritto di fuga. Migrazioni, cittadinanza, globalizzazione*, Verona: Ombre corte〔サンドロ・メッザードラ『逃走の権利——移民，シティズンシップ，グローバル化』北川眞也訳，人文書院，2015年〕.

Migliorini, Ermanno 1970 *Lo Scolabottiglie di Duchamp*, Firenze: Il Fiorino.

Migliorini, Ermanno 1972 *Conceptual art*, Firenze: Il Fiorino.

Migliorini, Ermanno 1980 *L'estetica contemporanea*, Firenze: Le Monnier.

Miller, David & James Hillman 1983 *The New Polytheism. Rebirth of the Gods and Goddesses*; ed. it., *Il nuovo politeismo. La rinascita degli dei e delle dee*, Roma: Edizioni di Comunità.

Mohler, Armin 1950 *Die konservative Revolution in Deutschland 1918-1932. Grundriß ihrer Weltanschauungen*, Graz: Ares Verlag.

Muraro, Luisa 1991 *L'ordine simbolico della madre*, Roma: Riuniti.

Muraro, Luisa 2012 *Dio è violent*, Roma: Nottetempo.

Nancy, Jean-Luc 1983 *La Communauté désœuvrée*; tr. it., *La comunità inoperosa*, Napoli: Cronopio, 1992〔ジャン＝リュック・ナンシー『無為の共同体——哲学を問い直す分有の思考』西谷修・安原伸一朗訳，以文社，2001年〕.

Nancy, Jean-Luc 2003 *Au fond des images*, Paris: Galilée〔ジャン＝リュック・ナンシー

『イメージの奥底で』西山達也・大道寺玲央訳，以文社，2006年〕.
Natoli, Salvatore 1995 *I nuovi pagani. Neopaganesimo: Una nuova etica per forzare le inerzie del tempo*, Milano: Il Saggiatore.
Negri, Antonio 1981 *L'anomalia selvaggia. Saggio su potere e potenza in Baruch Spinoza*, Milano: Feltrinelli〔アントニオ・ネグリ『野生のアノマリー――スピノザにおける力能と権力』杉村昌昭・信友建志訳，作品社，2008年〕.
Negri, Antonio & Michael Hardt 2000 *Empire*; tr. it., *Impero. Il nuovo ordine della globalizzazione*, Milano: Rizzoli, 2003〔アントニオ・ネグリ&マイケル・ハート『〈帝国〉――グローバル化の世界秩序とマルチチュードの可能性』水嶋一憲・酒井隆史・浜邦彦・吉田俊実訳，以文社，2003年〕.
Negri, Antonio 2003 *Cinque lezioni di metodo su moltitudine e impero*, Soveria Mannelli: Rubbettino〔アントニオ・ネグリ『〈帝国〉をめぐる五つの講義』小原耕一・吉澤明訳，青土社，2004年〕.
Negri, Antonio & Michael Hardt 2004 *Moltitudine. Guerra e democrazia nel nuovo ordine imperiale*, Milano: Rizzoli〔アントニオ・ネグリ&マイケル・ハート『マルチチュード――〈帝国〉時代の戦争と民主主義』（上・下）水嶋一憲・市田良彦監修、幾島幸子訳，ＮＨＫブックス，2005年〕.
Negri, Antonio 2007 *Dall'operaio massa all'operaio sociale. Intervista sull'operaismo*, Verona: Ombre Corte.
Negri, Antonio 2008 *Dalla fabbrica alla metropoli. Saggi politici*, Roma: Datanews.
Negri, Antonio & Michael Hardt 2009 *Commonwealth*; tr. it., *Comune. Oltre il privato e il pubblico*, Milano: Rizzoli, 2010〔アントニオ・ネグリ&マイケル・ハート『コモンウェルス――〈帝国〉を超える革命論』（上・下）水嶋一憲監訳，幾島幸子・古賀祥子訳，ＮＨＫブックス，2012年〕.
Negri, Antonio 2010 "Come e quando ho letto Foucault", « UniNomade ».
Nietzsche, Friedrich 1872/86 *Die Geburt der Tragödie aus dem Geiste der Musik*; tr. it., *La nascita della tragedia*, ed. di Giorgio Colli & Sossio Giametta; Milano: Adelphi, 1992〔フリードリッヒ・ニーチェ『ニーチェ全集２――悲劇の誕生』塩屋竹男訳，ちくま学芸文庫，1993年〕.
Nietzsche, Friedrich 1873 *Über Wahrheit und Lüge im außermoralischen Sinne*; tr. it., *Su verità e menzogna in senso extramorale*, Milano: Adelphi, 2015.
Odifreddi, Piergiorgio 2008 *Il Vangelo secondo la scienza. Le religioni alla prova del nove*, Torino: Einaudi.
Odifreddi, Piergiorgio 2011 *Una via di fuga. Il grande racconto della geometria moderna*, Milano: Mondadori.
Paci, Enzo 1943 *L'esistenzialismo*, Padova: CEDAM.
Paci, Enzo 1954 *Tempo e relazione*, Torino: Taylor.

Paci, Enzo 1957 *Dall'esistenzialismo al relazionismo*, Messina-Firenze: D'Anna.

Paci, Enzo 1974 *Fenomenologia e dialettica*, Milano: Feltrinelli.

Pareyson, Luigi 1960 *Estetica. Teoria della formatività*, Bologna: Zanichelli.

Pareyson, Luigi 2007 *Interpretazione e storia*, a cura di Amalia De Maria, Milano: Mursia.

Pasqualotto, Giangiorgio 1995 *Il Tao della filosofia. Corrispondenze tra pensieri d'Oriente e d'Occidente*, Parma: Pratiche.

Patella, Giuseppe 1990 *Sul postmoderno. Per un postmodernismo della resistenza*, Roma: Studium.

Pepperell, Robert 1995 *The Post-Human Condition*, London: Intellect Books.

Perniola, Mario 1980 *La società dei simulacri*, Bologna: Cappelli.

Perniola, Mario 1982 *Dopo Heidegger. Filosofia e organizzazione della cultura*, Milano, Feltrinelli.

Perniola, Mario 1985 *Transiti. Come si va dallo stesso allo stesso*, Bologna: Cappelli.

Perniola, Mario 1986 *Presa diretta. Estetica e politica*, Venezia: Cluva.

Perniola, Mario 1990 *Enigmi. Il momento egizio nella società e nell'arte*, Genova: Costa & Nolan〔マリオ・ペルニオーラ『エニグマ――エジプト・バロック・千年終末』岡田温司・金井直訳，ありな書房，1999年〕.

Perniola, Mario 1991 *Del sentire*, Torino: Einaudi.

Perniola, Mario 1994 *Il sex appeal dell'inorganico*, Torino: Einaudi〔マリオ・ペルニオーラ『無機的なもののセックス・アピール』岡田温司・鯖江秀樹・蘆田裕史訳，平凡社，2012年〕.

Perniola, Mario 1997 *L'estetica del Novecento*, Bologna: Il Mulino.

Perniola, Mario 1998 *I situazionisti. Il movimento che ha profetizzato la « Società dello spettacolo »*, Roma: Castelvecchi.

Perniola, Mario 1999 *Disgusti. Nuove tendenze estetiche*, Genova: Costa & Nolan.

Perniola, Mario 2000 *L'arte e la sua ombra*, Torino: Einaudi.

Perniola, Mario 2001 *Del sentire cattolico. La forma culturale di una religione universale*, Bologna: Il Mulino.

Peterson, Erik 1935 *"Der" Monotheismus als politisches Problem*; tr. it., *Il monoteismo come problema politico*, Brescia: Queriniana, 1983.

Piana, Giovanni 1999 *Numero e figura. Idee per una epistemologia della ripetizione*, Milano: Cuem.

Plessner, Helmuth 1928 *Die Stufen des Organischen und der Mensch*; tr. it., *I gradi dell'organico e l'uomo. Introduzione all'antropologia filosofica*, Torino: Bollati Boringhieri, 2006.

Pocock, John G. A. 1975 *The Machiavellian Moment. Florentine Political Thought*

and the Atlantic Republican Tradition; tr. it., *Il momento machiavelliano. Il pensiero politico fiorentino e la tradizione repubblicana anglosassone*, Bologna: Il Mulino, 1980〔J. G. A. ポーコック『マキァヴェリアン・モーメント――フィレンツェの政治思想と大西洋圏の共和主義の伝統』田中秀夫・奥田敬・森岡邦泰訳，名古屋大学出版会，2008年〕.

Polanyi, Karl 1944 *The Great Transformation. The Political and Economic Origins of Our Time*; tr. it., *La grande trasformazione. Le origini economiche e politiche della nostra epoca*, Torino: Einaudi, 1974〔カール・ポラニー『[新訳] 大転換――市場社会の形成と崩壊』野口建彦・栖原学訳，東洋経済新報社，2009年〕.

Preve, Costanzo 2004 *Filosofia del presente. Un mondo alla rovescia da interpretare*, Roma: Settimo sigillo.

Preve, Costanzo 2009 *Il marxismo e la tradizione culturale europea*, Pistoia: Petite plaisance.

Prigogine, Ilya & Isabelle Stengers 1979 *La Nouvelle alliance. Métamorphose de la science*; tr. it., *La nuova alleanza. Metamorfosi della scienza*, Torino: Einaudi, 1981〔イリヤ・プリゴジン&イザベル・スタンジェール『混沌からの秩序』伏見康治・伏見譲・松枝秀明訳，みすず書房，1987年〕.

Reale, Giovanni 1961 *Il concetto di filosofia prima e l'unità della Metafisica di Aristotele*, Milano: Vita e Pensiero.

Reale, Giovanni & Dario Antiseri 1983 *Il pensiero occidentale dalle origini ad oggi* (manuale per le scuole superiori), Brescia: La Scuola.

Reale, Giovanni 1984 *Per una nuova interpretazione di Platone. Rilettura della metafisica dei grandi dialoghi alla luce delle « Dottrine non scritte »*, Milano: CUSL.

Reale, Giovanni 1997 *Platone. Alla ricerca della sapienza segreta*, Milano: Rizzoli.

Rella, Franco 1981 *Il silenzio e le parole. Il pensiero nel tempo della crisi*, Milano: Feltrinelli.

Rensi, Giuseppe 1927 *Il materialismo critico*, Milano: Casa editrice sociale.

Risset, Jacqueline (ed.) 1988 *Georges Bataille. Il Politico e il Sacro*, Napoli: Liguori.

Rizzolatti, Giacomo & Corrado Sinigaglia 2005 *So quel che fai. Il cervello che agisce e i neuroni specchio*, Milano: Raffaello Cortina.

Rodhe, Erwin 1890-94 *Psyche. Seelencult und Unsterblichkeitsglaube der Griechen*; tr. it., *Psiche. Culto delle anime e fede nell'immortalità presso i greci*, Bari: Laterza, 1970.

Romanell, Patrick 1956 "Review of *Tempo e Relazione* by Enzo Paci", in *The Journal of Philosophy*, vol. 53, no. 7, Mar. 29.

Rossi, Paolo 1957 *Francesco Bacone. Dalla magia alla scienza*, Bari: Laterza〔パオロ・

ロッシ『魔術から科学へ』前田達郎訳，みすずライブラリー，1999年〕.

Rossi, Paolo 1962 *I filosofi e le macchine 1400–1700*, Milano: Feltrinelli〔パオロ・ロッシ『哲学者と機械――近代初期における科学・技術・哲学』伊藤和行訳，学術書房，1989年〕.

Rossi, Paolo 1989 *Paragone degli ingegni moderni e postmoderni*, Bologna: Il Mulino.

Sartori, Giovanni 1957 *Democrazia e definizioni*, Bologna: Il Mulino.

Sartori, Giovanni 1979 *La politica. Logica e metodo in scienze sociali*, Milano: SugarCo.

Sartori, Giovanni 1993 *Democrazia. Cosa è*, Milano: Rizzoli.

Sartori, Giovanni 1996 *Ingegneria costituzionale comparata. Strutture, incentivi ed esiti*, Bologna: Il Mulino〔ジョヴァンニ・サルトーリ『比較政治学――構造・動機・結果』岡沢憲芙監訳，工藤裕子訳，早稲田大学出版部，2000年〕.

Sartori, Giovanni 1997 *Homo videns. Televisione e post-pensiero*, Roma-Bari: Laterza.

Sartori, Giovanni 2000 *Pluralismo, multiculturalismo e estranei. Saggio sulla società multietnica*, Milano: Rizzoli.

Savigny, Friedrich Carl von 1980 *Antologia di scritti giuridici*, Bologna: Il Mulino.

Scelsi, Raffaele (Raf Valvola) 1990 *Cyberpunk. Antologia di testi politici*, Milano: ShaKe Edizioni Underground.

Scelsi, Raffaele (Raf Valvola) 1994 *No-copyright. Nuovi diritti nel 2000*, Milano: ShaKe Edizioni Underground.

Scheler, Max 1928 *Die Stellung des Menschen im Kosmos*; tr. it., *La posizione dell'uomo nel cosmo*, Roma: Armando, 1997〔マックス・シェーラー『宇宙における人間の地位』亀井裕・山本達訳，白水社，2012年〕.

Schmitt, Carl 1921 *Die Diktatur, Von den Anfängen des modernen Souveränitätsgedankens bis zum proletarischen Klassenkampf*; tr. it., *La dittatura. Dalle origini dell'idea moderna di sovranità alla lotta di classe proletaria*, Roma: Settimo Sigillo, 2006〔カール・シュミット『独裁――近代主権論の起源からプロレタリア階級闘争まで』田中浩・原田武雄訳，未來社，1991年〕.

Schmitt, Carl 1922 *Politische Theologie*; tr. it., *Teologia Politica*, in C. Schmitt, *Le categorie del « politico »*, a cura di Gianfranco Miglio, Bologna: Il Mulino, 1972〔カール・シュミット『政治神学』田中浩・原田武雄訳，未來社，1971年〕.

Schmitt, Carl 1932 *Der Begriff des Politischen*, Berlin: Duncker & Humbolt〔カール・シュミット『政治的なものの概念』田中浩・原田武雄訳，未來社，1970年〕.

Schmitt, Carl 1942 *Land und Meer. Eine weltgeschichtliche Betrachtung*, Berlin: Duncker & Humbolt〔カール・シュミット『陸と海――世界史的な考察』中山元訳，日経 BP 社，2018年〕.

Schmitt, Carl 1950 *Der Nomos der Erde im Völkerrecht des Jus Publicum Europaeum*;

tr. it., *Il Nomos della terra. Nel diritto internazionale dello « Jus publicum europaeum »*, Milano: Adelphi, 1991〔カール・シュミット『大地のノモス——ヨーロッパ公法という国際法における』新田邦夫訳，慈学社出版，2007年〕.

Schmitt, Carl 1970 *Politische Theologie II. Die Legende von der Erledigung jeder Politischen Theologie*; tr. it., *Teologia politica II. La leggenda della liquidazione di ogni teologia politica*, Milano: Giuffrè, 1992〔カール・シュミット『政治神学再論』長尾龍一・小松公・新正幸・森田寛二訳，福村出版，1980年〕.

Severino, Emanuele 1964 "Ritornare a Parmenide", in *Rivista di filosofia neo-scolastica*, LVI, no. 2, pp. 137–175.

Severino, Emanuele 1972 *Essenza del nichilismo. Saggi*, Brescia: Paideia.

Severino, Emanuele 1978 *Gli abitatori del tempo. Cristianesimo, marxismo, tecnica*, Roma: Armando.

Severino, Emanuele 1979 *Téchne. Le radici della violenza*, Milano: Rusconi.

Severino, Emanuele 2012 *Capitalismo senza futuro*, Milano: Rizzoli.

Severino, Emanuele 2013a *Intorno al senso del nulla*, Milano: Adelphi.

Severino, Emanuele 2013b *La potenza dell'errare. Sulla storia dell'Occidente*, Milano: Rizzoli.

Sgalambro, Manlio 1982 *La morte del sole*, Milano: Adelphi.

Sgalambro, Manlio 1993 *Dialogo teologico*, Milano: Adelphi.

Sgalambro, Manlio 1994 *Dell'indifferenza in materia di società*, Milano: Adelphi.

Sgalambro, Manlio 1995 *La consolazione*, Milano: Adelphi.

Sgalambro, Manlio 1997 *Teoria della canzone*, Milano: Bompiani.

Sgalambro, Manlio 2004 *De mundo pessimo*, Milano: Adelphi.

Simondon, Gilbert 1989 *L'individuation psychique et collective. A la lumière des notions de Forme, Information, Potentiel et Métastabilité*; tr. it., *L'individuazione psichica e collettiva*, Roma: DeriveApprodi, 2001.

Sini, Carlo 1965 *Introduzione alla fenomenologia come scienza*, Milano: Lampugnani Nigri.

Sini, Carlo 1978 *Semiotica e filosofia. Segno e linguaggio in Peirce, Nietzsche, Heidegger e Foucault*, Bologna: Il Mulino.

Sini, Carlo 1997 *Teoria e pratica del foglio-mondo. La scrittura filosofica*, Roma-Bari: Laterza.

Smith, Adam 1776 *An Inquiry into the Nature and Causes of the Wealth of Nations*; tr. it., *Indagine sulla natura e le cause della ricchezza delle nazioni*, Milano: ISEDI, 1973〔アダム・スミス『国富論』（全4巻）水田洋監訳，杉山忠平訳，岩波文庫，2000–01年〕.

Sofri, Adriano 2013 *Machiavelli, Tupac e la Principessa*, Palermo: Sellerio.

Sokal, Alan & Jean Bricmont 1997 *Impostures intellectuelles*; ed. it., *Imposture intellettuali*, Milano: Garzanti, 1999〔アラン・ソーカル&ジャン・ブリクモン『「知」の欺瞞——ポストモダン思想における科学の濫用』田崎晴明・大野克嗣・堀茂樹訳，岩波現代文庫，2012年〕.

Spinicci, Paolo 2008 *Simile alle ombre e al sogno. La filosofia dell'immagine*, Torino: Boringhieri.

Spirito, Ugo 1933 *Capitalismo e corporativismo*, Firenze: G. C. Sansoni.

Spirito, Ugo 1948 *Il problematicismo*, Firenze: G. C. Sansoni.

Spirito, Ugo 1968 *Nuovo umanesimo*, Roma: A. Armando.

Sterling, Bruce 1992 *The Hacker Crackdown. Law and Disorder on the Electronic Frontier*; tr. it., *Giro di vite contro gli hacker*, Milano: ShaKe, 1993〔ブルース・スターリング『ハッカーを追え！』今岡清訳，ASCII，1993年〕.

Taubes, Jacob 1997 *La teologia politica di san Paolo. Lezioni tenute dal 23 al 27 febbraio 1987 alla Forschungsstätte della Evangelische Studiengemeinschaft di Heidelberg*, Milano: Adelphi〔ヤーコプ・タウベス『パウロの政治神学』高橋哲哉・清水一浩訳，岩波書店，2010年〕.

Terrosi, Roberto 1997 *La filosofia del postumano*, Genova: Costa & Nolan.

Tozzi, Tommaso 1991 *Opposizioni '80. Alcune delle realtà che hanno scosso il villaggio globale*, Milano: Amen.

Tönnies, Ferdinand 1887 *Gemeinschaft und Gesellschaft*; tr. it., *Comunità e società*, Milano: Edizioni di Comunità, 1979〔フェルディナント・テンニエス『ゲマインシャフトとゲゼルシャフト——純粋社会学の基本概念』（上・下）杉之原寿一訳，岩波文庫，1957年〕.

Utčenko, Sergej L'vovič 1975 *Cicerone e il suo tempo*, Roma: Riuniti.

Vailati, Giovanni 1972 *Scritti filosofici*, Napoli: Rossi.

Vanni Rovighi, Sofia 1938 *La filosofia di Edmund Husserl*, Milano: Unione tipografica.

Vanni Rovighi, Sofia 1963 *Filosofia della conoscenza*, Bologna: Studio Domenicano.

Varela, Francisco, Evan Thompson, & Eleanor Rosch 1991 *The Embodied Mind. Cognitive Science and Human Experience*; tr. it., *La via di mezzo della conoscenza. Le scienze cognitive alla prova dell'esperienza*, Milano: Feltrinelli, 1992〔フランシスコ・ヴァレラ，エヴァン・トンプソン&エレノア・ロッシュ『身体化された心——仏教思想からのエナクティブ・アプローチ』田中靖夫訳，工作舎，2001年〕.

Varela, Francisco 1996 *Neurophenomenology. A methodological remedy for the hard problem*; tr. it., *Neurofenomenologia. Le scienze della mente e la sfida dell'esperienza cosciente*, Milano: Bruno Mondadori, 2006.

Varzi, Achille 2001 *Parole, oggetti, eventi e altri argomenti di metafisica*, Roma: Carocci.

Varzi, Achille 2005 *Ontologia*, Roma-Bari: Laterza.
Vassallo, Nicola 2003 *Teoria della conoscenza*, Roma-Bari: Laterza.
Vassallo, Nicola 2006 *Filosofia delle conoscenze*, Torino: Codice Edizioni.
Vattimo, Gianni 1963 *Essere, storia e linguaggio in Heidegger*, Torino: Filosofia.
Vattimo, Gianni 1967 *Ipotesi su Nietzsche*, Torino: Giappichelli.
Vattimo, Gianni 1974 *Il soggetto e la maschera. Nietzsche e il problema della liberazione*, Milano: Bompiani.
Vattimo, Gianni 1980 *Le avventure della differenza. Che cosa significa pensare dopo Nietzsche e Heidegger*, Milano: Garzanti.
Vattimo, Gianni 1981 *Al di là del soggetto. Nietzsche, Heiddeger l'ermeneutica*, Milano: Feltrinelli.
Vattimo, Gianni & Pier Aldo Rovatti (a cura di) 1983 *Il pensiero debole*, Milano: Feltrinelli〔ジャンニ・ヴァッティモ&ピエル・アルド・ロヴァッティ編著『弱い思考』上村忠男・山田忠彰・金山準・土肥秀行訳，法政大学出版局，2012年〕.
Vattimo, Gianni 1985a *Introduzione a Nietzsche*, Roma-Bari: Laterza.
Vattimo, Gianni 1985b *La fine della modernità*, Milano: Garzanti.
Vattimo, Gianni 1989 *La società trasparente*, Milano: Garzanti〔ジャンニ・ヴァッティモ『透明なる社会』多賀健太郎訳，平凡社，2012年〕.
Vattimo, Gianni 1994 *Oltre l'interpretazione. Il significato dell'ermeneutica per la filosofia*, Roma-Bari: Laterza.
Vattimo, Gianni 1996 *Credere di credere*, Milano: Garzanti.
Vattimo, Gianni 2012 *Della realtà. Fini della filosofia*, Milano: Garzanti.
Veca, Salvatore 1977 *Saggio sul programma scientifico di Marx,* Milano: Il Saggiatore.
Veca, Salvatore 1990 *Cittadinanza. Riflessioni filosofiche sull'idea di emancipazione*, Milano: Feltrinelli.
Veca, Salvatore 2002 *La filosofia politica,* Roma-Bari: Laterza.
Vegetti, Mario, Franco Alessio, Renato Fabietti, & Fulvio Papi 1975 *Filosofie e società*, Bologna: Zanichelli.
Vegetti, Mario (ed.) 1977 *Marxismo e società antica*, Milano: Feltrinelli.
Vegetti, Mario 1979 *Il coltello e lo stilo. Animali, schiavi, barbari e donne alle origini della razionalità scientfica*, Milano: Il Saggiatore.
Vegetti, Mario 1989 *L'etica degli antichi*, Roma-Bari: Laterza.
Vegetti, Mario 1995 *La medicina in Platone*, Venezia: Il cardo.
Verdiglione, Armando 1983 *Manifesto del secondo Rinascimento*, Milano: Rizzoli〔アルマンド・ヴェルディリオーネ『第二ルネサンス宣言』岩崎力訳，リブロポート，1984年〕.
Verdiglione, Armando 2005 *Master del ciframatico*, Milano: Spirali.
Vernant, Jean-Pierre 1962 *Les Origines de la pensée grecque*; tr. it., *Le origini del*

pensiero greco, Roma: Riuniti, 1976〔ジャン＝ピエール・ヴェルナン『ギリシア思想の起源』吉田敦彦訳，みすず書房，1970年〕.
Vidal-Naquet, Pierre & Michel Austin 1972 *Économies et Sociétés en Grèce ancienne. Périodes archaïque et classique*, Paris: Armand Colin.
Vidal-Naquet, Pierre & Jean-Pierre Vernant 1976 *Mito e tragedia nell'antica Grecia. La tragedia come fenomeno sociale estetico e psicologico*, 2 volls., Torino: Einaudi.
Virno, Paolo 2001 *Grammatica della moltitudine. Per una analisi delle forme di vita contemporanee*, Soveria Mannelli: Rubbettino〔パオロ・ヴィルノ『マルチチュードの文法——現代的な生活形式を分析するために』廣瀬純訳，月曜社，2004年〕.
Virno, Paolo 2003 *Quando il verbo si fa carne. Linguaggio e natura umana*, Torino: Bollati Boringhieri.
Virno, Paolo 2005 *Motto di spirito e azione innovativa. Per una logica del cambiamento*, Torino: Bollati Boringhieri.
Virno, Paolo 2010 *E così via, all'infinito. Logica e antropologia*, Torino: Bollati Boringhieri.
Virno, Paolo 2013 *Saggio sulla negazione. Per una antropologia linguistica*, Torino: Bollati Boringhieri.
Viroli, Maurizio 1999 *Repubblicanesimo*, Roma-Bari: Laterza.
Viroli, Maurizio 2004 *Libertà politica e Virtù civile. Significati e percorsi del Repubblicanesimo classico*, Torino: Fondazione Agnelli.
Viroli, Maurizio 2013 *Machiavelli. Filosofo della libertà*, Roma: Castelvecchi.
Vitale, Nando 1994 *Telefascismo, Cybermedia e informazione totale nell'era Berlusconi*, Roma: Datanews.
Vitiello, Vincenzo 1997 *Filosofia teoretica. Le domande fondamentali: Percorsi e interpretazioni*, Milano: Bruno Mondadori.
Volpi, Franco 1996 *Il nichilismo*, Roma-Bari: Laterza.
Volpi, Franco 2006 *Goodbye Heidegger!*, in *La selvaggia chiarezza. Scritti su Heidegger*, Milano: Adelphi, 2011.
Weininger, Otto 1903 *Geschlecht und Charakter*; ed. it., *Sesso e carattere*, ed. di Julius Evola, Milano: Bocca, 1956〔オットー・ヴァイニンガー『性と性格』竹内章訳，村松書館，1980年〕.
Zecchi, Stefano 1995 *Il brutto e il bello. Nella vita, nella politica, nell'arte*, Milano: Mondadori.
Zecchi, Stefano 1998 *L'Artista armato. Contro i crimini della modernità*, Milano: Mondadori.
Zhok, Andrea 2006 *Lo spirito del denaro e la liquidazione del mondo. Antropologia filosofica delle transazioni*, Milano: Jaca Book.

Zolla, Elémire 1963 *I mistici dell'Occidente*, Milano: Garzanti.
Zolla, Elémire 1992 *Uscite dal mondo*, Milano: Adelphi.
Zolla, Elémire 1999 *La filosofia perenne. L'incontro fra le tradizioni d'Oriente e d'Occidente*, Milano: Mondadori.
西田幾多郎 1911『善の研究』; tr. it., *Uno studio sul bene*, Torino: Bollati Boringhieri, 2007.

著者略歴

Roberto Terrosi（ロベルト・テッロージ）

1965年イタリア・ナルニ生まれ。ローマ大学大学院修了（博士）。イタリア各地の近・現代美術館でキュレーターとして活動した後，2007年に美学研究員として来日（京都大学）。東北大学，ローマ大学，東京外国語大学で教鞭を執り，現在，立命館大学特任教授を務める。専門は美学・美術史，哲学，科学・先端技術論。著書に *La filosofia del postumano* (Costa & Nolan, 1997), *Teologia Materialista. Discorso sull'esistenza di Dio nella società dell'informazione* (Castelvecchi, 1997), *Il fai da te dell'anima. Guida critica alla New Age* (Datanews, 1999), *Storia del concetto d'arte. Un'indagine genealogica* (Mimesis, 2006), *La genealogia. Nietzsche, Foucault e altri genealogisti* (Universitalia, 2012), *Filosofia e antropologia del ritratto. Ritratto, identità, individuazione* (Mimesis, 2013), *La bellezza in Oriente. Introduzione all'estetica orientale* (goWare, 2014) など。

訳者略歴

柱本元彦（はしらもと・もとひこ）

1961年大阪生まれ。京都大学大学院文学研究科博士後期課程単位取得退学。大学非常勤講師，翻訳家。訳書に，フェッリーニ『魂のジュリエッタ』，レプリ『書物の夢，印刷の旅』（以上，青土社），ランドルフィ『カフカの父親』（共訳，白水社），ロンギ『イタリア絵画史』（共訳，筑摩書房），エーコ『カントとカモノハシ』（共訳，岩波書店），レオパルディ『カンティ』（共訳，名古屋大学出版会），マライーニ『随筆日本』（共訳，松籟社），トルナトーレ『鑑定士と顔のない依頼人』，カッチャーリ『必要なる天使』，ヴィルノ『ポストフォーディズムの資本主義』，マラッツィ『資本と言語』（以上，人文書院），ゼーリ『わたしの好きなクリスマスの絵』，トラヴェルソ『全体主義』（以上，平凡社）など。

イタリアン・セオリーの現在

2019年3月20日　初版第1刷発行

著　者　ロベルト・テッロージ
訳　者　柱本元彦
発行者　下中美都
発行所　株式会社 平凡社
〒101-0051 東京都千代田区神田神保町3-29
電話 03-3230-6579（編集）
03-3230-6573（営業）
振替 00180-0-29639

装幀者　細野綾子
ＤＴＰ　キャップス
印刷・製本　中央精版印刷株式会社

落丁・乱丁本のお取替は小社読者サービス係までお送りください（送料小社負担）
平凡社ホームページ　http://www.heibonsha.co.jp/

ISBN978-4-582-70347-4　C0010
NDC 分類番号137　四六判（19.4cm）　総ページ484